Erika Rosenberg (Hrsg.)

Ich, Oskar Schindler

Die persönlichen Aufzeichnungen, Briefe und Dokumente

Erika Rosenberg (Hrsg.)

Ich, Oskar Schindler

Die persönlichen Aufzeichnungen,
Briefe und Dokumente

Mit 35 Fotos und zahlreichen
faksimilierten Dokumenten

Herbig

Foto auf dem Frontispiz: Schindler pflanzt am 5. Mai 1962 einen Baum in der Allee der Gerechten in Jerusalem.

Die Urheberrechte für die im Koffer vorgefundenen Fotos liegen im Regelfall bei Emilie Schindler. Sollte dies in Einzelfällen nicht der Fall sein, bitten wir die rechtmäßigen Rechteinhaber, sich beim Verlag zu melden.
Die Fotoquelle wird im Buch nur bei denjenigen Fotos genannt, die nicht Schindlers Koffer entnommen wurden.

In Vorbereitung:
Die komplette Auflistung und Bearbeitung der Fundstücke aus dem Koffer ist einer wissenschaftlichen Publikation vorbehalten.

Besuchen Sie uns im Internet unter
http://www.herbig.net

Redaktionelle Bearbeitung und Übersetzung
englischer Dokumente: Gabriele Berding
Schutzumschlag: Wolfgang Heinzel
Umschlagfotos: dpa
Satz und Layout: VerlagsService Dr. Helmut Neuberger
& Karl Schaumann GmbH, Heimstetten
Gesetzt aus der 11/13,8 Punkt Minion
Druck und Binden: GGP Media, Pößneck
Printed in Germany
ISBN 3-7766-2204-0

Dieses Buch widme ich
meinem Mann José und meinem Sohn Eric Rosenberg,
allen Gefallenen und Opfern aller Kriege

Danksagung

Mein besonderer Dank
gilt meiner Lektorin Gabriele Berding
für ihre wertvolle Mitarbeit, ihre sachkundige Hilfe
und ausdauernde Unterstützung bei
der Herausgabe dieses Buches.

Inhalt

Vorwort des Verlages

An die 40 geheftete DIN-A4-Broschüren (schwarzer Rücken, schwarzer Einband), hergestellt im Bundesarchiv Koblenz, mit Kopien von Oskar Schindlers Briefen, Dokumenten und persönlichen Aufzeichnungen, die sich jahrzehntelang in einem Koffer auf einem Dachboden in Hildesheim befunden haben, hat uns Emilie Schindler über ihre Freundin, die Journalistin und Schriftstellerin Erika Rosenberg, übergeben.

Ein faszinierendes Vermächtnis Oskar Schindlers, das schon jetzt alle, die sich damit beschäftigt haben, in seinen Bann gezogen hat.

In dem Koffer befindet sich vor allem der Briefwechsel mit Freunden – zum Glück hat Schindler viele Durchschläge seiner Briefe aufbewahrt, aber auch umfangreiche Korrespondenz mit jüdischen Organisationen, mit Behörden, Rechtsanwälten, Firmen und Banken. Es finden sich Berichte aus der Kriegszeit, Schindlers berühmte Liste, Pläne seiner Fabriken in Krakau und Brünnlitz, seiner Farm in Argentinien, Geschäftsbilanzen, Vermögensverzeichnisse, Urkunden, Vollmachten, eidesstattliche Erklärungen, medizinische Gutachten, Rentenbescheide, Fotos, Zeitungsartikel … in Deutsch, Englisch, Polnisch und Iwrit – Schindler scheint alles gesammelt zu haben, was über ihn geschrieben wurde. In seinen letzten Lebensmonaten und über seinen Tod hinaus scheint Ami Staehr – Schindlers Freundin der letzten Jahre, die den Koffer nach seinem Tod[1] aufbewahrt hatte – diese »Dokumentation« weitergeführt zu haben. Nicht klären lässt sich, ob und wie viele weitere wichtige Briefe Schindlers in diesem Koffer *nicht* enthalten sind oder nachträglich entfernt wurden – auf jeden Fall stellt diese Sammlung eine wichtige zeitgeschichtliche Fundgrube dar.

Wie zeigt sich Schindler in diesen Dokumenten? Zunächst einmal erweist er sich als eifriger Briefeschreiber, wobei der Großteil der Kor-

---

[1] Der genaue Zeitpunkt ist nicht bekannt, eventuell auch schon vor seinem Tod.

respondenz aus der Zeit stammt, die er in Deutschland zwischen 1957[2] und 1972[3] verbrachte. Die Kriegszeit wird in persönlichen Berichten und wenigen Briefen (*nach* 1945) abgehandelt, Briefe aus Deutschland vor 1949 beziehen sich überwiegend auf die beabsichtigte Auswanderung nach Argentinien, während Briefe aus Argentinien wiederum vorrangig die Bemühungen dokumentieren, nach Deutschland zurückzukehren, um Gelder aus dem *Lastenausgleich* beziehen zu können.

Schindler unterhielt eine umfangreiche Korrespondenz, sein Freund Martin Gosch[4] schrieb ihm einmal sogar verärgert, dass er offensichtlich »unter dem Zwang stehe, Briefe schreiben zu müssen«[5].

Schindler liebte den Kontakt zu Menschen und er liebte es, sich mitzuteilen – da viele Freunde weit entfernt wohnten und Telefonate teuer waren, lag es nahe, sich in Briefform zu verständigen.

Schindler schreibt nicht »fehlerfrei«, aber flüssig, oft spannend und unterhaltsam. Sein Freund Jakob Sternberg attestierte ihm sogar, dass er eine »vortreffliche Schreibbegabung« habe ... die er für das Schreiben von Memoiren ausnützen solle ... und weissagte ihm dadurch »große materielle Gewinne«. Schindler hat weder die Produktion seines Films erlebt noch je ein Buch geschrieben, der Film über ihn ist jedoch ein großer Erfolg geworden – warum sollte es »sein« Buch, das anhand des Materials aus seinem Koffer nun Frau Erika Rosenberg mithilfe von Frau Emilie Schindler zusammenfügen konnte, nicht auch werden?

Schindler, einer der »Gerechten« in einer Zeit des Unheils, erweist sich in diesen Dokumenten als Mensch mit den unterschiedlichsten Facetten, dem man sich nähern, auf die Spur kommen kann ... und der trotzdem Geheimnisvolles, Unverständliches behalten wird.

Der Verlag

---

[2] In dem Jahr kehrte er aus Argentinien zurück.

[3] Nach 1972 bis zu seinem Tod 1974 fühlte sich Schindler wahrscheinlich gesundheitlich zu angeschlagen, um noch Briefe schreiben zu wollen.

[4] ein amerikanischer Filmproduzent, der sich darum bemühte, einen Film über Schindler auf die Beine zu stellen

[5] »It seems you have a compulsion to write letters.«

Hinweis für den Leser

Die hier vorliegenden Briefe von Schindler sind überwiegend auf der Schreibmaschine geschrieben – offensichtlich von einer Frau Staudenmayer, Schindlers ehemaliger Steuerberaterin, die ihm auch Briefe ins Englische übersetzte, das er nicht beherrschte. Die an Schindler gerichteten Briefe sind mal handschriftlich, mal maschinegeschrieben, meist auf Deutsch, aber auch auf Englisch, Französisch oder Polnisch[6]. Nicht alles ist gut lesbar, was der Leser durch Auslassungspunkte ... oder eckige Klammern [ ] angezeigt findet.

Die Briefe und Dokumente werden innerhalb der Kapitel grundsätzlich in chronologischer Reihenfolge präsentiert – wird diese nicht eingehalten, z. B. weil bestimmte Briefe thematisch zusammengehören, wurde das jedes Mal explizit vermerkt.

Die im Koffer vorgefundenen Dokumente wurden grundsätzlich unverändert übernommen. Bei der Wiedergabe der Briefe wurden nur offensichtliche Schreibfehler korrigiert, in wenigen Fällen auch Ausdrucksfehler, die das Verständnis erschweren. Dies gilt auch für die auf Deutsch geschriebenen Briefe Nichtdeutscher, die behutsam bearbeitet wurden, um den Lesefluss nicht zu sehr zu stören; jede Bearbeitung wird generell im Text in Kommentaren und Fußnoten und durch die schon oben erwähnten Auslassungspunkte und eckigen Klammern kenntlich gemacht.

Alle Briefe und Dokumente sind in normaler Schrift gesetzt. Herausgeber-Kommentare und Textzusammenfassungen in indirekter Rede stehen in kursiver Schrift.

Häufiger vorkommende Begriffe und Organisationen stehen der besseren Lesbarkeit wegen auch in den Dokumenten in kursiver Schrift.[7]

---

[6] Der *Schindler-Jude* Poldek Pfefferberg z. B. schreibt auf Deutsch, Englisch und Polnisch.

[7] was dort grundsätzlich nicht der Fall ist

Emilie Schindler und Erika Rosenberg in der Deutschen Botschaft am 4. Oktober 1999

Erika Rosenberg

Statt eines Vorworts: Wie ich Emilie Schindler kennen lernte

Alles begann damit, dass ich irgendwann Ende Mai 1990 den damaligen Chefredakteur des Argentinischen Tageblattes, Peter Gorlinsky traf. Eigentlich wollte ich mit ihm über die deutsch-jüdischen Einwanderer in Argentinien sprechen, über die ich gerade recherchierte – meine Eltern gehörten dazu –, als er mich fragte, ob ich je von »Mutter Courage« gehört hätte. Das sei eine Frau, die nicht weit entfernt von hier wohne und die im Krieg zusammen mit ihrem Mann 1300 Juden vor dem sicheren Tod in den Gaskammern gerettet hätte. Sie hießen Emilie und Oskar Schindler. Die Geschichte fesselte mich sofort, aber da Gorlinsky keine Zeit hatte mir Näheres zu erzählen und wenig später in Urlaub gefahren war, erfragte ich bei der Deutschen Botschaft Name und Adresse der Schindlers. Ich erfuhr, dass es nur noch eine Frau Emilie Schindler gäbe, die in einem Vorort von Buenos Aires lebe. Sofort rief ich Frau Schindler an und verabredete mich mit ihr. Als Vorwand hatte ich angegeben, mit ihr ein Interview für Radio Deutsche Welle machen zu wollen, womit der Sender, für den ich schon mehrmals gearbeitet hatte, sich nachträglich einverstanden erklärte.

Am 22. Juni 1990 fuhr ich doch recht aufgeregt die 60 Kilometer nach San Vicente, wo Frau Schindler noch heute lebt. Als ich an der Tür klingelte, fiel mir die Armseligkeit ihres Hauses und die große Anzahl Katzen auf, für die überall Schüsseln mit Futter und Milch hingestellt worden waren.

Die Tür ging auf und Emilie Schindler begrüßte mich mit einem Lächeln. Sie erzählte mir, dass sie aufgrund des Wetterwechsels an so starken Schmerzen leide, dass sie nicht wisse, ob sie heulen oder fluchen solle – manchmal tue sie beides gleichzeitig.

Nachdem wir uns an den Wohnzimmertisch gesetzt hatten, sagte sie gleich, dass ich sie nicht nach dem Schindler fragen solle, von dem wolle sie nicht sprechen.

Ich war enttäuscht, denn natürlich hatte ich auch über ihn sprechen wollen, aber unser Gespräch gestaltete sich dann doch recht interessant. Emilie Schindler erzählte mir vom Krieg, über ihre Nachbarn, den Hund, ihre Isolierung und wie sie immer hatte hart arbeiten müssen – alles durcheinander und für mein Interview zunächst wenig brauchbar. Nach einem fast dreistündigen Gespräch schlug ich vor, am nächsten Sonntag wieder zu kommen, und Frau Schindler meinte, dass ich sie jederzeit besuchen könne. Bis ich glaubte, genug Material für eine Sendung zusammengestellt zu haben, brauchte ich dann doch genau vier Sonntage ... nach denen mir klar war, dass sich zwischen mir und Frau Schindler eine Freundschaft angebahnt hatte.

Wir blieben in Kontakt, und nach einiger Zeit schlug ich ihr vor, ihre Memoiren zu schreiben. Wir arbeiteten noch daran, als eines Tages ein Brief aus Amerika von Spielbergs Sekretärin kam, in dem Emilie Schindler »als eine Überlebende und Gerettete von Schindlers Liste« nach Israel eingeladen wurde, zu den Dreharbeiten der letzten Filmszene von »Schindlers Liste«.

Emilie Schindler, die ja schließlich an der Rettung der 1300 Juden entscheidend beteiligt gewesen war, reagierte voller Wut und Empörung. Sie sagte zu mir: »Man hat mich für tot erklärt, damit man mir die fünf Prozent vom Filmerlös nicht zu zahlen braucht, diese Nichtsnutzigen, diese ...!«

Emilie Schindler reiste dann doch – trotz ihres Ärgers – nach Israel und wurde dort auch von Überlebenden herzlich begrüßt.

Die Zeit verging, und die Kassetten für Emilie Schindlers Memoiren häuften sich – es waren genau 400. Obwohl davon vieles nicht brauchbar war, wollte ich alles aufbewahren – schließlich ist diese alte Dame, Emilie Schindler, eine Kronzeugin des jetzt vergangenen Jahrhunderts. Im Jahre 1994 erhielt Frau Schindler in der Deutschen Botschaft in Buenos Aires das Bundesverdienstkreuz am Bande. 1995 wurde sie vom Papst nach Rom eingeladen, wozu ich sie begleitete. Dann ging es weiter nach Bonn, zum ehemaligen Bundespräsidenten Dr. Herzog und der ehemaligen Bundestagspräsidentin Dr. Rita Süssmuth. Wir besuchten auch die Städte Zwittau (Geburtsstadt Schindlers), Krakau und Brünnlitz, wo Emilie mit ihrem Mann vor so vielen Jahren segensreich gewirkt hatte.

Endlich erhielt sie die ihr zustehenden Ehrungen und wurde nach so vielen Jahren des Vergessenwerdens für ihre große Menschlichkeit und Tapferkeit bei der Rettung der Juden anerkannt. Die Veröffentlichung ihrer Memoiren, unseres gemeinsamen Buches »In Schindlers Schatten« trug sicher auch dazu bei, Emilie Schindlers Taten einem größeren Kreis von Menschen bekannt zu machen.

Gemeinsam hielten wir Vorträge in Argentinien und vielen anderen Ländern. Am 18. November 1999 wurde Emilie Schindler zur Ehrenbürgerin des Landes Argentinien ernannt.

Unsere enge Freundschaft verbindet unsere Schicksale – auf der einen Seite ich, die Tochter Verfolgter, auf der anderen Seite sie, die Beschützerin der Verfolgten – immer mehr. Ich kam zu ihr als Journalistin und Schriftstellerin, jetzt bin ich auch eine Art Betreuerin. Wenn wir kommen, nennt man uns in einem Atemzug: »Ach ja, da sind ja Frau Schindler und Frau Rosenberg.« Alle wissen, dass ich diejenige bin, die sich bei jedem Notfall um Frau Schindler kümmert – ich renne ins deutsche Krankenhaus, rufe die deutsche Botschaft an oder schreibe Zeitungsberichte. Anfang 1999 alarmierte ich die argentinische Regierung, dass Frau Schindler kein Geld mehr habe, ihre Betreuer zu Hause zu bezahlen – und sie erhielt tatsächlich eine Rente.

Als im Oktober 1999 die Geschichte von Schindlers Koffer Schlagzeilen machte, versuchte ich wieder die Rechte von Frau Schindler zu verteidigen.

Als wir uns neulich trafen, sagte sie zu mir: »*Liebes Kind, wir sind zusammen, ja, ja, wir sind schon wie eins*« ... und ich glaube, sie hat Recht.

Mich hat immer die Geschichte Emilie *und* Oskar Schindlers interessiert. 1997 habe ich eine Romanbiografie über *Oskar* Schindler geschrieben, und ich bin fasziniert davon, die Dokumente Oskar Schindlers herausgeben zu dürfen, die völlig neue Einblicke in seinen Charakter und seine Lebensgeschichte eröffnen.

Trotzdem ist es mir ein besonderes Anliegen, die Verdienste Emilie Schindlers bekannt zu machen oder in Erinnerung zu rufen. Emilie Schindler ist mittlerweile 93 Jahre alt – einsam (wenn zum Teil vielleicht auch in selbst gewählter Isolation), krank und in sehr beschränkten Lebensumständen lebend.

Sie, die immer im Schatten ihres Mannes stand, obwohl auch sie sich unter Lebensgefahr aufopferungsvoll um »ihre« Juden kümmerte, wurde 1993 auch endlich in Yad Vashem zu den »Gerechten aus den Völkern« gezählt – ihr Mann erfuhr diese Ehre schon 1962.

Ich möchte mich an dieser Stelle bei Emilie Schindler bedanken – für ihre Menschlichkeit, ihre Hilfsbereitschaft, ihre Tapferkeit – auch im Namen aller, denen sie geholfen hat und die vielleicht schon nicht mehr am Leben sind.

An zweiter Stelle möchte ich mich dafür bedanken, dass Emilie Schindler mir die Herausgabe der Dokumente ihres verstorbenen Mannes anvertraut hat.

Erika Rosenberg im Juli 2000

Die Geschichte des Koffers

Montag, der 10. Oktober 1999. Ich bin Schriftstellerin und war wie jedes Jahr zur Frankfurter Buchmesse geflogen. Ich hatte Termine mit verschiedenen Verlegern und anschließend Vorträge in mehreren Städten geplant. Als ich morgens beim Hotelfrühstück saß und schnell die Zeitung durchblätterte, blieben meine Augen an folgender Nachricht haften:

»*Wichtiger Fund auf einem Dachboden in Hildesheim. Oskar Schindlers Koffer nach 25 Jahren gefunden. Der Koffer enthält wichtige Dokumente.*«

Mein Herz fing schneller an zu schlagen, denn ich als Biografin von Oskar Schindlers Witwe Emilie hatte nie von der Existenz irgendeines Nachlasses erfahren. Sofort rief ich Emilie Schindler in Argentinien an. Ich fragte sie, ob sie schon von dem Koffer ihres Mannes gehört, ob irgendjemand sie über diesen Fund informiert habe. Sie wusste von nichts und bat mich dann, ihr den Koffer mitzubringen, sie wolle sich anschauen, was darin sei.

Ich dachte nach und fand, dass Emilie tatsächlich Recht auf den Koffer hatte – schließlich ist sie die Alleinerbin Oskar Schindlers.

Sonntag, der 16. Oktober. Für mich war die Buchmesse zu Ende und am nächsten Tag sollte ich einen Vortrag über Emilie Schindlers Memoiren »In Schindlers Schatten« halten. Ich konnte mich schwer auf die Vorbereitung konzentrieren, denn immerzu musste ich an den Koffer denken …

Montag, der 17. Oktober. Ich war schon früh wach und rief um kurz nach 9 Uhr die *Stuttgarter Zeitung* an und verlangte den Chefredakteur Dr. Vorkötter zu sprechen – die *Stuttgarter Zeitung* war nämlich im Besitz des Koffers und plante eine sechsteilige Serie darüber zu schreiben.

Ich erzählte Dr. Vorkötter, dass Emilie Schindler mich beauftragt habe, ihr den Koffer zu bringen. Ich fragte, warum man sie über den Fund nicht informiert habe, sie sei Alleinerbin und wünsche Einsicht

Schindlers Koffer (Foto oben: dpa)

in den Kofferinhalt. Darauf behauptete Dr. Vorkötter, dass der Koffer Frau Schindler nicht gehöre, dass sie darauf keinen Anspruch habe, alles sei mit Anwälten bereits juristisch geregelt. Nachdem die *Stuttgarter Zeitung* ihre Serie über den Kofferinhalt geschrieben habe, gehe der Koffer nach Israel, nach *Yad Vashem*[1].

Ich schlug vor, dass wir uns persönlich darüber unterhalten sollten und er stimmte zu. Wir verabredeten uns für Donnerstag, den 20. Oktober.

Bei meinem Vortrag abends fragten mich alle nach dem Koffer ... aber ich konnte nicht allzu viel Auskunft darüber geben.

Donnerstag, der 20. Oktober. Ich hatte schlecht geschlafen. Heute sollte das Gespräch mit der *Stuttgarter Zeitung* stattfinden. Wegen des Koffers rief mich gleich morgens ein Herr vom ZDF an. Als er hörte, dass ich mittags nach Stuttgart fahren wollte, schlug er vor, dass ich mich mit ihm und seinem Team im Zug treffen solle, er würde mir eine Fahrkarte zuschicken und in Mainz zusteigen. Das ZDF-Team erkannte ich sofort, und wir konnten gleich mit dem Interview beginnen. Der Redakteur erzählte mir, dass es gleich morgen im *heute journal* gesendet würde. Zum Schluss des Interviews spielte ich die Kassette ab, auf der ich ein Telefongespräch mit Frau Schindler aufgenommen hatte.

Vom Zug aus rief ich Frau Schindlers Anwalt in Buenos Aires an, er solle mir einen Kollegen in Stuttgart empfehlen, der mir in dieser ganzen Angelegenheit beistehen könne.

Gemeinsam fuhren wir dann zur *Stuttgarter Zeitung*, das ZDF-Team sollte eine Stunde später mit Dr. Vorkötter sprechen.

Bei unserem Gespräch versuchte Dr. Vorkötter mir zu erklären, dass der Koffer samt Dokumenten jemanden gehöre, und das sei nicht Frau Schindler, auch die *Stuttgarter Zeitung* sei nicht Besitzer des Koffers, sondern nur ein Bote. Der Besitzer habe *Yad Vashem* in Israel den Koffer mit den gesamten Dokumenten schon seit langem versprochen.

Von einem *Spiegel*-Reporter, mit dem ich mich schon einmal über

---

[1] Israelisches Dokumentationszentrum und Gedenkstätte für die Opfer der Judenverfolgung mit Sitz in Jerusalem. Schindler hatte gute Kontakte zu *Yad Vashem*.

die Koffergeschichte unterhalten hatte, erfuhr ich den Namen des Mannes, der den Koffer auf seinem Dachboden in Hildesheim gefunden hatte – Christian Staehr. Annemarie Staehr war die letzte Geliebte Oskar Schindlers gewesen. Frau Schindlers Nichte Traude Ferrari hatte einen 1975 von Annemarie Staehr an sie gerichteten Brief 1995 Frau Schindler zu einem Treffen in Bonn mitgebracht, und ich hatte diesen Brief Frau Schindler vorlesen müssen.

Ich fragte den *Spiegel*-Redakteur, ob Christian Staehr in Stuttgart wohne, was dieser bejahte. So fasste ich den Entschluss, Herrn Staehr persönlich zu besuchen. Ich ließ mir Adresse und Telefonnummer geben und klingelte wenig später an seiner Tür. Ich stellte mich vor und wurde freundlich von Christian Staehr, dem Sohn Annemarie Staehrs, hineingebeten – es schien so, als ob er meinen Besuch erwartet habe. Er sagte mir, dass seine Frau gerade mit der Tochter von Schindler[2] telefoniere und fragte mich, ob ich ein Glas Wein mittrinken wolle. Ich begann Fragen zu stellen: Wie er den Koffer gefunden habe, wem er gehöre und warum er nicht nicht die Witwe, Frau Schindler, benachrichtigt habe. Herr Staehr antwortete mir, dass er den Koffer auf dem Dachboden seines Elternhauses nach dem Tod seines Vaters gefunden habe. Sein Vater sei vor zwei Jahren, 1997, gestorben, seine Mutter bereits 1984. Seine Mutter sei die Vertraute von Oskar Schindler gewesen und bevor Schindler starb, habe er ihr den Koffer gegeben. Doch als der Vater gestorben sei, hätten er und sein Bruder die Erbschaft ausgeschlagen.

Erst in Buenos Aires erfuhr ich den genauen Weg, den Schindlers Koffer genommen hatte: Im Oktober 1999 wurde der Koffer von der *Stuttgarter Zeitung* zum Bundesarchiv in Koblenz verschickt – dort sollte der komplette Inhalt kopiert werden.

Die Kopien der Dokumente aus dem Koffer trafen am 7. Januar 2000 in Buenos Aires ein. Nach Auskunft des Bundesarchives in Koblenz war es der Freundlichkeit von Herrn Staehr zu verdanken,

---

[2] Schindler hatte einen Sohn und eine Tochter aus einer Beziehung, die er während seiner Ehe mit Emilie Schindler unterhielt. Dass Schindler Kinder hatte, erfuhren seine Freunde und Bekannten (seine Frau wusste jedoch davon) erst auf Schindlers Beerdigung, als Mutter und Tochter dort ebenfalls erschienen.

dass Emilie Schindler diese Kopien erhielt und damit die Möglichkeit, als die gesetzliche Erbin Oskar Schindlers die Veröffentlichung des so aufgefundenen Materials mit all den persönlichen Aufzeichnungen, Briefen und Fotos von Oskar Schindler in die Wege zu leiten.[3]

Es hat seine Berechtigung, dass der Koffer selbst samt Inhalt in *Yad Vashem* ist – doch die Urheberrechte verblieben bei der Erbin Emilie Schindler.

Erika Rosenberg

[3] Hierzu übertrug Emilie Schindler mir, Erika Rosenberg, exklusiv die Rechte, sämtliche Unterlagen des in Hildesheim gefundenen Koffers schriftstellerisch zu verwerten. Diese Vollmacht wurde am 8. März 2000 von der Deutschen Botschaft in Buenos Aires beglaubigt.

1.
Die Kriegsjahre

Die im Koffer aufgefundene Korrespondenz beginnt erst nach Kriegsende, verständlich, denn Schindler hatte auf der Flucht fast alles verloren. Es gibt aber viele Berichte Schindlers über seine Taten in der Kriegszeit, z. B. an den Joint[1], *den* Jewish World Congress[2], *für Presse, Film und Zeitschriften, die Schindler aus den verschiedensten Gründen geschrieben hat: um Geldzahlungen und Wiedergutmachungen zu erhalten, um Hintergrundinformationen für seinen* Schindler-Film *zu liefern, sicher auch aus dem Wunsch heraus, seine Rettung der Juden zu dokumentieren und die – berechtigte – Anerkennung dafür zu erhalten.*

Diese Berichte beschränken sich nicht auf eine reine Aufzählung seiner Taten, auf nackte Zahlen; sie sind oft spannend und lebendig geschrieben, verraten zuweilen Humor und viele interessante Details.

Es gibt auch einige Briefe – vor allem an israelische Freunde –, in der diese Zeit wieder lebendig wird, auch um sich gegen Verleumdungen zu wehren. Grundsätzlich gilt über die hier aufgeführten Dokumente hinaus, dass fast jeder Brief in irgendeiner Form auf diese schicksalsträchtige Zeit Bezug nimmt.

---

[1] Der vollständige Name ist: The *American Jewish Joint Distribution Committee.* Diese Organisation wurde 1914 gegründet, ursprünglich um den Juden zu helfen, die in dem Gebiet des heutigen Israels lebten und zu Beginn des 1. Weltkrieges flüchten mussten. Der *Joint* sammelte dann Geld, um allgemein Juden in Europa und Palästina zu helfen, im 2. Weltkrieg dann besonders den von den Nazis verfolgten Juden.

[2] Diese Organisation wurde von den Zionisten im Jahre 1917 in New York gegründet mit dem Ziel, die zivilrechtliche, religiöse und politische Gleichberechtigung der Juden in Osteuropa sowie Palästina zu sichern. Spielte später eine bedeutende Rolle im Kampf gegen den Nationalsozialismus und setzt sich für die Bürgerrechte in den USA ein.

Oskar Schindler
San Vicente,F.C.N.G.R.
Prov.Buenos Aires [illegible].7.51.

Sehr geehrter Herr Lang!

Bitte mir die große Verzög[illegible] der Beantwortung Ihres
sehr geehrten Schreibens zu ents[illegible]en,ein termingebundenes
Bauvorhaben,das durch Schlechtwe[illegible]riode gestoppt war,mußte eilig
fertiggestellt werden,(Bankleute [illegible] eben leider auch Bürokraten)
zusätzlich kam die Ernte und Ver[illegible] meiner Nutria-Felle,die auch
eine saisonbedingte Arbeit darste[illegible]odaß ich in den letzten Wochen
so leid es mir tut,keine freie S[illegible] hatte,mich zu einem Brief zu
konzentrieren.
[illegible]
sehr recht vermutet,daß es in Deu[illegible]nd heute ähnlich ist.Ihnen
meine Erfahrungen mit gewissen deutschen Kreisen ausführlich darzu-
stellen,hoffe ich noch Gelegenheit zu finden.Deren antijüdische Halt-
ung erscheint durch gute Tarnung unkontrollierbarer und gefährlicher
als vor 1938.

Es ist mir durchaus verständlich,daß meine Kriegsgeschichte und
Handlungen nicht mehr in die heutige,von der USA lanzierten,psycho-
logischen Richtung paßt,falls man daraus nur einen KZ Film machen
wollte.Wenn ich gerne Ihrem Wunsche entspreche,einige ausführliche
Schilderungen aus meinem Leben zu schreiben,(so gut ich es eben kann,
ich bin wohl ex Industrieller aber kein Schriftsteller)will ich einige
grundsätzliche Richtigstellungen vornehmen,welche Deteils meinem
guten und langjährigen Freud Pfefferberg unbekannt oder entfallen sind.

Erst will ich feststellen,daß ich nicht Altreichs-Deutscher,
sondern Sudetentdeutscher bin,also Beute-Germane und gehöre heute in
die Millionen-Armee der Heimatvertriebenen.(Mir sind die Bilder meiner
Flucht und Erniederigung mit all dem blutigem Greuel der sadistischen
Meute der Tschechei genau so lebhaft in Erinnerung wie die Untaten
deutscher "Übermenschen"gegen wehrlose Juden,Polen,Frauen und Kinder)

Als zweites Moment,das richtigzustellen ich für wichtig halte,ist,
daß ich kein hohes Parteimitglied war,ich verfügte nicht einmal über
ein Parteibuch,sondern einer Zahlkarte als Anwärter.Die Hindernisse,
die meine Erfolge stören konnten,die sonst das mir fehlende rote Partei-
buch beseitigt hätte,halfen mir b[illegible]dete,gutgesinnte Wehrmacht O[illegible]
[illegible]
Deutscher war [illegible] doch die Gleich[illegible]ung [illegible]
vielleicht hatte die Propaganda-M[illegible] Göbbels während der Besetzung,
im Sudentenland zu kurze Zeit,um [illegible]ritische Skepsis und den Willen,
selbständig zu denken,völlig auszu[illegible]ten und die eigene Urteils-
fähigkeit zu lähmen.Auch erkannten wir bald den Segen der Besetzung,resp.
späteren Anschluß.Waren schon nach dem Tode Masaryk unter dem Scharlatan
Benesch unsere Rechte klein geworden,(was Lord Runciman u.Chamberlein
als völkerrechtswiederig erkannten und so den Anschluß legalisieren
halfen)so waren wir nach dem Anschluß wieder nicht vollwertig [illegible]
unsere Pflichten wurden ungeheuer.

Ehe ich Ihnen,sehr geehrter Herr Lang,einige Skizzen aus meinem
Leben schildere,will ich noch einen Punkt aufhellen,die in Ihrem w.
Schreiben gefragte Reise nach Syrien.

b.w.

Schindler an Lang, im Juli 1951 (1. Seite des Briefes)

Der österreichische Filmregisseur Fritz Lang[3]*, der im Jahre 1935 in die Vereinigten Staaten emigrierte und 1955 nach Deutschland zurückkehrte, interessierte sich für eine Verfilmung von Schindlers Geschichte. Schindler erhielt seine Adresse im Jahre 1951 durch jüdische Bekannte in Amerika*[4]*, dieselben, die ihm vorschlugen, einen Film drehen zu lassen, damit die Rettung der Juden, Schindlers Erlebnisse und Heldentaten durch einen Film an die Öffentlichkeit kämen. Hier gibt Schindler ihm wichtige Hintergrundinformationen zu seinen Erlebnissen in den Kriegsjahren.*

Dieser Brief[5] *ist an einigen Stellen unleserlich – die vielen Auslassungspunkte sind in diesem Text auf solche Stellen zurückzuführen.*

Buenos Aires, im Juli 1951, Oskar Schindler an Fritz Lang

Sehr geehrter Herr Lang!
Bitte mir die große Verzögerung der Beantwortung Ihres sehr geehrten Schreibens zu entschuldigen, ein termingebundenes Bauvorhaben, das durch Schlechtwetterperiode gestoppt war, mußte eilig fertiggestellt werden (Bankleute sind eben leider auch Bürokraten), zusätzlich kam die Ernte und Verwertung meiner Nutria-Felle, die auch eine saisonbedingte Arbeit darstellt, so daß ich in den letzten Wochen, so leid es mir tut, keine freie Stunde hatte, mich zu einem Brief zu konzentrieren ... [*unleserlich, wahrscheinlich: »Sie haben ...«*] sehr recht vermutet, daß es in Deutschland heute ähnlich ist. Ihnen meine Erfahrungen mit gewissen deutschen Kreisen ausführlich darzustellen, hoffe ich noch Gelegenheit zu finden. Deren antijüdische Haltung erscheint durch gute Tarnung unkontrollierbarer und gefährlicher als vor 1938.

---

[3] u. a. bekannt durch seine Filme »Metropolis«, »Dr. Mabuse«, »Die Nibelungen«

[4] Auch der *Schindler-Jude* Poldek Pfefferberg alias Paul Page hatte Lang von Schindler erzählt.

[5] Er ist wie alle Dokumente sprachlich so gut wie gar nicht bearbeitet worden – nur bei unverständlichen Stellen wird versucht eine Interpretationsmöglichkeit anzubieten, die der Leser aber auch durch eckige Klammern und kursive Schrift als Eingriff der Herausgeberin erkennt.

Es ist mir durchaus verständlich, daß meine Kriegsgeschichte und Handlungen nicht mehr in die heutige, von der USA lancierte, psychologische Richtung paßt, falls man daraus nur einen KZ-Film machen wollte. Wenn ich gerne Ihrem Wunsche entspreche, einige ausführliche Schilderungen aus meinem Leben zu schreiben (so gut ich es eben kann, ich bin wohl Ex-Industrieller, aber kein Schriftsteller), will ich einige grundsätzliche Richtigstellungen vornehmen, welche Details meinem guten und langjährigen Freund Pfefferberg unbekannt oder entfallen sind.

Erst will ich feststellen, daß ich nicht Altreichs-Deutscher, sondern Sudetendeutscher bin, also Beute-Germane, und gehöre heute in die Millionen-Armee der Heimatvertriebenen. (Mir sind die Bilder meiner Flucht und Erniedrigung mit all dem blutigem Greuel der sadistischen Meute der Tschechei genauso lebhaft in Erinnerung wie die Untaten deutscher »Übermenschen« gegen wehrlose Juden, Polen, Frauen und Kinder.)

Als zweites Moment, das richtigzustellen ich für wichtig halte, ist, daß ich kein hohes Parteimitglied war, ich verfügte nicht einmal über ein Parteibuch, sondern eine Zahlkarte als Anwärter. Die Hindernisse, die meine Erfolge stören konnten, die sonst das mir fehlende rote Parteibuch beseitigt hätte, halfen mir befreundete, gutgesinnte Wehrmacht ... [*unleserlich, wahrscheinlich: »Angehörige zu überwinden«*] ... Deutscher war, ist doch die Gleich ... vielleicht hatte die Propaganda-Mühle Göbbels während der Besetzung im Sudetenland zu kurze Zeit, um die kritische Skepsis und den Willen, selbständig zu denken, völlig auszuschalten und die eigene Urteilsfähigkeit zu lähmen. Auch erkannten wir bald den Segen der Besetzung, resp. späteren Anschluß. Waren schon nach dem Tode Masaryk unter dem Scharlatan Benesch unsere Rechte klein geworden (was Lord Runciman u. Chamberlain als völkerrechtswidrig erkannten und so den Anschluß legalisieren halfen), so waren wir nach dem Anschluß wieder nicht vollwertig, nur unsere Pflichten wurden ungeheuer.

Ehe ich Ihnen, sehr geehrter Herr Lang, einige Skizzen aus meinem Leben schildere, will ich noch einen Punkt aufhellen, die in Ihrem w. Schreiben gefragte Reise nach Syrien.

Als Angehöriger einer ...-Gruppe der Wehrmacht-Abwehr, wo ich eine Zeit Leiter ein ... des General-Kommando Breslau war (wie ich dazu kam, finden Sie in einem späteren Teil des Briefes), hatte ich mir als Wehrmacht-Angestellter unter den dortigen Offizieren einige Freunde gewonnen ... Polen-Feldzug kam, mußte ich mich entscheiden, entweder eine Uniform ... und bei einer Heeres-Gruppe Abwehr zu machen, oder das Dienstverhältnis lösen und in die Wirtschaft zurückkehren, woher ich als ... -Mann und techn. Kaufmann ja kam. Da ich als Jahrgang 08 leichter im besetzten Gebiet als im Reich vor Einziehung geschützt war, in ... einflußreiche, befreundete Offiziere hohe Stellen innehatten, entschloß ich mich zur Fabriks-Eröffnung in Krakau.

Nach ca. einem Jahr ... 1940, als die Belegschaft meiner Emailwarenfabrik schon auf 700 Mann angewachsen war, trat Oberst Reiche, der Chef der Abwehrstelle Breslau mit dem Ansuchen an mich heran, eine ihm persönlich sehr unangenehme Angelegenheit in Ankara zur Lösung zu bringen. Für diese Reise erhielt ich einen Dienstpaß als Sonderkurier der Attachégruppe – OKH[6] Berlin. Zweck der Reise war in kurzen Zügen ... folgender ... »kleine« Türkei ... bekanntlich weit bessere Nachrichten ... deutsche Stellen ihre Fäden ... die Türkei laufen, um einiges aus diesen Kanälen zu fischen. Aber nirgends war das Einvernehmen schlechter als im deutschen auswärtigen Dienst. Eifersucht, Mißgunst, Karrierereiterei und erste ernste Spaltungen zwischen traditioneller Wehrmacht-Abwehr (unter schwacher Anlehnung an den jeweiligen Milit. Attaché, der nur 20% der Tatsachen erfahren durfte, wahrscheinlich um sein diplomatisches Gewissen nicht zu überlasten) und den Nachrichten-Stellen des SD[7] (SS RSHA Amt V Ausld. Abw.) mit seinen Trabanten: AO (Auslandorg. d. Partei) und PROMI (Propaganda-Minist.). Erwähnt sei noch die KO (Kriegsorg. oder kann och nichts), eine Gruppe protegierter Reserve-Offiziere, die Abwehr wie Gemüse-Handel betrieben und unter diplom. Schutz als Angehörige der Botschaft in ihrem Stammkaffee, z. B. Germania Istanbul, für billiges Geld recht und schlecht Nachrichten kauften, mit der sich selbst gestellten Hauptaufgabe, eifersüchtig darüber zu wachen, daß ihr angenehmes Leben durch nichts gestört wird. Alle

[6] OKH= Oberkommando des Heeres
[7] SD= Sicherheitsdienst der SS

hier angeführten Stellen schossen gegeneinander, da alle von der Diplomaten-Krankheit befallen waren und durch diese Querschüsse das gute Leben mit Diäten in Edelvaluta sowie Karriere fern aller Fronten aufrechterhalten wollten.

Dem erwähnten Oberst Reiche waren durch diese Methoden allmählich alle Fäden seines Türkei-Apparates lahmgelegt worden, teils waren seine Leute kalt gestellt oder heim ins Reich geschickt worden, falls diese nicht bereit waren, zum SD umzusatteln. Die Funkberichte über Hamburg kamen spärlich und alle Versuche, die Abtrünnigen wieder aufzurichten, schlugen fehl, da eben der örtliche Partei-Terror in Ankara stärker wirkte als verschlüsselte Fernschreiben der Dienststelle aus Breslau. Reiche … neu beleben könnte … entschlossen, bin ich mit meinem Horch ca. 8000 km durch die Gegend geschaukelt, habe viel gesehen, was im Baedeker nicht mit drei bezeichnet ist (und habe Oberst – später General – Reiche die Leute einigermaßen auf Vordermann gebracht. (Geharnischte Proteste gewisser Dienststellen gegen meine Methode und Argumentation wurden beim OKH abgeschirmt.) Herrn Papen habe ich die für »Sonderkuriere« üblichen Ankunfts- und später Abschieds-Visite gemacht, wobei ich feststellte, daß er nur Bruchstücke der Ränkespiele und Vorgänge unter seinem Mitarbeiterstab kannte. (War Papen doch selbst eines der Hauptobjekte des SD und seine Kirchenbesuche und Tennispartien wurden eifrig registriert, dagegen interessierte eine neue russische Panzergranate nur am Rande.) In einigen Wochen war ich wieder in Krakau. Oberst Reiche konnte nur kurze Zeit den Erfolg meiner Reise verwerten, bald erfuhr ich, daß ein Teil seiner Leute, soweit wehrfähig, eingezogen wurden, die anderen ohne Angabe von Gründen nach ihrem Weihnachtsurlaub keine Pässe vom Ausw. Amt erhielten, selbst ein kurzes Visum zur Liquidierung eventueller Vermögenswerte wurde verweigert.

So war auf lange Sicht der SD schon 1940 stärker als das OKH. In Oberst Reiche hatte ich trotzdem einen wohlwollenden Freund gewonnen. Die etwas ausführliche Schilderung der Zusammenhänge der Türkei-Reise wird das Nachfolgende leicht verständlich machen.

Bei meinen dreimaligen Verhaftungen durch die Gestapo (1942, 43, 44), regelmäßig wegen Denunziation: fraternisieren mit Juden und Polen, wo die letzte Verhaftung besonders ernst war, da es [*sich*] um nachgewiesene, fortgesetzte Bestechung eines SS-Führers handelte und einer Summe, die zweihunderttausend Zloty überstieg, bei diesem Unangenehmen haben mir nur die Wehrmacht-Offiziere wie Reiche, und um gleich alle meine Freunde vorzustellen, Insp. des Rüstungsbereiches Polen, General Schindler (kein Verwandter, wenn mir auch die Namensgleichheit oft nützte), die Chefs der Rüstungs-Kommandos Krakau und Troppau, Oberstltn. Ott, Oberstltn. Süßmuth, die Abwehroffiziere: Oberstltn. Plate, Radke, Major von Korab und Hauptm. Gebauer, diese Freunde haben mir geholfen, eine schnelle Haftentlassung zu erwirken.

Diese Offiziere waren teils Anti-Nazis (Zweites Reich) oder zumindest Gegner der SS und deren Methoden ... an der Seite Canaris bei der sich immer vergrößernden Kluft zwischen Wehrmacht-Abwehr und SD. (Von den Genannten sind Reiche, Plate, Radke, Ott u. v. Korab tot, Süßmuth lebt in Wien, Schindler u. Gebauer in München. Gen. Schindler war einst Völkerbunddelegierter in Genf, dann Milit. Attaché in Warschau, im letzten Krieg im Stabe Speer.)

Sie ersehen aus meinen Ausführungen, daß ich leider nicht in Syrien oder Israel war. Spätere Reisepläne, durch den *Joint*[8] Budapest nach der Türkei, event. Israel, wo ich mich in Istambul mit dem amerik. Diplom. Steinhart treffen sollte, der für die jüd.Vorkommnisse in Polen großes Interesse hatte, wurden von irgendeiner Seite torpediert und ich sah meinen Paß nicht wieder, der zur Visa-Eintragung in Budapest resp. Sofia war. Die Verbindung mit dem *Joint* Budapest hatte mir Major Franz v. Korab gemacht, mein bester Freund in den Krakauer Jahren, der im letzten Kriegsjahr als Halbjude erkannt und aus der Wehrmacht ausgestoßen wurde. (Die Tschechen haben ihn in Prag, wo er dann lebte, bei Kriegsende als deutschsprechenden Zivilisten erschlagen, seine Frau lebt in Wien.)

In meinen wenigen Sätzen will ich versuchen, die Zusammenhänge zu schildern, die mich mit der dtsch. Abwehr in Kontakt brachten: Durch die Wirtschaftskrise der 30er Jahre war mein Vater gezwungen,

---

[8] Diese Organisation wurde 1914 gegründet, ursprünglich um den Juden zu helfen, die in dem Gebiet des heutigen Israels lebten und zu Beginn des 1. Weltkrieges flüchten mussten. Der *Joint* sammelte dann Geld, um allgemein Juden in Europa und Palästina zu helfen, im 2. Weltkrieg dann besonders den von den Nazis verfolgten Juden.

unseren Betrieb zu schließen, wir erzeugten Landmaschinen. Ich wurde Disponent bei der Mähr. Elektro A.G. Brünn und bearbeitete als Deutscher die Sudd. Randgebiete. Bei den div. Besuchen unserer Vertreter blieb ich öfter übers Wochenende im Riesengebirge, das von Reichenberg, Gablonz oder Trautenau mit dem Auto in ca. einer Stunde zu erreichen war. (Mein Lieblingswochenende war ja der Wiener Heurige! Auch hatte ich dort meinen einzigen Onkel, der den ersten Weltkrieg überlebt hatte, den Verleger Adolf Luser, dessen Monatshefte »der getreue Eckehart« Sie bestimmt seinerzeit irgendwann gesehen haben, das Tragikomische bei meinem Onkel war, daß er als fast völkischer Verlag Dollfuß und Schuschnigg überlebte, um dann, nachdem die Preußen in Wien seßhaft wurden, von der Arbeitsfront zur besseren Gleichschaltung aufgekauft zu werden. Mein Onkel starb einige Monate später, wohl aus Gram über den Verlust seines Lebenswerkes, trotzdem das Schmerzensgeld der DAF über vier Millionen Mark betrug.)

Im Riesengebirge lernte ich eine Directrice eines Sanatoriums kennen, die ein sehr nettes, lustiges Mädchen war, mit der ich mich in der Folgezeit, wenn ich gerade in der Gegend zu tun hatte, getroffen habe.

Später lernte ich noch ihren Bruder kennen, der einen undurchsichtigen Beruf hatte, auf alle Fälle viel mit seinem Wagen herumfuhr. Der Bruder interessierte mich auch weniger. Eines Tages erzählte sie mir, ihr Bruder sei aus der Tschechei nach Zuckmantel geflohen, man wollte ihn aus polit. Gründen verhaften. Das war im Jahre 37[9] und nichts Ungewöhnliches, saßen damals schon einige tausend Sudetendeutsche aus mehr oder weniger nichtigen Gründen bei den Tschechen in Haft. Das Mädchen bat mich dann, ihre Eltern hatten sie angerufen, man hätte sich nach ihrer Adresse erkundigt, ich möge sie mit dem Auto zur Grenze bringen, sie hätte Angst, wer weiß, in was sie durch ihren leichtsinnigen Bruder noch fallen könnte. In meiner Gutmütigkeit erfüllte ich den Wunsch, um so mehr ich wußte, daß die Tschechen in solchen Fällen nicht fein waren, wenn es auch keine Sippenhaftung im wahren Sinne des Wortes gab. Im Morgengrauen standen wir mit den schnell gepackten Koffern an der Grenze. Ein

[9] In Schindlers 1966 geschriebenen Lebenslauf heißt es, dass er schon 1936 für die Abwehr arbeitete.

schnell aufgeweckter Bauer, ein Verwandter des Mädchens, denn sie stammte aus dieser Gegend, zeigte uns einen Feldweg, der zwischen zwei Grenzposten »nüber« führte. Nun bin ich kein Freund von Morgenspaziergängen im taufrischen Gras, noch mit Koffer, so fuhr ich, so leise es ging, durch den Hohlweg den Kilometer Niemandsland, ohne daß es gemerkt wurde. Im Reich wurden wir nach einigen Minuten angehalten, nachdem das Mädchen ihre Geschichte erzählt hatte, begleitete uns ein verschlafener Zivilist nach Zuckmantel in das Hotel, wo ihr Bruder wohnte. (Ich kannte damals noch nicht die Macht der Stapo und Grenzpolizei, war nur verwundert über die Aufregung, die es verursachte, daß ich mit einem Wagen ohne Papiere über die Grenze kam, dabei hoffte ich, daß das gute Werk, das ich dem Mädchen tat, belobt würde.) Einem Abwehroffizier, dessen Mitarbeiter der Bruder des Mädchens war, gefiel meine Frechheit sehr, er riet mir, gleich hier zu bleiben, als ich ihm auseinandersetzte, daß ich eine Frau zu Hause habe und einen Beruf, wurde man sich einig, daß der Wagen schnellstens in die Tschechei zurückmüsse. Am Abend wurde einen Kilometer oberhalb des Feldweges ein großer Lärm gemacht, der die neugierigen Zöllner anlockte und ich fuhr mit Vollgas herüber. (Heute habe ich weniger Sinn für Romantik.) Einmal noch besuchte ich das Mädchen, ohne Auto, dann wurde ich verhaftet und hatte einige Monate Zeit, tschechische Humanität zu studieren. Dann kam der Einmarsch, Hitlers Amnestie, ich war befreit von der Haft, befreit von meiner Existenz, denn der Betrieb lag im Protektorat. Wurde aus Leichtsinn zum Märtyrer. Dann kam der Abwehroffizier[10] und bot mir einen Posten als Wehrmachtsangestellter in der Abwehr. Da mir in dem Trubel der sich gruppierenden Formationen die Wehrmacht noch das Realste erschien (wohl vorbelastet durch den begeistert abgedienten Frontdienst meines Vaters, der sonst gänzlich unpolitisch war, aber die Tradition der kk Armee war für ihn unantastbar.) Auch fühlte ich mich etwas gehandikapt, trotz meines Nimbus der polit. Haft, war ich doch provokativ bis zur Verhaftung mit meinen jüd. Mitschülerinnen (ehemaligen) und Freunden verkehrt, wo andere bereits deren Gruß nicht mehr erwiderten, erhoffte mir durch diese

[10] Ob damit Gotthard Gebauer gemeint ist? Er soll ja Schindler zur deutschen Abwehr gebracht haben.

Stellung einen gewissen Schutz wegen diesbezüglicher Anfeindungen, (die auch prompt eintrafen, wenn auch schwach geschossen).

Mit meinem Meldekopf saß ich dann in einer Villa in M.[11]Ostrau, die mir zugeteilten Leute arbeiteten in Polen u. Westrußland (überdies habe ich damals mit den wohl besten Rußlandarbeitern der dtschn. Abwehr, Oberst Wieser, Oberstltn. Hartwig u. später mit Oberst von Rosenberg, Freundschaft geschlossen). Wenn mich auch die Ergebnisse der Offensivarbeit interessierten, ging mir bald das Reglement dieses Berufes auf die Nerven, trotz der relativen Freizügigkeit, die ich genoß. Nie im Leben hatte ich Vorgesetzte (in meiner tschech. activen Dienstzeit betrieb ich mehr Sport als Soldatentum), jetzt begegnete ich subalternen Offizieren, die mit dem Ton der Kasernenhöfe amtierten, oft ohne Spur von psychologischem Fingerspitzengefühl, das bei dieser Arbeit wichtiger ist als Ordensverleihung. Meine Frau ließ eines Tages an dreihundert Brieftauben fliegen, da bei ihrer ausgeprägten Tierliebe die Tauben nicht wochenlang eingesperrt sein können. (Welche Handlung beim Generalkomm. fast Alarm auslöste und ein Dutzend Meldefahrer und Anrufe zur Folge hatte.) Der Abwehrmann der polnischen Gesandtschaft ließ eines Tages einen Berufseinbrecher eine Aktenkassette in meiner Villa stehlen, die Geheimakten lagen aber, gegen jede Dienstvorschrift und nur bei meinem Leichtsinn möglich, in einem angewachsenen Papierstoß auf meinem Schreibtisch. (Zu meiner Freude enthielt die Kassette von meiner Frau gesammelte Belege meiner Untreue, die fast zu einer Scheidung gereicht hätten, etwas Geld und Schmuck, durch den Verkauf verriet sich der Dieb und wir erfuhren seinen Auftraggeber.)

Nach einem abgewehrten zweiten Versuch, einzubrechen, erhielt ich eine von meiner Dienststelle angeforderte Doppelwache der tschech. Protektorats-Polizei ins Vorzimmer meiner Wohnung gesetzt, ich schlief dann schlechter als vorher, denn deren Schnarchen störte mich. Noch nach dem Polenkrieg, ich war schon lange in Krakau, bewachten diese biederen Männer immer noch die Wohnung mit meiner Frau und der böhmischen Köchin, man hatte vergessen, die Polizei abzubestellen.

Schon in der Zeit habe ich mit Freunden der Grenze zustrebende

[11] M. = Mährisch

Emilie Schindler (rechts) während der Kriegszeit mit Freundinnen in Mährisch-Ostrau (Foto: Emilie Schindler)

Juden in meinem Autokoffer verstaut, um diese dann an der Grenze rüberzulassen, so umgingen die armen Fliehenden Schikane und Qualen der Sicherh.-Pol. und Grenzpol. Ob die Ursache zu derartigen Handlungen meine schon damalige Abneigung gegen die SS war oder eine innere Verpflichtung eingedenk meiner jüdischen Mitschüler und Jugendfreunde, mit welchen ich meine herrlichen Jugendjahre verlebte, wahrscheinlich das Letztere. Bestimmt war es mehr als das Verbotene, was mich zu solcher Hilfe zwang, an sich war es leicht, denn mein Wagen war an der Grenze bekannt und tabu.

Als ich im poln. Raum gegen Ende des Krieges alle KW-Sender der durch mich laufenden Leute abgehört hatte und diese mit Empfehlungen oder Geldabfindungen ein wenig gesichert hatte, quittierte ich, wie schon eingangs erwähnt, meine Dienste und war froh, wieder ein freier Mensch zu sein. Durch die Fabrikseröffnung war ich wieder in meinem Metier.

Sehr geehrter Herr Lang. Mit dem Vorhergehenden habe ich versucht, Ihnen in zusammengedrängter Form zu schildern, wie ein Industrieller in die Abwehr kam. Es ist klar, daß diese kurze Darstellung keinen Anspruch auf Vollständigkeit haben kann. Die Entwicklungsgeschichte meiner Fabrik mit 40 Arbeitern zum Betrieb mit 1600 und zum Rüstungsbetrieb mit einer verbauten Fläche von 40 000 m^2 ist in meinem Leistungsbericht vom Juni 45 an den *Joint* ausführlich enthalten, ich will Ihnen, falls es interessiert, gern wesentliche Auszüge zusenden.

Meine Handlungen in den Krakauer Jahren 39–44 kann Ihnen Poldek Pfefferberg im wesentlichen schildern, was er nicht kennt, sind die vielen Kämpfe, die ich mit Neidern oder solchen, getarnt als Weltverbesserer zur Festigung des Deutschtums im Osten, Betriebskonfidenten und div. Dienststellen auszufechten hatte. Meine mutige Intervention beim Gen.-Gouv. für bessere Verpflegung der arbeitenden polnischen Bevölkerung durch Werksküchen und Konsume, meine seitenlangen schriftlichen Proteste beim höheren SS- u. Pol.-Führer, Obergrf. Koppe, gegen die Auswüchse des »Übermenschentums« der Organe seiner Zivil-Verwaltung, die in kurzem die Wirtschaft ruinieren wird, daß seine Verfügungen die Kuh umbringen, die sie zu melken gedenken. Bei einer späteren Aussprache eröffnete er mir, er verbiete sich eine so krasse Kritik seiner Organe und deren Tätigkeit, nur meine bekannten posit. wirtschaftlichen Leistungen hielten ihn davon ab, mich in ein KZ zu schicken, trotzdem protestierte ich weiter ... die Verschickung der poln. ... Arbeiter ins Reich, wodurch die Wirtschaft des GG[12] ernsten Schaden erlitt. Wohl für meine Unerschrockenheit, Frechheit, vielleicht auch Fähigkeit, wählten mich die Industriellen zum Präsidenten der Fachgruppe Blechverarbeitende Industrien. Auch die Hilfeleistungen für arische Polen, teils Angehörige meines Betriebes oder deren Bekannte, Enthaftungen, vorzeitige Entlassung aus der Kriegsgefangenschaft, Schutz vor Zwangsverschickung zum Arbeitseinsatz ins Reich, Wohnungsrückgaben usw., die ich dank meiner Beziehungen zu leisten willens war, sind zahlreich.

Bei der Industrie-Räumung Krakaus beim Herannahen der Russen galt mein Hauptkampf der Erreichung der Verlagerungs-Genehmigung für meine jüdischen Arbeitskräfte. Endlich, nach langen ban-

---

[12] GG = Generalgouvernement (Polen)

gen Wochen, erhielt ich in Berlin, wo ich alle Register zog, mit Unterstützung des Oberbaurat Ing. Lange vom Heereswaffenamt OKH in Oranienburg, vom Inspektorat der KZ-Lager die Genehmigung zum Transport meiner Leute nach namentlicher Liste, u. in wenigen Wochen waren die Familien meiner Leute wieder vereint. Die Verlagerung selbst blockierte in den ersten Tagen den kleinen Bahnhof des Verlagerungsortes, als 250 Waggons Maschinen u. betriebsbedingte Güter anrollten. Mit den örtlichen Stellen begann der Kampf u. die Schwierigkeiten gleich die ersten Tage, Protest gegen die Verjudung der Gegend, Gefahr der Seucheneinschleppung usw. Dann begannen für mich die Abwehrmaßnahmen gegen Hunger, es war eben nicht mehr Polen, wo man, wenn auch schwarz, jede Menge Lebensmittel kaufen konnte. Todesstrafe drohte für jeden Sack Mehl, der schwarz gekauft wurde. Zur Aufrechterhaltung des Lebensminimums benötigte ich aber tonnenweise Lebensmittel. Die Zuteilung genügte gerade für eine Woche, die einmal monatlich ausgegeben wurde. Durch das weitere Vordringen der Russen begann nach einigen Monaten ein zermürbender Kampf mit den SS-Führern, um eine neue Räumung von Brünnlitz zu verhindern. Die schon hysterisch gewordenen SS-Führer beharrten auf ihrem Standpunkt, bis mit Hilfe meiner Wehrmacht-Freunde auch diese Gefahr abgebogen wurde. Meine Hoffnung, daß die Amis die Tschechei besetzen würden, hat sich als irrig erwiesen, ich hatte mich eben zu wenig weit westlich abgesetzt. So kam der Moment, wo ich mich von allem trennen mußte, was mir lieb und wert … fliehen. Diese Flucht wurde zur größten … das berechtigte Verlangen, von mir aus der Tschechei herausgebracht zu werden. 1100 Juden, die teils 5–6 Jahre mit mir gearbeitet hatten und mir vertrauten, hatten mein Versprechen, daß ich sie nicht schutzlos ihrem Schicksal überlasse, sondern daß ich bis 5 nach 12 bei ihnen bleibe. (Nun gehöre ich zu der kleinen Gruppe Menschen, die ihr Versprechen auch dann einlösen, wenn dies schwierig wird.) Die Methoden der Russen kannte ich schon, da ich mich bereits in Krakau u. Ostrau als letzter abgesetzt hatte, war also nicht besonders scharf darauf, von dem Verein belästigt zu werden, von der tschechischen Art hatte ich einen kleinen Vorgeschmack und war mein Bedarf, Liebenswürdigkeiten zu empfangen, gedeckt.

Trotz meiner vielen Gutpunkte mußte ich alles daransetzen, die amerik. Linien im Böhmerwald zu erreichen. Daß ich erst fahren durfte, bis die SS-Wachen und letzten dtsch. Waffenträger das Weite gesucht haben, war mir klar, denn ein Dutzend Maschinenpistolen konnten die Leben, um deren Erhaltung ich jahrelang zäh gekämpft hatte, in Minuten vernichten.

Die russ. Truppen waren bereits auf einige Kilometer an die Fabrik herangekommen, als wir losfuhren. Ein Lastzug mit meinen rd. Mitarbeitern und ich mit einem PKW. 7 jüd. Garagenarbeiter, die Verwandte in der Schweiz oder Frankreich aufsuchen wollten, fuhren mit uns. Die Straßen mit rückziehenden Kolonnen verstopft. Langsam überholten wir und arbeiteten uns vor. Mit dem PKW konnte ich leichter durch, aber ich verlor das Aufgeholte, da ich immer auf den Lastzug warten mußte. 250 km Panik, Infern ... und Brücken geworfen, Generäle ohne Kraftfahrer, in zwei Strömen, Kotblech an Kotblech, ging die wilde Jagd. In der kleinen Stadt Deutsch Brod wurde alles gestoppt. Die Russen hatten von Wien vorstoßend die Fluchtstraße abgeschnitten. Am Marktplatz wurden wir von allem erleichtert, Uhren, Autos, Koffer usw., dann kam die Nacht mit gesteigertem Sadismus, Vergewaltigungen und Schießerei besoffener Soldaten. Am nächsten Morgen wurden langsam Fußmarschkolonnen der reichsdtsch. u. öster. Zivilisten gruppiert, die Sudetendeutsch. brachte man in ein Lager, ich wußte, daß dies eine Sache auf Monate sein kann u. zog mir einen KZ-Anzug, der im Lastwagen lag, an, warf alle Personalpapiere, die meine Frau u. ich mitführten in ein Kanalgitter, besorgte Passierschein beim tschech. Revolutions-Ausschuß (Narodny-... or), ließ den auf 9 Häftlinge lautenden Ausweis vom tschech. roten Kreuz beglaubigen und so zogen wir dann durch die Böhmerwaldstraßen (im Walde tobten noch Kämpfe mit SS-Divisionen, die sich auf diese Art zum Ami durchschlagen wollten). Nach 36 Stunden erreichten wir abgekämpft die amerik. Sperrzone. Hunderttausende Flüchtlinge und vom Ami entwaffnete Landser hofften auf Durchlaß.

Alle die Hoffenden wurden den Russen ausgeliefert, wie ich später erfuhr. Heute grollen wegen dieser Handlung Tausende Überlebende russ. Gefangenen-Lager der amerik. Heeresleitung wegen dieses Geschenkes von Menschenmaterial an den östl. Freund von damals.

Wir erhielten Durchlaß u. nachdem CIC[13] und Heeres-Rabbiner mit Tränen in den Augen unsere Geschichte gehört hatten, wir etwas erholt waren, schenkte man uns einen neuen Autobus der deutschen Reichspost, mit welchem wir, versorgt mit Konserven, unsere Fahrt zur Schweizer Grenze fortsetzten. In Konstanz am Bodensee studierten wir alle Möglichkeiten, legal in die Schweiz zu gelangen, aber die Grenzer waren stur. Ich war auf Anraten des Rabbiner immer noch in meinem KZ-Anzug, da dies viele Fragen ausschloß, wie ein Deutscher event. dazukommt, DP[14]-Bevorzugungen (welche es die ersten Tage nach dem Kriege wirklich gab, später bestanden diese nur mehr in der Propaganda) zu genießen. Den Zeitpunkt des Streifenwechsels der Grenzer hatte ich bald festgestellt, ließ eine Drahtschere kaufen und vereinbarte für nächsten Mittag den Durchbruch. (Die Kreuzlinger Grenze ist herrlich mit Drahtgittern gesichert.) Mein ... hatte sich inzwischen auf 14 erhöht und so saß ich mit der ersten Gruppe und wartete auf die anderen. Einer kam endlich, er hatte sich rasieren lassen, um seiner Tante Helen Rubinstein zu gefallen. Mit halbstündiger Verspätung konnte ich endlich mit dem Durchlassen der einzelnen beginnen, aber mit dieser Zeitspanne war auch die Mittagspause des gemütlichen Schweizer Zollbetriebes beendet. Nachdem ich mit den letzten schon einen Kilometer auf Schweizer Boden war, kamen Zöllner in Hemdärmeln gelaufen und sammelten 9 Menschen zusammen, die anderen hatten durch die Intervalle zwischen den Gruppen schon die Autos ihrer herbeigebetenen Verwandten erreicht u. verschwanden. Wir wurden von dem mit der Pistole fuchtelnden Posten zum Zollhaus gebracht. (Der Mann war recht zornig, einmal weil wir ihm die Siesta gestört hatten, zum anderen, weil ich über die vom Laufen krebsrote spießerische Figur laut und ansteckend zu lachen begann, wodurch er den letzten Rest seiner Autorität untergraben sah, ja sogar die Pistole einsteckte.) Der Diensthabende, ein junger Offizier, begrüßte mich mit den Worten, ihr polnische Judenbande, wir haben

[13] CIC = Counter Intelligence Corps; Organisation des amerikanischen Heeres für militärische Abwehrfragen (Gegenspionage)

[14] DP = Displaced Person; Bezeichnung für die unter dem Nationalsozialismus im 2. Weltkrieg aus ihrer Heimat verschleppten Ausländer, besonders Zwangsarbeiter aus Osteuropa

selber nichts zu fressen, und lieferte uns an die französische Besatzungspolizei aus, die uns einfachheitshalber zwei Wochen ins Arrest setzte. Als ich dem in größeren Intervallen erscheinenden Gefängnisoffiz. den wahren Sachverhalt auseinandergesetzt, wurden wir nicht nur gleich mit pol. Autos in ein gutes Hotel untergebracht, sondern bevorzugt behandelt u. ich war am nächsten Abend mit meinen Leuten schon Gast bei einem Fest des Ortskommandanten für seine Offiziere. (Wir waren die einzigen Zivilisten, in ausgeborgten Kleidern.)

Nachdem ich den Sommer über apathisch in Konstanz blieb, die ... hervorrief, raffte ich meine restl. Energie zusammen, übersiedelte mit meiner Frau nach Bayern, da die Lebensverhältnisse in der franz. Zone recht schlecht waren. In der amerik. Zone hatte ich einen besseren Kontakt mit dem Ausland und bald eine Reihe Bekannter im *Joint* u. CIC. Von meiner Regensburger resp. Münchner Zeit kann Ihnen wieder mein Freund Pfefferberg berichten. Heute bin ich frei von Komplexen u. Depressionen und Gott sei Dank wieder voller Vitalität.

Nach mehrjährigem Studium des Flüchtlingselends und der so gepriesenen christlichen Nächstenliebe in Bayern, erkannte ich, daß ich als Nichtbayer nicht Fuß fassen werde und entschloß mich zur (halb illegalen) Auswanderung nach hier. Heute bedauere ich, nur nutzlose Jahre in Deutschland unproduktiv verbummelt zu haben. (Einmal hatte ich bei einem bayrischen Staatssekretariat die Pachtabsicht eines stillstehenden Metallwerkes vorgetragen, die Herren haben mir nach Prüfung meines Falles den Posten eines Staatsrates angeboten. Hoffte ich, die mir vom Geschick auferlegte Arbeitspause zu beenden, wollten mich die Herren zu neuem Müßiggang, wenn auch mit Titel, verurteilen.)

Mit diesen Zeilen hätte ich in groben Zügen das Wesentliche an Erlebtem der letzten Jahre aufgezeigt, nun liegt es an Ihnen, mich zu fragen, worüber Sie, geehrter Herr Lang, genauere Details brauchen, vorausgesetzt, daß Sie aus dem Stoff etwas machen können.

Falls das Ganze von Ihnen positiv u. zur Bearbeitung geeignet beurteilt würde, wäre die Ideallösung, wenn wir den Stoff gemeinsam durcharbeiten könnten, nur verfüge ich heute als Gringo nicht über die Mittel für einen Ausflug nach Kalifornia. (Es sei denn, die Deutschen wollten mir überraschend den Lastenausgleich für meine sieben Millionen Mark Forderungen gegen das Reich bezahlen, aber die sprech: Laßt den Ausgleich wird wahrscheinlich wie die Wiedergutmachung im Jahre 2000 bezahlt.)

Einige Gedankengänge und Anregungen schweben mir vor, wie event. mein Erleben durch eine Koppelung der zwei großen Katastrophen unserer Generation zum Durchblick kommt, das Werk der Verderber des deutschen Ansehens jüd. Gehens u. blutige Greuel und das Elend der Millionen Flüchtlinge als Produkt des Potsdamer Wahnsinns, ohne daß es ein KZ- oder Flüchtlingsfilm wird, wo diese traurigen Tatsachen nur als mahnende Untermalung meiner Geschichte (zur Gewissensaufrüttelung der allmählich selbst an ihre Kollektiv-Unschuld Glaubenden) ins Blickfeld kommt. Wo auch der Mut zum Anstand des einen oder anderen Uniformträgers der Gerechtigkeit wegen aufgezeigt wird, daß man trotz der Uniform Mensch sein konnte, auch in einer ... (USA, Argentinien oder anderen amerik. Staat) unterbreitet ein Weißbuch über Flüchtlingselend einem (Präsidenten, der UN, einem Senator o. a.) und wirbt um Unterstützung für kollektive Massenauswanderung und Siedelung durch (die Regierung von X, den Marschallplan etc.) nach Alaska (strategisch wichtig, Patagonien etc.), bei Überprüfung meiner Angaben, erzähle ich meine Geschichte (wird meine Geschichte vom Überprüfer der Angaben vorgetragen) oder, da meine Bemühungen erfolglos, versuche ich durch einen Film auf den gefährlichen polit. Zündstoff der Flüchtlingsmassen hinzuweisen[15] resp. deren ungenützte Produktionsfähigkeiten.) Die angesprochenen Stellen verlangen schnellste Bearbeitung und in den Flüchtlingslagern richten sich die verzweifelten Menschen an neuer Hoffnung auf.

Sie werden sagen, wie sich das der kleine Moritz vorstellt, ich habe natürlich auf etwas Liebe vergessen, die in dem Film nicht fehlen soll, auf Pferde, Hunde, Autos u. dieser Schrammel.

Mit Ihrem großen Können werden Sie es bestimmt besser machen, sehr geehrter Herr Lang, als ich es eben skizzierte, das Material läßt auch unter Berücksichtigung der weltpol. Lage viele Variationen zu

---

[15] Diese Motivation für einen Film wird in späteren Filmverhandlungen mit Gosch nicht mehr genannt.

und ich bin sicher, daß Sie daraus den Großfilm »Sudetia«[16] schaffen, wo Sie als Beherrscher der deutschen Mentalität den anderen Filmleuten der USA für derartige Filme viel voraus haben.

In der Hoffnung, daß Sie mir für mein langes Schweigen nicht …, verbleibe ich mit den besten Empfehlungen für Frau […]

Als Beilage zwei Zeitungsausschnitte:
Aus Sicht des Bösen ist ersichtlich, welch
herrliche Perspektiven Flüchtlinge im
Altreich haben.

Schindler wird von den ehemaligen Krakauer Juden Wiener und Wurzel (die jetzt in Israel leben) zehn Jahre nach Kriegsende schwer beschuldigt: Schindler habe Wieners Geschäft während des Krieges im Zuge der »Arisierung« durch SS-Leute beschlagnahmen und in dem Zusammenhang ihn und andere Juden misshandeln lassen. Auch die angeblich Wurzel gehörende Fabrik »Record« habe Schindler sich unrechtmäßig angeeignet. Schindler widerlegt diese Vorwürfe und schildert ausführlich die damaligen Ereignisse.

Buenos Aires, im April 1955, Oskar Schindler an Mag. Salpeter, Isac Stern, Rabbiner Levetov, Dr. N. Stern, Edel Elsner, Henek Licht[17] u. a.

Meine sehr geehrten Herren!
Betrifft: Wurzel-Korzeniowski-Nathan
Giwat-Brenner, Israel
Wenn ich mich heute gezwungen sehe, Sie mit diesen Zeilen zu bedenken, geschieht dies mit der Bitte, aus eingangs angeführtem Kreis geehrter Persönlichkeiten einen Ehrenausschuß zu bilden, nachfolgenden Tatbestand zu prüfen und eine Entscheidung und Ehrenerklärung zu erwirken.

Seit einigen Monaten bin ich hier durch Wurzel einer Verleumdungs- und Beleidigungs-Kampagne ausgesetzt, die W. mit verloge-

---

[16] Diese Idee, das Sudentenland offenbar in dem Film besonders zu thematisieren, scheint später völlig verloren gegangen zu sein.
[17] Diese Herren gehörten zum so genannten »Schindler-Komitee« in Israel, das sich bei vielen Gelegenheiten für Schindler einsetzte.

nen Schriften bei allen jüdischen Institutionen und ernsten Dienststellen betreibt, ich bin nicht gewillt, mich länger dieser Aktion unerwidert auszusetzen.

Ehe ich auf die Beschuldigungen und Forderungen W.s eingehe, will ich versuchen, die Vorgeschichte des Streitfalles chronologisch zu skizzieren, um gewisse Momente aufzuhellen. Es liegt mir ferne, mit diesem Bericht zum Ankläger jüdischer Belange zu werden und ich erkläre, daß ich frei bin von Rachsucht oder anderer böswilliger Interessen. Die in der Folge aufgeführten Tatsachen sind, soweit diese für W. nach einem Gesetz strafbar waren, heute, zehn Jahre nach dem Krieg, bestimmt objektiv und subjektiv verjährt und dienen nur zur Illustration dieses traurigen Zeitgenossen und der damaligen Spannungen und Zusammenhänge.

In vielen in den letzten Monaten nach Argentina gerichteten Briefen, Akten und anonymen Schreiben bezeichnet sich Wurzel als rechtmäßiger Eigentümer der vor dem Kriege in Konkurs gegangenen Emailfabrik Record in Krakau. In manchen Briefen behauptet er nur, Eigentümer der Maschinen der Konkursmasse »Record« Krakau zu sein. Diese Behauptungen werden durch Lügen und Beleidigungen untermauert, um sich mit diesen Ausführungen glaubwürdig als Naziopfer Nr. 1 herauszustellen.

Es ist bewiesen, daß die Fabrik »Record« Krakau lange vor dem deutschen Einmarsch nach Polen in Konkurs ging, die Produktion einstellte. Der Betrieb war, als ich 1939 nach Krakau kam, nicht jüdisches Vermögen, sondern Zweckvermögen der Konkursmasse des polnischen Handelsgerichtes in Krakau. Wurzel war zu polnischer Zeit nie Teilhaber der Email-Fabrik Record in Krakau. In seinen Briefen stellt W. die verlogene Behauptung auf, ich hätte die Fabrik Record in Krakau »beschlagnahmt«, wo ihm gut bekannt ist, daß ich das gesamte Volumen der Konkurs-Masse Record, das nie dem Treuhänder für jüdisches Vermögen unterstanden hat, durch einen legalen Pachtvertrag mit Genehmigung und Unterstützung des polnischen Handelsgerichtes in Krakau rechtsgültig zur Nutzung als Pächter erworben hatte. Den Pachtvertrag habe ich mit dem Konkursmasse-Verwalter der Fa. Record, Dr. Roland Goriczko, Advokat in Krakau, im Beisein des Richters Dr. Kraus des poln. Handelsgerichtes Krakau abgeschlossen.

An Beweismitteln und Zeugen für meinen Bericht führe ich an:

Zeugen in Israel: Dr. Rudolf Kaztner, Magister Salpeter, Isac Stern, Dr. Nathan Stern.

Zeugen in Polen: Abraham Bankier, Frau Janka Pithart-Olszewska, J. Hrycan, Dr. Roland Goriczko Rechtsanwalt, Dr. Zawisza Rechtsanwalt.

Zeugen in USA: Eva Scheuer (Marta), Romek Günter, Poldek Pfefferberg.

Zeugen in Westdeutschland: Frl. Elisabeth Kühne, Frau Clemens, Carl Gomola, Notar Dr. Markau. Zoll-Ob.Reg.Rat Dr. Willfried Heinz.

Zeugen in d. B. R. Österreich: Dr. Rudolf Sedlacek, Staatsrat Hildegeist, Franz Korbiel.

Dokumente und schriftliche Beweise:

Akten des Konkurses »Record« im polnischen Handelsgericht in Krakau.

Akten der Konkursabwicklung »Record« ebda.

Akten des Konkursmasse-Verwalters der Fa. Record, Dr. R. Goricko, Advokat in Krakau.

Eidesstattliche Erklärungen, Berichte, Aufzeichnungen usw.

Sehr geehrte Herren! Wenn ich Ihnen durch meine Bitte, diesen vorliegenden nicht ganz einfachen Fall in einem Ehren-Ausschuß zu beraten, einige Ungelegenheiten gemacht habe, bitte mir das zu entschuldigen.

Sollte Sie in einem oder anderen Satz ein scharfes Wort stören, bitte auch das zu entschuldigen und zu bedenken, daß mich diese Arbeit mit Bitterkeit füllt. Gerade in diesen Tagen der zehnjährigen Befreiung habe ich gehofft, mich mit Erfreulicherem zu beschäftigen.

Mit der festen Versicherung aber, daß auch zehn Wurzel meine Einstellung zu Euch, meine Herren Freunde, nicht ändern können und mit den besten Wünschen für Euere Gesundheit und Euere Zukunft, bleibe ich, der ich war, immer

Euer:
(SCHINDLER)

Schindler sucht in der Wurzel-Affäre *u.a. auch Beistand bei dem* Schindler-Juden *Jeret. Bei dem Versuch, sich für so genannte »Handgreiflichkeiten« zu rechtfertigen, treten interessante Details über Schindlers damalige Handlungsweisen ans Licht.*

Buenos Aires, den 25.11.1956, Oskar Schindler an Simon Jeret

Sehr geehrter Herr Jeret, lieber alter Freund,
Vor einiger Zeit erhielt ich Ihre werte Anschrift und freue mich, Ihnen diese Zeilen senden zu können. So bedauerlich es ist, daß Ihnen kein ruhiger Lebensabend beschieden ist, aber für den so einzigartigen Sieg der Waffen Israels haben Sie bestimmt gerne die gewissen Beunruhigungen, die solche Ereignisse mit sich bringen, ertragen. Soviel ich mich erinnere, stehen Sie mit Gott auf einem sehr guten Fuß, so daß er Sie bestimmt weiterhin beschützen wird.

Mit diesen Zeilen will ich Sie, lieber Freund, als Krakauer, als Kenner der Entwicklung meiner Fabrik von den ersten Tagen, als Freund von Feldstein, Bankier usw., die Sie über alle meine Handlungen unterrichteten, ich bin überzeugt, auch über alle Plotky[18] sowie aus Ihren persönlichen Wahrnehmungen in unserer jahrelangen Zusammenarbeit, um Ihre persönliche Meinung und Beantwortung folgenden Fragenkomplexes bitten, ich betone, daß dieser Brief und Ihre geschätzte Antwort vollen privaten Charakter haben.

Es wird Ihnen bestimmt bekannt sein, daß ich seit mehr als einem Jahr von Herrn Wurzel-Masserovski bei allen jüdischen Organisationen hier in einer rufmordenden Art mit Beleidigungen, Verleumdungen sowie verbrecherischen Lügen besudelt werde, kurz, als der brutalste, sadistischste Nazi des polnischen Raums hingestellt werde. Der Zweck dieser vornehmen Tätigkeit scheint eine neue Art von Anspruchserhebung auf Wiedergutmachung zu sein, bei genauerer Prüfung trifft das nur zum Teil zu.

Wenn mir Herr Presser oder Elsner, X oder Y, geschrieben hätte, bitte bezeugen Sie mir dort bei der Deutschen Botschaft, daß ich das u. das durch die Deutschen Okkupanten verloren habe, hätte ich es bestimmt getan, wie in vielen Fällen bewiesen. Wenn Sie mir, lieber

[18] Plotky: Gerücht, Tratsch (polnisch)

Herr Jeret, geschrieben hätten, Schindler sei mir Zeuge, daß die Kistenfabrik Kühnpast in Wirklichkeit Jeret-Fischgrund-Nußbaum gehörte und 500 Tausend Zloty wert war, hätte ich keine Minute gezögert, dies zu bestätigen. Nur einer wußte, daß er so viele Unanständigkeiten gegen die Fabrik, gegen mich u. gegen seine Brüder auf dem Gewissen hat, daß ich ihm bestimmt ein derartiges Ansuchen abschlage, nämlich Herr Wurzel. Auch scheint ja seine Aufgabe in erster Linie die Untergrabung meines Rufes zu sein, denn lange nachdem ich schon direkte Briefe von W. erhielt, nachdem die Kibbuz-Leitung dem *Joint* hier mein Schreiben bestätigte, erhielten noch jüd. Organisationen mit Briefen viel späteren Datums von W. den Auftrag, sich mit mir zu verbinden, da er meine Anschrift nicht kennt, diese Briefe waren wie die vorherigen voller gemeiner Lügen und schmutziger Verleumdungen über meine Person. W. wird eines Tages erkennen, daß es vergebliche Mühe war, der Dreck, den er auf mich werfen wollte, wird mich kaum besudeln, aber sicher auf ihn zurückfallen.

Kurz will ich die Vorwürfe Wurzels und meine Brutalitäten analysieren und Ihnen einige bekannte Tatsachen in Erinnerung bringen:

Die Behauptung W.s, daß ich ihm seine blühende Fabrik unter dem Schutze deutscher Bajonette geraubt habe, brauche ich nicht zu erläutern, da in Krakau Gerichtsakten, Notare, Rechtsanwälte und sonstige Zeugen beweisen, daß W. vor dem Kriege nicht eine Minute Besitzer von Record oder Teilen der Firma gewesen ist.

Über die in der Drahtfabrik Kucharski stehenden, durchwegs alten Maschinen der Fa. Record wurde ich von Ex-Minister Kucharski von einer Betrugsabsicht W.s gegen die Masseverwaltung bezüglich dieser Maschinen gesprächsweise unterrichtet. Später erklärten mir Richter Kra[...] und Rechtsanwalt Roland Goricko[19], Konkursmasseverwalter der Fa. Record, daß die von W. versuchte Machlojke[20] betreffs Ausscheidung der Maschinen aus der Konkursmasse durch alle Instanzen abgewiesen wurde. Das Record-Inventar sowie den Zuschlag für die Fabrik habe ich dem poln. Handelsgericht bezahlt und im guten Glauben gehandelt. Hätte W. einen richterlichen Bescheid des Vor-

[19] manchmal auch »Goriczko« geschrieben
[20] Machlojke: Betrug, Schwindel (polnisch)

kriegs-Konkursverfahrens gehabt, das ihm nur das Recht auf eine Schraube zuspricht, konnte er leicht Besitz meiner herrenlosen Fabrik ergreifen, die bis zum Einmarsch der Russen und auch nachher Email erzeugte, also den erforderlichen Maschinen-Park besaß, dazu ein neues Auto Tatra-Heck, ein Auto BMW, ein Lieferauto Tempo (wo Record nicht einmal einen Schubkarren hatte) und darüber hinaus ein auf die zehnfache Fläche ausgebautes Werk mit Neubauten für viele Millionen Zl. W. behauptet, die Devisenfahndung hätte ihm einen 14-Karat-Stein weggenommen, ich hätte das verursacht. Erstens bezweifle ich, daß W. überhaupt einen solchen Stein gesehen, verschweige besessen hätte, darüber hinaus war ich froh, wenn ich mit dieser Devisenstelle nichts zu tun bekam. Hätte W. glaubwürdiger gelogen, behauptet, man habe ihm zwei Dreikarätige abgenommen, die konnte er sich in seiner Vertrauensstellung bei Schindler zusammengestohlen haben, aber das mit dem 14er, das verdaut niemand.

Neben einer Reihe persönl. Beleidigungen, auf die ich in der Folge zurückkomme, verdient noch ein Punkt Behandlung, die »Todesschläge«. W. hat tatsächlich im Fabriksbüro von SS-Hpstf. Czurda zwei Ohrfeigen bekommen, im Beisein von Dr. Zavisza u. Hrycan. Ob die etwas große Selbstsicherheit von W. diesen zu einer unklugen Redensart verführte, ob Czurda besoffen war, auf alle Fälle habe ich damals mit Frl. Kühne die SS-Gottheit beruhigt und W. kam in der folgenden Zeit noch viele Male in die Fabrik, auch mit SS-Ostf. Czurda hat sich W. noch oft in weniger hitziger Situation begegnet. Jetzt ist es W. bequem zu sagen, ich hätte den SS-Führer hinterlistig animiert, ihn zu schlagen. Gerade Sie, lieber Herr Jeret, sollten einmal das Opfer des jungen Czurda sein, der Sie angeblich oben im Neubau schlafend gefunden hat. Bankier oder die Klonovska alarmierten mich und ich lief, drei Stufen auf einmal nehmend, ins zweite Stock, das Verbrecherische in Ihnen zu verhindern, um Ihnen zu helfen. Sie wissen, daß ich den Sohn von Czurda daraufhin aus der Fabrik entließ, auch auf die Gefahr hin, daß mir sein Vater, der Herr SS-Hauptstf. offene Feindschaft erklärt. Sie wissen eins bestimmt, daß man einen SS-Führer nicht zureden mußte, einen Juden zu mißhandeln, daß es aber vieler Worte und Opfer bedurfte, ihn davon abzuhalten. (Wenn ich heute die Werte hätte, die ich allein dem SS-Führer Czurda geben mußte, könnte ich alle meine Probleme leicht lösen.)

Ehe ich zu meiner Selbstkritik meiner Brutalitäten komme, will ich noch kurz einige Geistesblüten und verlogene Behauptungen von W. anführen: unter anderen die Behauptung, ich wollte nie Treuhänder, sondern Besitzer von Record werden. Record war bei Ausbruch des Krieges kein jüdischer Besitz, sondern als Konkursmasse Zweckvermögen des poln. Handelsgerichtes und als solches nach dem Gesetze frei von Zugriffen der Treuhandstelle, weiter war es gerade W., der mir besonders stark zum Kauf bei Konkursabwicklung zuredete, sich sogar aus freien Stücken zur Mitarbeit bei der Prüfung der Materie anbot, da er wie Bankier die Vorkriegsgeschichte Record besser kannte als ich. Als weiteres hatte ich keine Lust, Millionen-Investition u. Ausbau einer Fabrik bei unklarer Besitzlage weiter durchzuführen.

Erzählungen über meine rauhe Lebensart und Sitten kann sich W. behalten. Natürlich habe ich nicht die Oxford-Manieren von W., bin kein Intellektueller, meine Worte sind rauher, haben nicht wie von W. den falschen Schleim geheuchelter Frömmigkeit. Trotzdem glaube ich, daß es W. einen Dreck angeht, ob ich die Frauen gerne habe und den Alkohol. Meine Geschichte hat bewiesen, daß mir der Alkohol in den Kriegsjahren ein großer Helfer war und die Tatsache, dass ich nie so betrunken war, daß die Gegner nüchtern genug waren, mich hineinzulegen, müßte genügen. (Zur Orientierung sei erwähnt, daß ich in 7 Wochen des Krieges mehr getrunken habe als in den 7 Jahren, die ich hier im Lande bin.) Wenn der nüchterne Herr Masserovski den Beweis erbringt, nur 5% meiner Leistungen für seine Brüder getan zu haben, will ich mein persönliches Urteil revidieren und sogar für dessen Zuhälterdienste für den SD Verständnis suchen.

Hier nun kurz einige meiner Übergriffe, die Ihnen zum Teil wohl bekannt sind, zur Beurteilung: Einen ukr. SS-Mann, der einer poln. Arbeiterin im Werkschutzraum einen Sack weiße Semmel, die für Kaminski bestimmt waren, um sie im Lager zu verkaufen, abnahm, gab ich eine Ohrfeige, einem anderen Werkschutzleiter, weil er ein Kilo Butter, die ein Mann Ihrer Kistenfabrik bei sich hatte, abnahm und unterschlug, dasselbe. 25 Schläge, die ein SS-Arzt Bankier zudiktierte, weil er bei ihm verschmutztes Geschirr gefunden hatte, OD Offmann gab diese auf meine Veranlassung auf die leere Matratze u. Bankier mußte im gleichen Takte schreien. 2 SS-Wachmänner wurden von mir im Waschblock verprügelt, weil diese 12 Nähmaschinenköpfe aus meinen jüd. Werkstätten gestohlen hatten. Einen SS-Wachmann habe ich »brutal« aus dem Werksambulatorium geworfen, weil er sich einmischen wollte, als ich [*in*] meinen Armen ein jüd. Mädchen wegtrug, das beim Fensterputzen von einer Kiste in Blechabfälle stürzte und den Fuß mit einer stark blutenden Schnittwunde verletzt hatte. (Dr. Rubinstein klammerte die Wunde.) Dem poln. Angestellten Zelinski, der durch Kuba Nadel u. Bankier überführt wurde, bei meinen illegalen Mehlkäufen ca. 10 Tausend Zloty unterschlagen zu haben, außerdem von Ihrem Gelde, das Sie bei Bankier in der Schublade hatten, auch einige Tausend Zl. zu Unrecht genommen zu haben, habe ich vor Empörung eine Weinflasche auf den Kopf gesetzt, leider ist sie zerschlagen, ich meine die Flasche, aber es war die einzige Art, derartige Leute zur Besinnung zu bringen, da in solchen Fällen ein polizeiliches Verfahren unmöglich war.

In Brünnlitz mußte ich einen SS-Rapportführer durch die geschlossene Glastür werfen, da er in meiner »Fabrikswohnung« eines Morgens Frau Berger, meiner jüd. Bürokraft, im Beisein meiner Frau, I. Stern u. Bejski, Verhaltungsvorschriften erteilen wollte, er lief, von meinen Hunden gehetzt, zum Gaudium der Arbeiter durch die ganze Halle. Ein ernster Fall in Brünnlitz war, als mir ein höherer SS-Führer, stark angetrunken, im Beisein von Oberstltn. Süßmuth des Rüstungskommandos vorwarf, daß ich mit meinen Juden gemeinsame Sache mache. Ich ließ den Helden, um ihn vom Thema abzubringen, über die Wendeltreppe rutschen, Dr. Biberstein hatte Mühe, ihn zusammenzuflicken. In einem anderen Fall bekam noch ein poln. Stallbursche, der einem Häftling ein Paket mit Tabak u. Wäsche aus Krakau unterschlagen hatte, zwei Kopfstücke.

Lieber Herr Jeret, in dieser kurzgefaßten General-Beichte habe ich alle Handgreiflichkeiten aufgeführt, Sie wissen sehr gut, daß solche Handlungen in meiner Situation oft die einzige Art war, die Autorität zu wahren, in rauhen Zeiten gibt es leider rauhe Sitten. Aber eine Tatsache ist Ihnen bestimmt bewußt, daß ich durch all die Kriegsjahre keinem der bedrohten jüdischen Menschen Leid zugefügt habe, ich aber alle Kraft u. Mittel aufwendete, solche Handlungen dritter Personen zu verhindern.

Lieber Herr Jeret, zum Abschluß dieses umfassenden Briefes hätte ich drei Fragen an Sie, die Sie mir gef. gelegentlich kurz beantworten mögen, da einem manchmal klare Worte eines Freundes aus einer gemeinsam verlebten, schweren Zeit eine moralische Aufrüstung des Ichs mit sich bringen, die ich zur Zeit bitter benötige, um nicht an der sg. Menschlichen Gesellschaft zu verzweifeln.

1. War nach Ihrem Wissen als Krakauer Kaufmann und Nachbar der Fa. Record zu polnischer Zeit Wurzel je Besitzer oder Teilhaber der Fa. Record?
2. War Ihnen im Kriege bekannt, daß Wurzel einen Vierzehn-Karat Brillant besitzt und diesen durch meine Hinterlist verlor, oder andere materielle Verluste durch meine pers. Einwirkung erlitt, außer eine normale Entlassung wegen Unterschlagung und gemeinen Diebstahl in meiner Fabrik, aufgedeckt durch Fr. Ana Halpern, Bankier u. a. ohne Einleitung polizeilicher Maßnahmen meinerseits?
3. Finden Sie es gerecht, daß ich nach all meinen Opfern und Mühen für die Rettung jüdischen Lebens, 12 Jahre nach dem blutigen Morden, wo man längst SS-Generäle und Massenmörder in Freiheit gesetzt und brav die Pensionen nachgezahlt, mich mit existenzvernichtenden Erniedrigungen herumschlagen und ertragen soll, ohne jede elementare, moralische Unterstützung meiner hunderte Zeugen und Freunde, wo ich über erdrückendes Beweismaterial der Perfidität dieses Auswurfes Euerer Gemeinschaft besitze, soll ich weiter endlos im fremden Lande warten, bis die Opportunität erlaubt, etwas zu unternehmen?

Guter Freund, da wir mehr als ein Jahrzehnt keinen Kontakt hatten, ist mir an Ihrer unbeeinflußten Meinung sehr gelegen, ich werde Ihr privates Urteil in dieser unerträglichen Angelegenheit als besonders wertvoll bei meinen weiteren Entschlüssen einstufen.

Zum Schluß dieses Briefes wünsche ich Ihnen, daß Gott Sie mit Gesundheit und Zufriedenheit beschenken möge, ich bitte Sie, mir bald einige Zeilen zu antworten. Da schon in meinem Schreiben nichts Erfreuliches zu verzeichnen ist, schließe ich wenigstens mit einem frohen Vers betreffs des Inhalts dieser Zeilen über

Selbstkritik
(von Wilhelm Busch)
Die Selbstkritik hat viel für sich.
Gesetzt den Fall, ich tadle mich;

So hab ich erstens den Gewinn,
Dass ich so hübsch bescheiden bin;
Zum zweiten denken sich die Leut,
Der Mann ist lauter Redlichkeit;
Auch schnapp ich drittens diesen Bissen,
Vorweg den andern Kritiküssen;
Und viertens hoff ich ausserdem
Auf Widerspruch, der mir genehm,
So kommt es dann zuletzt heraus,
Dass ich ein ganz famoses Haus, und

als solches bleibe ich mit
freundschaftlicher Hochachtung:
immer Ihr

Im Antwortschreiben vom 17.12.1956 von Simon Jeret, Tel Aviv, an Oskar Schindler, heißt es:

»... bin ich sehr betroffen und erstaunt, daß Sie ... nachdem Sie mehr als Tausend meiner Brüder gerettet haben, noch heute nach ca. 12 Jahren seit unserer Befreiung Belästigungen u. Unannehmlichkeiten, welcher Art sie auch sind, zweifelsohne ganz ungerecht u. unberechtigt ausgesetzt sind.« Jeret versichert ihm, dass alle *Schindler-Juden* bereit wären, ihn bei Verleumdungen »zu jeder Zeit u. Bedingung, die wahren und getreuen Aussagen betreffs Ihrer Verdienste u. Aufopferung für uns« zu machen.

Schindler schildert seine Handlungsmotivation in der Kriegszeit und die Bedeutung, die Izak[21] *Stern –* Schindler-Jude *und Buchhalter der Emaillewarenfabrik – auch in diesem Zusammenhang für ihn hatte.*

Buenos Aires, den 16.4.1956, Oskar Schindler an Dr. Izak Stern

... In unserem gemeinsamen »Gestern«, lieber Izak, war ich so erfüllt von der fanatischen Überzeugung der Richtigkeit meiner Handlungen, als ich mich trotz aller Warnungen voll bewußt in eine Lage

[21] Izak – auch Isak, Izu, Icui, Izek geschrieben

brachte, aus der es kein Zurück gab, sondern nur ein Durchstehen unter Anwendung aller Mittel, wie oft habe ich damals bei Dir Kraft geschöpft, in meiner inneren Verzweiflung, bei Dir, dem Schwächeren, Bedrohteren, in Deiner edlen Menschlichkeit, wo Dir Deine Gemeinschaft näher stand als Dein Ich. Wie oft hast Du, selbst hungrig, von mir geschenktes Brot Deinen Nächsten gegeben ...

Izak Stern hat Dr. Ball-Kaduri, dem Direktor der wissenschaftlichen Abteilung von Yad Vashem[22] *von Schindlers Handlungen erzählt. Ball-Kaduri schreibt Schindler am 24.8.1956 aus Tel Aviv.*

Er versichert ihn seiner Hochachtung für seine Rettungsaktion: »gehört eine Aktivität wie die Ihre zu den wenigen Lichtseiten einer dunklen Periode« *und schildert, wie wichtig Schindlers Aussagen für das historische Archiv für die Zeit der Verfolgung sind, das in* Yad Vashem *geschaffen wird. In diesem Zusammenhang bittet er um »Schindlers Liste«*[23]*:* »Herr Stern berichtete uns, daß Sie die vollständigen Personallisten Ihrer Belegschaft in Brünnlitz zur Zeit der Befreiung besitzen. Es wäre für uns ... wertvoll, Abschriften dieser Listen ... zu besitzen.«

Schindler antwortet Ball-Kaduri und vervollständigt, wie gewünscht, Sterns Bericht über Schindlers Handlungen in den Kriegsjahren. Hiermit fügt er anderen Berichten noch weitere wichtige Mosaiksteine hinzu.

Er kündigt ihm das »Original der Liste der geretteten Personen, 19 Blatt«, an.

---

[22] Israelisches Dokumentationszentrum und Gedenkstätte für die Opfer der Judenverfolgung mit Sitz in Jerusalem

[23] Die Liste enthält die Namen der Juden, die mit Schindler in die neue Fabrik nach Brünnlitz mitkommen sollten und damit eine weitaus größere Überlebenschance hatten. Diese Liste enthält im Wesentlichen die Namen von Schindlers Arbeitern aus dem Krakauer Emaillewerk, außerdem ca. 60 Arbeiter aus Madritschs Textilfirma. Einfluss auf die Liste hatte auch Marcel Goldberg, der jüdische Personalschreiber in der Lagerverwaltung. Er nutzte die damit verbundene Macht aus und ließ sich von seinen jüdischen Leidensgenossen dafür »bezahlen«, dass er sie auf die rettende Liste setzte. Marcel Goldberg hatte sich damit bei vielen *Schindler-Juden* verhasst gemacht.

Tel-Aviv, den 9.9.1956, Oskar Schindler an Dr. Ball-Kaduri, Yad Vashem

Sehr geehrter Herr Doktor!
Aus Ihrem geschätzten Schreiben vom 24. August d. J. ersehe ich, daß Sie mit der historischen Bearbeitung des Jüdischen Schicksals in der Grausamkeit des letzten Krieges und der Handlungen der in den Ereignissen stehenden Personen betraut sind. Es ist Ihre traurige Aufgabe, die Leiden und Vernichtung großer Teile des Judentums aufzuzeichnen und Tatsachen-Material oder, wie in meinem Falle, auch positive Momente festzuhalten.

Ihren gesch. Zeilen entnehme ich, daß Ihnen Herr Isaak Stern, in mehreren Referaten über seine Kriegserlebnisse, die Entwicklungsphasen der Verfolgung und Leiden seiner Brüder in Polen und über seine wertvolle Zusammenarbeit mit mir, jüdisches Leid zu lindern und Menschen zu retten, Bericht gegeben hat.

Es drängt mich, Ihnen dazu, daß Sie zur Bearbeitung dieses Materials eine Persönlichkeit wie Herrn Stern beigezogen haben, meinen Glückwunsch auszusprechen, denn mir sind in meinem Leben wenige Menschen begegnet, die gleich ihm mit so hohen ethischen Werten ausgestattet wären, seine unerschrockene Hilfsbereitschaft, seine selbstlose Aufopferung für seine Brüder, in seinem eigenen Leben im Minimum, hat mir immer wieder große Bewunderung und Achtung abgerungen. Herr Isaak Stern hat an dem Gesamterfolg meines Rettungswerkes einen bedeutenden Anteil.

In Beilage übersende ich Ihnen das Original der Liste der geretteten Personen, 19 Blatt, um welche Sie mich in Ihrem Schreiben ersuchten, bitte Sie aber, mir Fotokopien davon zurückzusenden oder Herrn Stern zur Weiterleitung zu übergeben, da ich die Liste oft zur Beweisführung für meine ehemaligen Schützlinge in Wiedergutmachungs-Anträgen benötige, da diese Liste beim Suchdienst Arolsen anerkannt ist. Ich bin natürlich sehr gerne bereit, Sie in Ihrer Arbeit, soweit es in meiner Macht steht, zu unterstützen und sende mit gleicher Post an Herrn Stern einiges Material aus meinen Belegen und Sie können mit ihm gemeinsam prüfen, was sich davon für Ihre Zwecke eignet, dann Ihrer Arbeit zufügen. Es wäre möglich, daß Sie bei der »Federation of Jews from Krakow (Poland)« Material über meine Tätigkeit finden, da der inzwischen leider verstorbene Dr. Ch. Hilfstein seinerzeit Leiter dieser Organisation war. Dr. Hilfstein hat in den Kriegsjahren als mein Schützling durch mich zahlreiches Berichtmaterial, sei es durch den *Joint* Budapest oder durch Auslandpost, nach Israel gesandt und auch bestätigt erhalten.

Im Laufe der Nachkriegsjahre wurde ich wiederholt angesprochen durch den *Joint*, JWC, Presse, Film u. Magazin, meine Erlebnisse zu veröffentlichen.

Längst hätte ich schon meine Erlebnisse in den gefahrvollen Kriegsjahren chronologisch aufzeichnen wollen, aber in den ersten Nachkriegsjahren, wo ich in Bayern lebte, stand man den Dingen noch zu nahe, nur zu leicht hätte man die Veröffentlichung meiner Handlungen als allgemeine Norm hingestellt und zur Untermauerung der damals laut proklamierten Kollektiv-Unschuld benützt, auch bestanden vielleicht persönliche Gefahren. Heute, wo ich wieder mehr Zeit habe als angenehm, ja an meiner Geschichte mitarbeiten könnte, daß diese in ihrem dokumentarischen Rahmen der Tatsache bleibt, heute will niemand von KZ-Greuel, Judenverfolgung und Unrecht hören oder gar lesen. Die Zeit der deutschen Tyrannen-Morde ist eine längst abgetane Geschichte, sich der Greuel grausiger Wirklichkeit zu erinnern, ist unangenehm und schamhaft und wird gerne als weit übertriebene Zweckpropaganda hingestellt.

Sehr geehrter Herr Doktor, ich will Ihnen kurz einige Skizzen zu meiner Person und zu meiner Gesinnungsänderung anführen, um zu versuchen, soweit es im Rahmen eines Briefes möglich ist, Ihnen manche meiner Handlungen leichter verständlich zu machen. Denn letzten Endes bin ich doch ein Deutscher.

Als die Preußen nach dem Einmarsch u. Besetzung des Sudetenlandes, meiner Heimat, daraus eine Kolonie machten, ausplünderten wie Feindesland, die Bevölkerung als zweitrangige Deutsche höchstens als Kanonenfutter geeignet fanden, als die letzten meiner ehem. jüdischen Mitschüler und Freunde schnellstens nach Irgendwo auswanderten, kamen mir ernste Bedenken, dann aber, als ich im Protektorat und in Polen die Praxis der deutschen Okkupanten Nichtreichsdeutscher … [*beobachten konnte, merkte ich, daß ich*][24] der so überzeugen-

[24] singgemäß müsste der fehlende Text so lauten

den Auslandspropaganda des Reiches mit ihrem Schlagwort: Neues Europa, völkerrechtliche u. wirtschaftliche Vorteile usw. gründlich aufgesessen bin, nur um einer Gruppe sadistischer Mörder und heuchlerischer Betrüger, die sich die Regierung eines starken Volkes erschlichen hatten, untertan zu sein.

Diese Erkenntnis mag vielen Deutschen klargeworden sein, aber aus Angst vor wirtschaftlichen Nachteilen oder Schädigung der Karriere haben diese eben, trotz innerer Zweifel, weiter mitgemacht, weil es bequemer und gefahrloser war. Damals hatte ich Gott sei Dank den Mut, die Konsequenzen aus der nachträglichen Feststellung zu ziehen, abzuspringen und zu retten, was noch zu retten war. Eine ganze Reihe Gleichgesinnter, vor allem aus ehemaligen Österreichern, hatte sich zu mir gesellt. Es ist wesentlich, festzuhalten, daß diese Wandlung nicht nach dem 20. Juli 44 eintrat, wo längst alle Fronten zusammenbrachen und viele nicht mehr wollten, sondern 4 Jahre vorher, wo deutsche Blitzsiege der Welt den Atem nahmen.

Die politische Problematik der Kriegsjahre hat mich in meinem Zwiespalt manchem seelischen Druck ausgesetzt, bis ich mich durchgerungen hatte, das rein erziehungsmäßige Gefühl des Gehorsams, resp. die Achtung vor Gesetzen und Befehlen restlos zu unterdrücken, nichts mehr kritiklos hinzunehmen, nur noch dem Gefühl der eigenen Urteilsfähigkeit, der Menschlichkeit und dem Mitleid Platz zu geben. Gleichdenkende Freunde und das täglich vor Augen stehende große Leiden der Verfolgten halfen solche Konflikte zu überwinden.

Weit entfernt davon bin ich, ein Heiliger zu sein, habe als maßloser Mensch viel mehr Fehler als der große Durchschnitt derer, die so sehr gesittet durchs Leben schreiten. »Die Achtung vor dem Menschen« (A. Schweitzer) konnte ich mir erhalten und verteidigen.

Wer kann meinen inneren Konflikt fühlen, den ich empfand, als ich nach und nach ein Dutzend Frauen den Orgien der SS-Übermenschen opferte, denen, wo Alkohol und Geschenke bereits die Zugkraft verloren hatten. Frauen, von denen die Hälfte sich ihrer Aufgabe voll bewußt waren, wenn diese auch nur Bruchstücke meiner Sendung kannten. Das Leid, welches ich empfand, war bestimmt nicht Eifersucht, es war Ekel vor mir selbst, vor meiner Handlung, »Perlen vor die Säue zu werfen«. Das Wort, daß der Zweck die Mittel heiligt, war oft ein dürftiger Trost.

Wenn wiederholt Bekannte kamen, als das deutsche Kriegsglück zu Ende war, und mich aufforderten, mit in die Schweiz zu fahren, um mich und das Vermögen in Sicherheit zu bringen, alles seinem bestimmten Schicksal zu überlassen (Vernichtung), bedurfte es schon einer moralischen Kraft, »nein« sagen zu können. Statt dessen fuhr ich mit meinen Dollar-Rücklagen nach Krakau, kaufte einige Waggons Lebensmittel, beförderte diese per Eilfracht nach Brünnlitz, in neuen Munitionskisten, als Munitionsteile! Nachdem ich wertvolle Tage mit einer Illusionsaktion Dir. Kessler-Kardinal Zapieha verloren hatte, die sich als Bluff herausstellte. Ja ich zahlte in den letzten Monaten noch hunderttausende Mark an die SS für Löhne einer ganz sinnlosen Arbeit oder untätige Menschen, um finanziell die Gangster befriedigt zu haben und in Ruhe gelassen zu werden.

Wer hätte mich zu verurteilen gewagt, wenn ich nach meiner so gefährlichen Gestapo-Haft doch in die Schweiz gegangen wäre? Die event. Überlebenden meiner Betriebe hätten gesagt, er war ganz anständig, schade, daß er weglaufen mußte. Ich kenne einige »ganz Anständige«, die heute wohl weit besser leben als ich, die aber im kritischen Augenblick versagten, deren innerer Schweinehund Oberhand bekam. Trotzdem hunderte Arbeiterinnen dieser Betriebe in Stutthof ertranken, Männer in Mauthausen zu Tode geschunden wurden, schreiten diese »ganz Anständigen«[25] stolz erhobenen Hauptes durchs Leben, soweit es möglich war, Mensch gewesen zu sein, ehe weitere Bemühungen aussichtslos waren ... (und machen wieder Kabel und Flugzeugkühler). Ob wohl eine der Gattinnen dieser Herren mit einem für einen Mann zu schweren Koffer [*mit*] Schnaps in dieser strengen Kälte dreihundert Kilometer gefahren wäre, um dafür Medikamente für jüdische Skelette zu tauschen, denen die deutsche Barbarei den letzten Lebensfunken genommen hatte? Für meine Frau war diese Hilfsbereitschaft eine Selbstverständlichkeit, wenn es galt, Menschen in größter Not zu helfen, kümmerte sie sich einen Teufel um Gefahr, sie hatte den Mut, SS-Führer wie Hausdiener zu behandeln.

---

[25] Schindler spielt wohl auf Madritsch an, der seine Fabrik nicht mit Schindler zusammen nach Brünnlitz verlagern wollte und dessen jüdische Arbeiter großenteils umkamen.

In einem kleinen Nebenraum meiner Fabrikshalle wohnte ich ca. 9 Monate, trotzdem ich hundert Meter vor der Werksumzäunung in der Villa des Baron von Daubek eine sehr komfortable Wohnung ausgebaut hatte, nur weil mir die Sicherheit meiner bedrohten Menschen wichtiger war als meine Ruhe und weil ich wußte, daß mit dem Schicksal der Menschen dieser Halle mein Leben untrennbar verbunden ist, da ich eine eindeutige Position bezogen hatte, mit diesen Menschen zu überleben, oder im Kampf für dieses Ziel unterzugehen! Diese Halle wurde meine Front! Der Sieg wurde durch die hervorragende Selbstdisziplin meiner Leute und deren großes Vertrauen in meine Arbeit möglich.

Sehr geehrter Herr Doktor, ich habe versucht, einige Tatsachen u. moralische Empfindungen aus der schweren Zeit festzuhalten und würde mich freuen, wenn Sie etwas davon in Ihrer Arbeit verwerten könnten.

Wenn Sie mir den fertigen Bericht dann zur Durchsicht überlassen, wäre ich Ihnen sehr dankbar. Ich verbleibe mit dem Ausdruck der vorzüglichen Hochachtung Ihr sehr ergebener:

Der Bericht an Ball-Kaduri über die Kriegsjahre wird vervollständigt.

Tel Aviv, den 21.10.1956, Oskar Schindler an Dr. Ball-Kaduri, Yad Vashem

Sehr geehrter Herr Dr. Ball-Kaduri!
Mit vielem Dank bestätige ich Ihre beiden geschätzten Briefe vom 1. Okt. und 12. Okt. d. J. und freue mich über Ihre Absicht, mir jetzt Ihre Hefte »Yedioth Yad-Vashem« zuzusenden. Auf diese Weise werde ich größeren Einblick in Ihren gesch. Arbeitsbereich erhalten. Freiwillige Übersetzer werde ich in meinem Freundeskreis bestimmt finden.

Um Ihnen, sehr geehrter Herr Dr. Ball-Kaduri, Zeit zu sparen, überlasse ich Ihnen mein Exemplar »Menschen in Not« von J. Madritsch, nach welcher Broschüre Sie in Ihrem letzten Schreiben rückfragten, nur bitte ich um gef. Rücksendung, wenn Sie Abschrift oder Fotokopie angefertigt haben. Zu dem Fall Madritsch fühle ich mich etwas befangen, da mir die Habgier dieses Mannes die gesicherte Rettung der 800 Menschen, vorwiegend Frauen des Madritsch-Betriebes

KL Groß-Rosen – AL Brünnlitz / Häftl.-Liste (Männer) – 18.4.45 Blatt 1

Lfd. Nr.	H.Art u.Nat.	H.Nr.	N a m e und Vorname	Geburts-datum	Beruf
1	Jü.Po	68821	Krischer Hirsch	15. 8.97	Autoschlosser
2	"	2	Vogel Gedalo	5. 7.o1	Fleischermeister
3	"	3	Riedermann Hirsch	7. 9.25	Ofensetzerges.
4	"	4	Weinberger Nachan	16. 5.21	Zimmerer
5	"	5	Wein Wolf	9. 6.oo	Schneidermeister
6	"	6	Blammer Jakob	44. 5.15	Bilanzbuchhalter
7	"	7	Horn Josef	4. 2.14	Schreibkraft
8	"	8	Klinghofer Simon	25. 3.97	Schneider
9	"	9	Mahler Abraham	7. 4.o2	ang.Metallverarb.
1o	"	6883o	Leichter Josek	25.11.17	ang.Metallverarb.
11	"	2	Weinschelbaum David	14. 2.24	Monteurgeselle
12	"	3	Rottenberg Beer	9. 8.2o	Elektrikerges.
13	"	4	Jakubowicz Jakob	13.11.27	Mauerergeh.
14	"	5	Weinschelbaum Pinkus	24. 9.19	ang. Metallverarb.
15	"	6	Scheck Jersy	25.12.17	Maschinenbautechnike
16	"	7	Weil Haftali	1o. 9.14	ang. Metallverarb.
17	"	8	Gottselig Dawid	6. 5.2o	Maurer
18	"	9	Hornung Josef	6. 9.11	Bauingenieur
19	"	6884o	Hornung Dawid	25. 2.19	Maschinenbautechniker
2o	"	1	Bixnhack Ignacy	17. 2.17	Glaser
21	"	2	Wohlfeiler Ignacy	1.11.99	Glasermeister
22	"	3	Taube Maksymilian	17. 6.27	ang. Metallverarb.
23	"	4	Hirschfeld Samuel	27. 2.19	Eisendreher/Fräser
24	"	5	Taube Emanuel	16. 1.o2	ang. Metallverarb.
25	"	6	Krug Samuel	15.12.11	" "
26	"	7	Schlesinger Moses	5, 7,96	Schlosserges.
27	"	8	Tennebaum ~~xxx~~ Izydor	1.1o.2o	Maurer
28	"	9	Sperber Chaim	7. 7.o5	Schlossergeh.
29	"	6885o	Scheidlänger Markus	19. 8.18	Schlossergeh.
3o	"	1	Horn Elianz	29. 9.o7	Werkzeug-Maschinen-fachmann
31	"	3	Urbach Dawid	18. 2.96	ang. Metallverarb.
32	"	5	Lamensdorf Leib	14.12.9o	" "
33	"	6	Kopyto Moses	14. 3.98	Eisendreher
34	"	7	Grüß Abraham	6. 9.o6	ang. Metallverarb.
35	"	8	Hirschberg Herz	16. 5.27	Schlossergehilfe
36	"	9	Segal Chaim	3o. 3.o7	ang. Mechaniker
37	"	6886o	Schlesinger Abraham	2. 9.1o	Schlosser
38	"	1	Hintlinger Joachim	11.11.15	ang. Metallverarb.
39	"	2	Oberfeld Adolf	24. 9.11	ang. Metallverarb.
4o	"	3	Schlang Dawid	8. 7.o3	Klempner-gese.
41	"	5	Barsl Samuel	26.1o.o4	Stanzer
42	"	6	Herz Ludwig	19. 9.25	Maler
43	"	7	Hudes Izhak	26. 1.16	Lackierer
44	"	8	Bleiweiß Efraim	23.12.o6	ang. Metallverarb.
45	"	9	Hellmann Michael Leib	6. 5.22	Zimmerer
46	"	6887o	Hanskleid Anatol	15. 5.25	Schlossergeh.
47	"	1	Klinghofer Ignaog	3o. 1.25	Autoschlosser
48	"	2	Lewertow Jakob	1o.11.o6	Stanzer
49	"	3	Herschlag Abraham	2. 3.2o	Schlossergeh.
5o.	"	4	Herschlag Salomon	15. 8.22	Schlossergeh.
51	"	5	~~Zimmet~~ Dawid, Hear	2o.12.12	Klempner
52	"	6	Zimmet Dawid	1. 6.14	ang. Metallverarb.
53	"	7	Goldschmied Aron	2. 2.23	Schlosserges.
54	"	8	Klingenholz Aron	18. 6.22	Schlosserges.
55	"	9	Morgenbesser Hafal	9. 1o.oo	Buchhalter
56	"	6888o	Morgenbesser Adam	5. 9.27	ang. Mechaniker
57	"	1	Metzendorf Majer	1.12.95	Klempnerges.
58	"	2	Sternberg Jokob	16.12.99	Schreibkraft
59	"	3	Sternberg Jerzy	9. 6.26	ang. Metallverarb.
[illegible]	"	68865	Klinstlinger Moses	21. 7.o6	Tischler

S. 56 – S. 74: die berühmte »Schindlers Liste«

KL Groß-Rosen - AL Brünnlitz / Häftl.-Liste (Männer) - 18.4.45, Blatt 2

Lfd. Nr.	H.Art u.Nat.	H.Nr.	Name und Vorname	Geburtsdatum	Beruf
61	JüPo	68886	Hartmann Salomon	7. 5.2o	Lackiererges.
62	"	8	Grün Abraham	14. 5.o5	ang. Metallverarb.
63	"	9	Inslicht Emil	2. 9.o8	Elektrikerges.
64	"	6889o	Kukurutz Salo	24.1o.13	"
65	"	1	Tilles Jakob	2o.1o.11	Metallverarb.
66	"	2	Wachholder Barach	29.11.o8	Maurer
67	"	3	Liebermann Ignacy	16. 7.o8	ang. Mechaniker
68	"	4	Liebermann Maurycy	27. 8.1o	"
69	"	5	Hilfstein Chaim	14.11.86	Arzt
7o	"	6	Caja Szmul	13. 8.2o	ang. Metallverarb.
71	"	7	Haar Feiwel	1. 7.1o	"
72	"	8	Wachholder Schulim	15. 4.o3	Tischlergeh.
73	"	9	Horowitz Bernhard	28. 5.97	ang. Metallverarb.
74	"	689o1	Weinstock Josef	6. 1.17	Tischlerges.
75	"	2	Krieger Chaskel	8. 6.oo	Schlossergeh.
76	"	3	Eckstein Chaskel	12.12.o8	Elektrikergeh.
77	Jü.ztls	5	Jakubowicz Kurt	27. 7.2o	Klempner + Inst.Ges.
78	Jü.Po	6	Lichtig Samuel	2o. 3.98	Stanzer
79	"	7	Silberstein Max	27. 1.oo	Bauingenieur
8o	"	8	Feldstein Wolf	8.12.23	Eisendreher
81	"	68911	Fränckel Leon	21. 8.o5	Färbereitechnik
82	"	2	Kranz Wilhelm	6. 3.o5	ang. Metallverarb.
83	"	3	Biberstein Alexander	1.8. 95	Arzt
84	"	5	Kerner Majer	23. 6.o4	ang. Metallverarb.
85	"	6	Haller Jakob	15. 8.21	Tischlerges.
86	"	7	Hirsch Abraham	28. 5.15	Stanzer
87	"	8	Hartmann Ferdinand	11. 8.17	Elektroges.
88	"	9	Panzer Henryk	29.1o.19	Malermeister
89	"	6992o	Weinberger Markus	2. 3.o9	Tischlerges.
9o	"	1	Reis,am Leon	31.12.16	Schildermaler
91	"	2	Oppenheim Saul	4. 6.98	Tischlermeister
92	"	3	Eintracht Alexander	2. 3.o6	ang. Metallverarb.
93	"	5	Schneider Israel	3o. 4.12	Schreibkraft
94	"	6	Nußbaum Wilhelm	1. 8.1o	Posterermeister
95	"	7	Nußbaum Richard	22. 3.3o	Lehrling
96	"	8	Pemper Stefan	5. 9.24	Kutscher
97	"	9	Perl Salomon	2. 3.o7	Holzfachmann
98	"	6893o	Mützner Jeremias	15.1o.1o	Klempner
99	"	1	Nichthauser Alfred	16. 7.98	Buchhalter
1oo	"	2	Posner Borach	17. 9.18	Maurerges.
1o1	"	3	Rosner Franciszels	31.1o.19	Dreherges.
1o2	"	4	Mingelgrün Menasche	4. 5.17	ang. Metallverarb.
1o3	"	5	Mühlrad Aleksander	9. 9.17	Wasserl.Install.Ges.
1o4	"	6	Pemper Jakob	3o. 8.98	ang. Metallverarb.
1o5	"	7	Leser Jakob	25. 2.13	Maschinenschlosser
1o6	"	8	Lesser Szuliz	5. 5.16	Schlosserges.
1o7	"	9	Müller Rosea	23. 5.1o	Bäckerges.
1o8	"	6894o	Lezerkiecwicz Viktor	25. 8.19	Elektriker Telefonart
1o9	"	1	Pechner Simon	18. 7.21	Stanzer
11o	"	2	Lewkowicz Natan	29. 4.o9	Autoschlosserges.
111	"	3	Melzer Josef	7. 7.11	Chem. Laborant
112	"	4	Mützenmacher Rubin	14.11.98	Bäckermeister
113	"	5	Lovkowicz Hermann	29. 4.o9	Autoschlosser
114	"	6	Rosenzweig Maks	13. 4.98	ang. Schlosser
115	"	7	Stern Henryk	19.11.86	ang. Tischler
116	"	8	Kleiner Bernhard	8. 5.14	Schlosser
117	"	9	Lieser Markus	12. 3.o4	Klempner
118	"	6895o	Rosenfried Albert	24. 6.16	ang. Elektriker
119	"	1	Raif Viktor	24.1o.o6	Bauing. (Innenarch.)
12o	"	68952	Nadel David	5. 6.13	Wasserinstall.Ges.

Auf den ersten 14 Seiten die Liste der Männer

Lf. Nr.	H.Art u.Nat.	H.Nr.	Name und Vorname	Geburts-datum	Beruf
121	Ju.Po.	68953	Glaszner Henryk	6.1.1o	Klempner/Wasserins
122	"	4	Rosenkranz Max	25.2.o6	Schlossermeister
123	"	5	Neufeld Henryk	14.8.2o	Schlossergeselle
124	"	6	Horowitz Wolf	2.9.98	ang.Metallverarb.
125	"	7	Lewkowicz Moses	2o.3.94	Schlossergeh.
126	"	8	Rechtschaffer Moses	3.3.o6	Maurermeister
127	"	9	Selinger Chaim	17.7.95	ang.Tischler
128	"	6896o	Keil Josef	12.9.12	Klempnerges.
129	"	1	Perlmann Jakob	31.5.o8	ang.Tischler
13o	"	2	Perlmann Chaim	1o.8.o1	ang.Tischler
131	"	3	Weinberger Adolf	6.6.1o	Friseurmeister
132	"	4	Rumpler Josef	1.4.98	Maler-Lack.-Meist.
133	"	5	Mandel Hersch	17.1o.o4	Elektrogenschweis.
134	"	6	Perlmann Moses	9.1o.26	Stanzer
135	"	7	Pelzmann Hersch	2.1o.99	Riemermeister
136	"	8	Planzer Chaim	28.9.o1	Wasserinst.Meist.
137	"	9	Pelzmann Natan	2o.5.13	Riemerges.
138	"	68970	Wilk Tadek	11.11.18	ang.Metallverarb.
139	"	2	Perlmann Jakob	21.2.o9	Glaser-Lackierer
14o	"	3	Roth Fischel	1912	ang.Metallverarb.
141	"	4	Schuldiener Moses	26.5.o6	ang.Metallverarb.
142	"	5	Markheim Mauryey	14.2.23	Masch.schlosser
143	"	6	Leibler Leon	6.9.o8	Schlosserges.
144	"	7	Hirschhorn Israel	8.11.26	Schlossergeh.
145	"	8	Opoczynski Henryk	25. 7.24	Werkzeugschlosser
146	"	9	Feldmann Hersan Natan	2.11.16	Stanzer
147	"	68980	Lederer Dawid	25. 6.o7	ang.Metallverarb.
148	"	1	Mond Dawid	16. 4.91	Metallverarb.
149	"	2	Lasser Szaja	4. 4.11	ang.Metallverarb.
15o	"	3	Löffler Hermann	17.12.14	Dreherges.
151	"	4	Lewkowicz Icek	18. 1.17	ang.Metallverarb.
152	"	5	Lederer Mendel	25. 8.o1	Fleischermeister
153	"	6	Lebenstein Izak	11. 2.o6	ang.Metallverarb.
154	"	7	Licht Hersch	31.5.o6	Uhrmachermeister
155	"	8	Katz Hermann	2. 7.93	Schreibkraft
156	"	9	Kabner Artur	19. 9.18	Radiotechniker
157	"	68990	Kurz Ignacy	2.11.oo	Tischerlgeh.
158	"	1	Klipstein Izak Dawid	14. 4.95	Uhrmachermeister.
159	"	2	Brandeis Josef	19. 7.o1	Optikermeister
16o	"	3	Makowski Izrael	25.11.o6	ang.Metallverarb.
161	"	4	Madel Szymon	5. 8.o8	ang.Metallverarb.
162	"	5	Szenwic Zenon	1o. 6.o5	Radiotechniker
163	"	6	Klugmann Henryk	12.12.25	Schlosserges.
164	"	7	Lindenberger Leon	5. 1.21	Schlosserges.
165	"	8	Garfunkiel Majlech	23. 2.22	Tischlerges.
166	"	9	Kirschenbaum Izak	22.12.21	Masch.schlosserges
167	"	69000	Kirschenbaum Henryk	16. 4.22	Schlosserges.
168	"	1	Kirschenbaum Jeremias	27.11.11	Schlossergeh.
169	"	2	Merkrebs Juda	28.11.21	Metallverarb.
17o	"	3	Chiel Pinkas	12. 5.22	ang.Metallverarb.
171	"	4	Keller Zacharjasz	2o. 8.14	Schlossergeh.
172	"	5	Kleinmann Jakob	1o. 1.12	Autogenschweisser
173	"	6	Pfefferberg Leopold	2o. 3.13	Schweisser
174	"	7	Murlakow Nuchyn	12. 3.9o	Kesselschmiedemeis
175	"	8	Luftig Stefan	17. 2.29	Metalldrehergeh.
176	"	9	Luftig Leopold	7. 3.26	Klempnerges.
177	"	69010	Reich Jerzy	28. 2.24	Masch.schlosserges
178	"	1	Luftig Eliasz	17.12.95	Klempnermeister
179	"	3	Kremsdorf Jakob	26.11.2o	Schweissermeister

KL Groß-Rosen - AL Brünnlitz/Häftl.Liste (Männer) - 18.4.45 Blatt 4

Lfd. Nr.	H.Art u.Nat.	H.Nr.	N a m e und Vorname	Geburts-datum	Beruf
18o	Ju.Po.	69014	Ettinger Michal	1o. 7.13	Schlosserges.
181	"	5	Ettinger Henryk	2.12.22	Koch
182	"	6	Ameisen Josef	16. 8.o6	Automechanikergeh.
183	"	7	Berger Majer	19. 7.o7	ang.Metallverarb.
184	"	8	Haliczer Josef	18. 9.95	Techn.Zeichner
185	"	9	Kollender Awadie	7. 3.o9	ang.Metallverarb.
186	"	69020	Herszkowiez Jakob	12. 1.12	Metallverarb.
187	"	1	Fuchs Dawid	21. 8.24	ang.Metallverarb.
188	"	2	Blum Moses	14. 8.96	Klempnermeister
189	"	3	Grünblum Jakob	19.12.08	ang.Klempner
190	"	4	Bittersfeld Leon	12. 3.28	Wasserl.Install.Geh.
191	"	5	Ehrlich Samuel	1. 9.o4	Metallgießermeister
192	"	6	Birnfeld Markus	24. 1.o4	Metallhobler
193	"	7	Faber Hirsch	5. 6.o7	ang.Autoschlosser
194	"	8	Chajkin Chaskial	15.11.1o	ang.Metallverarb.
195	"	9	Bres Moszek	15. 8.13	Koch
196	"	6903o	Blumenkranz Adolf	12.12.97	Autoschlosserges.
197	"	1	Elefant Wolf	18. 8.o8	Klempnergeh.
198	"	2	Meisels Kalman	5.11.2o	Eisendreher
199	"	3	Blum Markus	2o.1o.2o	Klempnerges.
200	"	4	Bossak Marek	21. 5.12	Bauschlosserges.
201	"	5	Blum Icak	12. 2.o4	Klempnermeister
292	"	6	Izraelozicz Izak	11.12.23	Maschinenfräser
203	"	7	Goldfarb Izrael	15.12.o8	Masch.Schlossermeistr.
204	"	8	Klassner Samuel	8. 9.17	Eisendreher
205	"	69040	Pantierer Mojzesz	18. 6.25	ang.Metallverarb.
206	"	1	Eichenholz Szyja	2o .1.25	ang.Metallverarb.
207	Ju.Russ.	2	Dubnikor Eli	28. 7.23	Elektroges.
208	Ju.Po.	3	Birnbaum Juda	22.11.o9	Klempnerges.
209	"	4	Anglister Mojzesz	25.1. 21	Koch
210	"	5	Goldkorn Horsch	3.1o.24	Koch
211	"	6	Dressler Joachim	14. 7.95	Schreibkraft
212	"	7	Ejbuczyc Fiazel	8.11.2o	ang.Metallverarb.
213	"	8	Gottselig Hermann	22. 2.25	Autoschlosser
214	"	9	Essig Mojzcez	2.8. 17	ang.Metallverarb.
215	Ju.Ung.	69050	Groß Josef	1o. 6.14	Autoschlosserges.
216	Ju.Po.	1	Appel Fryderyk	15. 1.17	Werkzeugschlosserges.
217	"	2	Essig Michal	23.11.13	Malerges.
218	Ju.Ung.	3	Braun Moritz	24. 6.o3	Autoschlosserges.
219	Ju.Po	4	Ankior Chaskiel	3. 2.16	Bautischlergeh.
220	"	5	Blatt Aszer	9. 9.2o	ang.Metallverarb.
221	"	6	Kopec Selig	1. 5.o6	Schuhmachermeister
222	"	7	Balicki Abraham	15. 6.o3	Zimmerges.
223	"	8	Blasonstein Henryk	29.1o.25	Zimmerergeh.
224	"	9	Brodor Markus	8. 2.21	Autoschlosserges.
225	"	69060	Brotmann Chaim	27. 1.11	ang.Metallverarb.
226	"	1	Abramezyk Szyja	15. 9.17	ang.Metallverarb.
227	"	2	Bankier Abraham	3. 4.1o	Schlossergeh.
228	"	3	Barth Eliasz	4.1o.o6	Ang.Metallverarb.
229	2	5	Bierer Jakob	17. 2.o8	Maschinenbauingenieur
230	"	6	Auerbach Abraham	11.1o.14	ang.Metallverarb.
231	"	7	Rath Wladyslaw	21. 3.24	Schweißer
232	"	8	Apfel Moses	17.8. o8	ang.Metallverarb.
233	"	9	Birnzweig Simche	1o. 6.15	Glasermeister
234	"	69070	Eisenberg Georg	6. 6.o6	Masch.Schlossermeister
235	"	1	Beer Hirsch	28. 2.21	Schlossergeh.
236	"	2	Barth Nysen	17.11.o4	ang.Dachdecker
237	"	3	Holländer Szulim	8. 2.o6	ang.Tischler
238	"	4	Beer Chaim	15. 6.13	ang.Metallverarb.
239	"	5	Brenner Adolf	16.5.25	Bautischlerges.
24o	"	6	Bronner Leopold	16. 2.oo	Schuhmacherges.

KL Groß-Rosen - AL Brünnlitz/Häftl.Liste (Männer) - 18.4.45 Blatt 5

Lfd. Nr.	H.Art u.Nat.	H.Nr.	N a m e und Vorname	Geburts-datum	Beruf
241	Ju.Po.	69077	Allerhand Salo	15. 6.28	Tischlergeh.
242	"	8	Beckmann Samuel	12. 7.21	Katscher
243	"	69080	Hilfstein Edward	17. 9.24	Wasserinst.Ges.
244	"	1	Altmann Dawid	8. 5.17	Wasserinst.Ges.
245	"	2	Danziger Eduard	16. 2.o9	Konstruktionszeichn.
246	"	3	Beer Alter	11.11.11	ang.Metallverarb.
247	"	4	Bau Josef	18..6.2o	Zeichner/Graphiker
248	"	5	Bottner Mojzesz	2. 5.18	Tischlermeister
249	"	6	Freimann Leid	1. 7.o5	Schneiderges.
250	"	7	Glücksmann Siegfried	3o.12.o6	Maschinenbautechn.
251	"	9	Balsam Salomon	4. 4.o3	Maurer
252	"	69090	Binder Alter	21. 3.o6	Lackierermeister
253	"	1	Baum Juliusz	17.1o.o7	Malerges.
254	"	2	Bratkiewicz Natan	8. 7.11	Schuhmachermeister
255	"	3	Ausübel Dawid	31. 3.o9	Stanzer
256	Ju.Dt.	4	Beck Friedrich	25. 6.86	Zahnarzt
257	Ju.Po.	5	Buchsbaum Jakob	3. 4.21	ang.Metallverarb.
258	"	6	Beder Fischel	15. 6.14	Tischlergeh.
259	"	7	Brunner Jerzy	23. 7.26	ang.Metallverarb.
260	"	8	Grubner Chaim	4. 5.97	Klempnerges.
261	"	9	Blecheisen Mendel	1. 6. o6	ang.Metallverarb.
262	"	69100	Berger Chaim	1. 3.1o	Schmiedeges.
263	"	1	Dreiblatt Majer	21. 5.o9	Maschinentischler
264	"	2	Abzug Emanuel	1o. 6.o4	Schreibkraft
265	"	3	Bramm Rafael	9. 6.25	ang.Metallverarb.
266	"	4	Berlinerblau Lewi	25.12.99	Schreibkraft
267	"	5	Oestreicher Jakob	7. 5.17	Schlosserges.
268	"	6	Baum Naftali	11. 9.13	Tischler
269	"	7	Adler Alexander	25. 8.23	ang.Metallverarb.
270	"	8	Bialywlos Alexander	4. 6.23	Glaser
271	"	9	Abusch Jozef	28.1o.12	Maler-Lackiererges.
272	"	69110	Baldinger Izak	11.11.22	Schlosserges.
273	"	1	Herz Dawid	24. 6.23	Wasserinst.Ges.
274	"	2	Gurewicz Meilech	22. 8.21	ang.Metallverarb.
275	"	3	Blaufeder Jakob	12. 8.o9	Kutscher
276	"	4	Blatt Henryk	31. 5.2o	ang. Automechaniker
277	"	5	Dringer Dawid	18.1o.21	ang. Metallverarb.
278	"	6	Kornblau Jakob	29. 3.o8	ang. Metallverarb.
279	"	7	Goldberg Efreim	3. 4.17	Werkzeug ang.Metallve
280	"	8	Grauer Wilhelm	3.12.14	Werkzeugschlosserges.
281	"	9	Gross Oskar	23. 4.14	Maschinenbauingenieur
282	"	6912o	Kukurutz Roman	6. 8.17	Schlossergeh.
283	"	2	Koscher Szaja	6. 2.18	Schnitderges.
284	"	3	Haber Ignacy	11. 5.15	ang.Metallverarb.
285	"	4	Dortheimer Wigdor	16. 9.18	Maler-Lackierermeist.
286	"	5	Landesdorfer Izak	7. 4.23	ang.Metallverarb.
287	"	6	Friedmann Leon	27. 4.o9	Elektrikermeister
288	"	7	-Lejzon Dawid	1. 8.27	Eisendrehergeh.
289	"	8	Lejzon Leib	15. 9.29	Eisendrehergeh.
290	"	9	Lejzon Moses	15.12.98	Eisendrehermeister
291	"	69130	Glicenstein Abram	16. 4.16	Schlosserges.
292	"	1	Hecht Zygmunt	24.1o.26	Tischlerges.
293	"	2	Linkowski Mauryoy	23. 6.o5	ang.Metallverarb.
294	"	3	König Jakob	14. 9.16	ang.Metallverarb.
295	"	4	Goldstein Bernard	5. 1.o3	ang.Metallverarb.
296	"	5	Geller Motio	18.12.o8	Schlosserges.
297	"	6	Dresner Jonas	4. 9.23	Autoschoosserges.
298	"	7	Feigenbaum Ludwig	28.11.24	Autoschlosserges.
299	"	69140	Malawer Chaim	28.12.o5	ang.Metallverarb.
300	"	69141	Dresner Juda	26. 3.93	Stanzer

KL Groß-Rosen - AL Brünnlitz/Häftl.Liste (Männer) - 18.4.45 Blatt 6

Lfd. Nr.	H.Art u.Nat.	H.Nr.	N a m e und Vorname	Geburts-datum	Beruf
301	Ju.Po.	69142	Behrenhaut Josef	6. 6.99	Autoschlosserges.
302	"	3	Kleinmann Adolf	7.11.2o	Schlosserges.
303	"	4	Gold Stefan	18.11.o4	Schreibkraft
304	"	5	Gurfinkel Natan	15. 5.27	Autoschlossergeh.
305	"	6	Feigenbaum Jakob	8.12.oo	Mechaniker u.Schlosser
306	"	7	Lewi Dawid	2. 6.o7	ang.Metallverarb.
307	"	8	Grüner Emil	21. 7.3o	Autoschlossergeh.
308	"	9	Katz Juda	14. 7.14	Arzt
309	"	6915o	Goldmann Moses	9.12.o8	Automechanikermeister
310	"	1	Grüner Saul	27. 4.oo	Wasserinst.Geselle
311	"	2	Goldberg Moses	25.12.24	Maurergeselle
312	"	3	Grünfeld Ignacy	3. 6.o4	Monteur
313	"	7	Hudes Leib	4. 6.o9	ang.Metallverarb.
314	"	8	Gross Benjamin	12. 5.93	ang. Stanzer
315	"	9	Gleitmann Mojzesz	4. 8.23	Autoschlosserges.
316	"	69160	Ferber Arje	15. 7.81	Mallermeister
317	"	1	Gross Josef	29. 5.o4	Bronzeschmied-Meister
318	"	2	Gross Abraham	24.12.97	ang.Metallverarb.
319	"	3	Gross Jakob	21. 6.26	Dampfkesselheizer
32o	"	5	Szlamowicz Szulem	1. 1.18	Bauarbeiter
321	"	6	Goldberg Otto	12. 3.13	ang.Stanzer
322	"	7	Grünhaut Adolf	29. 2.24	Automechanikerges.
323	"	8	Goldberger Chaskel	15. 5.99	Wasserinst.Meister
324	"	9	Szlamowicz Naftali	15.1o.23	Bauarbeiter-Monteur
325	"	69170	Gross Otto	3o.1o.26	Bauschlossergeh.
326	"	1	Schanz Zew	6. 1.23	Baufacharbeiter
327	"	2	Jazowski Zalel	2. 2.14	Maler
328	"	3	Gross Jerzy	16.11.28	Wasserinst.Gehilfe
329	"	4	Geiger Lemel	27. 6.o5	ang.Metallverarb.
330	Ju.Russ.	5	Gorywocki Szulim	15. 8.o8	ang.Metallverarb.
331	Ju.Po.	6	Brambrot Szmul	12. 5.25	ang.Metallverarb.
332	Ju.Ital.	7	Vogelmann Szulim	28. 4.o3	Buchdruckermeister
333	Ju.Po.	8	Gross Karol	11.11.oo	Schlossermeister
334	Ju.Po.	9	Grobler Leon	2. 2.12	Bauschlosserges.
335	"	69180	Grobler Samuel	14. 7.99	Bau-u.Kunstschlosser
336	"	1	Garde Dawid	22.12.o1	ang.Stanzer
337	"	2	Lederberger Mojzesz	11. 1.23	Schlosserges.
338	"	3	Neiger Dawid	19. 3.o6	Klempnergeselle
339	"	4	Grüss Leopold	2. 3.o7	Klempnergehilfe
340	"	5	Deutelbaum Samuel	25. 4.22	Autogenschweißerges.
341	"	6	Goldblatt Salomon	3. 7.15	Klempnergeselle
342	"	7	Lipschütz Josef	1.11.18	Elektriker
343	"	9	Goldberg Kalman	25. 5.23	Werkzeugschlosserges.
344	"	69190	Jonas Josef	3.11.23	Schlosserges.
345	"	2	Goldstein Stefan	25. 7.21	Drehergés.
346	"	3	Glücksmann Gedalie	1. 9.o2	ang.Metallverarb.
347	"	4	Ringelblum Arnold	27. 6.2o	Werkzeugschlosserges.
348	"	5	Gutherz Josef	5.11.22	Elektrikergeh.
349	"	6	Gutherz Henryk	2. 3.26	Malergehilfe
350	"	7	Ingber Bernard	6. 4.17	Stanzer
351	"	8	Penner Mieczyslaw	29. 2.2o	Stanzer
352	"	9	Dembitzer Teodor	4. 1o.97	Elektrikermeister
353	"	69200	Niemiec Josek	7. 3.25	Autoschlosserges.
354	"	1	Grüngras Chaim	1. 5.1o	Schlossergehilfe
355	"	2	Schimmel Mojzesz	13. 1.o8	Schlosser
356	"	3	Karp Izak Szyja	2. 1.o3	Schlosser Mechaniker
357	"	4	Grüner Salomon	1. 5.1o	Bronzeschmiedgeselle
358	"	5	Feilgut Aron	28. 6.o6	Bronzeschmiedmeister
359	"	6	Gross Daniel	2o.11.o9	ang.Metallverarb.
36o	"	7	Borger Adolf	2. 8.96	ang.Metallverarb.

Groß - Rosen - AL Brünnlitz / Häftl.-Liste (Männer) 18.4.45-Blatt 7

Lfd. Nr.	H.Art u.Nam.	H.Nr.	Name und Vorname	Geburts-datum	Beruf
361	Ju.Po.	69208	Hahn Dawid	20.10.97	Werkzeugschlosser
362	" "	9	Immerglück Zygmunt	13.6. 24	Stanzer
363	" "	10	Katz Isaak Josef	3.12.08	Klempnergehilfe
364	" "	1	Wiener Samuel	11. 5.07	Tischlergehilfe
365	" "	2	Rosner Leopold	26, 6.08	Maler
366	" "	3	Gewelbe Jakob	22. 9.97	Photografmeister
367	" "	4	Korn Edmund	7. 4.12	Metallarbeiter
368	" "	5	Penner Jonas	2. 2.15	Stanzer
369	" "	6	Wachtel Roman	5.11.05	Industriediamanten
370	" "	7	Immerglück Mendel	24.9.03	Eisendrehergeselle
371	" "	8	Wichter Feiwel	25. 7.26	ang.Metallverarbeit
372	" "	9	Landschaft Aron	7. 7.09	" "
373	" "	69220	Wandersmann Markus	14. 9.06	Stanzer
374	" "	1	Rosenthal Izrael	24.10.09	Schreibkraft
375	" "	2	Silberschlag Hersch	7. 4.12	Ang.Metallverarbeite
376	" "	3	Liban Jan	29. 4.24	Wasserinst.Gehilfe
377	" "	4	Kohane Chiel	15. 9. 25	Zimmerer
378	" "	5	Senftmann Dawid	6. 9.09	Ang.Metallverarbeite
379	" "	6	Kupferberg Izrael	4. 9.98	Schlossermeister
380	" "	7	Buchführer Norbert	12. 6.22	Lackierer Geselle
381	" "	8	Horowitz Schachne	3.1288	Schriftsetzermei ste
382	" "	9	Segal Richard	9.11.23	Steinbruchmineur
383	" "	69230	Jakubowicz Dawid	15. 4.26	"
384	" "	1	Sommer Josef	21.12.14	ang.Metallverarb.
385	" "	2	Smolarz Szymon	15. 4.04	"
386	" "	3	Rechem Ryszard	30. 5.21	Automechank.Gs.
387	" "	4	Szlamowicz Chaim	16. 5.24	Stanzer
388	" "	5	Kleinberg Szaija	1. 4.20	Steinbruchmineur
389	" "	6	Miedziuch Michael	3.11.16	Fleischergeselle
390	+ "	7	Millmann Bernhard	24.12.15	Stanzer
391	" "	8	Königl Marek	2.11.11.	Ang.Mettallverarb.
392	" "	9	Jakubowicz Chaim	10. 1.19	Steinbruchmineur
393	" "	69240	Domb Izrael	23. 1.08	Schreibkraft
394	" "	1	Klimburt Abram	1.11.13	Koch
395	" "	2	Wisniak Abram	30	Lehrling
396	" "	3	Schreiber Leopold	15.10.25	Schlossergeselle
397	" "	4	Silberstein Kacob	1. 1.00	Galvanis urmeister
398	" "	5	Eidner Pinkus	20.12.14	Dampfkesselheizer
399	" "	6	Goldberg Berisch	17. 5.13	ang.Metallverarb.
400	" "	7	Feiner Josef	16. 5.15	Automechanikcer
401	" "	8	Feiner Wilhelm	21.10.17	Stanzer
402	" "	9	Löw Zoycze	28. 6.97	Kesselschmied Meist.
403	" "	69250	Löw Jacob	3. 3.00	" "
404	" "	1	Pozniak Szloma	15. 9.16	Bäcker
405	" "	2	Ratz Wolf	20. 6.09	Metallverarb.
406	" "	3	Lewkowicz Ferdinand	12. 3.09	Arzt Chrirug
407	" "	4	Lax Ryszard	9. 7.24	Automechaniker Ges.
408	" "	5	Semmel Berek	5. 1.05	Tischler Gehilfe
409	" "	6	Horowitz Isidor	25. 9.95	ang.Installateur
410	" "	7	Meisels Szlama	2.2.16	Fleischergeselle
411	" "	8	Kormann Abraham	15. 1. 09	Buchhalter
412	" "	9	Joachimsmann Abraham	19.12.95	Stanzer
413	" "	69260	Sawicki Samuel	9. 4.17	Koch
414	" "	1	Rosner Wilhelm	14. 9.25	Schlossergehilfe
415	" "	2	Hirschberg Symon	23. 7.08	Stanzer
416	" "	3	Goldberg Bernhard	10.10.16	Koch
417	" "	4	Gerstner Leib	16.10.12	Glaser
418	" "	5	Hudes Naftali	10. 7.99	Bilanzbuchhalter
419	" "	6	Pufeles Maureycy	5.10.12	"
420	" "	7	Wulkan Markus	31.10.10	Bronz-Silberschmie

Groß - Rosen - Brünnlitz / Häftl. Liste (Männer) -18.4.45 Blatt 8

Ld. Nr.	H.Art u.Nat.	H.Nr.	Name u. Vorname	Geburtsdatum	Beruf
421.	Ju.Po.	69268	Bankier Adolf	9. 5.95	Blechbearb.-Schmelzer
422.	" "	9	Radiziwiller Adolf	31. 3.11	Friseur
423.	" "	69270	Reiss Abraham	3. 1.23	Steinbruchmineur
424.	" "	1	Reiss Isaak	18.12.99	Mechaniergehilfe
425.	" "	2	Reben Natan	25. 7.05	Schlossergeselle
426.	" "	3	Kaufmann Leon	6. 8.20	Automechaniker
427.	" "	4	Rittermann Zymunt	18. 4.06	Stanzer
428.	" "	5	Stern Natan	21. 4.06	Schreibkraft
429.	" "	6	Nachhauser Wilhelm	26.12.20	Werkzeugschlosser
430.	" "	9	Mingelgrün Max	3. 2.06	Stanzer
431.	" "	69280	Heuberger Edward	4. 1.14	Maschinenbauing.
432.	" "	1	Stejman Nysel	15. 7.10	ang. Metallverarb.
433.	" "	2	Salpeter Laib	20.12.97	Apotheker-Chemiker
434.	" "	3	Elsner Adolf	30.1. 02	Schreibkarft
435.	" "	4	Perlberger Theodor	8. 1.97	Schreibkarft
436.	" "	5	Horowitz Moses	18. 4.04	Werkzaugfachmann
437.	" "	6	Kujawsky Jankiel	13. 2.98	ang- Metallverarb.
438.	" "	7	Kornhäuser Bernghard	7. 6.09	Elektriker Gehilf.
439.	" "	8	Kahane Wladislaw	6. 9.09	Chemiker -Apotheker
440.	" "	9	Körber Chaim	14.12.05	Zimmerer Geh.
441.	" "	69290	Wiener Julius	9. 3.04	Stanzer
442.	" "	1	Jachzel Salaomon	23. 6.99	Schlossermeister
443.	" "	2	Wiener Izrael	12. 1.21	Schlosergehilfe
444.	" "	3	Krebs Moses	27. 4.02	Malergehilfe
445.	" "	4	Götinger Moses	4. 4.97	Stanzer
446.	" "	5	Händler Szaja	17.12.06	Arzt
447.	" "	6	Presser Gerhardt	16. 9.14	Dreher
448.	" "	7	Reich Mendel	25. 5.13	Baufacharbeiter
449.	" "	8	Hirsch Leon	6.11.09	Stanzer
450.	" "	9	Elsner Ludwig	30. 5.21	Stanzer
451.	" "	69300	Jachzel Abraham	17.11.23	Schlossergeselle
452.	" "	1	Selinger Peretz	28. 6.14	Elektriker Geh.
453.	" "	2	Kornhäuser Hermann	14.11.04	Schlossergeselle
454.	" "	3	Krieger Szymon	12.10.04	Schlosser
455.	" "	4	Strenger Szymon	6. 1.22	Elektrikergeselle
456.	" "	5	Milogrom Josef	25.10.13	ang. Metallverarb.
457.	" "	6	Schweber Issak	27. 9.97	Schreibkraft
458.	" "	7	Berger Wladislaw	17.5. 26	Drehergehilfe
459.	" "	8	Starsycki Szymon	8. 5.01	ang.Tischler
460.	" "	69311	Reich Emil	11. 5.94	Stanzer
461.	"C"	2	Perlmann Izrael	3. 4.07	ang. Metallverarb.
462	" "	3	Süssmann Kakob	22. 7.10	ang. Schlosser
463	" "	4	Schreier Roman	28. 6.04	ang. "
464	" "	5	Schweber Mendel	10.10.02	Glase meister
465.	" "	6	Leinkram Elias	6. 5.07	Kesselheizer
466.	" "	7	Schwelb Georg	6. 1.07	Metaalgiesser
467.	" "	9	Seifmann Markus	18.1. 16	Tiscgler
468.	" "	69320	Weiss Chaim	10.10.17	ang. Metallverarb.
469.	" "	1	Putter Ezriel	15. 9.03	Maschinenbauing.
470.	" "	2	Stein Aron	30.12.20	Ang.Metallverarb.
471.	" "	3	Kammermann Henryk	14. 2.03	Maschinenbauing.
472.	" "	5	Rosenblatt Mejer	15. 1.10	ang. Metallverarb.
473.	" "	6	Putter Abraham	11. 4.04	Tischlermeister
474.	" "	7	Schädel Rubin	10. 4.88	Zimmerer Geselle
475.	" "	8	Sperling Moritz	21. 4.97	Klempnermeister
476.	" "	9	Reich Kalman	22. 3.09	ang. Metallverarb.
477.	" "	69330	Wohlfeiler Henryk	9. 1.99	ang. Maschinenbauing.
478.	" "	1	Wendum Solomon	16.7.09	ang. Zimmerer
479.	" "	2	Müller Adam	30. 3.26	Schlossergeselle
480.	" "	69334	Müller Zymunt	15.12.02	Glasermeister

L Groß-Rosen -AL Brünnlitz/Häft.Liste (Männer) -18.4.45 Blatt 9

Lfd. Nr.	H.Art u.Nat.	H.Nr.	Namen u.Vornamen	Geburts= datum	Beruf
481	Ju.Po.	69335	Silberspitz Izak	8. 7. 1o	Maler-Lackierer
482	" "	6	Schwarz Roul	3.12.o3	Schweissergeselle
483	" "	7	Weingarten Szymon	18.1o.21	ang.Schlosser
484	" "	8	Weiss Smyche	1o.11.98	Klempnermeister
485	" "	9	Weiss Menachem	27. 8.25	Klempnergeselle
486	" "	6934o	Eisen Kiwa	2. 5.93	ang.Metallverarb-
487	" "	1	Schein Szymon	5. 1.12	Tischlergeselle
488	" "	2	Stemmer Max	6.12.12.	Masch.u.Bauschlosser
489	" "	3	Roth Wider	8. 3.15	Tischlergeselle
49o	" "	4	Brauring Ferdynand	15. 1.92	Maschinentechniker
491	" "	5	Sperling Bernhardt	27. 1.12	Stanzer
492	" "	6	Vogelhut Max	2o. 4.o3	Schreibkraft
493	" "	7	Stanger Abraham	14. 9. 1o	Klempnermeister
494	" "	8	Süssermann Moses	4. 1.95	ang.Metallverarb.
495	" "	9	Pemper Alfred	17. 2.12	" "
496	" "	6935o	Brechner Rudolf	6.11.o1	Zahnarzt
497	" "	1	Reich Kalman	26. 1.12	ang.Schlosser
498	" "	2	Ryba Josek	9. 1.19	Baufacharbeiter
499	" "	3	Buchen Moses	25.11.o6	Zimmerer Geselle
5oo	" "	4	Taubler Wilhelm	24.12.12	ang.Schlosser
5o1	" "	5	Stimmler Samuel	13. 9.23	ang.Wasserinst.
5o2	" "	6	Schulkind Kopel	18. 9.o5	Elektriker Geselle
5o3	" "	7	Salzberg Jankiel	27. 5.17	" "
5o4	" "	8	Richter Juda	7. 7.o3	Zimmerer "
5o5	" "	6936o	Rimmler Moses	5. 5.o7	Nieter
5o6	" "	1	Zalcberg Dawid	7.12.15	ang.Metallverarb.
5o7	" "	2	Florenz Benzion	13. 4.14	Schlosserges.
5o8	" "	3	Scheinok Szulim	13.11.o6	Zimmerer
5o9	" "	4	Fluss Izaak	14. 1.o1	ang. Metallverarb.
51o	" "	5	Stein Josef	1o. 5.1o	Zimmereregeh.
511	" "	7	Schwer Dawid	11. 2.o8	Zimmerer
512	" "	8	Ryba Szaja	14. 7.14	Stanzer
513	" "	9	Guttmann Adolf	18. 8.19	Autoschlosser
514	" "	6937o	Wasserteil Moses	26. 9.98	Schlosserges.
515	" "	1	Lermer Abraham	31. 1.24	Elektriker
516	" "	2	Gryoman Leib	14. 6.14	ang.Metallverarb.
517	" "	3	Rubin Osias	13. 7.14	" Tischler
518	" "	4	Langsam Jakob	28.11.23	Tischlergeselle
519	" "	5	Steininger Rafael	5. 6.o4	Klempnermeister
52o	" "	6	Wasserlauf Nachim	16. 5.25	Maurer
521	" "	7	Grünberg Abraham	2.1.o6	ang.Metallverarb.
522	" "	8	Sloma Jankiel	1. 9.o8	Malergeselle
523	" "	9	Bauer Josef	12.12.o9	Ing.Mechaniker
524	" "	6938o	Spira Aser	2. 9.o2	ang.Elektriker
525	" "	1	" Jerzy	12. 3.3o	Lehrling
526	" "	2	Kaufmann Szaja	2. 4.o2	Aotoschlosser
527	" "	3	Pomeranz Hersz	24. 3.25	ang.Schlosser
528	" "	4	Bejski Uryss	14. 6.24	" "
529	" "	5	" Israel	2. 3.19	" Metallverarb.
53o	" +	6	Pudlowski Jakob	3. 5.21	Drehergeselle
531	" "	7	Bejski Mossek	1. 1.21	Zeichner
532	" "	8	Seftel Jakob	5.11.1o	ang.Schlosser
533	" "	9	Weinzierl Strul	25. 5.o2	ang.Tischler
534	" "	6939o	Blumengrucht Hersz	14. 7.14	ang.Schlosser
535	" "	Süsskind Moniek		9. 7.22	Zimmerergeselle
536	" "	2	Süsskind Salomon	27.12.24	ang,Zimmerer
537	" "	3	Rosenberg Juliusz	1o.12.oo	Maschinenbauing.
538	" "	4	Stern Asser	29. 1.o8	Schlosserheg.
539	" "	5	Sperling Efroim	28.1o.o5	Schustergeselle
54o	" "	69397	Sterngast Josef	27. 8.13	Maschinenschlosserges.

Kl Rosen- Al.Brünnlitz/ Häftl.Liste(Männer) 18.4.45 Blatt 1o

Lfd. Nr.	H.Art u.Nat.	Nr.H.	Name und Vorname	Geburtsdatum	Beruf
541	Ju.Po.	69398	Senft Wolf	3. 7.o9	Tischler
542	" "	9	Goldberger Salomon	28. 7.2o	Autoklempnergeselle
543	" "	694oo	Ehrlich Hirsch	7. 3.17	Nieter
544	" "	1	Weinstock Josef	4.1o.oo	ang.Metallarbeiter
545	" "	2	" Moniek	19.11.27	" "
546	" "	3	Stelzer Alfred	17. 1.o7	Maschinenschlosser
547	" "	4	Sommer Abraham	22.12.o7	Klempnermeister
548	" "	5	Goldberger Roman	1o. 8.22	Autoklempnergeselle
549	" W	6	Knobler Mozsek	27. 5.2o	Zimmerergeselle
55o	" "	7	Freitah Leiszon	25. 6.24	Tischlermeister
551	" "	8	Turner Moses	25. 6.24	ang.Zimmerer
552	" "	9	Eilberg Bernhardt	27. 7.11	Baufacharbeiter
553	" "	6941o	Seewald Leib	31.1. 1o	Telephonarbeiter
554	" "	69411	Süssmann Adolf	12.12.24	ang.Maurer
555	" "	2W	Wildstein Herrmann	21. 8.16	Wasserinst.Geselle
556	" "	3	Pogowicz Pejsach	21. 6.13	Tischler
557	" "	4	Wohlfeiler Roman	15. 2.18	Wassermonteur
558	" "	5	Turner Henryk	2o1o.2o	Zimmermann
559	" "	6	Federgrün Moses	1o. 4.12	ang.Metallarb.
56o	" "	7	Fuhrmann Froim	2o.12.17	" "
561	" "	8	Haubenstock Jakob	29. 1.16	ang.Zimmerer
562	" "	9	Mermelstein Alexander	17.4.21	Autoschlossergeselle
563	" +	6942o	Seidenfeuer Rachmiel	1o.4.o4	Tischlergese.
564	" "	1	Freitag Hersz	7.1.2o	"
565	" "	2	Berger Joszek	15. 7.25	ang.Metallarb.
566	" "	3	Laus Jakob	2.12.16	Bauarbeiter
567	" "	4	Lewin Jozek	2o.11.24	ang.Tischler
568	" "	5	Nussbaum Jenoch	11. 9.o9	Tischler
569	" "	6	Freitah Mendel	1.1o.22	Tischler
57o	" "	7	Urbach Salomon	25.1o.25	ang.Tischler
571	" "	8	Freihof Jozek	5. 5.24	Tischlerges.
572	" "	9	Selinger Lazar	4. 7.24	Stanzer
573	" "	6943o	Scharf Josef	3.11.16	Bauarbeiter
574	" "	1	Sauerbrunn Dwid	15.1. 1o	Madhinentechnikcer
575	" "	2	Feinberg Chaim	5. 1.25	ang.Metallverarb.
576	" "	3	Schönherz Sigmund	2o. 6.14	Schlosserges.
577	" "	4	Degen Leopold	19. 2.25	Automechaniker
578	" "	5	Ickowicz Josef	3. 5.14	Automonteur
579	" "	6	Seliger Szymon	2. 9.91	Stanzer
58o	" "	7	Fischgrund Leopold	26.12.o1	Tischlergeselle
581	" "	8	Freihof Fischel	4.12.o2	ang.Tischler
582	" "	9	Mondrer Nachum	1o.11.23	Maschinenmechan.Ges.
583	" "	6944o	Minz Iser	8. 3.18	Malergeselle
584	" "	1	Freimann Anschel	6.1o.23	"
585	" "	2	Zuckermann Isaak	26. 8.16	Bautechniker
586	" "	3	Goldstein Aron	1o.1o.14	ang. Metallarb.
587	" "	4	Salzberg Szmul	3o.11.23	Zimmerer
588	"v "	5	Eichenthal Meier	12. 5.21	Tischlergeselle
589	" "	6	Kern Szaja	5.11.o6	Fahrradmechan.Meister
59o	" "	7	Grossmann Szimon	15. 5.o1	Schuster
591	" "	8	" Abraham	15. 6.2o	ang.Elektriker
592	" Russ.	9	Drisin Chaim	22. 7.22	ang. Maler
593	" Po.	6945o	Zuckermann Chaim	26. 3.o1	Mechanikerges.
594	" "	1	Falk Israel	3. 4.o4	Buchhalter
595	" "	2	Friedmann Bronislaw	23.1o.17	Tierarzt
596	" "	3	Armer Jakob	18. 9.25	ang.Schlosser
597	" "	4	Dressler Heinz	22.1o.19	Stenotypist
598	" "	5	Fertig Chaim	17. 2.24	ang.Metallarb.
599	" "	6	Silberstein Hirsch	27. 7.o2	Schlossergeselle
6oo	" "	69457	Mowschowitz Szymon	17. 9.14	Tischler

KL Groß - Rosen-AL Brünnlitz Häftl.Liste(Männer) 18.4.45 Blatt 11

Lfd. Nr.	H.Art u.Nat.	H.Nr.	Name und Vorname	Geburtsdatum	Beruf
601	Ju.Po.	69458	Finder Maurycy	23. 6.07	Maschinenbauing.
602	" "	9	Schreiber Isaak	5. 7.06	Schlossermeister
603	" "	69460	Schubert Aleexander	5. 3.94	Dentist
604	" "	1	Kornfeld Henryk	14.10.19	Maschinentechniker
605	" "	2	Borger Viktor	4. 1.01	Stanzer
606	" "	3	Biedermann Max	18. 1.13	Schlossergehilfe
607	" "	4	Teitelbaum Leib	12. 8.13	Bauarbeiter
608	" "	5	Friedmann Pinkus	16. 2.16	"
609	" "	6	Kopey Samuel	12. 1. 11	Schlossermeister
610	" "	7	Roter Siegmund	19. 3.20	Maschinenschlosser Ges.
611	" "	8	Beck Kuba	31. 8.22	Werkzeugschlosser
612	" "	9	Kornfeld Ludwig	5. 6.13	ang.Schlosser
613	" "	69470	Silberstein Max	30. 4.24	Klempnergehilfe
614	" "	1	Chojna Moniek	1. 1.22	Schlossergeselle
615	" "	2	Gangel Maurycy	17. 7.09	Schlosser
616	" "	3	Rottmann Jacub	14. 2.10	Schlosserg hilfe
617	" "	4	Fegleiter Stefan	6. 4.25	"
618	" "	5	Feiler Abraham	23. 1.21	Autoschlossermeister
619	" "	6	Schindel Samuel	11. 1.05	Schlossermeister
620	" "	7	Feiler Salomon	9. 3.23	Drehergehilfe
621	" "	8	Neumann Siegmund	21. 6.98	Maschinentechniker
622	" "	9	Danzig Hirsch	29.12.09	Stanzer
623	" "	69480	Fränkel Salomon	3. 4.22	ang.Schlosser
624	" "	1	Fried Fiszel	13. 7.02	" "
625	" "	2	Fischer Ismar	12.11.05	Koch
626	" "	3	Feit Lazar	25. 4.13	ang.Metallarb.
627	" "	4	Heilamnn Henryk	3. 3.08	Buchhalt r
628	" "	5	Herz Isak	15. 9.24	Maler
629	" "	6	Dienstag Markus	23. 2.15	Tischlergehilfe
630	" "	7	Eisland Jakub	10. 9.09	ang.Klempner
631	" "	8	Frei Moses	18. 1.25	ang.Schlosser
632	" "	69490	Kleiner Meier	14.10.24	Kesselheizer
633	" "	1	Friedner Löbl	12. 1.97	Silberschmied
634	" "	2	Wachsberg Lejbucz	1. 5.08	ang.Metallarb.
635	" "	3	Diktorczyk Dawid	25. 2.09	ang.Metallarb.
636	" "	4	Flint David	22. 1.06	Bauarbeiter
637	" "	5	Flint Herzc	30.12.04	ang.Metallarb.
638	" "	6	Frisch Samuel	21. 4.01	ang.Metallarb.
639	" "	7	Feil Oskar	29.10.01	Maschinenmechan,Meiste
640	" "	8	Kaminski Felix	15. 9.12	ang.Metallverarb.
641	" "	9	Ferber Israel	13. 7.99	" "
642	" "	69500	Grossmann Moszek	15. 5.24	ang.Tischler
643	" Slov.	1	Goldmann Alexander	6. 6.15	Buchhalter
644	" Tsch.	2	Lewi Salomon	8.2. 94	ang.Tischler
645	" Po.	3	Ring Leopold	26. 6.16	Tischler
646	" "	4	Spatz Natan	13. 1.15	Autoklempner
647	" "	5	Fleischmann Chaim	15.11.06	ang.Tischler
648	" "	6	Jereth Simon	11. 1.88	Baufacharbeiter
649	" "	7	Garde Mieczyslaw	14. 1.21	Schlossergeselle
650	" "	8	Kessler Jerzy	24. 4.21	Schreibkraft
651	" "	69510	Goldberg Marcel	11. 4.15	Bilanzbuchhalter
652	" "	1	Rosen Zsymon	17. 7.00	Schreibkraft
653	" "	2	Eule Isidor	14. 1.12	Korrespondent
654	" "	3	Glücksmann Naftali	10. 2.98	ang.Klempner
655	" "	4	Pempar Mieczyslaw	24. 3.20	Buchhalter
656	" "	5	Garde Adam	24. 9.13	Bauarchitekt
657	" "	6	Guthers Adolar	22.11.15	Schreibkraft
658	" "	7	Davidowitsch Erwin	19. 7.97	"
659	" "	8	Stern Isak	25. 1.01	Bilanzbuchhalter
660.	" "	69519	Kessler Maximilian	6. 1.95	Buchhalt r

.L Groß Rosen- AL Brünnlitz/ Häftl.Liste (Männer) N Blatt 12

Lfd. Nr.	H.Art u.Nat.	H.Nr.	Name und Vorname	Geb.Datum	Beruf
661	Ju.Po.	6952o	Brautmann Henryk	2o.1o.oo	Buchhalter
662	" "	1	Grünwald Dawid	12. 5.1o	Korrespondent
663	" "	69565	Reisfeld Salomon	26. 1.95	ang.Metallarb.
664	" "	6	Reisfeld Baruch	24. 5. 2o	Drehergeselle
665	" "	69573	Tennenbaum Szymon	13.1o.18	Bautechniker
666	" "	69592	Hauben Izaak	1o. 5.98	ang.Metallarb.
667	" "	696o6	Weinstein Berl	2o. 9.o4	" Mechaniker
668	" "	696o8	Weiser Osias	1o. 6.o6	Klempnergehilfe
669	" "	69645	Kleinmann Feiwel	26.12.26	ang.Schlosser
67o	" "	69655	Filzmacher Mendel	29.1o.14	Holzdrechsler
671	" "	69658	Hecht Izsak	15. 5.12	Malergeselle
672	" "	69666	Jakubowski Hersz	22.12.o3	ang.Schlosser
673	" "	6969o	Goldtsein Adolf	23. 1.12	ang.Metallarb.
674	" "	69742	Weingarten Jechiel	13. 2.16	Schlossergeselle
675	" "	3	Hoffmann Zdénck	2o. 3.14	Mechanikergeselle
676	" "	69789	Herzberg Henoch	27. 7.99	ang.Schlosser
677	" "	69832	Goldwasser Marcel	15. 1.2o	Maschinenbautechn.
678	" "	3	Jasse Ascher	25. 2.o7	Hochbauing.
679	" "	69886	Ptasznik Chaim	11.1o.o9	ang.Metallarb.
68o	" "	69928	Goldwasser Alexander	23. 11.88	ang.Metallverarb.
681	" "	69931	Ptasznik Abe	3. 8.14	Sattlermeister
682	" "	69937	Zimmermann Max	7. 7.17	Autoschlosserges.
683	" "	69944	Wahrhaft Moses	8.11.o5	ang.Metallverarb.
684	" "	74558	Kestenberg Szya	25. 8.12	ang.Schlosser
685	"	74684	Gelbwerth Aron	6. 6.o2	ang.Näh-Maschinentechniker
686	" "	69741	Weinkarten Jakob	18. 1.18	Schlos ergeselle
687	" "	74695	TeitelbaumElias	22. 5. o8	Schreibkraft
688	" "	77oo1	Blechmann Hermann	12.12.26	ang.Metallarb.
689	" "	2	Ettinger Moritz	29.11.12	Schlosser
69o	" "	3	Ewensohn Jakob	7. 4.19	"
691	" Dt.	4	Feingersch Bejamin	17.12.25	"
692	" po.	5	Finkelstein Leo	11. 3.22	ang.Metallarb.
693	" "	6	Felsenstein Selig	14. 4.o6	Schlosser
694	" "	7	Gärtner Meier	14. 6.22	"
695	" "	8	Goldstein Idel	11. 5.o6	Installateur
696	" "	9	Honigmann Moisze	1o.12.19	Werkz ugschlosser
697	" Dt.	77o1o	Juttka Artur	24. 1.o7	Stanzer
698	BV/RD	1	Knobloch Leo	6. 6.1o	Bergmann
699	Ju. Po.	2	Krüger Natan	21. 2.17	Schlosser
7oo	" "	3	Küchler Josef	8. 9.22	Schweißer
7o1	Ju.Dt.	4	Hornitzer Berthold	7. 5.o8	Klempner
7o2	Ju.Po.	5	Korzec Max	15. 1.15	Schweißer
7o3	Ju.Dt.	6	Matuschak Abraham	2o. 2.15	Schlosser
7o4	Sch.Fr.	7	Michaud Roger	22. 3.22	Eisendreher
7o5	Ju.Po.	8	Mosak Josef	1.1o.14	ang.Metallarb.
7o6	Ju.Dt.	9	Nebel Hans	25. 9.15	Schlosser
7o7	Ju.Po.	77o2o	Nussbaum Ignaz	6. 2.12	Automechaniker
7o8	" "	1	Ordynans Julek	22.12.o8	Elektriker
7o9	" "	2	Przeboznik Abraham	1. 4.2o	Fahrradmechaniker
71o	" "	3	Rosenblum Szaija	8. 2.16	Schmied
712	" "	4	Salem Chaim	13. 1.14	Klempner
713	PSV/RD	5	Schlichting Willy	2. 6.o1	Kaufmann u.Metällar
714	Ju.Po.	6	Schuhmacher Abraham	15. 3.2o	Elektriker
715	" Fr.	7	Silber Isaak	1o. 1.24	Schlosser
716	" Dt.	8	Stillmann Albert	8.1o.12	Elektrikeru.Schlosser
717	" Fr.	9	Szcapa Aron	23. 2.1o	Montageschlosser
718	Ju.Dt.	77o3o	Wohlgemut Horst	27. 8.22	Schlosser
719	" "	1o2	Baruch Siegfried	3. 5.o1	Hilfsarb.
719	Ju.Ung.	3	Berger Adolf	29. 3.o9	Schneider
72o	" "	771o5	Bolacsy Tibor	25. 7.18	Tischler

Kl Groß - Rosen AL Brünnlitz / Häftl.Liste (Männer) 18. 4. 45 Blatt 13

Lfd. Nr.	H.Art u.Nat.	H.Nr.	Name und Vorname	Geb.-Datum	Beruf
721	Ju.Po.	771o6	Borenstein Josef Hilel	1. 9.98	Taschner
722	" Dt.	7	Borger Michael	25.12.97	Schneider
723	Ju.Ung.	8	Brauer Natan	6. 6.o1	Hilfsarb.
724	Ju.Tsch.	9	Brock Robert	4. 9.16	"
725	Ju.Dt.	7711o	Buchhalter Fritz	9. 9.28	"
726	Ju.Holl.	1	Davidson Jakob	1. 9.17	Fleischer
727	Ju.Ung.	2	Decsi Peter	13. 2.23	Hilfsarbeietr
728	" "	3	Eckstein Ignaz	12. 3.oo	Holzsortierer
729	" "	4	Eisenstein Aron	2o. 4.14	Hutmacher
73o	Ju.Holl	5	van Emden Lois	6. 7.25	Koch
731	Ju.Ung.	6	Emmerich Karol	23. 7.11.	Automechaniker
732	" "	7	Földezc Sandor	14. 9.98	Telephonarbeiter
733	" "	8	Feuermann Bernhardt	1o.11.93	Sattler
734	" "	9	" Sandor	1. 6.27	"
735	" "	7712o	Farkos Hermann	28.11.99	Hilfsarbeiter
736	" "	1	Fränkel Adolf	22.12.13	Bäcker
737	" "	2	Fried Josef	24. 4.98	Holzsortierer
738	" "	3	Friedmann Rudolf	1.12.28	Kunstschlosser-Lehrl.
739	" "	5	Goldberger Arnold	29. 3.29	Hilfsarbeiter
74o	" Holl.	6	Goudstikker Henryk	16. 9.27	"
741	Ju.Dt.	7	Grabowski Markus	22. 3.93	Sanitäter
742	Ju.Ung.	8	Grünfeld Alexander	18.12.o3	Schuster
743	Ju.Slov.	9	Grünfeld Salomon	1o. 9.12	Hilfsarbeiter
744	Ju.Dt.	77133	Hartog Fritz	23. 5.13	Kraftfahrer
745	Ju.Dt.	2	Hansel Otto	4. 8.o5	Hilfsarbeiter
746	Ju.Ung.	4	Heller Paul	23. 7.1o	"
747	Ju.Tsch.	5	Herrman Alfred	19. 5.93	Buchhalter
748	Ju.Ung.	6	Herszkowits Ignatz	4. 2.96	Hilfsarbeiter
749	" "	7	Hirschel Julius	27.12.oo	Bäcker
75o	" "	8	Holasz Cabor	28. 4.21	Hilfsarbeiter
751	Ju.Dt.	7714o	Jospe Heinz	18.1o.15	Bäcker - Heizer
752	Ju.Tsch.	2	Kellner Eigen	19. 5.17	Schreibkraft
753	Ju.Ung.	3	Kellner Josef	29. 1.28	Hilfsarbeiter
754	" "	4	Kellner Soltan	13. 5.o3	Landwirt
755	" "	5	Klein Eugen	12. 8.98	Tischler
756	Ju.Slov.	6	Kollmann Natan	6. 3.oo	Hilfsarbeiter
757	Ju.Ung.	7	Kohn Markus	7.11.o2	"
758	" "	9	Kraus Josef	5. 9.25	Buchbinder
759	Ju.Tsch.	7715o	Lampel Heinrich	9. 2.98	Hilfsarbeiter
76o	Ju.Ung.	1	Lang Max	28. 5.95	"
761	Ju.Tsch	2	Massaryk Ferdinand	9.1o.16	Chemiker
762	" "	4	Melzer Leo	14. 6.o3	Feinmechaniker
763	Ju.Ung.	5	Nadler Miklosz	26. 6.14	Koch
764	" "	6	Neumann Dezsö	14. 5.o6	Hilfsarbeiter
765	Ju.Dt.	7	Offner Erich	15. 2.26	Schuster
766	Ju.Ung.	8	Obstler Kalman	9. 4.o3	Hilfsarbeiter
767	" "	9	Perlmutter Farkoas	18. 6.o2	"
768	Ju.Po.	7716o	Piotrkowski Salomon	3. 7.12	Schäftemacher
769	" "	1	Piskorz Max	26.11.96	Schneider
77o	Ju.Dt.	2	Pollak Robert	26. 7.13	Koch
771	Ju.Ung.	3	Rado Siegmund	2. 3.16	Anstreicher
772	Ju.Po.	4	Reichgott Moritz	11.12.o2	Bäcker
773	Ju.Dt-	5	Sabersky Siegdfried	27. 9.o3	Schneider
774	Ju.Ung	6	Schlesinger Leopold	12. 6.o4	Tischler
775	Ju.Stls.	7	Schönfeld Otto	23.1o.o7	Bäcker
776	Ju.Dt.	8	Schnapp Harry	3. 6.o1	Automonteur
777	Ju.Ung.	9	Schwarz Alexander	19.12.19	Hilfsarbeiter
778	Ju.Dt.	77171	Seif Siegmar	9. 3.13	Buchhalter
779	" "	2	Singar Günther	14.1.22	Tischler
78o	Ju.Sl.	77173	Spiegel Markus	3o. 4.11	Schneider

Der letzte Männername müsste die Nummer 801 (nicht 781) tragen –

KL Groß - Rosen ' AL Brünnlitz/ Häftl.Liste (Männer) 18.4.45 Blatt 14

Lfd. Nr.	H.Art u.Nat.	H.Nr.	Name und Vorname	Geburts= datum	Beruf
781	Ju.Dt.	77174	Stagel Paul	15.12.12	Hilfsarbeiter
782	Ju.Ung.	5	Stark Jaros	2o. 5.16	Hutmacher
783	Ju.Dt.	6	Stein Leon	6. 7.98	Juwelier
784	Ju.Po.	7	Szydlo Selman	22. 6.12	Pferd pfleger
785	Ju.Tsch	9	Waldapfel Erwin	11. 3-ol	Spediteur
786	Ju.Ung	7718o	Weiß Julius	3o. 8.97	Büroangestellter
887	Ju.Dt.	1	Gelinski Erich	17. 4.22	Zimmermaler
788	Ju.Po.	2	Breslauer Benjamin	7. 2.2o	Schritmaler
789	Ju.Holl.	3	Franken Fritz	1o. 8.o6	Schneider
79o	Ju.Po.	4	Schimmel Oskar	18. 5.o9	Bauschlosser
791	" "	5	Schönfeld Alfred	26. 3.22	Techn.Zeichner
792	Ju.Fr.	6	Weißmann Baruch	11. 3.o4	Elektriker
793	Ju.Po.	8	Rawet Abe	3. 7.o7	Schneider
794	" "	9	Reismann Aron	1. 3.o8	"
795	Ju.Fr.	7719o	Brayntich Josef	24. 3.o4	Maschinenschlosser
796	Ju.Ung.	1	Kahan Desider	27. 5.99	Arzt
797	Ju.Jug.	2	Kanoiwitsch Mirko	13. 1.24	Schlosser
798	Ju.Po.	3	Chewel Hirsch	26. 8.14	Hilfsarbeiter
799	Ju. "	4	Pomeranz Baruch	25. 4.2o	"
78o	" "	5	Chlebowski Josef	5.12.22	"
781	" "	6	Kief Jarum	2.12.17	"

aber vielleicht enthält die Liste noch weitere Fehler?

KL Groß-Rosen - Al Brünnlitz / Häftl.-Liste (Frauen) - Stand: 18.4.1945

Lfd. Nr.	H.Art u.Nat.	H.Nr.	Name und Vorname	Geburts-datum	Beruf
1.	Jü.Pol	762o1	Aftergut Berta	2o. 2.16	Metallarbeiterin
2.	"	2	Appel Gisela	28.7.21	"
3.	"	3	Ast Rachela	2o. 8.2o	"
4.	"	4	Banach Lolo	3. 7.o8	"
5.	"	5	Barth Helena	25.12.1o	"
6.	"	6	Begleiter Valeria	18. 6.21	Sanitäterin
7.	"	7	Berger Hilde	13.6.14	Schreibkraft
8.	"	8	Berhang Elka	7.3.15	Metallarbeiterin
9.	"	9	Bernstein Golda	1o.11.21	"
1o.	"	7621o	Bielfeld Frania	31. 3.22	"
11.	"	1	Blawat Felicia	25.12.24	"
12.	"	2	Bernstein Henja Malka	29. 8.19	"
13.	"	3	Berger Anna	8. 3.15	"
14.	"	4	Blumenkranz Karola	19. 1.14	"
15.	"	5	Bronner Jetti	27. 8.13	Schreibkraft
16.	"	6	Brunnengraber Halina	12. 3.26	Metallarbeiterin
17.	"	7	Brzeska Cecilia	24.12.26	"
18.	"	8	Bzzeska Hela	1o. 5.25	"
19.	"	9	Buchsbaum Sofia	11-3.13	"
2o.	"	7622o	Berenstein Basia	2o. 4.26	"
21.	"	1	Brandsilber Charlotte	5. 4.o9	"
22.	"	2	Brechner Nelli	14- 5.o8	"
23.	"	3	Breit Giza	11.6.11	"
24.	"	4	Bugajer Rachela	2o. 4.26	"
25.	"	5	Burstiner Hela	27. 1.o9	"
26.	"	7	Danzig Sara	26. 6.o7	"
27.	Jü.Dt.	8	Dawidowicz Ida	6. 2.99	"
28.	Jü.Pol	9	Dortheimer Helena	19.5. 22	"
29.	"	7623o	Dortheimer Helena	8. 7.2o	"
3o.	"	1	Dressler Martha	13. 6.96	"
31.	"	2	Dressler Susi	1.1o.14	Schneiderin
32.	"	3	Dresner Chaja	8. 4.o6	Metallarbeiterin
33.	"	4	Dresner Danuta	24. 8.27	"
34.	"	5	Duklauer Anna	2o.12.22	"
35.	"	6	Durst Szyfra	3. 4.14	"
36.	"	7	Eisen Erna	27. 2.19	"
37.	"	9	Feigenbaum Necha	16. 1.o2	"
38.	"	7624o	Feingold Mina	27. 7.1o	"
39.	"	1	Feldmann Lola	1. 8.22	"
4o.	" 2	2	Feldmann Rosa	4. 9.26	"
41.	"	3	Feldstein Felicia	1o. 4.24	"
42.	"	4	Ferber Rena	24.2. 28	"
43.	"	5	Ferber Rosa	14.o9.o5	"
44.	"	6	Fertig Gustava	21.12.22	"
45.	"	7	Feuereisen Eleonora	12. 6.24	"
46.	"	8	Flinder Fela	15. 8.o9	"
47.	"	9	Frey Cecilia	11.11.21	"
48.	"	7625o	Freilich Rosa	1.3.15	"
49.	"	1	Fränckel Frieda	14.4.24	"
5o.	"	2	Friedmann Eugenie	18. 6.23	"
51.	"	3	Friedmann Estera	1.12.2o	"
52.	"	4	Friedmann Felicia	2.1.23	"
53.	"	5	Friedmann Helene	3.9.o4	"
54.	"	6	Friedner Franciszka	5. 7oo6	"
55.	"	7	Friedner Ada	16. 1,21	"
56.	"	8	Frisch Stefania	2o. 4.27	"
57.	"	9	Frisch Ella	4. 3.o1	"
58.	"	7626o	Gams Genia	1. 9,14	"
59.	"	1	Garde Mira	7. 8.99	"
6o.	"	2	Garde Irena	2.4. 18	"

Die Liste der Frauen, 5 Seiten

KL Groß-Rosen - Al Brünnlitz / Häftl.-Liste (Frauen) - 18.4.45, Blatt 2.

lfd. Nr.	H.Art u.Nat.	H.Nr.	Name und Vorname	Geburts-datum	Beruf
61.	Jü.Po.	76263	Geller Anna	8. 9.12	Metallarbeiterin
62.	Jü.Po.	4	Geminder Fela	18. 7.14	"
63.	"	5	Geminder Helene	16. 5.1o	Schreibkraft
64.	"	6	Geminder Lore	5. 1.23	Metallarbeiterin
65.	"	7	Gerner Eidla	22.11.96	"
66.	"	8	Gerner Pola	17. 1.21	"
67.	"	9	Getzler Syda	15. 5.13	"
68.	"	7627o	Ginter Ernestine	16. 3.1o	"
69.	"	1	Glockenberg Rosa	4. 1.2o	"
7o.	"	2	Goldberg Syda	8. 3.22	"
71.	"	3	Goldberg Salomea	18.12.18	"
72.	"	4	Goldmann Hinde Debora	6. 7.92	"
73.	"	5	Goldstein Cypora	15. 1.99	"
74.	"	6	Grajower Sara	3o. 7.23	"
75.	"	7	Grünberg Leonie	23.1o.19	"
76.	"	8	Grüner Hanka	3.11.o5	"
77.	"	9	Grüner Helena	2o.12.27	"
78.	"	7628o	Grünspan Sabina	24. 1.18	"
79.	"	1	Mandelbaum Hala	24. 7.17	"
8o.	"	2	Grünwald Sabina	26.11,11	"
81.	"	3	Gronner Gustawa	2o.1o.o8	"
82.	"	4	Groß Cypora	26. 3.16	"
83.	"	5	Groß Selma	26. 6.12	"
84.	"	6	Großbard Paulina	3. 8.25	"
85.	"	7	Günz-Sperling Bronia	21. 5.16	"
86.	"	8	Gutherz Augusta	18. 9.97	"
87.	"	9	Haubenstock Sofia	14. 5.21	"
88.	"	7629o	Haubenstock Maria	12. 4.17	"
89.	"	1	Finder Eugenia	13. 7.15	"
9o.	"	2	Heilmann Sara	2o.11.1o	"
91.	"	3	Hendler Lea	1o. 5.o8	"
92.	"	4	Henig Chana	6. 6.o2	"
93.	"	5	Herzog Lea	12.12.22	"
94.	"	6	Herzog Erstera	15. 6.99	"
95.	"	7	Neublum Mina	11. 1.97	"
96.	"	8	Hilfstein Miriam	25. 1.97	Schneiderin
97.	"	9	Hirsch Helena	3. 9.11	Metallarbeiterin
98.	"	763oo	Hirsch Anna	29. 3.15	Schneiderin
99.	"	1	Hirsch Helga	1. 7.23	Metallarbeiterin
1oo.	" 2	2	Hirschberg Sali	18. 5.o3	"
1o1.	"	3	Hirschfeld Polda	21. 4.21	Schneiderin
1o2.	"	4	Holländer Rachela	23. 3.17	Metallarbeiterin
1o3.	"	5	Holzmann Perl	14. 3.1o	Schreibkraft
1o4.	"	6	Korn Estera	24.11.18	Metallarbeiterin
1o5.	"	7	Horowitz Bronislawa	22. 4.3o	"
1o6,	"	8	Horowitz Halina	13. 3.29	"
1o7.	"	9	Horowitz Roma	15.48.12	"
1o8.	"	7631o	Horowitz Euchel	14.12.o6	"
1o9.	"	1	Horowitz Bella	1o. 3.2o	"
11o.	"	2	Horowitz Sara	24. 6.88	"
111.	"	3	Hudes Estera	1o. 3.1o	"
112	"	4	Ickowicz Pola	21. 2.18	"
113.	"	5	Israeli Stella	4. 3.1o	"
114.	"	6	Jereth Chaja	12. 7.92	"
115.	"	7	Karmel-Poss Adela	5. 4.21	"
116.	"	8	Karp Celina	28. 5.29	"
117.	"	9	Karp Feiga Raza	15. 9.o5	"
118.	"	7632o	Katolik Cyla	14. 5.14	"
119.	"	1	Katz Cecilia	12. 8.22	"
12o.	"	76322	Katz Ruth	25. 8.2o	"

KL Groß-Rosen - Al Brünnlitz / Häftl.-Liste (Frauen) - 18.4.45. Blatt 3.

Lfd. Nr.	H.Art u.Nat.	H.Nr.	Name und Vorname	Geburts-datum	Beruf
121	Jü.Po.	76323	Katz Gebriela	17. 3.19	Metallarbeiterin
122	"	4	Kaufmann Regina	23.12.2o	"
123	"	5	Königsberg Anna	26.11.9o	"
124	"	6	Kühn Helena	6. 2.22	"
125	"	7	Kerner Estera	2o. 8.o5	"
126	"	8	Kinstlinger Chana	15. 8.13	"
127	"	9	Kiwetz Fradel	6. 5.21	"
128	"	7633o	Kleinmann Paula	18. 2.27	"
129.	"	1	Klinger Sara	3.4. 24	"
13o	"	2	Klipstein Rosalia	17.1o.99	"
131	"	3	Kohn Ruth	1o. 2.26	"
132	"	4	Korn Rachela	8. 4.oo	"
133	"	5	Kornhäuser Rosalia	24. 7.14	"
134	"	6	Kraus Czeslawa	17. 8.23	"
135	"	7	Krumholz Lola	1o. 1.17	"
136	"	8	Kupferberg Aka	18.1o.18	"
137	"	9	Kurz Tauba	18. 6.o3	"
138	"	7634o	Kurmer-Lewkowicz Reneta	6.12.15	"
139	"	1	Laufer Rosa	16.1o.24	"
14o	"	2	Dembitzer Sara	17. 6.96	"
141	"	3	Lampel Anita	26. 5.28	"
142	"	4	Lampel Celina	14. 3.o7	"
143	"	5	Landsberger Helene	12. 7.o8	Schreibkraft
144	"	7	Leder Paula	1. 2.21	Metallarbeiterin
145	"	8	Lejzon [illegible] Chana	15. 6.oo	"
146	"	7635[illegible]	Löffel Sabina	22. 2.13	"
147	"	7635o	Lejzon Pesia	3. 5.26	"
148	"	1	Lehrer-Händler Belia	8.12.19	"
149	"	2	Lermer Anna	1o. 1.13	"
15o	"	3	Leser Perla	13. 7.11	"
151	"	4	Dr. Löw Matilde	6. 1.99	Ärztin
152	"	5	Löwenstein Ruth	18. 7.18	Metallarbeiterin
153	"	6	Löwi Adela	29.11.1o	"
154	"	7	Löwi Maria	28 . 5.95	"
155	"	8	Lewinska Natalia	22. 4.14	"
156	"	9	Lewkowicz Itel	22.11.o6	"
157	"	7636o	Liebermann Salomea	6. 3.98	"
158	"	1	Liebgold Etka	4. 9.14	"
159	"	2	Lichtig Anna	2o.1o.o4	"
16o	"	3	Linzer Lusia	8. 9.27	"
161	"	4	Ligschütz Debora	8. 4.17	"
162	"	5	Lis Eda	15. 5.oo	Schreibkraft
163	"	6	Lis Henryka	22. 7.2o	
164	"	7	Manne Tauba	13.1o.88	Metallarbeiterin
165	"	8	Markin Maria	5.1. 12	"
166	"	9	Mandel Perla	6. 2.12	"
167	"	7637o	Markin Tilka	6. 6.o8	"
168	"	1	Müller Berta	6. 3.o7	"
169	"	2	Müller Stella	5. 2.28	"
17o	"	3	Mischel Maria	7. 7.17	"
171	"	4	Grünberg Miriam	1.12.2o	"
172	"	5	Nadel Doba	27. 2.93	"
173	"	6	Nadel Felicia	26. 6.17	"
174	"	7	Nass Roma	9. 1.o6	"
175	"	8	Nessel Giesela	2o. 7.28	"
176	"	9	Nessel Paulina	9. 7.22	"
177	"	7638o	Neumann Irena	29.11.12	Schneiderin
178	"	1	Neumann Mina	4.12.14	Metallarbeiterin
179	"	2	Nußbaum Herta	28. 7.22	"
18o	"	3	Nußbaum Rosalia	14.11.124	"

Die Nummer 120 ist vergessen worden.

KL Groß-Rosen - Al Brünnlitz / Häftl.-Liste (Frauen) - 18.4.45, Blatt 4.

Lfd. Nr.	H.Art u.Nat	H.Nr.	Name und Vorname	Geburts. datum	Beruf
181	Jü.Po.	76384	Offmann Henryka	1. 5.27	Metallarbeiterin
182	"	5	Offmann Hermina	15. 5.27	"
183	"	6	Offmann Steffa	16. 6.08	"
184	"	7	Opoczynska Olga	17. 9.98	"
185	"	8	Orbach Sara	22.12.19	"
186	"	9	Pariser Cecilia	14. 4.15	"
187	"	76390	Peller Rega	15. 1.20	Schreibkraft
188	"	1	Peller Sara	6.12.18	Metallarbeiterin
189	"	2	Pelzmann Gusta	21. 2.02	"
190	"	3	Penner Fanny Deborn	27. 8.15	"
191	"	4	Penner Maria	3.12.96	"
192	"	5	Penner Franciszka	27. 1.24	"
193	"	6	Perlberger Dora	14.11.07	"
194	"	7	Perlmann Ewa	16. 6.98	"
195	"	8	Pfeffeberg Ludmila	15. 7.20	"
196	"	9	Pinkas Estera	6. 2.24	"
197	"	76400	Presser Bronislawa	,9. 3.23	"
198	"	1	Presser Frania	12.11.01	"
199	"	2	Presser Rosa	22. 4.19	"
200	"	3	Rath Dora	5. 9.19	"
201	"	4	Ratz Ewa	5. 3.30	"
202	"	5	Ratz Fela	29. 4.12	"
203	"	6	Redlich Irena	8.12.21	"
204	"	7	Reich Anna	14. 9.20	"
205	"	8	Reicher Bluma	7.12.22	"
206	"	9	Reismann Lola	26. 6.17	"
207.	"	76410	Rückel Gustava	6. 4.25	"
208	JüBöhm	1	Ring Rena	12. 1.05	"
209	Jü.Po.	2	Ring Hanka	16. 1.28	"
210	"	3	Ringelblum Eugenia	25.10.18	"
211	"	4	Rittermann Elzbieta	6. 7.10	"
212	"	5	Rittermann Jadwiga	18. 4.16	"
213	"	6	Rosen Estera	18. 3.05	"
214	"	7	Rosen Mira	5.11.25	"
215	"	8	Rosenberg Hanka	20.12.18	"
216	"	9	Rosenberg Sara	7. 1.16	"
217	"	76520	Rosenblüht Felicia	22. 7.19	Sanitäterin
218	"	1	Rosner Helena	14. 8.09	Metallarbeiterin
219	"	2	Rosner Helena	31. 7.22	"
220	"	3	Rosner Mariane4	21.10.10	"
221	"	4	Rothberg Erna	31.12.15	"
222	"	5	Rottenberg Ratzel	21. 4.16	"
223	"	6	Safier Rita	26. 6.26	"
224	"	7	Sauerbrunn Sulanith	31.12.15	Sanitäterin
225	"	8	Schein Beta	2. 9.21	Metallarbeiterin
226	"	9	Schenierer Hella	15. 8.06	"
227	"	76530	Schenker Ryfka	8. 1.88	"
228	"	1	Scheck Irena	[illegible]. 21	"
229	"	2	Schönthal Bella	6.10.00	"
230	"	3	Schönthal Regina	27.10.25	"
231	"	4	Schiffer Ruth	2. 7.20	"
232	"	5	Schlafstein Halwina	25. 1.16	"
333	"	6	Schlesinger Hania	24. 7.18	"
334	"	7	Schmidt Hanka	12. 7.26	"
335	"	8	Schneeweiß Anna	23. 8.10	Schreibkraft
336	"	9	Schmidt Toni	16. 1.23	Metallarbeiterin
337	"	76540	Schönherz xxxx Erna	18. 6.25	"
338	"	1	Schönherz Helena	13. 9.99	"
339	"	2	Schönherz Stefania	1. 3.16	Schreibkraft
340	"	76543	Schwarzmann Bella	24. 9.04	Metallarbeiterin

Nach Nummer 232 wird zunächst falsch weitergezählt.

KL - Groß-Rosen - AL Brünnlitz / Häftl.-Liste (Frauen) - 18.4.45. Blatt 5

Lfd. Nr.	H.Art u.Nat.	H.Nr.	N a m e und Vorname	Geburts-datum	Beruf
~~[illegible]~~					
241	JÜ.Po	76444	Schwarzmann Salomea	27. 5.28	Metallarbeiterin
242	"	5	Schwed Dora	24. 7.21	"
243	"	6	Schweizer Estera	15. 5.25	"
244	"	7	Szypiacka Frajda	12. 1.2o	"
245	"	8	Seelenfreund Feiga	13. 1.o9	"
246	"	9	Selinger Syda	22. 4.22	"
247	"	7645o	Semmel Regina	17. 3.22	"
248	"	1	Sichermann Blima	2o. 5.o2	Schreibkraft
249	JÜ.Dt	2	Süßkind Ewa	5.11.16	Metallarbeiterin
25o	JÜ.Po	3	Spira Franciczka	4. 1.o9	"
251	"	5	Srebrna Giesela	25.12.18	"
252	"	5	Steinhardt Ruth	31.11.23	"
253	"	6	Steinhaus Rescha	29.12.1o	"
254	"	7	Stern Leontyna	6. 8.11	"
255	"	8	Stern Sala	1o. 2.o7	"
256	"	9	Sternberg Klara	23. 3.oo	"
257	"	7646o	Sterngast Adela	2. 3.11	Schreibkraft
258	"	1	Stiel Laura	28. 6.12	Metallarbeiterin
259	"	2	Stiel Syda	8. 8.2o	"
260	"	3	Sternlicht Bronislawa	3. 5.22	"
261	"	4	Sternlicht Helena	25. 4.25	"
262	"	5	Sternlicht Sydonia	24. 2.2o	"
263	"	6	Strom Adela	26.11.27	"
264	"	7	Tauss Teofila	3. 3.12	"
265	"	8	Teitelbaum Toni	15. 9.18	"
266	"	9	Tannenbaum Salka	25. 8.98	"
267	"	7657o	Tänzer Anna	28.1o.o8	"
268	"	1	Tänzer Berta	7. 9.1o	"
269	"	2	Tilles Tauba	17. 3.17	"
27o	"	3	Türk Lola	15. 7.15	"
271	"	4	Türk Rosalia	11. 1.o9	"
272	"	5	Trauring Stefania	14.12.o8	"
273	"	6	Urbach Salomea	25. 6.o7	"
274	"	7	Wohsberger Chana(Wachsberger)	6. 8.13	"
275	"	8	Wadler Ester	1o.1o.1o	"
276	"	9	Wahl Sara Estera	22.1o.16	"
277	"	7648o	Wasserteil Cecilia	28. 5.21	"
278	"	1	Weinstock Balka	17.12.o5	"
279	"	2	Weitmann Carmen	15. 1.15	Schreibkraft
28o	"	3	Wiener Maria	28.12.21	Metallarbeiterin
281	"	4	Wohlfeiler Chaja	4. 6.97	"
282	"	5	Wohlfeiler Eugenia+	18. 5.26	"
283	"	6	Wohlfeiler Helina	3. 1.26	"
284	"	7	Wohlfeiler Rena	29. 1.27	"
285	"	8	Wohlfeiler Kryatyna	9. 5.28	"
286	"	9	Wohlfeiler Rosa	7. 7.o3	"
287	JÜ.Dt	7649o	Wolf Hannelore	16.1o.23	Schreibkraft
288	JÜ.Po	1	Wortsmann Sara	2o. 3.97	Metallarbeiterin
289	"	2	Kulkan Chaja	16.12.13	"
29o	"	3	Zimmerspitz Elsa	18.12.13	"
291	"	4	Zimmerspitz Jetti	16. 7.o8	"
292	"	5	Zoldan Cecilia	29. 1.18	"
293	"	6	Zucker Fela	2o.11.18	"
294	"	7	Zuckermann Jetti	1o.11.2o	"
295	"	8	Zuckermann Estera	1o.11.2o	"
296	"	9	Zweig Bronnislawa	28. 3.o6	"
297	"	765oo	Zwetschkenstiel Jenta	8. 7.o8	"

Das Ende der Frauenliste

zunichte machte. Nur weil ihm die schon sicher nach dem Bodensee (ich glaube mich an den Ort Bregenz zu erinnern) verlagerten fünf Waggons ausgeklapperter und verrosteter Nähmaschinen und fragliche Textilien wichtiger und wertvoller waren als das Schicksal der ihm anvertrauten Menschen. Nur dem Mitarbeiter Madritschs, Herrn Raimund Titsch, gebührt ein Ritterkreuz der Menschlichkeit. Titsch allein war der Motor und seine selbstlosen, unerschrockenen Handlungen waren es, wenn bei Fa. Madritsch jüdischen Menschen geholfen wurde. Genauere Einzelheiten wird Ihnen Herr Stern, der alle Details der Fa. Madritsch kennt, bestimmt gerne geben. Mein bescheidener Verdienst ist die Rettung von ungefähr sechzig Madritsch-Leuten, eben gerade so viel Menschen, wie sich Titsch aus dem Stegreif auf Namen seiner Leute erinnern konnte, mir diese bei einem Nachtfest beim Kommandeur des SS-Lagers schnell auf einen Zettel schrieb, und ich mir, die gute Laune des SS-Führers ausnützend, diese Liste als Werks-Schneider für meinen Transport nach Brünnlitz unterschreiben und beifügen ließ.

Nichts beleuchtet den Charakter von Herrn Madritsch, der an vorerwähntem Gelage teilnahm und ziemlich desinteressiert meine Bemühungen um die Zuteilung seiner Arbeiter akzeptierte, besser als die Antwort auf einen letzten Versuch meinerseits, ihn doch zur Rückrufung der Nähmaschinen vom Bodensee nach Brünnlitz zu bewegen: »... lieber Oskar, spar dir deine Worte, das ist eine verlorene Sache, dafür investiere ich keinen Groschen mehr ...«

Wenn krämerischer Geiz den Erfolg meiner wochenlangen Bemühungen, Interventionen und Opfer um die Verlagerung dieser Menschen nach Brünnlitz nach erfolgter Genehmigung zum Scheitern brachte, ist mein Groll wohl legitimiert, selbst wenn es nicht meine Arbeiter waren.

Mein erster Räumungsbefehl des Heeres-Waffenamtes Berlin, den ich für meine Krakauer Fabrik erhielt, wies mir als Verlagerungsmöglichkeit einen Ort im Rheinland und ein Dorf in der Nähe des Semmerings an. Sowie ich erfuhr, daß ich in diesem Falle auf meine Leute verzichten muß, da ein Arbeitseinsatz nur im Bereich Groß-Rosen resp. Auschwitz und deren SS-Zuständigkeitsgebiete möglich ist, gab es für mich keinen anderen Gedanken, als das Verbot des Reichsstatthalters Reichenberg, Juden im Sudetenland in der Industrie zu beschäftigen, zu beseitigen oder eine Ausnahme-Genehmigung zu erwirken, aber nie kam mir der Gedanke, den nackten Wert der Betriebseinrichtung in Sicherheit zu bringen, wobei es sich um ein enormes Volumen von 250 Waggons modernster Maschinen und Betriebsmittel handelte.

Auf Seite 23 der beiliegenden Broschüre sind zwei Halbwahrheiten unter vielen anderen in diesem Heft, die mich persönlich betreffen und zu denen ich Stellung nehmen will. Herr Madritsch schreibt, daß er einige hundert Meter diverser Stoffe meinem Betrieb unentgeltlich überließ, für meine Arbeiter. Wahr ist, daß Herr Titsch, zur Zeit meiner Betriebsverlagerung, während sich Herr M. gar nicht in Krakau befand, drei oder vier Ballen blaues Schlosserzeug für Arbeitsanzüge mit einem Personenwagen in meine Fabrik brachte, damit für die erste Zeit in Brünnlitz für seine Schneider etwas Rohstoff für eine Einsatzmöglichkeit vorhanden wäre. Natürlich kam der dann daraus gefertigte Arbeitsanzug unseren Leuten zugute, aber das interessiert erst an zweiter Stelle, erst galt es, den Arbeitsplatz schaffen, daran dachte Titsch, dem seine Leute mehr bedeuteten als Stoffeinsparungen.

In diesem Zusammenhang erinnere ich mich, einige Monate vor der Räumung Polens von der Lagerleitung Plaszow einen Posten verschiedener kleiner Reste von Madritsch-Material um die auch damals bedeutende Summe von 86 000 Zloty aufgedrängt erhalten zu haben, der wahre Wert dieser Partie Reste betrug kaum 20% genannter Summe zu Schwarzmarktkurs, ich betrachtete diese Zahlung damals als unfreiwillige Bestechung der SS-Führung. Diese Textil-Reste damals entstammten bestimmt dem Teil der Material-Einsparungen, der nicht zur Verpflegungsverbesserung verwendet wurde.

Herr Stern wird Ihnen vielleicht erzählt haben, daß ich bei Kriegsende ein großes Textil-Lager für meine Leute organisierte und daß Herr Stern unter Mithilfe einiger unserer Textilleute bei der Befreiung an jedem meiner Schützlinge 2–3 Kammgarn-Anzugstoffe, Mantel-Wollstoffe sowie Wäschestoffe zur Verteilung brachte, das jedem meiner 1.200 Menschen eine kleine erste Hilfe bedeutete und obzwar viele zehntausende Meter wertvoller Textilien verteilt wurden, deren Wert nach Schätzungen jüdischer Fachleute weit über 150 000,– US-Dollar lag, habe ich darüber noch kein Buch geschrieben.

Die zweite Richtigstellung von Seite 23 betrifft den Hinweis des H. Madritsch, daß ich in Brünnlitz die Erzeugung von Panzerfäusten aufgenommen habe. Genannter dichtet mir die Produktion dieser Wunderwaffe an, wohl um die Unwichtigkeit seiner Uniform-Erzeugung zu unterstreichen, Hunderte meiner früheren Leute, die in Israel leben, darunter Ingenieure und Techniker, werden Ihnen gerne bestätigen, daß in meiner Fabrik nicht eine Panzerfaust oder Teile dazu erzeugt wurden. Wenn ich in den letzten Kriegsmonaten zu hohen SS-Führern von der Vorplanung dieser Waffe sprach, dann nur, um den kriegswichtigen Einsatz meiner jüdischen Arbeitskräfte zu unterstreichen.

Sehr geehrter Herr Doktor, ich werde morgen, falls die Abzüge fertig sind, Herrn Stern die gewünschten Fotos einsenden, Sie können dann diese gemeinsam durchsehen und entscheiden, was sich für Ihre gesch. Zwecke eignet.

Mit dem Ausdruck vorzüglicher Hochachtung verbleibe ich Ihr

sehr ergebener:

Um die Arbeit von Dr. Kasztner, Joint[26]*-Vertreter für Osteuropa, zu würdigen*[27]*, nennt Schindler verschiedene Ereignisse während der Kriegsjahre, die vor allem mit seiner Verbindung mit dem* Joint *in Zusammenhang stehen.*

Buenos Aires, den 12.8.1955, Oskar Schindler an Dr. Binyamin Eliav[28]

Betrifft: Dr. Rudolf Kasztner.
Sehr geehrter Herr Dr. Eliav!
In freundlicher Bestätigung unserer ausführlichen Unterredung vor

---

[26] *Jewish Organization International*

[27] Dr. Kasztner war anscheinend Verleumdungen in Bezug auf seinen Einsatz für verfolgte jüdische Mitbrüder in Osteuropa ausgesetzt. Es wurde ihm offenbar vorgeworfen, in diesem Zusammenhang Geld in die eigene Tasche gewirtschaftet zu haben. Ein Brief Schindlers vom 12.5.57 an Izak Stern legt nahe, dass Kasztner später rehabilitiert wurde; er schreibt in Bezugnahme auf Kasztner: »... es ist traurig, dass man erst geärgert werden muss, um voll rehabilitiert zu sein.«

[28] Angehöriger der Israelischen Botschaft in Argentinien

einigen Tagen in Ihrer Botschaft, wo ich Gelegenheit hatte, das ehrliche Bemühen Ihres exzellenten Herren Botschafter Dr. Kubovy zu erkennen, Wege zu suchen, die verdiente Ehrenrettung für Herrn Dr. Kasztner zu fördern oder einen Teilbeitrag in dieser Richtung zu leisten. Aus Ihrer geäußerten, geschätzten Meinung erkannte ich zusätzlich, daß auch Sie, sehr geehrter Herr Dr. Eliav, bemüht sind, alle erreichbaren Beweismittel und Momente zu sammeln, die über die so mutigen Leistungen Dr. Kasztners, die er in den Kriegsjahren in Budapest, bei Rettung seiner Brüder und Milderung deren Leid, vollbrachte, Aufschluß geben, um diese Beweismittel dann für den Revisions-Prozeß bereitzuhalten.

Für Ihr gesch. persönliches Gefühl mußte meine spontane Bereitwilligkeit, unbegrenzt, sei es mit Ihnen privat oder mit dienstlichen Stellen des Staates Israel, mitzuhelfen, das große Unrecht, welches an Dr. Kasztner begangen wurde, aufzuklären, ein Beweis mehr sein, von der untadeligen, hervorragenden Person eines Dr. Kasztner und seiner unübertroffenen Handlungen in so gefahrvoller Zeit. Ich würde mich freuen, wenn ich durch meinen bescheidenen, in voller Wahrheit dargestellten Beitrag mithelfen könnte, die Ehre Dr. Kasztners zu verteidigen, da der Schmutz, der auf ihn geworfen wird, auch alle die treffen muß, die ihm zu seiner Arbeit in den Kriegsjahren uneigennützig die Hand reichten.

Aus den folgenden Punkten meiner Zusammenarbeit mit Dr. Kasztner wollten Sie mir gef. wie vereinbart nach Überprüfung bekanntgeben, bei welcher der Einzelheiten Interesse an eine genauere Ausarbeitung besteht.

Festhalten will ich noch, daß ich darauf hingewiesen habe, daß nach meinem Erachten die Aussage von dem Zahnarzt, Dr. Rudolf Sedlatschek[29], Wien, für den Dr. Kasztner von sehr großer Bedeutung wäre. Dr. Sedlatschek hatte seinen Wohnsitz in den Kriegsjahren auch in Budapest und hat als Verbindungsmann zwischen Dr. Kasztner und mir in Krakau zahlreiche Besuche bei mir gemacht, mir wiederholt Nachrichten und große Geldsummen korrekt überbracht (worauf ich in diesen Zeilen zurückkomme). Dr. Sedlatschek hatte auch andere jüd. Gruppen in Polen u. Protektorat im Auftrage Dr. Kasztners

[29] auch »Sedlacek« oder »Sedlaczek« geschrieben

besucht, meines Wissens auch sehr wesentliche Erledigungen zwischen Türkei und Ungarn für Dr. Kasztner durchgeführt.

Meine Zusammenarbeit mit Dr. R. Kasztner, *Joint*-Vertreter für Ost-Europa, mit dem Sitz in Budapest, wurde 1942 durch genannten Dr. Sedlatschek herbeigeführt. In den ersten Kriegsjahren hatte ich in Krakau mit einem Major der Wehrmacht, Franz v. Korab, ein österreichischer Reserveoffizier, eine gute Freundschaft geschlossen. V. Korab war Abt.Leiter bei der Abw.[30] in Krakau. Seine humane Art, seine Hilfsbereitschaft, seine Einstellung zum Judenproblem usw. deckte sich mit meiner Einstellung (v. Korab wurde vor Kriegsende aus der Wehrmacht als jüd. versippt ausgestoßen). Major v. Korab brachte eines Tages seinen Wiener Freund, einen Zahnarzt Dr. Sedlatschek als Besucher in mein Krakauer Fabriksbüro. Am nächsten Tage besuchte mich Dr. Sedlatschek allein, im Laufe des Gespräches bat er mich um Unterstützung. Er sei Mitarbeiter des Budapester *Joint* und er wisse, daß ich meine Juden sehr verteidige, ich solle ihm behilflich sein, einige Briefe, die aus Israel wären und von ihm selbst aus der Türkei gebracht wurden, an jüd. Persönlichkeiten, die sich in polnischen KZ befinden, sicher weiterzuleiten. Nach vorsichtiger Prüfung habe ich dann später auch, nach Rücksprache mit Dr. Chaim Hilfstein, Mag. Salpeter, Brüder Stern u. a. mit meinem Fabriklager und dem KZ Plaszow eine gute Postverbindung mit Israel u. USA via Dr. Kasztner, Budapest, aufgebaut.

Dr. Sedlatschek wurde durch mich bei einem späteren Besuch mit dem Kommandeur des KZ Plaszov bekanntgemacht, von diesem eingeladen, das Lager zu besichtigen und ist wohl der einzige *Joint*-Mann, dem sich die SS mit KZ-Greuel rühmte. Außer Briefe brachte Dr. Sedlatschek oft große Geldbeträge nach Polen. Auch für das KZ Plaszov und mein Fabrikslager brachte er dreimal große Summen. RM 75 000,– (25, 50) und RM 50 000,– als Lagerbeihilfe, die von Dr. Hilfstein empfangsbestätigt und verwaltet wurden, außerdem kleinere Summen für namentliche Empfänger. In den folgenden Monaten brachte mir Dr. Sedlatschek eine Einladung Dr. Kasztners nach Budapest, der ich, da ich die absolute Sicherheit der Linie zu Dr. Kasztner erkannte hatte, Folge leistete.

---

[30] Abwehr

In der Folgezeit habe ich Budapest einige Male kurz besucht, um durch lange Abwesenheit von meiner Fabrik nicht aufzufallen (3–4 Mal, nie länger als zwei Tage). Dr. Kasztner erhielt von mir genaue Schilderungen der Situation der Juden, die verschärften Maßnahmen der SS, Gefahrschwerpunkte, Hilfsmöglichkeiten, Fluchtwege. Einmal kam auch noch ein weiteres Mitglied des Hilfskomitees mit Dr. Kasztner zur Verhandlung in das Hotel, ich glaube der Sohn eines Budapester Juweliers.

Aus allen meinen Verhandlungen mit Dr. Kasztner habe ich nur eine Absicht erkannt, Mittel zu finden, seinen jüd. Brüdern Hilfe und Rettung angedeihen zu lassen. Ich erinnere mich an eine ganze Anzahl von Rettungen von Persönlichkeiten, die mit Namenliste von Israel gewünscht wurden.

Dr. Kasztner steuerte eine ganze Reihe von Fluchtwegen, und sowie ein Weg oder Person gestapogefährdet war, ließ er es seinen Vertrauensleuten sofort bekanntgeben, die geringen Verluste, soweit ich es beurteile, lassen als bestätigt gelten, daß Dr. Kasztner die ganzen Jahre über erstklassige Informationsquellen, Hilfskräfte und hervorragendes Nachrichtenmaterial verfügte.

Da ich in den Kriegsjahren über große Geldmittel verfügte, kam ich mit Dr. Kasztner dahin überein, alle erforderlichen Summen für meine jüd. Schützlinge aus eigenen Mitteln zu decken und darüber hinaus, wenn es erforderlich ist, Dr. Sedlatschek Geldmittel für andere Gruppen freizumachen.

Dr. Kasztner bat mich immer wieder, jede nur erreichbare Menge jüd. Häftlinge vom KZ anzufordern und meinem Fabrikslager und meinem Schutz zuzuführen.

Als die Vernichtung der Juden in Polen immer krassere Formen annahm, übermittelte mir Dr. Kasztner durch Dr. Sedlatschek, daß prominente USA-Persönlichkeiten in Istanbul, darunter der ehemalige Botschafter Österreichs, Steinhart, größtes Interesse hätten, von mir einen persönlichen Tatsachenbericht über die Zustände in Polen, Vernichtungslager etc. zu hören und Dr. Sedl. nahm meinen Paß zur Visa-Beschaffung mit. Mein Paß wurde, wie festgestellt, durch SD-Einfluß bei der Erteilung des bulgarischen Transit-Visums blockiert und ich erhielt ihn nie wieder. Meine letzte Reise nach Budapest war ohne Paß, illegal, im Lieferwagen des »Völkischen Beobachters«, der täglich von Wien nach Budapest fuhr, ein Transportmittel, das oft von den Herren Kasztner u. Sedlatschek für ihre Aufgaben benützt wurde.

Viele der Berichte, die durch mich an Dr. Kasztner weitergegeben wurden, müssen meines Erachtens in Israel archiviert sein, auch leben eine ganze Reihe der Absender und Empfänger in Israel, auch bei den Kriegs-Hilfs-Organ. findet sich bestimmt diesbez. Beweismaterial.

Es ist nicht meine Aufgabe, zu erforschen, wieweit das beigebrachte Material für Dr. Kasztner und andere USA-Stellen auch polit. Wert hatte, aber wo doch schon so viel Porzellan im Bezug auf »Geheimhaltung« im Falle Dr. Kasztner zerschlagen wurde, kann es auf einen Punkt mehr oder weniger nicht mehr ankommen, falls dadurch die Ehrenrettung einen Beitrag gewinnt, natürlich unbedingt vorausgesetzt, daß alle Beweisführungen und Eröffnungen mit dem persönlichen Einverständnis von Herrn Dr. Kasztner erfolgen.

Abschließend erkläre ich mich nochmals bereit, über das Vorhergehende, das nur eine Schilderung in großen Umrissen darstellt und keinen Anspruch auf Vollständigkeit hat, Zeugenschaft zu leisten, weiter auch auf Dr. Sedlatschek einzuwirken, falls seine Anschrift festgestellt wird, über seine Arbeit Dr. Kasztner auszusagen. (Auch wenn, was im Bereich der Möglichkeit liegt, er noch keine Anerkennung für seine Tätigkeit gefunden hätte.)

Erwähnen will ich noch, daß ich im April dieses Jahres dem *Joint*-Hauptbüro Buenos Aires Material über einen Fall Wurzel zur gef. Weiterleitung nach Israel übergab, welches Material nach meinem Empfinden eine Parallele zur Aktion gegen Dr. Kasztner beinhaltet. Da sich Herr Ch. Passman *Joint* Tel Aviv mit der Bearbeitung des delikaten Falles nicht befassen kann, habe ich gebeten, das Material entweder den Zeugen, den Herren Dr. N. Stern, I. Stern, Mag. Salpeter oder Dr. Kasztner, auszuhändigen, oder aber das Material dem Israelitischen Innenministerium zu übergeben.

Zu meiner Person als Zeuge gestatte ich mir noch den Hinweis, daß ich nach Beendigung des Polenfeldzuges als Wehrmachtangestellter (einer Abw.-Nebenstelle des Gen.Kom.-Breslau) aus meinem Dienstverhältnis zur Wehrmacht ausgeschieden bin, um in die Wirtschaft zurückzukehren. Meine freundschaftlichen Beziehungen in den folgenden Kriegsjahren zu einigen Wehrmacht- u. Abw.-Offizieren waren für mich eine Rückversicherung meiner Existenz und wurden darüber hinaus ausschließlich und eindeutig zum Wohle meiner jüd. Schützlinge verwertet, und es gibt keinen Fall, der eine andere Deutung zuläßt, aber zahlreiche, bewiesene Fälle, wo diese wenigen Freunde entscheidende Rettungsarbeit leisteten.

Sehr geehrter Herr Dr. Eliav! Ich verbleibe in Erwartung Ihrer werten Stellungnahme, ob und wann meine Zeugenaussage in Sachen des Herrn Dr. Rudolf Kasztner erfolgen soll, sowie eventueller Rückfragen zu Teilen meiner Ausführungen.

Mit den besten Empfehlungen für Ihren exzellenten Herrn Botschafter Dr. Kubovy sowie mit dem Ausdruck vorzüglicher Hochachtung, verbleibe ich Ihr sehr

ergebener:

Der Schindler-Jude *Izak Stern, singt in seinem Brief vom 30. September 1966 an den so genannten Generalsekretär Honig (vom Präsidium der Internationalen* Martin-Buber-Gesellschaft *in London) ein Hohelied auf Schindler und seine Rettungstaten.*

»Schindler hat sich als Judenfreund und Beschützer« erwiesen, »der mutvoll alle rassischen Verordnungen und Gesetze unbeachtend immer mehr ... Juden in seiner Fabrik ... aufnahm. ... Die Lebensbedingungen ... in diesem Nebenlager waren menschlich und gut.«

Nach Ansicht Sterns wäre Schindler schon des Martin-Buber-Preises würdig, wenn er nur die 1200 Juden seiner Fabrik gerettet hätte, aber: »Tatsächlich verdanken mehr als 20 000 jüdische Häftlinge des SS-Lagers Plaszov nur einer mutigen Intervention Herrn Oskar Schindlers, Rüstungsaufträge [*für sie*]zu besorgen, auf diese Weise ihr Leben«, da so das Arbeitslager Plaszov zum Konzentrationslager umgewandelt wurde, während andere Insassen jüdischer Arbeitslager 1943 vollständig vernichtet worden wären.

»Nichts war Schindler zu schwer und zu gefährlich, wenn es sich um die Rettung von Menschenleben handelte. Er versorgte auch andere jüdische Lager ... mit Medikamenten und Lebensmitteln ... Wenn wir heute an diese schrecklichen Zeiten zurückdenken, so bleibt für uns ein einziger Lichtblick, der an den Menschen im Menschen glauben läßt – Oskar Schindler!«

In dem folgenden Bericht geht es u.a. auch sehr detailliert um die Organisation von Schindlers Rettungsaktion, um exakte Zahlen und Angaben, die auch genau die Aufwendungen Schindlers dokumentieren. Dieser Bericht ist vermutlich 1945 für den Joint *geschrieben worden und war die Grundlage für eine kleine Entschädigungszahlung des* Joint *für Schindlers finanziellen Einsatz bei der Judenrettung.*

Über Leistungen und Aufwendungen zur Rettung von Juden in der Zeit von 1939 bis 1945 durch Direktor Oskar Schindler, Besitzer der Emailwarenfabrik in Krakau und Verlagerungswerk »Arbeitslager Brünnlitz«, CSSR.

Vor einigen Tagen wurde ich von offiziellen jüdischen Persönlichkeiten, die mit mir über Einzelheiten der Rettung von annähernd 1.200 Juden meines Werklagers sprachen, angehalten, einen umfassenden Bericht über meine Handlungen in Wort und Zahl niederzuschreiben, um Außenstehenden ein globales Bild meiner Leistungen zu verschaffen und eine Bagatellisierung der Tatsache von vornherein auszuschalten.

Als ich 1939 nach Krakau kam, um mir in der Wirtschaft eine Existenz aufzubauen, pachtete und erwarb ich später eine leerstehende Fabrikhalle durch das polnische Handelsgericht in Krakau (aus der Konkursmasse Rekord). Dort begann ich mit der Erzeugung von Emaillegeschirr. Die Möglichkeit, als Treuhänder eine der zahlreichen Fabriken und Geschäfte zu leiten, zog ich nicht in Erwägung, da mir die Treuhandstelle mit ihrer Autorisierung zum Raub jüdischen Vermögens sowie deren Geschäftsgebaren von vornherein verhasst war. Als Pächter und späterer Inhaber der durch mich gegründeten Einzelfirma war ich eigener Herr, unabhängig von den Dienststellen. Der große Bedarf an Geschirr brachte meinem Betrieb eine Konjunktur, die bei meinem Fleiß einen raschen Ausbau der Firma ermöglichte. Nach 3 Monaten beschäftigte ich bereits 250 polnische Arbeiter und Angestellte, darunter 7 Juden. (1940 waren 150 Juden, 1941/190, 1942/550, 1943/900, 1944/1000 und 1945 über 1100 Juden.) Mit der 1942 einsetzenden Judenverfolgung im ganzen polnischen Raum, Ausschaltung der Juden aus dem Erwerbsleben, Liquidierung der Ghettos und Eröffnung der Vernichtungslager trat an mich die Entscheidung heran, entweder auf die Mitarbeit der Juden zu verzichten,

B E R I C H T

über Leistungen und Aufwendungen zur Rettung von Juden in der Zeit von 1939 bis 1945 durch Direktor Oskar Schindler, Besitzer der Emailwarenfabrik in Krakau und Verlagerungswerk "Arbeitslager Brünnlitz, CSSR.

Vor einigen Tagen wurde ich von offiziellen jüdischen Persönlichkeiten, die mit mir über Einzelheiten der Rettung von annähernd 1.200 Juden meines Werklagers sprachen, angehalten, einen umfassenden Bericht über meine Handlungen in Wort und Zahl niederzuschreiben, um Aussenstehenden ein globales Bild meiner Leistungen zu verschaffen und eine Bagatellisierung der Tatsache von vornherein auszuschalten.

Als ich 1939 nach Krakau kam, um mir in der Wirtschaft eine Existenz aufzubauen, pachtete und erwarb ich später eine leerstehende Fabrikhalle durch das polnische Handelsgericht in Krakau (aus der Konkursmasse Rekord). Dort begann ich mit der Erzeugung von Emaillegeschirr. Die Möglichkeit, als Treuhänder eine der zahlreichen Fabriken und Geschäfte zu leiten, zog ich nicht Erwägung, da mir die Treuhandstelle mit ihrer Autorisierung zum Raub jüdischen Vermögens sowie deren Geschäftsgebaren von vornherein verhasst war. Als Pachter und späterer Inhaber der durch mich gegründeten Einzelfirma war ich eigener Herr, unabhängig von den Dienststellen. Der grosse Bedarf an Geschirr brachte meinem Betrieb eine Konjunktur, die bei meinem Fleiss einen raschen Ausbau der Firma ermöglichte. Nach 3 Monaten beschäftigte ich bereits 250 polnische Arbeiter und Angestellte, darunter 7 Juden. (1940 waren es 150 Juden, 1941/190, 1942/550, 1943/900, 1944/1.000 und 1945 über 1.100 Juden). Mit der 1942 einsetzenden Judenverfolgung im ganzen polnischen Raum, Ausschaltung der Juden aus dem Erwerbsleben, Liquidierung der Ghettos, und Eröffnung der Vernichtungslager trat an mich die Entscheidung heran, entweder auf die Mitarbeit der Juden zu verzichten, diese ihrem Schicksal xxx zu überlassen, wie es 99% der Krakauer Firmen gemacht haben, welche Juden beschäftigten, oder ein Privat - resp. Firmenlager zu bauen und dortselbst die Juden zu kasernieren. Meine Einstellung zu meinen jüdischen Arbeitern half mir über die drohenden Schwierigkeiten siegen.

In wenigen Tagen war ein Firmenlager erbaut und hunderte Juden vor der Aussiedlung gerettet. Ich habe auch von an mein Werklager angrenzende Firmen Juden in meinem Lager untergebracht und zwar von der Firma NKF, Neue Kühler-und Flugzeugteilefabrik Kurt Hodermann in Krakau, Kistenfabrik Ernst Kühnpast in Krakau und Barackenwerk der Heeresstandortverwaltung Ing.Schmilevski und so weitere 450 Juden vor der Aussiedlung bewahrt. Ich kann stolz behaupten, dass es nur meiner Initiative zu verdanken war, dass diese Juden in meinem Werklager verblieben, da alle Interventionen und Verhandlungen betreffs der Juden von mir allein in unerschrockener Weise bei den SS-Behörden geführt wurden. Die Schaffung eines Werklagers musste aus meinen privaten Mitteln gestellt werden ohne Unterstützung oder finanzielle Zuschüsse seitens der Behörden. Die Ausstattung blieb ganz dem Unternehmer überlassen. An sich genügte es,

Ein Bericht Schindlers zur Judenrettung, 1. Seite

diese ihrem Schicksal zu überlassen, wie es 99% der Krakauer Firmen gemacht haben, welche Juden beschäftigten, oder ein Privat- resp. Firmenlager zu bauen und dort selbst die Juden zu kasernieren. Meine Einstellung zu meinen jüdischen Arbeitern half mir über die drohenden Schwierigkeiten siegen.

In wenigen Tagen war ein Firmenlager erbaut und Hunderte Juden vor der Aussiedlung gerettet. Ich habe auch von an mein Werklager angrenzenden Firmen Juden in meinem Lager untergebracht, und zwar von der Firma NKF, Neue Kühler- und Flugzeugteilefabrik Kurt Hodermann in Krakau, Kistenfabrik Ernst Kühnpast in Krakau und Barackenwerk der Heeresstandortverwaltung Ing. Schmilevski, und so weitere 450 vor der Aussiedlung bewahrt. Ich kann stolz behaupten, dass es nur meiner Initiative zu verdanken war, dass diese Juden in meinem Werklager verblieben, da alle Interventionen und Verhandlungen betreffs der Juden von mir allein in unerschrockener Weise bei den SS-Behörden geführt wurden. Die Schaffung eines Werklagers musste aus meinen privaten Mitteln gestellt werden, ohne Unterstützung oder finanzielle Zuschüsse seitens der Behörden. Die Ausstattung blieb ganz dem Unternehmer überlassen. An sich genügte es, wenn die von der SS geforderten Sicherheitsvorschriften erfüllt waren.

Ich werde in der Anlage die großen Summen aufführen, die ich im Laufe der Jahre aus privaten Mitteln aufwendete, um die Rettungs-Aktion der *Schindler-Juden* zu finanzieren.

1. Wohnlager Krakau
   Zu diesem Zweck kaufte ich eine Parzelle von den Eheleuten Brilski. Es mussten erstellt werden:
   Umzäunung, Wachtürme, zahlreiche Baracken, Kanalisation, Wasch- und Klosetträume, Ärzte- und Zahnärzte-Ambulatorium, Krankenrevier für Männer und Frauen, Lagerküche, Wäscherei, Frisierraum, Lebensmittelmagazin, Lagerschreibstube und Wachblock für Wachmannschaften sowie die für ein Lager erforderliche Inneneinrichtung der Wohnräume, Küche und Zahnärzte.
2. Lebensmittelaufwand
   Für die Jahre 1942–1944 musste der Lebensmittelbedarf fast zu 100% aus dem Schwarzhandel besorgt werden, da Juden außer der sogenannten Lagerverpflegung des Konzentrationslagers Krakau-

Plaszow, die kaum 40% des Ernährungsminimums betrug, keinerlei Zuteilungen erhielten, und von der ich einen großen Teil dem KZ überließ resp. heimlich zur Verfügung stellte. In den ganzen Jahren erhielt ich 6–8 Mal ganz kleine Mengen an Zuteilungen von der JUS (jüdische Unterstützungsstelle), und zwar Griespakete, die für Kranke und Jugendliche bestimmt waren.
Der Monatsdurchschnitt des Bedarfs an Lebensmitteln für meine Krakauer Werkküche aus dem Schwarzhandel ist mit 50 000,– Zloty eher zu tief als zu hoch gegriffen.

3. Überbesetzung, Arbeitsunfähige
Da ich den Bitten meiner Juden nachgab, ihre wenn auch arbeitsunfähigen Eltern und Angehörige vor der Aussiedlung zu retten und in meinem Betrieb einzustellen, oder falls es die Gelegenheit ergab 200–300 neue »Arbeitskräfte« zugewiesen zu erhalten, auch wenn die Produktion auf Sicht keine Einsatzmöglichkeiten bot, muss man für die Jahre 1942–1944 ca. 200 Juden als Überbesetzung und Arbeitsunfähige rechnen. Der Kasse des SS- und Polizei-Führers musste ich aber pro Tag und Häftling 5,– Zloty bezahlen, denn ich musste den Ruf meiner Firma aufrechterhalten, immer zu wenig Arbeitskräfte zu haben.
4. Bestechungsgelder und »Spenden«
Bestechungsgelder für die Partei, SS sowie Zwangsspenden für diverse Sammlungen, wie Rotes Kreuz, Winterhilfswerk, Wunschkonzerte etc., musste ich wohl oder übel geben, um meine als judenfreundlich verrufene Firma überhaupt zu erhalten, dazu kommen die kleinen »Darlehen« an Parteifunktionäre, die nie zurückgezahlt wurden.
5. Bestechungen
Bestechungen an die höheren SS-Führer, die als Übermenschen begnadet waren, über Leben und Tod zu entscheiden, würden in ausführlicher Schilderung der Art des Forderns und Gebens Bände füllen. Dieses Feilschen um Menschenleben, dabei immer in Gefahr, sich selbst wegen Beamtenbestechung in das KZ zu bringen. Ich will nur größere Summen aufführen, die angelegt wurden, um die Gunst der Gebieter über das Schicksal der Juden zu erhalten. Kleine Aufmerksamkeiten werden ich im folgenden skizzieren. An der ausgeworfenen Summe ist SS-Hauptstuf. Amon Göth,

Lagerkommandant und Massenmörder vom KZ Krakau-Plaszow, mit mehr als der Hälfte beteiligt, drei Summen in bar, ein Geschenk in Brillanten. Die Restsumme verteilt sich auf SS-Oberführer Scherner, den SS- und Polizeiführer von Krakau, Oberstuf. Rolf Czurda vom SD Krakau, Unterstuf. Leo John und andere, teils in bar, teils in »bestellten Geschenken«.
Natürlich sind in der in Anlage aufgeführten Gesamtsumme für die Krakauer Jahre viele Tausende von Zlotys nicht enthalten, die im Laufe der Zeit für kleinere Geschenke und zahllose Entschädigungen, die die Herren SS-Führer für kleine Gefälligkeiten forderten, wie z. B. Stoppuhren, Taschenuhren, Fotoapparate, Reitsättel, Schuhe, Stiefelleder, ja in drei Fällen sogar Personenautos und zwar ein BMW-Sport, eine Adler-Limousine und ein Mercedes Cabriolet.
Ein Beispiel von Gefälligkeiten an SS-Führer zur Illustration. Unterstuf. John verkauft mir eines Tages einen Personenkraftwagen, gebraucht, um den vierfachen Schätzpreis (Zl. 12 000,–), da er schnell Geld haben musste. An nächsten Tag wird der Wagen bei mir von meinem »Freund« Unterstuf. Scheidt vom KZ Plaszow beschlagnahmt zum Einsatz für die Schanzaktion. Ich war erfreut, beiden Herrn gefällig zu sein.
Nicht enthalten sind in der genannten Summe weiter ca. 4000 Liter Schnäpse, die, falls ausländischen Ursprungs, 300–500 Zl. die Flasche kosteten, sowie Hunderte Liter Wein. Nach Brünnlitz habe ich netto 1.000 Liter Wodka verlagert. Auch nicht enthalten sind die immer wieder nötigen Fress-Gelage, die zahllosen sogenannten »Anleihen« der Herren Uniformträger, die sich je nach deren Frechheit auf Zl. 1000 bis 10 000,– beliefen. Der Bedarf der Herren Dienststellenleiter an Emaillegeschirr war unvorstellbar, bis 30 000 kg war pro Jahr der Abgang an sogenannten Gratis-Mustern. Ich lieferte sogar für deren im Reich ausgebombte Tanten und Großmütter. Des weiteren blieben ungerechnet die wiederholten Tauschgeschäfte für meine Werkküche, Emaillewaren gegen Lebensmittel. Erbsen, Bohnen, Brotmehl, Speiseöl etc. wurden in jeder Menge getauscht, obzwar Metallwaren und Lebensmittel streng bewirtschaftet waren. Auch ungeachtet der vielen Wagenladungen Brot, die meiner Firma vom Hauptlager Plaszow zustan-

den, aber dort für die hungernden Häftlinge zurückgelassen wurden, während ich für meine Juden den Brotbedarf aus dem Schwarzmarkt deckte.
Ungerechnet weiter den Aufwand, der der Firma durch Zurverfügungstellen des Autoparks, Reparaturwerkstätten, Pferdegespanne usw. an die Parasiten entstanden. Zahlreich sind meine Einzelleistungen, die aufzuführen es an Platz fehlt.
Ich erinnere mich z. B. an einen Fall:
Frau Helene Schindler (nur eine zufällige Namensgleichheit), eine Jüdin aus Krakau, die auf arische Papiere lebte und eine gute Freundin meiner Firma war, wurde wegen einer nichtigen Devisengeschichte mehr als ein halbes Jahr in Haft gehalten. Als ich die Nachricht erhielt, dass der korrupte SS- und Gerichtsarzt des deutschen Gerichts Dr. Sopp gegen den Betrag von 50 000,– Zl. bereit sei, eine Bescheinigung der Dringlichkeit einer Kur in Marienbad auszustellen und Frau Schindler freizulassen, war ich zwei Stunden später im Büro von Dr. Sopp und am gleichen Abend mit Dr. Sopp in der Zelle bei Frau Schindler, die dann freigelassen wurde, ehe noch deren fragliche Personal-Papiere einer Gerichtsverhandlung standhalten mussten.
Ein anderer Fall sei kurz geschildert, wo ich selbst von Brünnlitz nach Krakau fuhr, um im Schleichhandel für den Betrag von 16 000,– Zl. Instrumente zu kaufen, da bei einer Jüdin meines Lagers eine Operation durchgeführt werden musste, wollte man diese vor dem Krematorium retten.
Doch ich will nicht vorgreifen, ehe ich Verlagerung und deren Spesen nach Brünnlitz schildere, noch ein Krakauer Kapitel streifen und zwar die

Entstehung einer Verbindung mit dem *Joint* 1942/43.

Ein Wiener Zahnarzt, Dr. Sedlacek, kam eines Tages in mein Krakauer Büro und eröffnete mir sein Anliegen. Er sei Mitarbeiter des Budapester *Joint* und ersuche mich, ihm behilflich zu sein, einige Briefe aus Palästina, die er selbst aus der Türkei gebracht habe, an Juden in das KZ Krakau-Plaszow weiterzuleiten. Dr. Sedlacek wurde an mich durch Major Franz von Korab, einen Wiener Reserveoffizier, verwiesen, mit welchem ich befreundet war und dessen

Einstellung zu den Juden sich mit meiner deckte. Major von Korab wurde später als Halbjude erkannt und aus der Wehrmacht ausgestoßen. V. Korab hat dank seines Einflusses bei Dienststellen wiederholt erfolgreich für meine Firma interveniert und während der Jahre der Krakauer Freundschaft mich sehr unterstützt. Dr. Sedlacek, den ich bei einem späteren Besuch mit dem Kommandanten des KZ Plaszow bekannt machte und für Dr. Sedlacek sogar eine Genehmigung erwirkte, das KZ zu besichtigen, besuchte mich ca. 5–6 Mal in Krakau. Außer Briefen brachte Dr. Sedlacek 3mal Geldbeträge (ich entsinne mich auf RM 75 000,– und RM 50 000,– sowie eine kleinere Summe).
Die Verteilungsberechtigten und vom *Joint* für israelische Freunde Bevollmächtigten sind, soweit es sich um mein Lager handelte, alle am Leben, wie Dr. Hilfstein, Bankier, Salpeter, Stern usw. Die Beträge haben diese zum Nutzen der Allgemeinheit der Lager verwandt.
Dr. Sedlacek übermittelte mir eine Einladung des *Joint* nach Budapest und besorgte mir auch das Einreisevisum. Ich fuhr auf einige Tage nach Budapest. Im Hotel besuchten mich zwei Herren, Vertreter des *Joint,* und zwar Dr. Kasztner und Herr Springmann.
Die Herren eröffneten mir, dass meine bewundernswerten Leistungen für das Judentum in Palästina bekannt sind und ich auch weiter alles nur Mögliche für meine Juden tun möge, ohne Rücksicht auf materielle Opfer. Auch solle ich besorgt sein, die Zahl meiner Juden noch zu erhöhen. Ich übergab den Herren einige Briefe von Krakauer jüdischen Persönlichkeiten, wie Dr. Hilfstein, Stern, und Bankier, für Palästina. Es erfolgte eine längere Aussprache über die jüdischen Probleme im Generalgouvernement (Polen) sowie über Hilfsmöglichkeiten. Es wurde auch besprochen, dass ich, falls es meine Zeit erlaubt, mit Hilfe des *Joint* nach der Türkei fahren könnte, um kompetenten Persönlichkeiten über die Situation der Juden in Polen, die schrecklichen Auswirkungen der SS-Maßnahmen, Liquidierung der Ghettos, Eröffnung von Vernichtungslagern usw. Vortrag zu halten. Unter den in der Türkei an dem Tatsachenbericht interessierten Persönlichkeiten wurde auch der Name Steinhart genannt, der frühere amerikanische Gesandte in Österreich. Obzwar ich später Dr. Sedlacek meinen Pass zur Eintragung

der Visa nach Budapest mitgab, wurde die Reise in die Türkei nicht ausgeführt.
Herr Dr. Sedlacek war auf einer Reise nach Krakau auch einmal von einem Volljuden begleitet, der einen Schweizer Pass hatte und dem Schweizer *Joint* angehörte.
Ehe ich das Thema Budapest beende, will ich noch eine Person kurz beschreiben:
Bei einem Abendessen im Gellert-Hotel machte mich Dr. Sedlacek mit einem Mitarbeiter und dessen ungarischer Freundin bekannt. Es war dies ein Dr. Schmidt, Journalist. Dieser lebte in Ungarn als österreichischer Emigrant. Bei Tisch war sein Hauptthema: Bauparzellenkauf, Hausbauprojekte und Pferderennen. Auf mich machte Dr. Schmidt den Eindruck eines Hochstaplers. Dr. Sedlacek erzählte mir, dass Schmidt viel Geld an dem Umtausch der Valuten der jüdischen Unterstützungsgelder aus der Türkei verdiene, resp. Palästina. Anlässlich meines letzten Besuchs in Krakau erzählte Dr. Sedlacek, Dr. Schmidt sei von der Gestapo Budapest verhaftet worden und bei dessen Geliebten habe man diverse Viertelkilo-Blöcke Platin und Schmuck gefunden, alles aus Unterschlagungen jüdischer Gelder. Inwieweit die Erzählung über Dr. Schmidt auf Wahrheit beruht, ist mir nicht bekannt, da mit dem Zusammenbruch der Budapester Front jeder Kontakt unterbrochen wurde. Auch Herrn Dr. Sedlacek sah ich nicht mehr.
Vor Fortführung meines allgemeinen Berichtes will ich noch in einigen Zeilen die Hilfsbereitschaft meines guten Freundes Raimund Titsch aus Wien erwähnen, der in Krakau Betriebsleiter der Textilfirma Madritsch war. Titsch war meines Wissens der einzige Zivilist in Krakau, der die ganzen Jahre unbeirrbar und furchtlos seiner humanen Idee treu blieb, das Leid der Juden zu mindern. In selbstloser uneigennütziger Weise hat er die gefahrvolle Unterstützungsaktion für die Juden seiner Firma trotz der raffinierten Bewachungsmethoden durchgeführt. Nach Auflösung der Werkstätten der Firma Madritsch, die innerhalb des Lagers Plaszow arbeiteten, rettete Titsch mindestens einen Teil seiner Juden in meinen Verlagerungsbetrieb nach Brünnlitz. Eine Arbeit, die nach meiner Ansicht Aufgabe des Herrn Madritsch gewesen wäre. Titsch war sehr froh, das Leben seiner Juden unter meinem Schutz zu wissen,

besuchte einige Male meinen Betrieb in Brünnlitz, um sich von dem ungefährdeten Leben seiner Menschen zu vergewissern und denen auch mit meinem Wissen verschiedene Unterstützungen und Post ausländischer Freunde zu geben.

Verlagerung meiner Krakauer Fabrik nach Brünnlitz

Der Räumungsbefehl für mein Werk wurde ausgesprochen, und ich wurde von der Rüstungsinspektion an den Räumungsstab des OKH verwiesen, welcher in Zusammenarbeit mit anderen Berliner Dienststellen endlich die Wiederaufnahme der Produktion nach Räumung zusicherte.

Als zweiter Erfolg war zu werten, dass der Hauptausschuss Munition dem Verlagerungsausschuss beim Reichsstatthalter in Reichenberg die Auflage erteilte, uns einen Teil der sichergestellten Spinnerei Brüder Hoffmann in Brünnlitz als Produktionsstätte und zur Unterbringung der Arbeitskräfte zuzuweisen.

Herr Hoffmann, ehemaliger Treuhänder dieser Firma, mit größten Parteiprotektionen ausgestattet, machte meiner Verlagerung größte Schwierigkeiten, Hoffmann, als Proto-Typ eines Nazi-Kriegsgewinnlers (ehemaliger Butter- und Käsegroßhändler aus Wien), benützte alle Mittel, meine Verlagerung zu hintertreiben, Landrat, Gestapo, Kreisleiter, alle wurden aufgeboten, nur nicht zuzulassen, dass Schindler die Gegend verjude, dass er Fleckfieber und andere Krankheiten mit seiner »Schindler-Bande« einschleppe, Feindflieger würden angelockt werden usw. Ich kam doch mit meinem Betrieb nach Brünnlitz.

Als erst in Berlin unter Mithilfe von Ing. Lange vom OKH bei dem Inspektorat der Konzentrationslager in Oranienburg die Genehmigung erkämpft war, alle meine Juden namentlich nach Brünnlitz zu verlagern, konnte mich nichts mehr entmutigen. Noch liefen einige Übereifrige Sturm gegen mich, aber gegen eine Entscheidung der Reichsführung der SS war nicht anzukämpfen. Ein Dutzend Strafanzeigen, teils anonym, hatten auch keine Wirkung.

Kein Außenstehender kann ermessen, wie groß die Arbeit war, von dem gefassten Entschluss an, meine Juden nach dem Westen mitzunehmen, bis zur durchgeführten Tatsache, wo ich weit über 1.000 Menschen an dem neuen Ort in Sicherheit hatte. Chaos und Bürokratie, Neid und Böswilligkeit waren Hindernisse, die die Verlagerung oft illusorisch erscheinen ließen und mich an den Rand der Verzweiflung brachten. Nur der eiserne Wille, meine Juden, in deren Reihen ich im Laufe der 6 Jahre aufrichtige Freunde gefunden hatte, nicht einem Krematorium in Auschwitz oder sonstwo zu überlassen, nachdem ich diese jahrelang unter aufreibendem persönlichen Einsatz den Krallen der SS vorenthalten hatte, half mir, mein Ziel zu erreichen.

Nach 4 Wochen waren alle Juden in Brünnlitz. Die Männer nach dreitägigem Aufenthalt im KZ-Lager Groß-Rosen, die Frauen nach dreiwöchentlichem Zwischenaufenthalt im KZ Auschwitz. Ausgeplündert, fast nackt kamen sie an, in gestreiften alten Anzügen. Wir mussten uns eben auf »Altreich-Methoden« umstellen. In der gleichen Zeit waren ca. 250 Waggons Maschinen, produktionsbedingte Güter und Baustoffe aus Krakau eingetroffen, so dass Produktionsmöglichkeit und damit Daseinsberechtigung meiner Juden geschaffen war, und Gott sei Dank auch Lebensmittel und Schnaps.

6. <u>Verlagerungsspesen</u>
   Die Verlagerungsspesen des Arbeitslagers Brünnlitz wurden deshalb relativ hoch, da die Zuständigen wussten, dass mich die Zeit drängte, und durch Verzögerungen und Interesselosigkeit meine Großzügigkeit noch zu steigern vermochten. Ausländische Zigaretten, Zigarren, Schnäpse, Bohnenkaffee, Schinken, Stoffe usw. wurden am schwarzen Markt zu astronomischen Preisen gekauft, um »Liebesgabenpakete« für die Herren erpresserischen Gönner zusammenzustellen. Die Herren der Regierungs- und Wirtschaftsstellen, die SS-Führer von Plaszow und Auschwitz, die vielen kleinen Beamten der Ostbahn, Rüstungskommando, OKH Berlin, die Herren der Hauptausschüsse, Verlagerungsausschüsse, Sonderausschüsse, sie alle hatten Wünsche.
7. <u>Arbeitslager Brünnlitz</u>
   Das Arbeitslager Brünnlitz musste in seinem Aufbau und seinen Sicherungen wieder und in gesteigertem Maße den Anforderungen der SS-Führung entsprechen, wieder mussten Wachtürme gebaut werden, Stacheldrahtzäune, Hochspannungsleitungen, Latrinen, Wachblock, Unterkünfte, Krankenrevier, Lagerküche usw. Denn

Fabrik in Brünnlitz (Foto: Erika Rosenberg, 1999)

nichts war vorhanden. Trotzdem sehr viel von Krakau verlagert wurde wie Kochkessel, Isolatoren, Maschendraht usw., waren die Kosten noch sehr erheblich.

Verwaltungsmäßig unterstand mein Arbeitslager dem KZ Groß-Rosen und dessen Lagerkommandant, Stubaf. Hasebröck. Dieser war mit seinem Stab bald Stammkunde meines Schnapslagers und hatte vom ersten Tag an Bedarf an Sardinen, Tee per Kilo, Schnäpsen, wertvollem Porzellan. Spenden und Sammlungen kassierte SS-Stubaf. Hasebröck persönlich, natürlich ohne Quittung, und sein Auto war zur Aufnahme von Paketen sehr geräumig. Er wurde bald Gönner meines Lagers, trotzdem mir von Krakau der Ruf vorausging, dass meine Judenfreundlichkeit bis zur Verbrüderung mit dem »Staatsfeind Jude« geführt hätte.

Eine Person will ich noch aufführen, die gern Inkasso vornahm. Ein gewisser Heinz Bigell aus Berlin, der in Krakau bei der Ostfaser tätig war, später eine Zeitlang Wirtschaftsberater des SS- und Polizeiführers des Distriktes Krakau, SS-Oberführer Scherner, war, war schon dort »Freund« meiner Firma. Bigell hatte nie Geld, war eine an sich undurchsichtige Figur, versoffen, aber mit den besten Beziehungen zu höchsten SS-Kreisen in Krakau und Berlin.

Wiederholt erledigte Bigell gegen kleine »Darlehen« z. B. Baugenehmigungen, Holzkontingente, Enthaftungen, einige Waggons SS-Zement, 2–3 Tonnen Dieselöl und Benzin. Als die Schwierigkeiten der lokalen Stellen für meinen Betrieb in Brünnlitz wegen des Judenlagers unerträglich wurden, lud ich Bigell zu einem Besuch in Brünnlitz ein. Er kam mit dem notorischen Säufer und SS-Standartenführer Ernst Hahn und dessen Adjutanten. Beide von der Reichsführung SS Berlin, Dienststelle SS-Obergruppenführer Heissmeier, welche Dienststelle mit dem Judeneinsatz nichts zu tun hatte. Dank der pompösen Uniformen brachte der Besuch viel Nutzen für das Lager. Die örtlichen Dienststellenleiter und auch mein Lagerkommandant, SS-Oberstuf. Leipolt, stellten sofort aus Respekt die Intrigen gegen mich ein, zumindest wurden die Denunziationen gegen meine Firma wegen meiner hohen Beziehungen seltener. Meine 100 Mann SS-Wachmannschaften, die zu 90% aus der Wehrmacht als frontuntauglich ausrangiert waren, sowie mein Lagerkommandant wurden von meiner Werkküche vorzüglich verpflegt mit Zugaben aller Art, Schnaps, Tabak, einige Fässer Wein und Bier. Ich hatte dadurch die Wachmänner und Aufseherinnen in kurzer Zeit gefügig, was vor allen Dingen eine menschliche Behandlung meiner Häftlinge garantierte, oft gegen den Willen des Lagerkommandanten, Stubaf. Hasebröck.
In der Summe (lt. Anlage) für die Aufwendungen des Arbeitslagers Brünnlitz ist auch ein Brillant enthalten, den SS-Obersturmbannführer Rausch, den SS- und Polizeiführer von Mähren (Brünn), früherer Kripoleiter von Kattowitz, für ein Geschenk benötigt hatte. Rausch war im Umkreis von 250 km um Brünnlitz der höchste SS-Führer. Daher für mein Lager von größter Wichtigkeit, da wegen der Annäherung der Russen die Gefahr bestand, mein Lager in Brünnlitz wieder räumen zu müssen. Mit Rausch wurde ich durch den Gestapo-Konfidenten Josef Lasotta, Kattowitz, dem Werksicherungsdirektor der Ferrum AG Sossnowitz, bekannt.
Dass jede der zahlreichen Betriebsbesichtigungen, sei es durch Militär-, Wirtschaft- oder Parteistellen, mit einem ausgiebigen Essen mit reichlichen Getränken beendet wurde, ist klar. Die Schwierigkeiten, die im Altreich die Lebensmittelbeschaffung

bereitete, versteht nur derjenige, der im letzten Kriegsjahr dort gelebt hat. Es war nicht mehr Polen, wo man zwar teuer bezahlte, aber jede Menge erhielt. Die Todesstrafe drohte hier bei jedem Sack Mehl und 10 Tausende kg diverser Lebensmittel waren zusätzlich jeden Monat erforderlich, um viele Hunderte Menschen davor zu bewahren, Hungers zu sterben oder zu Skeletten abzumagern. »Muselmanen« durften die *Schindler-Juden* nicht werden. Es war eine bittere Tatsache, dass so große Mengen kaum aufzutreiben waren, weil diese einfach nicht vorhanden waren. Trotzdem habe ich Autoladung um Autoladung herangeschafft, oft viele Hunderte Kilometer weit, auch auf falsche Papiere. Tausende Brote im Schleichhandel gekauft, nur um meine Juden vor Hunger zu bewahren. Als im Reich auf Raucherkarten keine Zigaretten mehr vorhanden waren, brachte ich noch 12 000 Pakete Tabak (600 kg) für meine Häftlinge ins Lager.
Bei Kriegsende hatte Magister Salpeter, der die gesamten Lebensmitteleingänge und Vorräte führte, noch einen Monatsbedarf an zusätzlichen Lebensmitteln im Magazin lagernd, außerdem 20 Stück Schlachtvieh im Stall.
Für Medikamente, Lebensmittel und zusätzliche Bekleidung habe ich in Brünnlitz die in der Anlage aufgeführte Summe aufgewandt. Da sich für die 300 jüdischen Frauen keine Einsatzmöglichkeiten boten, die man als Frauenarbeit bezeichnen konnte, suchten diese sich selbst Beschäftigung, die meisten strickten oder nähten für ihre Angehörigen. Die Reichsführung der SS erhielt aber für 7 Monate auch unproduktiver Tätigkeit, weil wir diese aus Vorsicht als produktiv tätig gemeldet hatten, die geforderten Summen (s. Anlage).
Den aus der Anlage ersichtlichen Endbetrag habe ich für die Juden meiner Firma, zur Erhaltung deren Leben, zur Erleichterung des leidvollen Schicksals, aus meinem rechtmäßig erworbenen Vermögen ohne fremde Zuschüsse gezahlt. Tatsächlich ist die Gesamtsumme bedeutend höher, selbst wenn einer der aufgeführten Posten um 10% variieren sollte, da diese aus dem Gedächtnis ohne Unterlagen ausgearbeitet sind. Letzten Endes soll der Leistungs-Bericht keine Bilanz darstellen, sondern ein Gesamtbild der ideellen und greifbaren Werte skizzieren, die geopfert wurden.

Die wirtschaftliche Lage meines Betriebes will ich zur besseren Erläuterung des Berichtes kurz beschreiben.
Während in den Krakauer Jahren der Umsatz an Emailwaren buchmäßig ca. RM 15 800 000,– betragen hat und im wesentlichen von ca. 600 polnischen arischen Arbeitern geschaffen wurde, war der Produktionswert der sogenannten »Kriegsproduktion« in der gleichen Zeit kaum RM 500 000,–, in welche Kriegsfertigung ich wegen des wenn auch relativ geringen Schutzes, den die Rüstungsstellen der Arbeitskraft vor der Willkür der SS-Behörden boten, nur jüdische Kräfte eingesetzt hatte.
Im Verlagerungswerk Brünnlitz hatten wir infolge Fortfall der Email-Erzeugung überhaupt keinen Umsatz. Die Kriegsfertigung hatte immer noch »Anlaufschwierigkeiten« und meine Gesamtlieferung von Brünnlitz war in 9 Monaten ein Waggon Munitionsteile im Werte von 35 000,– RM. Diese Teile wurden schon aus Krakau als Halbfabrikate verlagert. Noch weniger zu liefern war beim besten Willen meiner Mitarbeiter nicht möglich, und der Titel »Anlaufschwierigkeiten« wurde mir und meinen Juden langsam gefährlich, da Speer von Monat zu Monat seine Forderungen steigerte.
Da die laufenden Unkosten meines Werkes Brünnlitz von meiner Substanz gingen, die Verlagerungskosten von der Staatskasse nur gering bevorschusst waren, endete mit dem Kriege auch mein einst nicht unbedeutendes Bankkonto. Alle Aufzeichnungen, Belege, Korrespondenz mit SS-Stellen, Verträge, Kartei der Magazine, Lichtbilder, Firmen- und Lagerchronik befinden sich bei vertrauenswürdigen Juden in Krakau, außerdem sind für alle meine Ausführungen jüdische Zeugen vorhanden.
Viele Sonderleistungen wären auch über Brünnlitz in den Monaten niederzuschreiben, aber ich will nur einige wesentliche kurz streifen.
Eine größere Anzahl älterer, kranker oder arbeitsunfähiger Juden meines Lagers sollte auf Anregung des Lagerkommandanten gegen jüngere Häftlinge aus dem KZ Groß-Rosen ausgetauscht werden, also von ihren bei mir im Lager befindlichen Familien getrennt werden. Dank meines energischen Protestes ist diese Absicht nicht ausgeführt worden. Ich übernahm z. B. einen Transport von 100

Juden, der überhaupt nicht für mich bestimmt war, nur weil ich erfahren hatte, dass bereits 17 der Juden tot (erfroren) in den Waggons lagen, und rettete durch meine Entschlossenheit gegen den Willen des Lagerkommandanten die noch Lebensfähigen, wenn es auch lebende Tote waren, durch sorgfältigste Pflege.
Meinem braven Rabbiner Levetow ermöglichte ich, die Leichen der Erfrorenen rituell zu begraben, wohl der einzige Fall während dieses Krieges in Deutschland. Der kleine Judenfriedhof in Deutsch-Bielau bei Brünnlitz, der auf meine Anregung angelegt wurde, umpflanzt mit jungen Birken, ist Beweis meiner Zeilen. Der Lagerkommandant hatte die Absicht, die Toten im Kesselhaus der Fabrik zu verbrennen. Die Überlebenden dieses Transportes, der aus Golleschau-Auschwitz kam und aus kranken Juden des Steinbruches Golleschau bestand, waren Juden aus Frankreich, Holland, Ungarn, der CSSR und Polen.
Zur Vervollständigung des Bildes meines Sorgens und Trachtens um meine Juden mag die Tatsache dienen, dass ich in der Lage war, wenn auch nicht ganz gefahrlos und umsonst, 18 Lastwagenladungen reiner Wollkammgarne, Anzug-, Mantel- und Wäsche-Stoffe, Hunderttausende Rollen Zwirn, Zubehör, Schuhe usw. vor Kriegsende aus einem Marinelager in mein Werk zu schaffen und so jedem meiner mehr als tausend Menschen zwei Anzüge, Mäntel, Wäsche usw. in die Freiheit mitzugeben. Jüdische Textilfachleute schätzten den Wert meines Bekleidungslagers auf mehr als 150 000,– Dollar Friedenswert.
Wegen meiner persönlichen Schwierigkeiten will ich nicht viel Worte verlieren. Sie erstreckten sich auf zahllose Vorladungen zur Gestapo und Partei, diverse Revisionen, Preisüberwachungs-Manöver, wirtschaftliche Schwierigkeiten, drohende Betriebs-Konfiskation und Androhung, einen Kriegsversehrten als Treuhänder in meine Firma einzusetzen, ständiger Kampf mit Betriebs-Konfidenten, Deutsche wie Polen, Beseitigung diverser Betriebs-Obmänner der Partei, einige kurzfristige Verhaftungen durch Gestapo und SS und Polizeigericht wegen meiner Juden usw. All diese Schwierigkeiten, die nicht nur mich, sondern auch die Existenz und das Leben meiner Juden bedrohten, konnte ich nur meistern, da ich wertvolle Beziehungen ausgebaut hatte und eine

Zahl wirklich wertvoller Freunde mich in jeder Situation unterstützten.

Ich kann daher diesen Bericht nicht schließen, ohne in Dankbarkeit an die Hilfe und Verdienste der leider so wenigen Deutschen zu denken, die den Mut hatten, trotz ihrer Uniform für eine menschliche Behandlung der Juden einzutreten, zu einer Zeit, wo deutsche Truppen am Kaukasus und in Afrika kämpften. Männer, die mir und meinen Juden immer wieder Schutz und Hilfe angedeihen ließen, direkt oder indirekt, ohne dies von einer Gegenleistung abhängig zu machen.

Es sind dies:

General Schindler, Chef der Rüstungsinspektion, Krakau

die Oberleutnante Ott, Plathe, Süssmuth

Baurat Steinhäuser, Dieter Reeder und Hermann Toffel vom Kommando der Sicherheitspolizei Krakau

Major Franz von Korab, Ing. Erich Lange vom OKH Berlin.

Von den Angestellten meines Krakauer Werkes gebührt für langjährige meinen Juden immer wieder bewiesene Hilfsbereitschaft und Unterstützung Dank und Anerkennung:

Fräulein Viktoria Klonovska[31]

Fräulein Eve-Marta Kisza und

Altmeister Latzelsberger.

Für ihre unermüdliche, aufopferungsvolle Arbeit in Brünnlitz

meiner Gattin Emilie Schindler.

Zum Abschluss will ich noch Dank und Bewunderung den Juden aussprechen, die mit ungebrochenem Willen aufrecht für die Belange ihres jüdischen Volkes kämpften, jederzeit in Gefahr, den Einsatz für ihre Brüder mit dem Leben bezahlen zu müssen. Ihre Moral, Haltung und ernste Verantwortung waren mir Garanten für die Rettung aller *Schindler-Juden*.

Ich grüße sie als meine Freunde, Mitarbeiter und Zeugen meiner Tat.

Abraham Bankier, Isak Stern, Jereth, Feldstein, Dr. Hilfstein, Dr. Rubinstein, Dr. Händler, Dr. Biberstein, Magister Salpeter, Dr. Stern, Ing. Reif, Dr. Pemper, Fischgrund, Nussbaum, Presser, die

---

[31] Hier »Klonovski« geschrieben, aber das muss ein Fehler sein.

Brüder Dr. Bejski, Trauring, Frau Schönherz und alle, die mit mir die Verantwortung getragen haben bei diesem einzigartigen Werk, das mir mit Gottes Hilfe gelungen ist.

A n l a g e

1. Wohnlager Krakau	ZL 600 000,–			
2. Lebensmittelaufwand	ZL 1 800 000,–			
3. Überbesetzung, Arbeitsunfähige u. Kranke 1942–1944	ZL 720 000,–			
4. Bestechungsgelder und »Spenden«	ZL 200 000,–			
5. Geschenke und Erpressungen	ZL 550 000,–			
	ZL 3 870 000,–	=	RM	1 935 000,–
6. Verlagerungsspesen			RM	100 000,–
7. Arbeitslager Brünnlitz für 1 200 Personen			RM	200 000,–
8. Aufwand für Geschenke etc. in Brünnlitz			RM	75 000,–
9. Lebensmittel, zusätzliche Bekleidung und Medikamente Brünnlitz			RM	80 000,–
10. Unproduktive Löhne für 300 Frauen innerhalb von 7 Monaten in Brünnlitz			RM	250 000,–
			RM	2 640 000,–

Schindler überlegt sich, welche Erlebnisse in dem geplanten Schindler-Film gezeigt werden könnten. Es treten dabei einige Details zutage, die in den anderen Berichten fehlen.

Frankfurt am Main, den 14.1.1965, Oskar Schindler an Dr. Bejski u.a.

Lieber Dr. Bejski, meine lieben Freunde!
... Sollte in der Reihenfolge der ...[32] Plaszow-Brünnlitz ein chronologischer Irrtum unterlaufen, dann bitte ich unseren Freund Stern mit

[32] unleserlich, sinngemäß passen könnte z. B. »Vorfälle«

Abschluss – Bilanz
per 31. Dezember 1942

Aktiva.

I.	**Anlagevermögen :**	
00	Grundstücke und Gebäude :	
000	Bebaute Grundstücke	153,964,16
0020	Gemauerte Fabriksgebäude	789,266,76
0021	Hölzerne Fabriksgebäude	39,112,94
0100	Präzisions – Maschinen	104,998,75
0101	Sonstige Maschinen	315,671,65
011	Antrieb Maschinen	8,744,—
024	Kraftwagen	50,247,20
020	Werkzeug	55,085,43
022	Betriebsausstattung	48,169,38
023	Geschäftsausstattung	68,969,99
025	Pferde und Pferdegeschirr	35,500,0[illegible]
030	Verwaltungsgebäude	1.046,120,—
031	Kessel- und Speiseraumgebäude	99,532,33
032	Blechmagazin	31,640,50
II.	**Umlaufvermögen :**	
100	Kassa	14,396,37
110	Emissionsbank	234,13
111	Kommerzialbank	7,356,30
140	Forderungen f. Warenlieferungen	197,044,03
151	Vorschüsse	55,784,74
152	Hauptgruppe Gewerbliche Wirtschaft	10,000,—
185	Krankenkasse	130,16
150	Geleistete Anzahlungen	45,564,26
183	Kautionen	1,180,—
300	Bleche	93,769,56
303	Band- und Flacheisen	9,460,43
301	Chemikalien	296,535,20
309	Henkel	11,415,82
308	Holzgriffe	177,—
380	Kohle	7,869,40
381	Öle und Fette	1,382,71
388	Baumaterialien	113,827,17
389	Gefolgschaftsküche	35,145,11
390	Verpackungsmaterial	10 102,34
391	Transportkisten	948,—
720	Blechabfälle	1,457,64
700	Halbfertige Erzeugnisse	43,189,22
710	Fertige Erzeugnisse	46,377,54
	Rechnungsabgrenzung :	
	Transitorisches Aktiva	8,304,17
		Zl 3,858,611,39

Passiva.

I.	**Geschäftskapital :**	
080	Geschäftskapital	431,251,10
II.	**Rücklagen :**	
081	Aufbaurücklage	76,677,47
082	Durch Bewertungsfreiheit Rücklage	204,473,26
III	**Wertberichtigungen :**	
090	Wertberichtigungen zu Posten d. Anlagevermögen	237,775,66
V.	**Verbindlichkeiten :**	
180	Anleihe Creditanstalt Bankverein	520,060,—
182	Anzahlungen von Kunden	545,902,03
160	Verbindlichkeiten a.G. Warenlieferungen	602,727,46
153	Bürgersteuer	3,642,49
154	Lohnsteuer	13,662,91
190	Privatkonto des Inhabers	855,568,92
186	Fond der Belegschaft	753,84
VI.	**Rechnungsabgrenzungen :**	
0933	Transitorisches Passivum	136,183,82
VII.	**Erfolg**	
98	Gewinn für das Jahr 1942	230,032,43
		Zl 3,858,611,39

Krakau, den 28. Februar 1943.

DEUTSCHE EMAILWARENFABRIK
Inh. OSKAR SCHINDLER
KRAKAU – ZABLOCIE

Abschlussbilanz von Schindlers Krakauer Fabrik vom 31.12.1942

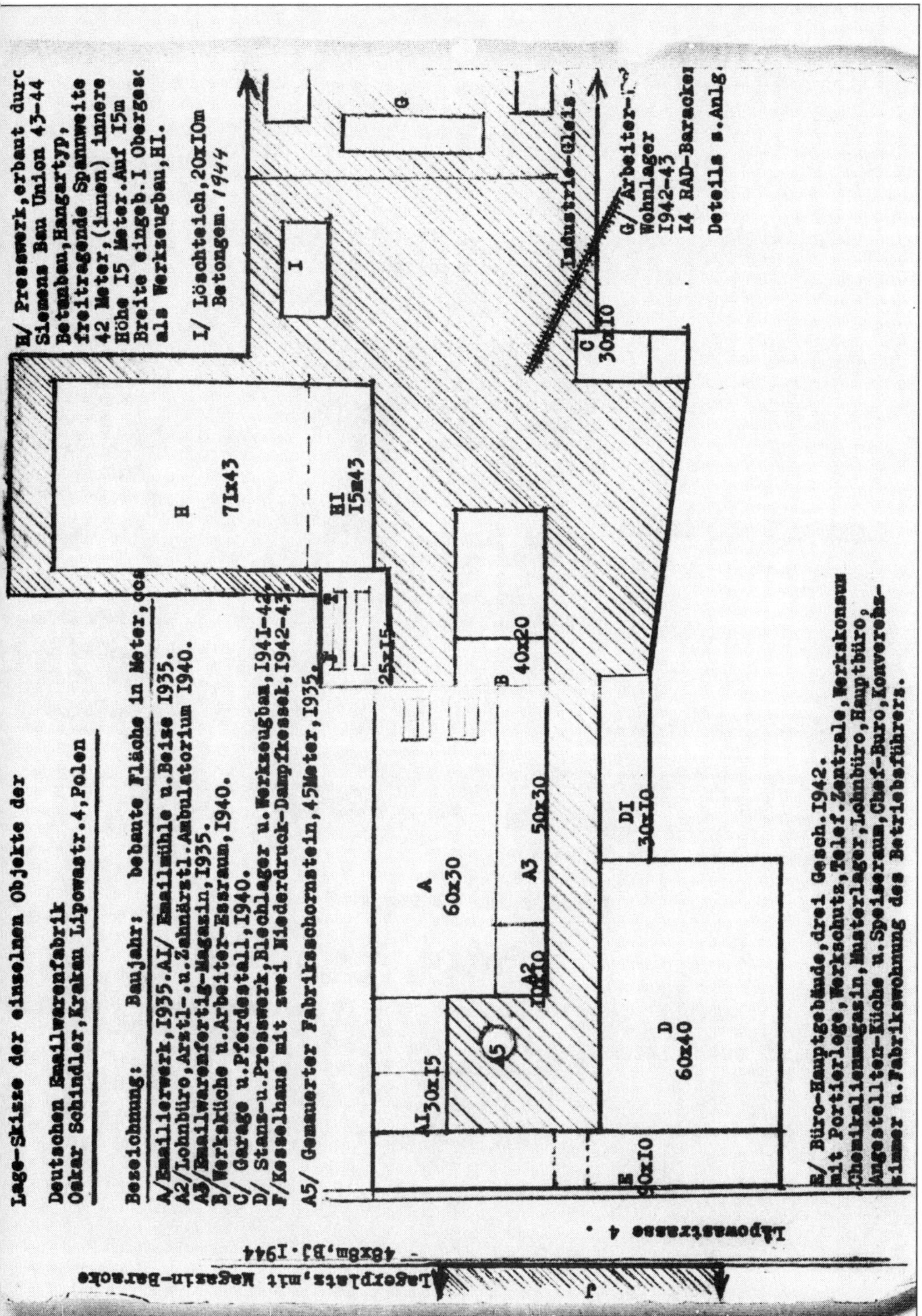

Lageskizze von Schindlers Krakauer Fabrik

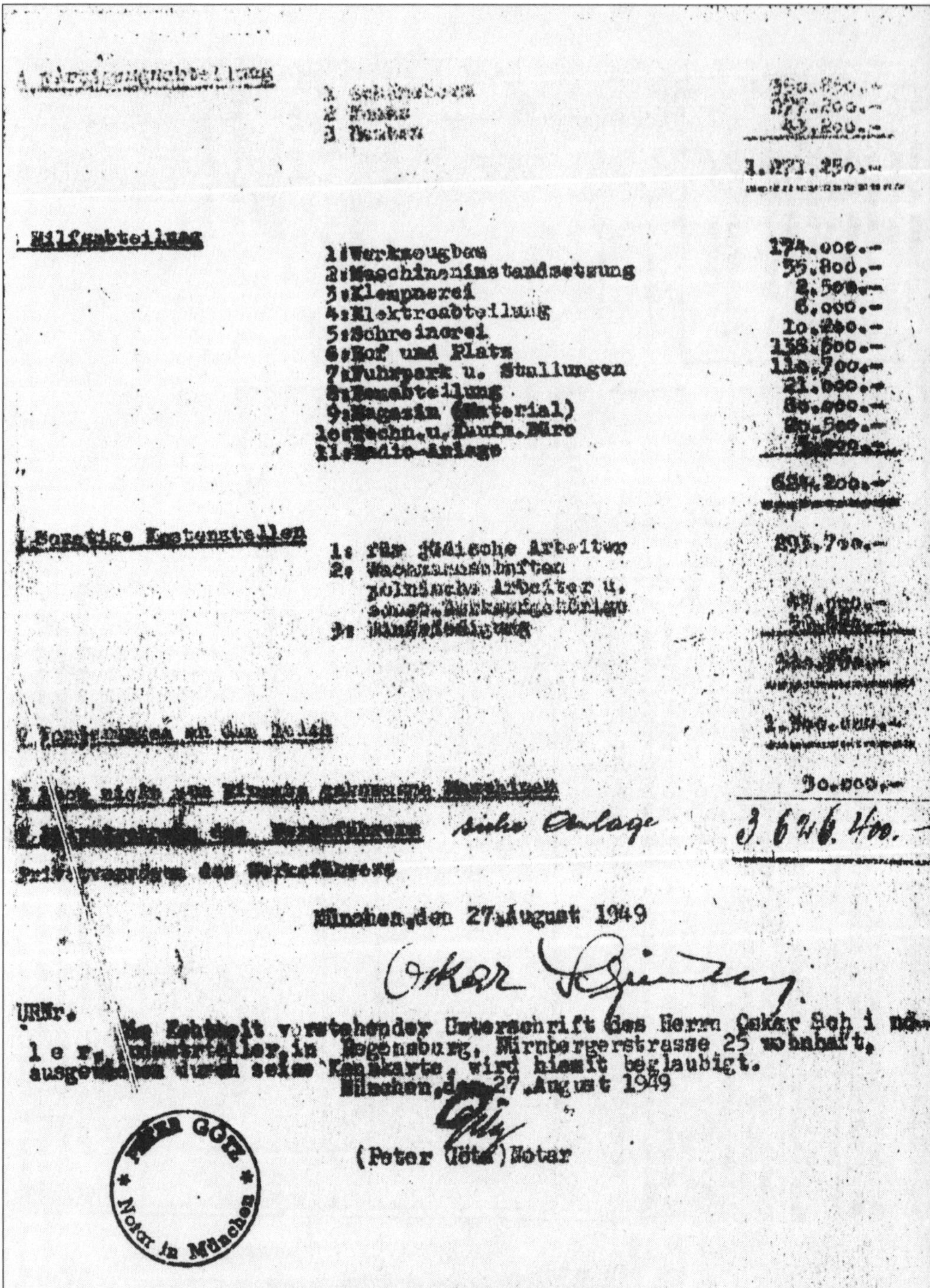

[illegible]	1 [illegible]	[illegible]
	2 [illegible]	277.200.–
	3 [illegible]	43.200.–
		1.271.250.–
Hilfsabteilung	1: Werkzeugbau	174.000.–
	2: Maschineninstandsetzung	55.800.–
	3: Klempnerei	2.500.–
	4: Elektroabteilung	6.000.–
	5: Schreinerei	10.250.–
	6: Hof und Platz	138.600.–
	7: Fuhrpark u. Stallungen	110.700.–
	8: [illegible]abteilung	21.000.–
	9: Magazin (Material)	85.000.–
	10: Techn. u. Kaufm. Büro	[illegible]
	11: Radio-Anlage	[illegible]
		624.200.–
Sonstige Kostenstellen	1: für jüdische Arbeiter	893.700.–
	2: [illegible] polnische Arbeiter u. [illegible]	[illegible]
	3: [illegible]	[illegible]
		[illegible]
[illegible] an das Reich		1.[illegible]
[illegible] Maschinen		30.000.–
[illegible] des Werkführers *siehe Anlage*		*3.626.400.–*
Privatvermögen des Werkführers		

München, den 27. August 1949

Oskar Schindler

URNr.

Die Echtheit vorstehender Unterschrift des Herrn Oskar Schindler, [illegible] in Regensburg, Nürnbergerstrasse 25 wohnhaft, ausgewiesen durch seine Kennkarte, wird hiemit beglaubigt.

München, den 27. August 1949

Götz

(Peter Götz) Notar

PETER GÖTZ * Notar in München *

Notarielle Beglaubigung vom 27.8.1949 des Gebäude- und Inventarverzeichnisses von Schindlers Krakauer Fabrik (letzte von 6 Seiten)

seinem guten Gedächtnis dies richtig zu stellen. Sollte Euch der eine oder andere Fall geringfügig erscheinen, so bitte ich, diese Fälle auch von der filmoptischen Seite mit Wirkung auf den Zuschauer zu prüfen.

Einschreiten gegen willkürliches Bartabschneiden alter Männer von 3 jungen SS-Männern vor der Firma Papierhandlung Leuchter und Dunkelblau, verlängerte Straßenseite gegenüber Firma Buchheister, Treuhänder Aue.

Schmuggel zweier nach dem GG[33] fliehenden Frauen aus Sossnowicz über die Grenze Trebinia in meinem amerikanischen Hudson, Schneegestöber 6. Dezember, Nikolofest, 1940.

Versuchte und von mir abgelehnte Ernennung zum Ehrensturmbannführer durch Sturmbannführer Kipka und Hsd-Sturmführer Czurda anlässlich einer Sammlung zum schwarzen Fond der SS, Kuba Nadel, New York (durch Auerbach), weiß darüber Details. Spende 12 000 Zloty ohne Quittung.

Zurückholung von 45 Schneeschauflern, willkürlich von meinem Ghetto-Arbeitskommando abgezogen.

Unfreiwilliges Ansehen anlässlich eines Sonntagsrittes zu Frau Handl, die auf dem Berg hinter dem Ghetto einen Neubau bewohnte, der Massenerschießung von Hunderten von Kindern innerhalb des Ghettos und deren Abtransport. Monat und Jahr ist mir entfallen, muss aus Euern Archiven ersichtlich sein. Ich war außerhalb der Ghettomauern keine 60 m von den Tatorten entfernt über die Ghettomauer Augenzeuge. Auch dies ist ein Motivpunkt meiner inneren Wandlung.

Mit andern war ich Zeuge, als Kommandeur Göth den verantwortlichen Barackenbau-Ingenieur durch seinen Schäferhund »Herr Rolf« schwer verletzen ließ. Er ist, sowie ich mich erinnere, und später auch seine Tochter in Plaszow umgekommen.

Ich kam zu einer makabren Szene, als Göth mit seinem Stab bei Lautsprechermusik Hunderte von Frauen auf 8 Tischen im Beisein Tausender Lagerinsassen auspeitschen ließ. Motiv: ungenügende Leistung im Lagerstraßenbau.

Mutwilliges Erschießen der Familie Gutter (oder so ähnlich) durch

---

[33] GG = Generalgouvernement (Polen)

Karl-Heinz Bigell, nicht Lagerangehöriger, sondern nur Wirtschaftsberater für SS-Werkstätten.

Affären mit der KZ-Leitung wegen Nichtbewaffnung der Judentransporte resp. deren Begleitmannschaft vom KZ zu meiner Fabrik oder wegen Zurücklassung meiner Brotzuteilung für die Fabrik für die Häftlinge im Hauptlager in Plaszow.

Erschießung des jungen Putzers wegen der Behauptung, Strojewski hätte die Susanne in der Küche geküsst, durch Göth vor dem Eingang. (Name ist mir entfallen.)

Ebenso entfiel mir der Name eines Häftlings, den Göth lebend mit einem Fußtritt unter den Bagger warf.

Vielleicht weiß Pelzmann oder Dr. Steinberg, wie der Fliegeroffizier hieß, dem ich für das Judenkommando Fliegerhorst zusätzlich aus meiner Werkküche Lebensmittel abgab.

Sind welche Namen von den 7 Gehängten des Kabelwerkes bekannt, die als abschreckendes Beispiel in Plaszow exekutiert wurden und lt. Direktor Diehle vom Kabelwerk eine fühlbare Produktionssteigerung zum Erfolg hatten.

Wie hieß der vierte Mann von NKF[34] oder Barackenwerk, der in dem Zeitraum wie Haubenstock, Beim und Ing. Krautwirt von NKF in Plaszow gehängt wurde.

Erinnert sich unser Freund Stern an den Namen der polnischen Ärztin, die mit meinem polnischen Werksarzt Dr. Rozlwaski in meinem Krakauer Lager Auskratzungen an Häftlingsfrauen vornahm.

Wohin ging Transport von Plaszow und in welchem Jahr, den ich trotz Gespött der SS-Führung im Lager Plaszow durch die Lagerfeuerwehr die Waggondächer nach stundenlanger Sonnenglut mit Wasser abspritzen ließ und aus meinem Werk eiligst Wassereimer und anderes für den Transport herbeirief. (Ich glaube in Mauthausen, bin aber nicht sicher).

Ist jemandem der Zeitpunkt des Absturzes des viermotorigen Bombers bekannt, der in meinem Lager abstürzte. Mir fehlt jede Erinnerung. Ich weiß nur, dass niemand verletzt wurde und dass Göth zur Belohnung, dass keiner geflohen war, trotzdem alle Sicherungen und

---

[34] Neue Kühler- und Flugzeugteilefabrik Kurt Hodermann in Krakau

Wachtürme verbrannt waren, das jüdische Arbeitskommando im Werk beließ.

Zu welchem Zeitpunkt erfolgte zur Verhinderung und Liquidierung des Lagers Plaszow die Erteilung von Rüstungsaufträgen der Wehrmacht an die Lagerwerkstätten. Wer war außer die durch mich jetzt angeführten Personen noch anwesend.

Meines Erinnerns für die Rüstungsinspektion und das Rüstungskommando der Wehrmacht in Krakau General Schindler, Oberstleutnant Ott, Oberbaurat Steinhäuser, R.-Kom. Oberstleutnant Becker, Oberstleutnant Süssmuth, für die SS Oberführer Scherner, Hauptsturmführer Göth und Täuschel. Es waren noch 2–3 Personen mehr bei der Lagerbesichtigung, die Namen sind mir leider entfallen. Ich habe keinerlei Broschüren, Unterlagen oder sonstige Gedankenstützen und arbeite leider aus dem Stegreif.

Interessant wäre auch Dialog Rüstungsinspekteur General Schindler mit Minister Speer über die unhaltbaren Zustände der Rüstungsfirma Hassag, Stalova Wola und vor Tschenstochau, wo Tausende Frauen unter tierischen Verhältnissen auf der nackten Erde liegend, um ihre Lebensmittelrationen von der SS bestohlen, noch Produktionen leisten sollten. Durch meine Intervention bei General Schindler mit Oberstleutnant Ott, der mich gern als unbefangenen Vorspann benutzte, hat Speer die Abberufung des höheren SS- und Polizeiführers Krüger erwirkt. Sein Nachfolger Koppe war leider nicht besser.

Wie hieß der junge Techniker, der von einem Transport abgesprungen mit einer weiteren Gruppe von 6 Mann in Ketten durch die SS nach Brünnlitz überstellt wurde (Ergebnis meines Abkommens mit Hilfe von Oberstleutnant Süssmuth bei der Gestapo-Leitstelle Troppau, vom Transport versprengte Juden nicht mehr umzulegen, sondern dem nächsten Rüstungsbetrieb zuzustellen.)

Wie hieß der kleine verwachsene Kretin und Konfident mit Rufnamen, den Leipold aus Buzin mitbrachte.

Ist bekannt, wieviel hundert Frauen ungefähr aus Plaszow über Auschwitz durch meine Aktion mit Oberstleutnant Süssmuth in kleinen Arbeitskommandos von 2–300 Frauen in Textilbetrieben u.a. im Sudetenraum Troppau, Freiwaldau, Grulich, Jägerndorf bis zur schlesischen Grenze im letzten Kriegsjahr ihr Leben retteten?

Wie hießen die zwei scharlachkranken Frauen, die ich in der Zahnarztkammer wochenlang versteckt hielt und fütterte.

Wie hieß die lesbische Aufseherin, die ihre Überstunden in der Unterkunft bei den Häftlingsfrauen machte. Für mein Schweigen verriet sie mir die Absicht Leipolds, mir vor der Befreiung eine Handgranate in das Schlafzimmer zu werfen.

Als ich bei meinem letzten Besuch Sturmbannführer Hasenbrecks vom KZ Groß-Rosen wieder wegen der Krakauer Frauen der Uniformwerkstätten bohrte (der genaue Termin ist mir leider entfallen), erklärte mir dieser, die lägen nicht mehr für Schindler in Stutthof auf Eis, sondern wären bereits durch eine Zeitmine vom Straßenbau bei Königsberg zu Fischfutter geworden. Von den 8–10 Plaszower Frauen, die durch Zufall überlebten, habe ich hier in Frankfurt eine einzige sprechen können, außerdem sollen in Stutthof noch 80–100 Litauerinnen verblieben sein, die dann am 10. März durch die Russen befreit wurden. Ich würde Euch bitten bemüht zu sein, bei *Yad Vashem* oder irgendwo eine Broschüre einer Frau Marianska über Stutthof zu besorgen und diese direkt an Poldek zu senden, wenn auch in polnischer Sprache. Vielleicht ist diese Broschüre bei *Yad Vashem* erhältlich.

Ich könnte zu unsern traurigen Erlebnissen natürlich noch hundert Seiten dazuschreiben, ohne damit auch nur die Hälfte festgehalten zu haben. Aber vielleicht kommt Euch, meine lieben Freunde, bei dem Überdenken dieser furchtbaren Jahre selbst noch die eine oder andere Episode in Erinnerung, die mir entfallen ist. Es gäbe so viele Dialoge, wie die gutgemeinte Warnung der Finanzpräsidenten des GG, Schindler, sie haben es nicht nötig, sich mit ihrem Judenfimmel den Kragen zu brechen, sie müssen einmal die Richtung erkennen, auch wenn es gegen ihre innere Überzeugung ist.

Dialoge mit Gen. Schörner und seinem Adjutanten über die Frontauglichkeit Leipolds, über meine Verhaftungen Pomorska, Monte Lupi, über das Verjagen eines SS-Scheichs mit meinem Hund aus meiner Wohnung durch die ganze Halle, über die Besorgung von Mehl und Tabak, Stoffe und Waffentransporte, weiße Brote, schwarz geschlachtete Rinder, über Rosners »schöne blaue Donau« zu meinem letzten Geburtstag, über meine Ansprache und Bekräftigung des Tabus der *Schindler-Juden*, über die bei Hoffmann gestohlene Wolle, um Wäsche zu stricken, über das Besorgen von Medikamenten und den Kampf um den Golleschauer Transport bis zum »ich wähle die Freiheit«, wo ich auf allen vieren durch den Böhmerwald kroch und durch eine Kette amerikanischer Panzer vom amerikanischen Captain-Rabbiner als erster Mesuse[35] zu bekommen. So gut gefiel ihm mein Jiddisch, dass er gar nicht glauben wollte, es sei anders.

Meine lieben Freunde, ich würde mich freuen, wenn aus dem Vorhergehenden einige Teilstücke zur Vervollständigung des Drehbuches beitragen würden …

Es folgen Ausschnitte aus Zeugnissen verschiedener Schindler-Juden *über Schindler und seine Rettungsaktionen in der Kriegszeit.*

Zeugnis von Alexander Biberstein, *Schindler-Jude* und Arzt für Oskar Schindler, o.D.

Der edelherzige Menschenfreund, der ideale HUMANIST SCHINDLER OSKAR

… Im Krakauer Getto, in den KZ-Lagern Plaschow und Groß-Rosen waren alle Häftlinge als Sklavenarbeiter schlecht behandelt, schlecht ernährt, gepeinigt, geschlagen und erschossen.

Der Deutsche, der Christ SCHINDLER OSKAR hat es bewiesen mit dem Willen, für die sittlichen Gebote, mit dem Einsatz der ganzen Person einzustehen jene schmachvolle und nicht würdige Behandlung abzulehnen und nicht anzuwenden …

Konstanz, den 8.6.1945[36], Zeugnis von *Schindler-Jude* Dolek Grünhaut für Oskar Schindler

… Die Krönung seiner langjährigen und gefahrvollen Mission, die jüdischen Häftlinge gegen den bestehenden Ausrottungsbefehlen der SS-Bestien am Leben zu erhalten, fand Dir. Schindler am 8. Mai 1945.

---

[35] Mesusa: kleine Schriftrolle in einer Kapsel am Türpfosten jüdischer Häuser mit den Schriftworten 5. Mose 6, 4-9 und 11, 13-21. Das war für Schindler eine Auszeichung, denn die Mesusa ist für Juden etwas Heiliges.

[36] abgelegt gegenüber der französischen Militärpolizei in Konstanz

Er ließ die Lautsprecher in der großen Fabrikshalle anbringen, und 1200 glückliche Juden … erfuhren … das Kriegsende, das für uns Freiheit und neues Leben brachte. Der Wunsch der 1200 Lagerinsassen … Schindler zu den westlichen Alliierten zu geleiten, war für uns … eine selbstverständliche Pflicht, um so auch der Welt Nachricht zu geben, daß die 1200 S C H I N D L E R -J U D E N den grausamen Krieg überlebt haben …

New York, den 2.12.1969, Zeugnis von Henry Weiss für Oskar Schindler

… Ich glaube, wir wurden alle zusammen mit einem Transport von Groß-Rosen nach Brölnitz[37] (phonetisch) im Sudetenland gebracht. Dort arbeiteten wir in der Fabrik von Schindler, der in Krakau die Emailfabrik hatte. Wir haben Handgranaten hergestellt. Schindler hat sich wundervoll um uns gekümmert. Er hat uns zu essen gebracht, ich weiß nicht woher … Schindler konnte es nicht vertragen, wenn ein Häftling geschlagen wurde ….

o.O., verm. Oktober 1974, Zeugnis von *Schindler-Jude* Broder für Oskar Schindler

Herr Schindler erweckte in uns – nach Jahren ständiger Finsternis – wieder die Hoffnung, dass auch noch für uns die Sonne wieder scheinen wird, um einer besseren Zukunft entgegenzublicken. Die menschliche Sprache besitzt nicht genügend passende Worte, um all die tagtäglichen guten und übermenschlichen Taten des Verstorbenen uns gegenüber auszudrücken …

Die Zeit vor 1945 wird auch immer wieder lebendig, wenn Schindler Zeugnis ablegt über nationalsozialistische Gewaltverbrechen – so erscheint er z. B. am 18. Mai 1967 in den Räumen der Staatsanwaltschaft Frankfurt am Main im Vorermittlungsverfahren zur Aufklärung von nationalsozialistischen Gewaltverbrechen – oder wenn er in Kriegszeiten inhaftierten und beraubten Juden ein Zeugnis ausstellt, damit sie

---

[37] Damit ist Brünnlitz gemeint.

Wiedergutmachung fordern können. Schindler beantwortet zahlreiche dieser Hilfsgesuche, so auch das von Wolf Weil.

Hof/Saale, den 12.5.1962, Wolf Weil an Oskar Schindler

… Sehr geehrter Herr Schindler, jetzt komme ich mit einer großen Bitte zu Ihnen. Ich bitte Sie, für mich eine eidesstattliche Erklärung beim Notar abzugeben, daß Ihnen bekannt ist, daß mir Herr Turek und zwei Gestapoleute den Schmuck und die Devisen abgenommen haben und daß ich 7 Wochen bei der Gestapo in Haft war. Ich brauche diese Erklärung für meine Wiedergutmachung und Sie sind der einzige Zeuge, der es mir bestätigen kann …

Das Kapitel »Die Kriegsjahre« soll mit einer Episode schließen, die Schindler seinen Freunden anlässlich der Diskussion um das Bundesverdienstkreuz erzählte. Sie beleuchtet, wie Schindler sich über Nazi-Würden und SS-Größen lustig machte.

Frankfurt, den 12.5.1962, Oskar Schindler an Stern u.a.

… Zurückkommend auf das Bundesverdienstkreuz, mag die Annahme für mich für eine spätere Rente oder einen Ehrensold positive Aspekte haben[38], aber ich erinnere mich, ich bin ja nicht allergisch auf Auszeichnungen, dass man mir ein Kriegsverdienstkreuz 1. Klasse drei Monate lang über Rüstungsinspektion Krakau, Rüstungsinspektion Troppau, an die Kreisleitung Zwittau nachsandte und ich dem Kreisleiter Julius Hönig, der einmal mein Schwimmlehrer war, die Qualifikation absprach, mir eine Wehrmachtauszeichnung zu verleihen, und dann nach tagelangem Feilschen mir durch Oberstleutnant Süssmuth, als Rüstungsinspekteur, dieser Orden verliehen wurde und ich ihn am gleichen Abend meinem lieben Gehilfen Bejski, dem verschiedenen Bruder, als Andenken in die Hand gedrückt habe …

---

[38] Schindler diskutiert mit seinen Freunden, ob er das Bundesverdienstkreuz annehmen soll.

2.
Zwischenhoch und Tiefs

Schindlers Leben nach dem Krieg wird letztlich als gescheitert betrachtet, doch es gab immer wieder Zeiten, in denen er Hoffnung schöpfte, Tatkraft zeigte, neue Möglichkeiten verfolgte, Anregungen aufgriff. Diese Momente und Zeitabschnitte werden hier, da sie letztendlich zu keiner längerfristigen positiven Entwicklung führen, als »Zwischenhochs« bezeichnet. Die Tiefs – Rückschläge, Enttäuschungen, finanzielle Probleme – sind allerdings vorherrschend und werden von Schindler wohl auch so empfunden.

Dieses Kapitel verfolgt das äußere Auf und Ab in Schindlers Leben, versucht aber auch Schindlers eigener Einschätzung seiner Lage, seinen Stimmungen und Gefühlen Raum zu geben.

Kurz vor der Auswanderung nach Argentinien – ein unternehmungslustig und animiert wirkender Schindler

Private Kontakte und Beziehungen, z.B. zu oft langjährigen, ihm sehr zugewandten Freundinnen, finden hier keine Erwähnung, da Schindler sie in den hier vorliegenden Briefen nicht anspricht. Es ist wahrscheinlich, dass Schindler sie auf seiner »Habenseite« verbucht hätte – den allgemeinen Eindruck des Scheiterns haben diese Beziehungen für ihn jedoch kaum auslöschen können.

Levy aus England hat von Schindlers Rettungstaten während des Krieges erfahren. Ohne ihn persönlich zu kennen, bietet er ihm aus Hochachtung und Dankbarkeit auf vielfältige Weise seine Hilfe an.

Zwischen Schindler und Levy entwickelt sich eine Korrespondenz, aus der wir auch viel über Schindlers – gedrückte – Stimmung und seine allgemeine Einschätzung der politischen Lage in Deutschland erfahren. Schindler schildert die Gefühle der Entfremdung, die er zu diesem Land empfindet, und welche Zukunft er für Deutschland und die Welt erwartet.

München, den 16.11.1948, Oskar Schindler an A.J. Levy

Sehr geehrter Herr Levy!
Haben Sie vielen Dank für Ihr liebenswürdiges und ausführliches Schreiben, welches ich schon vor einigen Wochen erhielt, dessen Beantwortung ich aber immer noch hinauszögerte in der Hoffnung, Ihnen bereits konkrete Erfolge in meiner *Joint*[1]-Angelegenheit mitteilen zu können. Doch davon später. Gleich am Beginn meines Briefes will ich mit vielem herzlichen Dank das Eintreffen Ihres reichhaltigen Lebensmittelpaketes vom 7. September bestätigen, mit welchem Sie mir große Freude bereiteten. Ich freue mich, sehr geehrter Herr Levy, dass Sie in Ihrem Schreiben zu allen mich brennend interessierenden Fragen so ausführlich Stellung genommen haben und danke Ihnen

[1] Diese Organisation wurde 1914 gegründet, ursprünglich um den Juden zu helfen, die in dem Gebiet des heutigen Israels lebten und zu Beginn des 1. Weltkrieges flüchten mussten. Der *Joint* sammelte dann Geld, um allgemein Juden in Europa und Palästina zu helfen, im 2. Weltkrieg dann besonders den von den Nazis verfolgten Juden.

vor allem aufrichtig, dass Sie weiter bemüht bleiben, einen Weg zu finden, um mir zu helfen.

Ihre Hilfsbereitschaft, sehr geehrter Herr Levy, geht so weit, dass Sie wegen mir, der ich Ihnen leider persönlich unbekannt bin, sogar Ihre Herren Freunde in Irland exponieren[2] wollen, und Ihre geschätzten Briefe sind für mich ein wirksames Mittel, meinen Optimismus zu stärken und meine Weltuntergangsstimmung zu verscheuchen.

Ich habe mit größtem Interesse Ihre treffend richtigen Ausführungen über Deutschland gelesen und bin erstaunt, dass Sie den Zustand so zu beurteilen vermögen, ohne in dem Land zu wohnen (wofür Sie Gott dankbar sein können). In dem heutigen Deutschland entwickelt sich ein Neo-Nazismus, oft in den aus der Ostzone durchsickernden Nazikommunismus ausartend. Und der Antisemitismus ist heute stärker fühlbar als in der Kriegszeit. (Wenn auch die Ursachen heute auf anderen Gebieten zu suchen sind als es z.B. der viel versprechende Raub jüdischen Vermögens war oder die Propaganda der Kriegsjahre.) Aber der Sämann dieses neuen Unheils ist derselbe Geist des deutschen Übermenschen, der als unfassbarer Hauptschuldiger sich frei bewegt und entfaltet, sei es in den Ämtern oder an den Universitäten, oft von arbeitslosen Kriegsteilnehmern in Bahnhofshallen, Lagern und Baracken, neu geschaffene Helden des letzten Krieges oder dem Greuel auf der anderen Seite gezüchtete Geist. Bald wird das ganze Volk an seine Kollektivunschuld glauben und in diesem Glauben selbst von der Kirche unterstützt.

Der Umstand, dass Millionen Flüchtlinge und Heimatvertriebene das Fiasko des ganzen Entnazifizierungssystems überleben, wo die großen und gefährlichen Hauptnazis vor allem aus Wirtschaftskreisen und Intellektuelle kaum von dem lückenhaften Gesetz erreicht wurden und falls, mit einer Bagatellstrafe davonkamen, trägt mit Schuld daran, dass die Worte: Schuld, Wiedergutmachung und Buße hier nach recht verschiedener Art gemessen werden. Wen immer sie sprechen, keiner hatte mit den Grausamkeiten etwas zu tun, und man fragt sich nur, wo sind eigentlich die Urheber, die aktiven Nazis geblieben? In neuer Tarnung sitzen sie weiter in ihren einflussreichen Posi-

---

[2] sinngemäß etwa: »behelligen« oder auch »dazu bringen wollen, etwas für mich zu tun«

tionen, um bei der nächsten Auseinandersetzung wieder »Schicksal Europas« zu spielen. Und das Volk wird wieder als neues Kanonenfutter hinter ihren unfehlbaren Übermenschen herlaufen. Die Spannung zwischen Ost und West verhindert als weiteres jede Konsolidierung der Verhältnisse und politische Momente schützen heute die tatsächlich Schuldigen.

Ich will Sie nicht länger mit diesen unerfreulichen Ausführungen langweilen, die Ihnen in großen Zügen ja doch bekannt sind und an deren Realität der Einzelne ja doch nichts ändern kann. Im letzten Krieg habe ich angesichts der Unmenschlichkeiten und Gräuel durch Jahre meine ganze Kraft aufgeboten, zu retten und zu helfen, und ich musste die Ohnmacht des Einzelnen gegen die Masse erkennen. Wenn meine Erfolge auch groß waren, so sind sie doch gering verglichen an dem Unglück, das die besiegten Länder erlebten. Da sich heute wieder bedrohliche Wolken neuer Kriegsgefahr in Europa ausbreiten, kenne ich nur einen Entschluss, schnellstens aus Deutschland herauszukommen.

Sehr geehrter Herr Levy, Sie erwähnen in Ihrem geschätzten Schreiben betreffs Emigrationsmöglichkeiten für mich u. a. auch Palästina. Sie können mir glauben, dass ich von allen Eventualitäten diese am liebsten wählen würde, nicht nur, weil ich [*mit*] Ihrem Volke eine Verbundenheit fühle, wie sie nur durch jahrelange gemeinsame Arbeit und Leiden und bei genauer Kenntnis der jüdischen Mentalität entstehen konnte, sondern auch in Israel eine Anzahl Freunde habe und für die Zukunft des Landes eine große wirtschaftliche Prosperität bevorsteht. Aber der bloße Gedanke, dass dieses Land, das kaum mit bewundernswerter Zähigkeit seine Anerkennung ertrotzt hat, das durch das Ränkespiel der Großmächte zu einem mutig geführten Krieg und zu so großen Opfern gezwungen wurde, in der unbedingten strategischen Stoßrichtung der Russen liegt (und ich als Nichtjude im Falle einer Okkupation zu leiden hätte), lässt für mich diesen schönen Wunschtraum leider unrealisierbar, obzwar die Einreise für mich kein Problem wäre. Meine Einstellung wird Ihnen erst dann verständlich, wenn Sie bedenken, dass ich mein Lebenswerk und das Vermögen meiner Familie bereits den roten Zaren geopfert habe, dass die rote Flut bereits über mich hinweggegangen ist und wenn ich auch lebend davongekommen bin, werden Sie verstehen, dass mir die praktischen Erfahrungen auch mit dieser Art Weltbeglücker genügen.

Wenn ich jetzt einiges über den Stand meiner persönlichen Angelegenheiten mitteile, will ich Ihnen vor allem die Tatsache bekannt geben, dass ich seit einigen Monaten Lebensmittelunterstützungen durch den *Joint* in München erhalte. Von einigen prominenten Persönlichkeiten aus dem Kreise meiner ehemaligen jüdischen Schützlinge wurde vor einigen Monaten aus Polen, Israel und der Schweiz beim *Joint*-Hauptquartier in Paris eine Demarche eingeleitet, die eine Teilrückzahlung von ca. 20 bis 30% der Summe, die ich für den *Joint* im Laufe der Kriegsjahre zum Wohle der bei mir geretteten Juden und anderen jüdischen Gruppen aufgewendet habe, erwirken soll, welche Teilrückzahlung mir eine Existenzsicherung in Übersee gewähren soll. Ebenso soll der *Joint* in Paris um die Unterstützung meiner baldigen Emigration bemüht sein. Diese Verhandlungen haben jetzt ein positives Stadium erreicht, da ich vor den Feiertagen in München mit Direktor Josef Schwarz vom *Joint*-Hauptquartier Paris eine längere Unterredung hatte, wo mir genannter Herr zusicherte, meinen Fall im Laufe dieses Monats mit seinem Pariser Mitarbeiter positiv zu erledigen.

Dieser Umstand ist für mich in meiner unerträglichen Lage eine erfreuliche Hoffnung, doch kenne ich die bürokratische Geschwindigkeit unserer Zeit. Es ist sicher, dass die Intervention einer prom. Persönlichkeit in meiner Angelegenheit, sei es beim *Joint*-Büro in London oder Paris, die Erledigung sehr beschleunigen könnte und erlaube mir die Frage an Sie, sehr geehrter Herr Levy, ob Sie in Ihrem Bekanntenkreis einen Herrn haben, der Beziehungen zum *Joint* hat und durch gefällige Nachfrage nach dem Stand meiner Angelegenheit Herrn Direktor Josef Schwarz, Paris (von dessen alleiniger Entscheidung meine Existenz in Zukunft abhängt), meinen unerledigten Fall neuerdings in Erinnerung bringt.

Ich bitte Sie, sehr geehrter Herr Levy, sich nur zu exponieren, wenn es für Sie mit keinen großen Umständen verbunden wäre, ich weiß ja gar nicht, ob Sie oder Ihr Bekanntenkreis persönliche Beziehungen zum *Joint*-Hauptquartier in London haben, ich weiß ja so wenig von Ihnen, kenne nur Ihre großzügige mir bereits bewiesene Hilfsbereitschaft und bin Ihnen sehr dankbar, dass Sie bei Ihrem bestimmt sehr umfangreichen Geschäftsbetrieb noch Zeit aufbringen, sich zum Anwalt meiner Sorgen zu machen. Sie können versichert sein, dass ich Ihr Opfer ermessen kann und dankbar schätze.

In der Hoffnung, Ihr ausführliches Antwortschreiben zu erhalten, verbleibe ich mit herzlichem Dank für Ihre geschätzte Unterstützung und mit den besten Empfehlungen auch an Ihre werte Frau Gemahlin

Ihr sehr ergebener

Inzwischen sind mehrere Jahre vergangen. Schindler will aus Argentinien nach Deutschland zurückkehren, um Entschädigungszahlungen aus dem Lastenausgleich[3] *zu erhalten und eine Arbeit zu finden – die möglichst im Zusammenhang mit Israel stehen soll. Der in Argentinien Gescheiterte gibt sich hoffnungsfroh – aber aus diesen Zeilen spricht auch schon eine leise Bitterkeit und Resignation.*

San Vicente, den 16.4.1956, Oskar Schindler an Izak Stern

… Als ich im Juli 1953 mit Hilfe des *Joint*-Paris meine Entschädigungsbemühungen neu aufnahm und mit deren Anweisung an die *URO*[4] meine Meldungen vornahm, entstand in mir die optimistische

---

[3] Der Vermögensausgleich nach dem 2. Weltkrieg in der BRD zugunsten der durch die Kriegs- und Nachkriegsereignisse Geschädigten (Gesetz vom 14.8.1952, mehrere Änderungen). Zur Durchführung werden Ausgleichsabgaben erhoben, die dem Ausgleichsfonds zufließen. Die Gelder dürfen nur zur Finanzierung der Ausgleichsleistungen (z.B. Kriegsschadenrente, Eingliederungsdarlehen, Härtefonds) verwendet werden. Die Hauptentschädigung dient der Abgeltung für Vertreibungs-, Kriegssach- und Ostschäden an Vermögen, die nach dem Feststellungs-Gesetz (vom 14.8.52) festzustellen waren.
Zur Durchführung des *Lastenausgleichs* wurde das Bundesausgleichsamt errichtet, die Verwaltung in den Ländern liegt bei den Landesausgleichsämtern, in den Stadt- und Landkreisen bei den örtlichen Ausgleichsämtern. Der *Lastenausgleich* wird in den Dokumenten immer wieder zur Sprache kommen.

[4] *URO = United Restitution Organization.* Die *URO* ist eine führende jüdische Organisation, die zu dem Zweck gegründet wurde, alle jüdischen Opfer des Nationalsozialismus bei der Geltendmachung ihrer Wiedergutmachungsansprüche gegenüber den Deutschen zu unterstützen.

Hoffnung, nach drüben [*nach Deutschland*] zu fahren, um bald einen Teil meiner Forderung als Soforthilfe kassieren zu können. Da der Aufenthalt in der heute währungsstarken Bundesrep. für meine Verhältnisse sehr teuer ist, bemühte sich der inzwischen leider verstorbene Dir. Beckelmann auf meinen Vorschlag hin, mich bei der Israelischen Einkaufs-Mission in Köln als Kenner der Metallwarenindustrie einzustellen, event. auf Provisions-Basis.

Diese Anregung erhielt ich seinerzeit von Ing. Schöneborn, der als Kenner der Bürokratie befürchtete, daß Monate vergehen können, bis es zu einer Auszahlung kommt und aber meine Lebensunterhaltskosten bezahlt werden müssen, er aber andererseits nicht verstehen wollte, daß die Super-Deutschen an den Israel-Aufträgen in seinen bekannten Industrien 5%–10% Provisionen einstrichen, während ich, der nach Schöneborns Auffassung mehr Anrecht hätte, in dieses Geschäft eingeschaltet zu sein, irgendwo vegetiere.

Durch verfrühte Auswanderung lag mein Antrag[5] ungünstig (Stichtag war Dez. 1950), und meine Papiere wurden träge bearbeitet, meine Reisepläne fielen damals ins Wasser und damit auch jede Initiative in Sachen der Einkaufs-Mission zwecklos. Jetzt, durch das neuerliche Ergänzungsgesetz zum *Lastenausgleich*, ist für mich, auch als Frühauswanderer, durch den rückverlegten Stichtag aus dem Kann-Gesetz ein Muß-Gesetz geworden.

Da ich in ca. 8 Wochen nach der Bundesrep. fliegen will, eventuell über New York, bei einem Mehrpreis von 38 Dollar (ja sogar schon bemüht bin, das Reisegeld aufzutreiben, die Flugkarte ist durch die Inflation von 16 auf über 50 000 Peso gestiegen, nebenbei bemerkt der Gegenwert von 200 Kühen), drängt sich mir wieder die Sorge auf, drüben eine Parnuse[6] zu finden, bis zu dem Zeitpunkt, wo ich einen Teil meiner Entschädigung kassieren kann und mit eigenen Mitteln etwas plane.

Zurückkommend auf den damals nicht weiterverfolgten Gedanken irgendeiner Tätigkeit für die Einkaufs-Mission in Köln, habe ich in diesen Tagen die seinerzeitigen Briefe mit Dir. Beckelmann hier beim *Joint* eingesehen und festgestellt, daß man damals Dir. Beckelmann

---

[5] auf *Lastenausgleich*

[6] auf hebräisch: Arbeit

die Auskunft gab, daß es nötig sei, den Wohnsitz in der Bundsrep. zu nehmen und daß die Person einer Genehmigung resp. Empfehlung der Israelischen Reg. Tel-Aviv bedarf. Lieber Izak, ich bitte Dich sehr, Dich bei Deinen Herren Freunden zu erkundigen, was zu unternehmen ist, um heute für die Einkaufs-Mission tätig sein zu können. (Ich habe in der Zeit vor der Währungsreform für die *Jew. Agen.*[7] München eingekauft.) ...

Wenn ich erst einige Wochen drüben tätig wäre, hätte ich bald Klarheit, wo Engpässe bestehen und wie ich mich verdient machen könnte. Dann kann auch der Gedanke einer Produktion Verwirklichung finden. Daß ich, wo immer man mich einschalten wird, noch sehr viel zu vergeben habe, ist Dir bestimmt bewußt, so daß Du mit gutem Gewissen mein Fürsprecher sein darfst, ohne Gefahr zu laufen, eine Enttäuschung zu erleben.

Lieber Izek, Du wirst gut verstehen, daß ich nur von jüd. Seite Förderung erleben kann und darf (die obendrein kein Geld kostet), so dadurch meine Position und mein Recht erlange. Als Bittsteller zu den neuen deutschen Herren zu gehen (es sind ja doch die alten, nur leicht demokratisch gefärbt und durch Marshallplan-Injektionen etwas aufgeblüht), ist mir unmöglich, denn eine derartige Handlung würde mir als Bankrott meines Ichs und den Verlust meines moralischen Sieges, den ich so teuer erkaufte, bedeuten. Das besagt nicht, daß ich mich schmollend im Winkel verkriechen will, sondern daß es an der Zeit wäre, daß ich mir so eine Position schaffe, in der ich nicht mehr von Kritikern und Besserwissern bedauert werde.

... Genau so bin ich heute fest überzeugt, daß meine Isolation und geistestötendes Nichtstun nur mehr von sehr kurzer Dauer sein wird und mir mein »Guter Stern« hilft, den Weg freizumachen zum Aufstieg. Ich bin sicher, diese Runde, wenn auch nach langer Wartezeit, klar für mich zu buchen.

Das Paradoxe meiner 6jährigen unproduktiven Arbeit in diesem

---

[7] *Jewish Agency (for Palestine):* im Mandatsvertrag für Palästina (1922) anerkannte öffentliche Vertretung des Zionismus für Palästina, beriet 1929–48 die britische Mandatsregierung und das jüdische Nationalkomitee im Interesse der jüdischen Bevölkerung; heute als »Jewish Agency for Israel« besonders für die Einwanderung tätig

Lande ist nicht die Angst um das tägliche Brot, sondern meine Unzufriedenheit, meinen Grundproblemen ohnmächtig gegenüberzustehen, vor allem, weil alles von Faktoren abhängt, auf die ich nur geringen Einfluß ausüben kann …

Schindlers finanzielle Lage ist noch prekärer geworden: Sein Geschäftspartner Murmis ist aus der gemeinsamen Nutria-Zucht[8] *ausgestiegen. Außerdem bekümmert ihn, dass der jetzt in Israel lebende Wurzel*[9] *seine Angriffe auf ihn intensiviert hat.*

San Vicente, den 27.5.1956, Oskar Schindler an Izak Stern

… Da aus Marshallplan-Rücklagegeldern an sudetendtsch. Flüchtlingsbetriebe enorme Summen zum Wiederaufbau der Industrien zur Verfügung gestellt wurden, kam mir der Gedanke einer Produktion in Israel. … Das ist Zukunftsmusik, das erste was ich erreichen müßte, um aus meiner Pleite herauszukommen, wäre die Erwirkung eines Zwischenbescheids und die Auszahlung der Soforthilfe, deren Höchstgrenze fünfzigtausend Mark beträgt. Aber auch dazu muß ich als mittelloser Rückwanderer persönlich drüben sein. Dann kann man in Ruhe die weiteren Möglichkeiten ausschöpfen und planen …

---

[8] Schindler und seine Frau haben am 16.3.1953 einen Vertrag über Nutria-Zucht mit Jacobo Murmis u.a. abgeschlossen. Die Gesellschaft mit dem Namen »Oskar Schindler und Compagnie, GmbH« sollte eine Nutria-Zucht (und Tierzucht im Allgemeinen) betreiben. Das Kapital von 200 000 argentinischen Pesos stellten zur einen Hälfte Oscar (80 000) und Emilie (20 000) Schindler, zur anderen Hälfte Jacobo Murmis (70 000), Oscar Murmis (10 000), Matilde Murmis (10 000) und Ignacio Oclander (10 000). Offizieller Leiter diese Gesellschaft war Oskar Schindler.
Diese Firma ging ebenso bankrott wie eine Gesellschaft für Bauteile von Fertighäusern, die Schindler mit einem Partner namens Lopez 1956 gründete.

[9] Der Jude Wurzel hatte in Schindlers Krakauer Fabrik gearbeitet und war von Schindler wegen Unterschlagungen entlassen worden. 1955 ging er mit Angriffen gegen Schindler an die Öffentlichkeit: Er habe Juden misshandelt und sich unrechtmäßig seine, Wurzels, Fabrik angeeignet. Im vorliegenden Brief legt Schindler dar, dass Wurzel nie Eigentümer dieser Fabrik gewesen sei.

Der Besuch von Dr. Goldmann[10] in Buenos Aires hat nicht stattgefunden, wahrscheinlich ist er wegen des Kongresses in Israel verschoben worden, vielleicht hatte einer unserer Freunde Gelegenheit, ihn dort in meiner Sache zu sprechen? Dr. Goldmann gilt als der stärkste Mann bei den Spitzen der Bundesregierung, daher ist seine liebenswürdige Bereitwilligkeit, meiner Sache zu helfen, so besonders wertvoll.

Da in meinen Reiseplänen meine Aufenthaltskosten drüben immer noch in ihrer Lösung ein großes X bedeuten, würde ich mich sehr freuen, lieber Izek, wenn Du in Deinem Antwortschreiben mitteilen würdest, ob Du etwas über eine Möglichkeit meiner wenn auch nur vorübergehenden Tätigkeit für die Einkaufs-Mission Israels in Köln in Erfahrung bringen könntest.

Eine für mich wenig erfreuliche Angelegenheit erlebte ich am Vorabend meines Geburtstages, wo sich der famose Wurzel-Masserovsky neuerlich in Erinnerung brachte. Er droht durch einen Rechtsanwalt hier gegen mich Klage zu erheben, falls ich nicht bereit wäre, eine freundschaftliche Regelung vorzuziehen. Gleichzeitig ging eine Erhebung meiner Person an die Daja (Dachorganisation aller jüd. Verbände hier). Der leitende Herr Barbaraz hat mich durch den *Joint* zu sich gebeten, um den Fall zu besprechen. Diesmal ist Wurzel der alleinige rechtliche Besitzer der Fabrik und ich habe ihm sein blühendes Werk »unter dem Schutze deutscher Bajonette« (wörtlich!) geraubt …

Meine Erklärung war kurz die, daß auch zu polnischer Zeit, d. h. vor dem Kriege, Wurzel nie Besitzer oder Teilhaber der Fabrik war, daß Record schon vor dem deutschen Einmarsch in Konkurs ging, daß das Konkursvermögen ein Zweckvermögen des poln. Handelsgerichtes darstellte, ich von diesem die Fabrik nach polnischem Recht gemietet und später bei der Konkursabwicklung gekauft habe, daß diese Tatsa-

[10] Präsident des *Jewish World Congress* in New York. Diese Organisation wurde von den Zionisten im Jahre 1917 in New York gegründet mit dem Ziel, die zivilrechtliche, religiöse und politische Gleichberechtigung der Juden in Osteuropa sowie Palästina zu sichern. Diese führende jüdische Dachorganisation von Vereinigungen jüdischer Gemeinden aus über 80 Staaten sowie internationaler Organisationen spielte später eine bedeutende Rolle im Kampf gegen den Nationalsozialismus und setzt sich für die Bürgerrechte in den USA ein.

chen beim poln. Handelsgericht in den Akten eingesehen werden können …

Da W. die Absicht hat, seine Kampagne gegen mich zu intensivieren, ich es aber satt habe, die Diffamierungen weiter untätig zu ertragen, bitte ich Dich, lieber Izek, mir einen ungeschminkten Bericht der dortigen Sachlage des Falles zu geben. Auch wäre ich Dir dankbar, wenn Du mir einen Hinweis geben würdest, welchen meiner Schritte Du für nötig betrachtest. Wäre es nicht richtig, hier bei der israelischen Botschaft gegen Wurzel Anklage zu erheben? Oder soll ich H. Madanes ersuchen, die ganze Angelegenheit in der israelischen Presse breitzutreten? Aber hier weiß ich nicht, ob man dadurch nicht Dinge aufrollt, die gar nicht im Interesse und Zusammenhang des Streitfalles liegen?

Da Du die örtliche Situation weit besser beurteilen kannst, bitte ich Dich, mich hierbei zu beraten. Von hier aus kann ich z. B. nicht beurteilen, ob bei W. nur blinder Egoismus die Triebkraft seiner Verleumdungen ist, oder ob er von irgendeiner Gruppe vorgeschoben wird, … um mich eventuell als Zeuge für Dr. Kasztner mundtot zu machen oder mich aus sonstigen mysteriösen Gründen unmöglich zu machen. Wie dem auch sei, mir ist es gleichgültig, wieviel und welche Entschädigungen W. aus Wiedergutmachungsquellen bezieht, aber ich werde mit allen Mitteln zu verhindern wissen, daß er zu Unrecht auch nur einen Centavo aus seiner Record-Illusion erpresst!

Lieber Izek, Du kennst mich gut genug, um zu wissen, daß ich nie Materialist war, daß für mich Geld immer nur Mittel und nie Zweck bedeutet, aber in diesem Falle geht es um mein Prestige.

Die festen Bindungen zu Euch, meine lieben Freunde, die für den Rest meines Lebens bestehen und nicht zerstört werden können, erlauben mir nicht, den Fall W. glatt zu ignorieren und an das Salzamt zu verweisen, diese Angelegenheit muß endlich eine grundsätzliche Erledigung finden, die mir den hoffentlich verdienten moralischen Freispruch bringt und die Wiederherstellung meines Ansehens verbürgt.

Ein weiteres moralisches Minus, neben großen wirtschaftlichem Schaden, wiederfuhr mir vor wenigen Wochen, wo sich mein Sozius, H. Jacobo Murmis, aus meiner GmbH zurückzog. Das Nutria-Geschäft ist leider kein Geschäft, wie Dir beiliegende Bilanz zeigt, ich habe viel Zeit und Geld verloren. Herrn Murmis, mit dem ich weiter freundschaftlich verkehre, habe ich seine Einlagen von 175 000,– Pesos voll abgedeckt, blieb allein mit meinen Verlusten … Ob nun Geschäftsmüdigkeit und die gegenwärtige Situation meinen Sozius zu diesem Entschluß brachten oder ob die Lüge meiner »Todesschläge«[11] geglaubt wurde, also die Ursache sind, will ich nicht prüfen, da das Ergebnis doch nichts an der Tatsache ändert. (H. Murmis hat als *Joint*-Präsident Einblick in die *Joint*-Korrespondenz.)

Lieber Izek, ich finde es traurig, daß ich mich 1956 mit so düsteren Problemen herumschlagen muß, ich wäre zufriedener, wenn ich Dir Angenehmeres und Freudigeres mitteilen könnte. All diese Probleme der letzten Zeit haben in mir eine Verbitterung geschaffen, umsomehr von keiner Seite ein Lichtstrahl neuer Hoffnungen auf Besserung der Dinge zu sehen ist.

Mein einziger Glaube, daß meine guten alten Freunde meine Belange mit allen Mitteln vorwärtstreiben, läßt mich hoffen, daß ich vielleicht als »Spätheimkehrer des Wirtschaftswunders« meine Zukunft etwas sicherer gestalten kann, ja vielleicht dank des günstigen Wechselkurses sogar meiner Frau die Hypotheken der Landwirtschaft abdecken und von der Zinsenlast freimachen könnte. Leider ist bei meinen Bemühungen der große Zeitverlust eine drohende doppelte Gefahr, einmal ist durch das in Bonn in Bearbeitung befindliche Schlußgesetz für alle nicht abgewickelten Entschädigungsfälle es eines Tages möglich, mit einer Bagatelle abgespeist zu werden, falls es nicht gelingt, vorher einen Zwischenbescheid zu erwirken, zum andern ist meine wirtschaftliche Situation hier so ernst, daß, wenn es mir nicht gelingt, in einigen Monaten in der Bundesrep. eine Teilsumme zu kassieren, ich keinerlei andere Sanierungsmöglichkeit sehe, um den unausweichlichen Ruin zu verhindern, denn die Termine und Verpflichtungen rücken näher, aber die Bürokraten eilen sich nicht.

Lieber Izak! Nachdem ich Dir, alter Freund, einen ganzen Berg meiner Sorgen und Probleme ausgeschüttet habe, bitte ich Dich, Dir die Zeit zu nehmen, die einzelnen Punkte zu studieren und Deine Ent-

---

[11] Es geht wieder um Wurzels Anschuldigungen, dass Schindler Juden misshandelt habe.

schlüsse zu fassen, gegebenenfalls mir die nötigen Weisungen und Gedankengänge mitzuteilen …

Der erste Firmenzusammenbruch nach dem Krieg scheint unmittelbar bevorzustehen – diesmal noch in Argentinien.

San Vicente, den 6.8.1956, Oskar Schindler an Dr. Bejski

… Aus dem letzten Schreiben von Herrn Stern entnehme ich, daß er Sie … über meine Probleme unterrichtet hat und daß Sie die gefällige Bereitwilligkeit hatten, in meiner Sache bei Amtstellen zu intervenieren, ich danke Ihnen herzlich für Ihre werten Bemühungen …

Mit meinem Schicksal, Stiefkind des Wirtschaftswunders zu sein, würde ich mich gerne abfinden, wenn ich ausreichende Parnuse[12] hätte, denn letzten Endes habe ich meine Situation selbst gewählt, aber meine Lage hat sich in der letzten Zeit in einer Form verschlechtert, beeinflußt von vielen Faktoren, wie allgem. schlechte Wirtschaftslage, hohe Zinsenlast usw, so daß ich, wenn es mir nicht in sehr kurzer Zeit gelingt, in Dtschld. eine Teilsumme meiner Forderungen zu kassieren, vor einer kompletten Katastrophe stehe …

Schindler verspricht sich viel von der Protektion seiner Freunde und versucht verzweifelt, alle möglichen »wichtigen« Leute für seine Belange einzuschalten.

Er scheint sich zu freuen, dass ein Herr Großmann über seine Erlebnisse berichten will. Schindler wird in dem Buch »Die unbesungenen Helden« in einem Kapitel Erwähnung finden.

o. O., den 6.8.1956, Oskar Schindler an Izak Stern

… Ein Herr Yachil[13] vom Israelischen Außenministerium hat in meiner Sache an die *URO* München geschrieben und um Beschleunigung gebeten, es ist mir eine besondere Freude, daß gerade von dieser sou-

---

[12] hebräisch: »Arbeit«

[13] Der Kontakt war durch Bejski vermittelt, der in Israel Richter war und viele Beamte kannte.

veränen Stelle für mich Fürsprache vorgebracht wird. Ich weiß, daß es allein Dein Verdienst ist, aber Du kannst mir glauben, daß nach all diesen Rückschlägen der letzten Monate diese Nachricht mir wieder etwas Auftrieb gab. Es ist ein Beweis, daß doch nicht alle Menschen nach der so bequemen, orthodoxen Formel handeln: »war er ein guter Deutsch, hab ich ihm gut in der Erd«. Fast drohte ich einem Komplex zu erliegen, als Mensch keine Wege und Freunde zu finden, meine Dinge vorwärtszubringen. Oft schäme ich mich vor meiner Frau, die in ihrer Gradheit einfach keinen Sinn für Komplikationen hat und unsichtbare Hindernisse nicht gelten läßt.

Mein Glück für meine Belange ist Deine Freundschaft, sonst wäre es um meine Projekte traurig bestellt, aber dank Deines großen, vielseitigen Wissens kannst Du die große Linie auch da noch verfolgen, wo für die kleinen Menschen längst der Horizont endet. Gerade ich kann ermessen, wieviel Mut zur Unpopularität aufzubringen ist, derartige Dinge gerecht durchzusetzen, da ich jahrelang und fast als Einzelgänger dieses Metier mit Ausdauer und Erfolg betrieb. …

Ein Herr Großmann aus New York, ein früherer Mitarbeiter von Dr. Schwarzbart beim *Weltkongress*[14], hat mir einen interessanten Brief wegen Veröffentlichung meiner Erlebnisse geschrieben, und da Du doch mein Generalanwalt bist, sende ich Fotokopie und meine Antwort, um auch das noch in Deine Hand zur Beurteilung zu geben. Bitte mir dazu möglichst bald Deine werte Stellungnahme zu schreiben …

Auch bin ich unbedingt der Auffassung, persönlich bei der Bearbeitung mitzuhelfen, um zu verhindern, daß durch Außerachtlassung wesentlicher Schattierungen ein verzerrtes Bild entsteht …

Alles geht darum, aus dem Lastenausgleich *möglichst bald Geld zu erhalten:*

[14] *Jewish World Congress*

San Vicente, den 6.8.1956, Oskar Schindler an Dr. Bejski

... Aus dem letzten Schreiben von Herrn Stern entnehme ich, daß er Sie ... über meine Probleme unterrichtet hat und daß Sie die gefällige Bereitwilligkeit hatten, in meiner Sache bei Amtsstellen zu intervenieren, ich danke Ihnen herzlich für Ihre werten Bemühungen.

Hätte seinerzeit nicht Dr. Leavitt, *Joint* New York, ... durch die *URO* München meine Meldungen etc. durchführen lassen, hätte ich von vornherein auf die Hoffnung verzichten müssen, von der Deutschen Bundesreg. für meine enormen Verluste durch den *Lastenausgleich* einmal etwas zu erhalten, da ich aus eigenen Mitteln nie in der Lage wäre, drüben einen privaten Rechtsanwalt in Deutscher Mark zu bezahlen.

... meine Lage hat sich in der letzten Zeit in einer Form verschlechtert, beeinflußt von vielen Faktoren, wie allgem. schlechte Wirtschaftslage, hohe Zinsenlast usw., so daß ich, wenn es mir nicht in sehr kurzer Zeit gelingt, in Dtschld. eine Teilsumme meiner Forderungen zu kassieren, vor einer kompletten Katastrophe stehe.

Es ist an sich traurig und ungerecht, daß ich mich hier mit meinen Zores [*bedeutet »Sorgen«*] plage, während z. B. laut Pressemeldungen in der Deutschen Bundesrep. die heutigen Prediger der Kollektiv-Unschuld, alte Gestapo-Scheichs und SS-Bonzen Monatspensionen erhalten, deren Umrechnungswert den Wert meiner Jahresproduktion übersteigt.

Lieber Dr. Bejski, ich will Sie nicht mit unnützen, verbitterten Betrachtungen langweilen, sondern Sie zum Abschluß meiner Zeilen um einen großen Dienst ersuchen und Sie bitten, bei einem nächsten Besuch von Herrn Dr. N. Goldmann in Israel bei ihm in meiner Sache vorzusprechen, vielleicht ist es möglich, daß Sie unser Freund Stern, der die ganze Materie gut kennt, begleitet. Wenn Sie in persönlicher Unterredung den ganzen Ernst meiner Situation schildern, glaube ich bei den hervorragenden Beziehungen Dr. Goldmanns zu den Köpfen der Bundesrep. an eine schnelle Lösung meines Antrages ...

Die Hilfsbriefe aus Argentinien klingen ganz ähnlich wie später die aus Deutschland:

Argentinien, den 20.11.1956, Oskar Schindler an Izak Stern

... In meinen Sachen und Problemen[15] hat sich aber auch nichts weiterbewegt, außer die Fälligkeiten, ich bin schon ziemlich resigniert und glaube, all diese erhofften Resultate erst post mortem zu erwirken ...

Mein lieber Izek, ich weiß sehr gut, daß steter Tropfen den Stein höhlt, auch den härtesten der »menschlichen Gesellschaft« (beachte bitte, »menschlich« kleingeschrieben), aber das braucht viel Zeit, wenn man die Lösung der Probleme so sehr dringend braucht, ziehe ich Dynamit vor. Bitte, wenn sich bei Euch die Verhältnisse beruhigt haben, mache wieder einen energischen Vorstoß in meiner Sache, mit Dynamit! Denn ich bin am Ende und nur eine schnelle Teilzahlung aus meiner Forderung gegen die Bundesrep. kann mich retten ...

Schindler ist verbittert: Gerade ***er*** *muss sich den Vorwurf der Misshandlung und Ausnutzung von Juden gefallen lassen.*

San Vicente, den 25.11.1956, Oskar Schindler an Herrn Jeret

... Finden Sie es gerecht, daß ich nach all meinen Opfern und Mühen für die Rettung jüdischen Lebens, 12 Jahre nach dem blutigen Morden, wo man längst SS-Generäle und Massenmörder in Freiheit gesetzt und brav die Pensionen nachgezahlt, mich mit existenzvernichtenden Erniedrigungen[16] herumschlagen und ertragen soll, ohne jede elementare moralische Unterstützung meiner Hunderte Zeugen und Freunde, wo ich erdrückendes Beweismaterial der Perfidität dieses Auswurfes Euerer Gemeinschaft besitze, soll ich weiter endlos im fremden Lande warten, bis die Opportunität erlaubt, etwas zu unternehmen? ...

---

[15] Schindlers Nutria-Zucht steht vor dem Bankrott.

[16] bezieht sich wieder auf die Behauptungen der Krakauer Juden Wurzel und Wiener, dass Schindler ihre Fabriken unter SS-Schutz beschlagnahmt und ihre Misshandlung veranlasst hätte

Schindler hat, bevor er nach Deutschland zurückkehrte, seiner Frau Emilie am 7. Juni 1957 eine weitreichende Vollmacht[17] *zur Fortführung sämtlicher Geschäfte erteilt. Faktisch war es eine Vollmacht zur »Verwaltung der Schulden«, die er Emilie in Höhe von etwa 360 000 DM zurückließ.*

Schindler lebt jetzt in Deutschland. Sein Leben wird hier – und in vielen weiteren Jahren – durch Leerlauf und Wartenmüssen bestimmt.

Der Freund Walter Pollack, dem er hier schreibt, ist, wie Schindler ursprünglich auch, nach Argentinien emigriert. Er wird sich in den nächsten Jahren besonders um die in Argentinien zurückgebliebene Emilie Schindler kümmern.

Frankfurt a. M., den 24.8.1957, Oskar Schindler an W. Pollack

Lieber Walter Pollack,
Ihren lieben Brief vom 17.d.M. habe ich mit Beilagen dankend erhalten …

Ich war über Sonntag in der Gegend von Hagen bei meinen früheren techn. Mitarbeitern, um Produktionspläne zu erörtern und Projekte zu konkretisieren, da mir langsam die Untätigkeit oder besser gesagt die Leerlaufzeit auf die Nerven geht, denn untätig bin ich nicht …

Es hat sich eben doch manches geändert in den paar Wochen, die Sie hier weg sind[18], mein lieber Walter, es freut mich sagen zu können, auch manches zum Guten. (Und doch, wenn ich manchmal diese protzige Übersättigung beobachte und an mein Vegetieren der letzten Jahre denke, kommt mir der Gedanke, durchzusetzen, daß man gerechtigkeit mit kleinem »g« schreibt.) …

Schindler begeistert sich für die Idee, Besitzer der Ulmer Kunststofffabriken zu werden. Wieder ein Projekt, das sich zerschlagen soll …

---

[17] Die Vollmachtserklärung liegt auf Spanisch vor.

[18] Schindler meint den Wiederaufbau der Frankfurter Innenstadt.

Frankfurt a. M., den 9.2.1958, Oskar Schindler an Benjamin Meyer

Sehr geehrter und lieber Herr Meyer,
da ich aus unserem gestrigen Telefongespräch zur Kenntnis nahm, dass Ihre Versuche mit Herrn Ing. Schöneborn[19] vor Mittwoch nicht beendet sein können, erlaube ich mir, Ihnen als Anlage das Exposé über die Ulmer Kunststoffabriken zuzusenden, da ich annehme, dass Sie dieses an Ihren Herrn Bruder in die Schweiz senden wollen, um auch seine Stellungnahme zu diesem Projekt zu hören.

Nach meinem fast dreistündigen Gespräch mit dem Besitzer der GmbH und seinem Prokuristen, erscheint mir immer mehr, dass es sich hier auch für Sie um ein großes Geschäft handeln kann, für mich wahrscheinlich, bei der möglichen Durchführung, um das Geschäft meines Lebens.

Natürlich schließt dieses Objekt nicht aus, dass wir in irgendwelchen Räumen das Polymerisierungsprojekt, sei es dann auf reiner Kreditbasis, zusätzlich zur Durchführung bringen.

Ich überlasse es Ihrer geschätzten Entscheidung, ob Sie sich auf Ihrer Reise nach Ulm nicht von Herrn Ing. Schöneborn begleiten lassen sollten, ebenso würde ich vorschlagen, auch Herrn Shany zur Besichtigung mitzunehmen.

Ich werde noch Mitte der Woche Gelegenheit haben, mit Ihnen telefonisch einen genauen Treffpunkt zu vereinbaren, um diesen dann den Besitzern der Firma verbindlich bekanntzugeben.

Ich verbleibe mit herzlichen Grüßen Ihr sehr ergebener

Der Anwalt Dr. Besser schildert dem Präsidenten des Bundesausgleichsamtes Schindlers vergebliche Bemühungen, eine Fabrik zu erwerben. Er erzählt von dessen unverschuldeten Rückschlägen und warnt davor, dass Schindler ein zweites Mal ruiniert werden könnte:

---

[19] Chefingenieur in Schindlers Brünnlitzer Fabrik

Frankfurt a. M., den 3.11.1958, RA Dr. Besser an den Präsidenten des Bundesausgleichsamtes

… Er, Dr. Besser, vertrete Herrn Schindler von Beginn seiner Bemühungen an und könne erklären, dass die Ausgleichsämter, die mit Anträgen des Herrn Schindler befasst wären, wirklich bemüht gewesen wären und seien, ihm zu helfen. Wenn er sich heute an den Präsidenten persönlich wende, so habe das folgenden Grund:

Herrn Schindlers Bemühungen, in Deutschland wieder festen Fuß zu fassen und sich wieder einzuordnen, waren bisher daran gescheitert, dass keines der in Frage stehenden Objekte so lange für Herrn Schindler verfügbar blieb, wie die Durchschleusung der nötigen Darlehensanträge verlangt hätte. Von einem Abschluss wurde Herr Schindler im letzten Moment von kapitalstarker Konkurrenz abgedrängt.

Vor rund drei Monaten hätte sich Herrn Schindler in Kemnath/Opf. ein Objekt angeboten und nachdem die örtlichen und die Münchener zentralen Stellen jede Förderung in Aussicht gestellt hätten – Kemnath liege im Zonenrandgebiet und sei Notstandsgebiet –, hätte Herr Schindler aus einer Konkursmasse ein Unternehmen mit Anlagen erworben. Es drehe sich um eine moderne Fabrikanlage für Feinleder.

Am 8. September 1958 bekam Herr Schindler die Mitteilung vom Bay. Staatsministerium für Arbeit und soziale Fürsorge, sein Antrag müsse deshalb abgelehnt werden, weil die an sich schon unzureichenden Kreditmittel vor allem für bestehende Betriebe eingesetzt werden müssten.

Es fanden erneut Verhandlungen statt und es wurde nach Rücksprache mit allen beteiligten Stellen ein neuer Antrag eingereicht. Ich höre heute, dieser Antrag sei wiederum abgelehnt worden, und zwar dieses Mal aus rein wirtschaftspolitischen Erwägungen …

Auf diesem Wege jedenfalls könne ein Gesuchsteller nie zu irgendeinem Ziel kommen. Dabei lasse er ganz außer Betracht, dass Herr Schindler inzwischen aufgrund der Vorverhandlungen Verträge abgeschlossen und Geld investiert habe, vor allem auch das Geld hilfsbereiter Privatperso-

Dr. Alexander Besser
Rechtsanwalt
Frankfurt (Main)
Taunus Str. 52   Tel. 336056

3.11.1958
Dr.B/B

An den

Herrn Präsidenten
des Bundesausgleichsamtes

Bad Homburg v.d.H.

Terrassenstrasse 1

Betr.: Aufbaudarlehen für die gewerbliche Wirtschaft;
Antrag des Herrn Oskar S c h i n d l e r -

Sehr geehrter Herr Präsident !

Ich erlaube mir, auf Ihren Brief vom 8.August 1957, gerichtet an den Herrn Bundespressechef von Eckardt, zurückzukommen.

Ich vertrete Herrn Schindler vom Beginn seiner Bemühungen an und kann erklären, dass die Ausgleichsämter, die mit Anträgen des Herrn Schindler befasst waren, wirklich bemüht waren und sind, ihm zu helfen. Wenn ich mich heute an Sie persönlich wende, so hat das folgenden Grund:

Herrn Schindlers Bemühungen, in Deutschland wieder festen Fuss zu fassen und sich wieder einzuordnen, waren bisher daran gescheitert, dass keines der infrage stehenden Objekte so lange für Herrn Schindler verfügbar blieb, wie die Durchschleusung der nötigen Darlehensanträge verlangt hätte.Von einem Abschluss wurde Herr Schindler im letzten Moment von kapitalstarker Konkurrenz abgedrängt.

Vor rund drei Monaten bot sich Herrn Schindler in Kemnath/Opf. ein Objekt an und nachdem die örtlichen und die Münchener zentralen Stellen jede Förderung in Aussicht gestellt hatten - Kemnath liegt im Zonenrandgebiet und ist Notstandsgebiet - , erwarb Herr Schindler aus einer Konkursmasse ein Unternehmen mit Anlagen. Es dreht sich um eine moderne Fabrikanlage für Feinleder.

Am 8.September 1958 bekam Herr Schindler die Mitteilung vom Bay.Staatsministerium für Arbeit und soziale Fürsorge, sein Antrag müsse deshalb abgelehnt werden, weil die an sich schon unzureichenden Kreditmittel vor allem für bestehende Betriebe eingesetzt werden müssten.

- 2 -

RA Dr. Besser an den Präsidenten des Bundesausgleichsamtes (1. Seite des Briefes), 3.11.1958

nen, deren Hilfe er in Anspruch hätte nehmen müssen, da ja immer eine gewisse Zeit bis zur Entscheidung über einen Antrag vergehe und ein Objekt nie so lange warte, wie eine Antragsbehandlung dauere …

Herr Schindler ist selbstverständlich bereit und in der Lage, auch eine andere Produktion als die geplante in Angriff zu nehmen. Ich finde es nur unzweckmäßig, einem Antragsteller nicht von vornherein zu sagen, dass gewisse Projekte keine Aussicht auf Zustimmung haben. Auf diese Weise könnte Herr Schindler ein zweites Mal ruiniert werden und ich bin überzeugt, dass keine der beteiligten Stellen das wirklich will …

Komplikationen bei dem Versuch einer Betriebsgründung kosten Schindler viel Zeit und Nerven.

Frankfurt a. M., den 13.1.1959, Oskar Schindler an Henry Rosner

… Ich hoffe, Ihr habt einen guten Rutsch in das Neue Jahr gehabt. Seid mir bitte nicht allzu böse, dass ich Eueren Brief erst heute mit diesen Zeilen beantworte. Bei mir gingen die Dinge in den letzten Monaten drunter und drüber und ich weiß vor Zores nicht, wo mir der Kopf steht …

Meine eigenen Existenzprobleme sind wohl nahezu vor dem Abschluss, aber ich weiß nicht, ob ich die Kraft habe, den Endspurt durchzuhalten. Ich habe in der Nähe von Bayreuth eine moderne Lederfabrik mit meinen Krediten in Kauf und dies aufgrund von Zusicherungen des Münchener Wirtschaftsministeriums, mir die Betriebsmittel zur Verfügung zu stellen. In der Zwischenzeit gingen andere mit staatlichen Mitteln ausgestattete Lederfabriken in Konkurs und meine Anträge auf DM 300 000,– wurden abgelehnt. (Durchaus verständlich, wo die Bayr. Regierung in den letzten Monaten DM 10 000 000,– verloren hat.) Bedauerlich für mich, drei Monate Planungsarbeiten und Spesen umsonst getan zu haben. Der einzige Ausweg, der mir bleibt, ist jetzt, die Lederfabrik auf Metallwaren und Kunststoff umzustellen, das zur Zeit einzig förderungswürdige Programm der Bayr. Regierung. Dass diese Umstellung wochenlange Arbeit und Kraftaufwand bedeutet, brauche ich Dir nicht zu schildern. Sowie ich klarer sehe, werde ich Euch einen ausführlichen Bericht schreiben …

Oskar Schindler
Frankfurt/Main
Arndtstrasse 46

Frankfurt, den 13.1.1959

Familie
Henry R o s n e r
62-35 79th Street
E l m h u r s t , L.I., N.Y.

Liebe Manzi, lieber Hermann !

Ich hoffe, Ihr habt einen guten Rutsch in das Neue Jahr gehabt. Seid mir bitte nicht allzu böse, dass ich Eueren Brief erst heute mit diesen Zeilen beantworte. Bei mir gingen die Dinge in den letzten Monaten drunter und drüber und ich weiss vor Zores nicht, wo mir der Kopf steht.

Die Mily aus Buenos Aires hat mir geschrieben, dass Mundek einen schweren Schlaganfall hatte und ich finde es ungemein bedauerlich; hoffentlich geht die Heilung schnell von-statten. Weiter schreibt mir Mily, dass Dir Grossmann Plotky über meinen Lebenswandel hier erzählt hat. Aus beigelegtem Brief ersiehst Du, dass ich diese frechen Lügen nicht unerwidert lasse. Anlässlich seines Besuches in Frankfurt lud mich Herr Grossmann einmal zum Frühstück ins Hotel ein; dies war sein einziger Aufwand und seine einzige Grosszügigkeit mir gegenüber. Ich finde es nur bedauerlich, dass man dieses Märchen in Buenos Aires weitererzählt, da meine Frau, wie Du ja weisst, leider genug eigene Sorgen hat.

Meine eigenen Existenzprobleme sind wohl nahezu vor dem Abschluss, aber ich weiss nicht, ob ich die Kraft habe, den Endspurt durchzuhalten. Ich habe in der Nähe von Bayreuth eine moderne Lederfabrik mit meinen Krediten im Kauf und dies aufgrund von Zusicherungen des Münchener Wirtschaftsministeriums, mir die Betriebsmittel zur Verfügung zu stellen. In der Zwischenzeit gingen andere mit staatlichen Mitteln ausgestattete Lederfabriken in Konkurs und meine Anträge auf DM 300.000.-- wurden abgelehnt. (durchaus verständlich, wo die Bayr. Regierung in den letzten Monaten DM 10.000.000.-- verloren hat) Bedauerlich für mich ! Drei Monate Planungsarbeiten und Spesen umsonst getan zu haben. Der einzige Ausweg, der mir bleibt, ist jetzt, die Lederfabrik auf Metallwaren und Kunststoff umzustellen, das zur Zeit einzig förderungswürdige Programm der Bayr. Regierung. Dass diese Umstellung wochenlange Arbeit und Kraftaufwand bedeutet, brauche ich Dir nicht zu schildern. Sowie ich klarer sehe, werde ich Euch einen ausführlichen Bericht schreiben. Was gibt es bei Euch Neues ? Wie steht es mit der Gesundheit ?

... es mit der Karriere von meinem lieben Freund Olek bestellt ist ? Für heute schliesse ich meine Zeilen und bitte Euch, liebe Manzi und lieber Hermann, mir einen umfassenden Bericht über alles zu geben. Vom Poltek hatte ich vor Monaten einen Brief, seither nichts mehr. Auch von dem Journalisten des Reader's Digest habe ich nichts mehr gehört. Mit den besten Wünschen küsste Euch Euer alter Freund:

Schindler an Rosner, 13.1.1959

Solche Szenen gab es häufig: Schindler wird von seinen Schindler-Juden *in Israel begeistert begrüßt.*

Der erste Israelbesuch war ein großer Lichtblick für Schindler. Er ist sehr bewegt von dem begeisterten Empfang, den ihm seine Schindler-Juden *bereitet haben.*

In einem Brief an seine israelischen Freunde schildert er aber auch die unterschiedlichsten Probleme, die ihn niederdrücken und am Schreiben gehindert haben.

Frankfurt a. M., den 22.6.62, Oskar Schindler an [*israelische*] Freunde

Meine sehr geehrten und lieben Freunde,
wenn ich mit meinem schlechten Gewissen über mein langes Schweigen nicht an jeden von Euch einzeln schreibe, bitte mir das zu entschuldigen …

Eine der Hauptursachen war mein unerklärlich elender Gesundheitszustand sowie das Chaos, das ich in meinem Betrieb vorfand …

Auch Pemper hat Schindler nach dem Grund für sein langes Schweigen gefragt. Schindler nimmt darauf Bezug und gibt seinen Freunden gleich mehrere Gründe an: diebische Mitarbeiter, geplatzte Wechsel,

Schindlers Beton- und Steinbaufirma

zulange allein gelassene Frauen, ramponierte Gesundheit, auch noch politische Spitzen unbelehrbarer Idioten, als ob man Eichmann ohne meinen Besuch in Israel nicht gehenkt hätte[20], all das war in so kurzer Zeitspanne etwas viel.

Aber eins, meine lieben Freunde, Stern, Sternberg, Bejski, Pechthold, Elsner, und die anderen tausend Namen, eins sollt Ihr mir glauben, ich bin Euch ewig dankbar für diese herrlichen zwei Wochen, ich weiß, dass diese manchen von Euch Opfer auferlegt haben, aber diese große Genugtuung, die ich erlebte, wird mir auch in Zukunft Kraft geben, einen Weg zu finden, mit Menschen leben zu wollen und an den Menschen zu glauben.

Mit nochmaligem herzlichen Dank für Eure große Gastfreund-

---

[20] Anscheinend wird Schindler von gewissen Kreisen in der Bundesrepublik wegen der Rettung jüdischer Menschen immer noch als Verräter angesehen. Offensichtlich macht man ihm hier seinen Besuch in Israel zum Vorwurf und bringt ihn in Zusammenhang mit der Hinrichtung Eichmanns, der ja vom israelischen Geheimdienst nach Israel entführt worden war.

In Schindlers Beton- und Steinbaufirma wird gearbeitet – der Konkurs lässt sich jedoch nicht mehr aufhalten.

schaft und innigen Grüßen an alle *Schindler-Juden* und deren Familien …

Schindler versucht mit allen Mitteln, den Konkurs seiner Betonwaren-Fabrik zu verhindern, auch seine finanzielle Situation in Argentinien ist katastrophal. Er sieht sich in einem »ewigen zermürbenden Kampf gegen Heckenschützen[21]*«.*

Frankfurt a. M., den 24.1.1963, Oskar Schindler an Stern, Sternberg und Bejski

… In den letzten zwei Wochen habe ich erfolgreich Konkursantragsversuche und Ableistung des Offenbarungseides unter in Aussicht-

[21] d.h. er fühlt sich von allen Seiten angegriffen, weiß nicht, wie er sich wehren soll

stellung der Sanierungsmöglichkeiten der Firma hinausgeschoben, wenn auch nur kurzfristig. Zu meinem Unglück haben wir hier einen Winter, wie ich ihn seit vielen, vielen Jahren in Deutschland nicht erlebte und der selbst gesunde Baufirmen in eine kritische Situation brachte.

Ich sehe schwarz für die nächsten Wochen. Es fehlt einfach die geringste Menge an Betriebsmitteln, um die nächste Zeit bis zur Auszahlung der *LAG*[22]-Mittel durchzuhalten. Schöne Gespräche an Konferenztischen bringen keine Arbeitslöhne und ohne diese gibt es keine Produktionslust. Wenn ich physisch und psychisch am Ende meiner Kräfte bin, so sind es nicht allein meine Herzkranzgefäße … sondern der ewige zermürbende Kampf gegen Heckenschützen …

Es hat nur fünf Jahre gedauert, bis ich die erste bescheidene Vorauszahlung aus meinen Mitteln erhielt, ungeachtet der Tatsache, dass ich in den vielen Jahren der Wartezeit völlig verschuldet war.

Da Herr Dr. Goldmann[23] meine Kriegshandlungen … genau kennt, hoffe ich bestimmt, dass er … einen Weg findet … eine sehr schnelle Überbrückung meiner unhaltbaren Situation zu erwirken. Letzten Endes gibt es so viele Härtefonds[24] … die auch einmal für einen Nicht-Sturmbannführer einen gesicherten Morgen garantieren könnten.

… Es tut mir leid, dass ich Euch noch einmal mit meinen Sorgen belasten muss, aber ich wäre glücklich, wenn endlich aus Mitteln der Bundesregierung und nicht von Euch privat schwer gebrachten Opfern mir geholfen würde und es wäre kein Fehler … auf die katastrophale Lage meiner Belange in Argentinien hinzuweisen, die ja nicht eingetreten wäre, hätte mir die Bundesregierung statt in fünf Jahren in zwei Jahren geholfen.

---

[22] Mittel aus dem *Lastenausgleich*

[23] Präsident des *Jewish World Congress*, der sich schon früher bei der dt. Regierung für Schindler eingesetzt hatte

[24] aus *LAG*-Mitteln

Weitere Bemühungen Schindlers, um einen Firmenbankrott zu verhindern:

Frankfurt a. M., den 5.2.1963, Oskar Schindler an Landesrabbiner Dr. Lichtigfeld

Sehr geehrter Herr Landesrabbiner,
ich danke Ihnen bestens für den freundlichen Empfang am heutigen Tage ... gestatte ich mir ... die Einzelheiten zu meiner Bitte um Ihre freundl. Intervention anzugeben:

Der lang anhaltende Frost sowie der Boykott von gewissen Kreisen seit meiner Rückkehr aus Israel haben mich mit meiner seit rund einem Jahr arbeitenden Firma zur Herstellung von Betonwaren in eine verzweifelte finanzielle Situation gebracht ...

... Verhandlungen[25] waren bisher ergebnislos. Ich wäre Ihnen sehr dankbar, wenn Sie ... eine beschleunigte positive Bearbeitung meines Antrages erbitten könnten und eine Bevorschussung zur Abwendung der mir drohenden Schierigkeiten erwirken würden ...

Der Bankrott von Schindlers Firma, dem Betonsteinwerk Hochstadt, hat sich nicht mehr aufhalten lassen. Schindler hat einen Haftbefehl erhalten und ist zur Ableistung des Offenbarungseides gezwungen worden. Schindler bietet seinen Gläubigern einen Vergleich an, in dessen Rahmen er sich verpflichtet, »seine Einnahmen zur Verfügung zu stellen, soweit sie monatlich DM 950,– übersteigen«. *In Zukunft wird Schindler also nie mehr als das absolute Lebensminimum für sich behalten können.*

Frankfurt a. M., den 14.11.1963, RA Dr. Besser an die Gläubiger der Firma Beton- und Kunststeinwerk Schindler

Sehr geehrte Herren!
Ich bedaure, daß so viel mehr Zeit, als von mir veranschlagt war, vergangen ist, bis ich wieder an die Gläubiger mich wenden kann ...

---

[25] mit der Stadtsparkasse Frankfurt über eine Teilauszahlung aus dem *Lastenausgleich*

Dr.Alexander Besser
Rechtsanwalt und Notar

Frankfurt/M., den 14.Nov.63
Taunusstrasse 52

An die
Gläubiger der Firma
Beton- und Kunststeinwerk
Oskar S c h i n d l e r

Sehr geehrte Herren !

Ich bedaure, daß so viel mehr Zeit, als von mir veranschlagt war, vergangen ist, bis ich wieder an die Gläubiger mich wenden kann. Viele Gläubiger haben sich erst sehr viel später gemeldet, als erbeten war. Bei einigen Gläubigern ist bis heute noch nicht geklärt, wie hoch ihre Ansprüche sind, und die Gerichtsferien brachten eine weitere Verzögerung mit sich.

Die Situation hat sich inzwischen dadurch geändert, daß Herr Schindler aufgrund eines erlassenen Haftbefehls zur Ableistung des Offenbarungseides gezwungen wurde. Die Folgen brauche ich den Gläubigern nicht darzulegen.

Trotzdem möchte Herr Schindler gern einen Vergleich schließen, wobei er sich darüber im klaren ist, daß sein Angebot unbefriedigend bleibt. Auch dieser Vergleichsvorschlag ist nur möglich, weil auf Intervention von befreundeter Seite eine Bereitstellung der zur Abwicklung des Vergleiches erforderlichen Mittel zu meinen Händen erfolgt. Die befragten Banken haben eine Beleihung erst künftig fällig werdender unpfändbarer Ansprüche in noch ungewisser Höhe abgelehnt. Herr Schindler bietet seinen Gläubigern 20%. Davon sollen nach Zustandekommen des Vergleichs 7% sofort gezahlt werden. Ich verbürge mich dafür, daß nach Vergleichsabschluß diese 7% binnen zwei Wochen gezahlt werden. In Höhe der weiteren 13% will der Schuldner Ratenzahlungen leisten, beginnend am 1.7.1964. Er ist bereit, von diesem Datum an seine Einnahmen hierfür zur Verfügung zu stellen, soweit sie monatlich DM 950.-- übersteigen. Es ist erwünscht, daß bei Zustandekommen des Vergleiches eine Vertrauensperson der Gläubiger die Verteilung der Ratenzahlungen überwacht.

Wenn ein Gläubiger nur auf sofortige Zahlung Wert legt, soll er eine Quote von 11% erhalten. Ich verbürge mich dafür, daß nach Zustandekommen des Vergleiches diese Ausgleichszahlung von 11% binnen zwei Wochen geleistet wird.

Zinsen und Kosten können leider nicht berücksichtigt werden.

Ich wäre für Stellungnahme binnen zwei Wochen dankbar. Erklärungstext anbei.

Ergebenst

Besser
Rechtsanwalt

Anlage

RA Dr. Besser an Gläubiger von Schindlers Beton- und Steinbaufirma, 14.11.63

Anlage zur Niederschrift des Amtsgerichts vom

der Zwangsvollstreckungssache (M)

Vermögensverzeichnis

Vor dem Ausfüllen das Merkblatt sorgfältig durchlesen! Bitte deutlich mit Tinte schreiben!

des/~~der~~ Schindler Oskar (Familienname, bei Frauen auch alle früheren Namen) (sämtliche Vornamen, Rufname unterstreichen) Techn. Kaufmann (Beruf)

zur Zeit tätig als krank, geboren am 28/4/08 Zwittau, Mähren (ggf. auch Kreis und Bezirk angeben)

wohnhaft in Frankfurt/M. Am Hauptbahnhof Nr. 4/63 bei Klaube

~~ledig~~ / verheiratet / ~~geschieden~~ / ~~verwitwet~~; keine Kinder unter 21 Jahren im Alter von — Jahren;

Güterstand: gesetzlich, nach dem

Ehevertrag vom —, geschlossen vor dem Amtsgericht / Notar —

und eingetragen im Güterrechtsregister des Amtsgerichts — (GR).

A. Bewegliche Sachen (Bei Sachen, die Ihnen nicht allein gehören, Mitberechtigten angeben. Unter Eigentumsvorbehalt erworbene, verpfändete, zur Sicherheit übereignete oder gepfändete Sachen sind nur unter Nr. 15 anzuführen.)

1. Bargeld, auch ausländisches	60 DM ~~[illegible]~~
2. Wertpapiere, (auch Wechsel, Schecks, Pfandbriefe, Lose) Genau bezeichnen!	—
3. Uhren, Schmuck, (Material und Wert angeben)	1 Uhr, DM 80.–
4. Kunstgegenstände, Sammlungen	keine
5. Wohnungseinrichtung (Bei wertvolleren Gegenständen Art, Material und Größe angeben)	Bettstellen: – Matratzen: – Oberbetten: – Kissen: – Steppdecken: – Wolldecken: 1 Gardinen u. Vorhänge: – Tische: – Stühle: – Schränke: – Nachtschränke: – Waschmaschine: – Nähmaschine: – Herde, Öfen: – Staubsauger: – Kühlschrank: – Teppiche: – Lampen: 1 Polstermöbel: – Küchengeräte, Geschirr, Gläser, Bestecke: Ich wohne möbliert bei Frau Kluge Außerdem: das Notwendigste
6. Haushaltsvorräte	für den tägl. Gebrauch
7. Kleidungsstücke	Mäntel: 2 Anzüge: 3 Hosen: 1 Jacken: 2 Schuhe: 4 Kleider: – Kostüme: – Röcke: – Blusen: – Pelzsachen: – Unterwäsche: f. Wochen Außerdem: 2 alte Anzüge

ZP 61 Vermögensverzeichnis im Offenbarungseidverfahren (§ 900 ZPO)

Vordrucklager Carl Ritter & Co., Frankfurt (Main)

Schindlers »Vermögensverzeichnis«, 13.12.1965, 1. Seite

Die Situation hat sich inzwischen dadurch geändert, daß Herr Schindler aufgrund eines erlassenen Haftbefehls zur Ableistung des Offenbarungseides gezwungen wurde. Die Folgen brauche ich den Gläubigern nicht darzulegen.

Trotzdem möchte Herr Schindler gern einen Vergleich schließen, wobei er sich darüber im klaren ist, daß sein Angebot unbefriedigend bleibt. Auch dieser Vergleichsvorschlag ist nur möglich, weil auf Intervention von befreundeter Seite eine Bereitstellung der zur Abwicklung des Vergleiches erforderlichen Mittel zu meinen Händen erfolgt ... will der Schuldner Ratenzahlungen leisten, beginnend am 1.7.1964. Er ist bereit, von diesem Datum an seine Einnahmen hierfür zur Verfügung zu stellen, soweit sie monatlich DM 950,– übersteigen ...

Nebenstehend das am 13.12.1965 erstellte Vermögensverzeichnis, das vermutlich noch im Zusammenhang mit Schindlers Firmenbankrott steht (weswegen die chronologische Reihenfolge hier nicht eingehalten wurde). Der ehemals vermögende Schindler ist ein armer Mann geworden ...

Nach seinem Firmenkonkurs versucht Schindler verzweifelt zu Geld zu kommen. Seinen »Bettelstolz«, wie Schindler selbst eine seiner Charaktereigenschaften genannt hat, muss er für diesen Brief überwunden haben.

Frankfurt a. M., den 11.12.1963, Oskar Schindler an Dr. David Schlang

Lieber Herr Dr. Schlang!
Unser gemeinsamer Freund und Bekannter, Herr Aleksandrowicz aus Tel Aviv hatte vor einigen Wochen die Gelegenheit benutzt, mir Ihre netten Zeilen sowie eine namhafte Spende von fast 200 DM [*zukommen zu lassen*] ... Ich freue mich ehrlich, dass Sie nach so vielen Jahren Trennung sich meiner erinnern. Ihre große Bereitwilligkeit, mir in meiner augenblicklich unbeschreiblich pekuniären Misere zu helfen, gibt mir neue Hoffnung, dass meine Wünsche auch bei Ihnen, wie Sie Herrn Sternberg ... versicherten, Gehör finden. Ich weiß sehr gut, dass ich nicht rechtliche, sondern nur moralische Rechte habe

(nicht gegen Sie, sondern gegen Ihre Gattin[26]), aber ich würde mich freuen, wenn meine berechtigten Ansprüche Anerkennung finden würden.

Ich überlasse es Ihrer Großzügigkeit, mir aus diesen Titeln eine Anerkennung zukommen zu lassen, die sowohl Ihrer werten Familie sowie meinen Freunden aus Israel eine Genugtuung erscheinen lassen …

Schindler führt Gründe für den Zusammenbruch seiner Firma auf. Auch hier ist von »Boykott« die Rede. Schindler scheint manchmal den Eindruck zu haben, dass sich alles gegen ihn verschworen hat.

Frankfurt a. M., den 2.1.1964, Oskar Schindler an Hermann Rosner

… Zu der Zeit war ich durch 4 Monate mit meiner Herzkranzgefäß-Problematik so stark in medizinischen Händen, … dass ich mich um diese Dinge nicht kümmern wollte. Diese Krankheit war neben dem buchmäßig erwiesenen Boykott und dem abnormal strengen Winter, der mir bei 28,– DM Einnahmen … [*bei*] festen Kosten wie Löhne, Heizung, Miete über 12 000,– einbrachte, wobei in der Halle trotz Heizung nur minus 8 Grad herrschten, alle Pumpen eingefroren waren und keine Produktionsmöglichkeit bestand, und dies ohne Kapitalrücklagen eines neu gegründeten Betriebes, der auch zur Räumungsklage führte …

Die Durchschläge der Briefe sind manchmal schwer lesbar, wie nebenstehender Brief Schindlers an Hermann Rosner vom 2.1.1964 zeigt.

Wieder haben sich Beschäftigungsmöglichkeiten für Schindler zerschlagen. Auch seine Konkursabwicklung geht nur schleppend voran. Rastlos treibt er seine Freunde an, sich weiter um Arbeitsmöglichkeiten für ihn zu bemühen:

---

[26] Frau Schlang war auch eine *Schindler-Jüdin.*

Oskar Schindler — Frankfurt am Main, den 2.I.1964
Arndtstrasse 46 b. Noelle

Lieber Hermann!

Wie Dir von Herrn Wilfert vom 2. Fernsehen bekannt ist, will er Dich in den ersten Tagen dieses Jahres in N.Y. besuchen, um für das Fernsehen mit Dir und einigen unserer Freunde ergänzende Aufnahmen zu Eurem Artikel in der New York Herald Tribune zu machen.

Dass ich dabei überflüssig erscheine, ist unwesentlich. Ich habe mit Herrn Wilfert am 30.12.1963 in der Paulskirche in Frankfurt in der Ausstellung des Aufstandes des Warschauer Ghettos, (die gleichzeitig mit dem Prozess gegen die Auschwitzer Wachmannschaften im Rathaus nebenan stattfindet) gemacht und hatte anschliessend an diese Aufnahmen eine kurze Unterhaltung mit Herrn Wilfert im Beisein zweier ausländischer Journalisten. Herr Wilfert übergab mir einen abschwächenden Zeitungsausschnitt der New York Herald Tribune, wo ein amerikanischer Student in Berlin behauptet, in Frankfurt keinerlei Belästigungen ausgesetzt zu sein.

In Eurem ersten Artikel soll, ich verstehe leider nicht englisch, die Behauptung aufgestellt worden sein, ich wäre in den Strassen von Frankfurt gesteinigt worden. Das ist unwahr und muss auf einem Übersetzungsfehler beruhen, denn ich habe eine derartige Behauptung nicht aufgestellt. Wahr hingegen ist, dass ich in meiner Fabrikshalle in einem Vorort von Frankfurt im Beisein von mehr als 10 Zeugen mit einer Eisenstange von einem meiner Arbeiter über geschlagen wurde und über in der Halle lagernde Betonsteine resp. Treppenstufen zu Fall kam. Der Tenor liegt nicht auf der Tatsache, meiner damals leider durch den Angriff entstandenen körperlichen Verletzung, sondern auf den begleitenden Worte. "Du Dreckjude, Dich hat man vergessen zu vergasen."

Die von mir eine halbe Stunde später bei der Polizei in Hanau im Beisein von Zeugen erhobene Anzeige wurde nicht weiter verfolgt. Man hat wohl einen Funkstreifenwagen nach dorthin abgesandt, aber es hatten sich sowohl der Täter mit seinem Kleinwagen als auch die anderen Arbeiter nach Erhalt ihrer verspäteten Lohnzahlung nach Hause begeben.

Brief Schindlers an Rosner (1. Seite), 2.1.1964

Frankfurt a. M., den 20.1.1964, Oskar Schindler an Sternberg u. a.

Lieber alter Freund Sternberg als Präsident des *Oskar Schindler Fund*[27] und alle meine lieben Freunde!

Mit übergroßer Freude bestätige ich die herzlichen Weihnachtswünsche, die ich von Euch erhalten habe. Die großzügige Spende von 200 $ (sowie die Zuwendungen von Pfefferberg, Los Angeles, und Rosner, New York) ermöglichten mir seit Monaten erstmalig wieder, mir kleine Wünsche zu erfüllen, die dringendsten Anschaffungen zu machen, kleine Schulden zu begleichen und mich frei zu bewegen.

Es mag unglaubhaft klingen, dass seit dem Überraschungs-Weihnachtsabend, den mir unser Freund Stern und seine Gattin 1947 in Paris bereiteten, ich diese Feiertage [*zum 1. Mal wieder*] in ähnlicher Form wieder froh und dem Schicksal dankbar war.

Ich entnehme aus den Briefen von unseren Freunden Dr. Bejski und Stern sowie aus Deinen lieben Zeilen, lieber Sternberg, dass Ihr Euch in das von unserm Freund Alekzandrowitsch aufgeworfene Zitrus-Problem[28]eingeschaltet habt. Diese Hoffnung ist leider zunichte geworden, wie mir kürzlich mitgeteilt wurde, da Herr Lewin für die Bundesrepublik in seinem Budget keinerlei Mittel mehr frei hat, seinen Werbeetat durch meine Beschäftigung zu belasten.

Bei dieser telefonischen Mitteilung erklärte mir das Fräulein der Fa. Heumans-Werbung, Frankfurt, dass meine Freunde mit mir doch auch andere Pläne hätten???

Wenn diese Bemühungen in bezug auf die Zitrus keinen Erfolg gehabt haben, so bin ich doch dankbar, dass der Versuch gemacht wurde, meinem Existenzaufbau Unterstützung zu gewähren.

---

[27] Es wird hier die englische Schreibweise beibehalten, wie Schindler sie meistens auch verwendet. Der bekanntere *Oskar Schindler Survivor's Fund* wurde erst 1967 von Poldek Pfefferberg alias Paul Page initiiert. Alle *Schindler-Juden* wurden angeschrieben – sie sollten Geld für den verarmten Schindler spenden, damit er ein regelmäßiges Einkommen habe. Aus der Korrespondenz gewinnt man jedoch nicht den Eindruck, dass dieses Ziel erreicht wurde.

[28]Israel exportierte Zitrusfrüchte und Schindler wollte in Deutschland anscheinend Vertreter für diese Produkte werden – aus dieser Idee ist jedoch nichts geworden.

Weit größere Möglichkeiten bestehen für unsere amerikanischen Freunde, deren Industrie ja enorme Beträge in Deutschland investiert, und ich könnte mir vorstellen, dass über dortige Publizisten Anregungen hervorgerufen werden, die für eine Existenz für mich zum Erfolg führen könnten. Übrigens hat mir unser Freund Hermann Rosner geschrieben, dass Herr Kurt Großmann (»Unbesungene Helden«), der ja auch im »Aufbau« mitarbeitet, sich ihm für mich freundschaftlich zur Verfügung gestellt hat. Der Artikel von Rosner in der New Yorker Herald Tribune hat dazu geführt, dass das 2. Fernsehen ... zu dem Problem meines wirtschaftlichen Zusammenbruches im Zusammenhang mit meiner Hilfestellung für jüdische Menschen im Krieg eine politische Abendsendung vorbereitet hat. Von meinem Israel-Besuch sollen Bilder eingeblendet werden, in der vorigen Woche flog ein Reporter aus Mainz, Herr Wilfert, nach New York. Er hat dort Aufnahmen gemacht, und auch hier wurden mit mir in der Paulskirche (Ausstellung »Aufstand Warschauer Ghetto«) [*Aufnahmen gemacht*] und andere Episoden festgehalten.

Pemper und Singer kamen sich nicht fotogen genug vor, haben aber in ausführlichen Telefongesprächen zu dem Material Stellung genommen. Frau Orbach, die zur Zeit hier in Frankfurt lebt, erzählt die Schubkarrengeschichte mit dem von Grün nicht erschossenen Lamus, Rosner spielt sogar in dieser Sendung die Wiener Lieder, die er im Lager spielen musste.

Die für den 15.1.1964 fertige Sendung musste um zwei Wochen verschoben werden, weil unser lieber Herr Dr. Besser die abschwächenden Schlussworte erst am Tage der Sendung sprechen konnte, trotzdem er zwei Wochen vorher mehrere Male gebeten wurde, eine Sendung mitzumachen und aus »Zeitmangel« immer wieder ablehnte. Zum Schluss ist es ihm doch noch gelungen, seine Beruhigungspille »es gibt keinen Antisemitismus in der Bundesrepublik« anzubringen, und zwar gegen Honorar. Frau Orbach und Herr Rosner haben zugunsten des *Schindler Fund* auf ihr Honorar verzichtet. Ich bin bemüht, von dieser Sendung ein Tonband aufnehmen zu lassen und werde Euch das für unsere Freunde zuschicken, Sendezeit 45 Minuten. Gleichzeitig schicke ich Euch für Euer Schindler-Archiv das Tonband aus Kalifornien mit einer Vielzahl von Glückwünschen unserer dortigen Freunde zu den Feiertagen.

Der Vergleich des Herrn Dr. Besser mit meinen Gläubigern schleppt sich jetzt mangels jeder Initiative schon monatelang hin, ohne dass ein Ende abzusehen ist, da selbst die Gläubiger, die sich bereits mit dieser lächerlichen Quote einverstanden erklärten, ihr Geld nicht erhielten, jetzt auch noch aufsässig werden. Leere Versprechungen, die Euch Pincas[29] machte, schnell zu arbeiten, haben scheinbar nur noch den Zweck, für das brachliegende Kapital Zinsen auf das Konto des Dr. Besser zu bringen.

Aber ich hoffe, dass in den nächsten Wochen nach energischem Drängen mit der Auszahlung begonnen wird, um hier reinen Tisch zu bekommen.

Ich bin erfreut, Euch mitteilen zu können, dass unser Hermann Rosner, der zur Zeit leider arbeitslos ist, zu Poldek Pfefferberg nach Los Angeles geflogen ist, um sich mit ihm über den Schindler Fund zu koordinieren. Er schreibt mir, dass bereits für einen Besuch für mich die Flugspesen gesammelt werden und es wäre doch wohl angezeigt, aus dieser Reise das Resultat zu erwirken, um meine Rolle als Rentenempfänger in einen produktiven Lohnempfänger zu verwandeln. Denn ich hoffe, dass für mich eine Beschäftigung neuen Auftrieb bedeuten würde.

Ich habe in Dutzenden von Fällen hier in der Bundesrepublik, sei es für Verfolgte oder Verfolger, Zeugenschaften geleistet (Szvjtni-Svedek). Ob meine Anwesenheit hier für die Folgezeit einen positiven Wert hat, soweit es Kriegsereignisse betrifft, kann ich schlecht beurteilen. Sicher aber kann ich der Sache selbst nur nützen, wenn mein Erwerbsminimum dem hier Üblichen entspricht. Mein Leben in der Bundesrepublik hat keinerlei nationale oder volkstümliche Bindungen, aber ich kann auch heute nicht gut als Gescheiterter in irgendein südamerikanisches Land gehen, denn auch dafür fehlen mir die wirtschaftlichen Voraussetzungen …

Schindler befindet sich »nach dem Vegetieren der letzten Jahre« in einem »Zwischenhoch«. Die Filmverträge sind unterschrieben und er ist davon überzeugt, dass die Filmproduktion in den nächsten Monaten zustande kommen wird.

---

[29] ebenfalls ein Rechtsanwalt, manchmal auch »Pineas« geschrieben

Frankfurt a. M., den 30.12.1964, Oskar Schindler an Walter[30]

... Wie Du inzwischen erfahren haben wirst, habe ich vor drei Wochen in Paris mit meinem Freund Martin Gosch, dem Produzenten der *Metro Goldwyn Mayer,* die Verträge für den Schindler-Film abgeschlossen. Der unter dem Titel »Bis zur letzten Stunde« benannte Film soll den Drehbeginn Ende Jänner in London haben, nach einem Monat werden wir dann 3 Monate in Madrid die Außenaufnahmen unter meiner Mitarbeit und Beratung machen. Details kannst Du aus beiliegenden Pressekommentaren entnehmen ...

Ihr könnt Euch vorstellen, dass ich glücklich bin, nach dem Vegetieren der letzten Jahre es mit Zähigkeit doch geschafft zu haben, mein Ziel zu erreichen. Du kannst Dir vorstellen, dass es nicht leicht ist, clevere amerikanische Filmleute dahin zu bringen, 9 Millionen Dollar für ein nicht gerade populäres Material wie die jüdischen Leiden in den letzten Kriegsjahren auszugeben. Meine israelischen Freunde sind stolz, dass ich damit auch ein historisches Denkmal für die Opfer des polnischen Judentums geschaffen habe.

Schindler scheint es im Augenblick etwas besser zu gehen. In diesem Brief finden aber die vielen überstandenen Schwierigkeiten Erwähnung: Gesundheitsprobleme, Bankrott, Abfindung der Gläubiger, eine unbefriedigende Wohnsituation.

Frankfurt a. M., den 31.3.1965, Oskar Schindler an Dr. Bejski

... Ich entnehme Deinen Zeilen, lieber Dr. Bejski, dass unser Freund Martin Gosch mich für das geplante 20. Jahrtreffen[31] ausgeladen hat (wo ich gar nicht offiziell eingeladen war) – nun, soweit gehen grundsätzlich meine Verträge mit *MGM*[32] nicht, dass man mir meine Wege in das eine oder andere Land beschneiden dürfte, um mich mit Freunden zu treffen, mit denen ich in den schwersten Jahren unserer Generation zusammengelebt habe. Ich kann vertraglich aus berech-

---

[30] höchstwahrscheinlich Walter Pollack

[31] zur Feier des Kriegsendes

[32] Verträge mit *Metro Goldwyn Mayer* über den *Schindler-Film*

tigten Publicity-Gründen keinerlei Äußerungen über den Film und seine Zusammenhänge im Fernsehen, Presse oder Funk geben, aber privat will ich mich doch frei bewegen dürfen, um so mehr die Dreharbeiten noch gar nicht begonnen haben und meine Tätigkeit von *MGM* noch nicht angefordert wurde …

Von Madritsch[33] aus Wien erhielt ich eine Postkarte, dass er am 5. Mai 1965 bei der Interstoff-Messe in Frankfurt sein wird und sich gern einmal mit mir getroffen hätte. Nach Ausführungen unseres Freundes Titsch[34] ist Herrn Madritsch meine Frankfurter Adresse jahrelang bekannt und er war Dutzende Male in Frankfurt, ohne mich aufgesucht zu haben (dasselbe wie Rega Bankier[35] mit ihrem Sohn!!!), und hat es nicht der Mühe Wert gefunden, mich hier zu besuchen …

Um kurz noch Deine Fragen über meinen Gesundheitszustand und den Verhältnissen zu beantworten, kann ich Dir heute stolz versichern, dass ich seit mehr als 4 Monaten kein Glas Schnaps oder andere scharfe Sachen getrunken habe und mir die Entwöhnung leichter gefallen ist, als ich ursprünglich annahm, um so mehr die Versuchungen größer wurden. Dass das hervorragenden Einfluss auf meine Gesundung zur Folge hatte, kannst Du Dir vorstellen. Ich nehme noch weiter Aufbauspritzen und Vitamine, aber ein wesentliches Heilmittel ist wohl der Abklang der großen Sorgen. Es fehlt mir auch heute die Veranlassung, mich künstlich zu Tode zu saufen, da ich auch in der damaligen Zeit einen andern[36] Weg aus diesem Leben nicht gehen konnte.

Dazu lebe ich jetzt in einer eigenen Wohnung, die mich vom Terror einer Xanthippe von Vermieterin frei macht und ich kann sogar fernsehen, so lange ich will.

Mit Dr. Besser hat vor ungefähr zwei Monaten der Vergleich seinen Abschluss gefunden. Ich bekam noch ca. 4000,– DM. Mir verblieb

---

[33] hat in seiner Krakauer Fabrik Juden human behandelt, sie aber nach Ansicht Schindlers zum Schluss im Stich gelassen

[34] Buchhalter in Madritschs Firma; nach Schindlers Meinung war er derjenige, der sich wirklich couragiert um die dort beschäftigen Juden gekümmert hat.

[35] Die Frau von Abraham Bankier, dem vormaligen Besitzer von Schindlers Krakauer Fabrik; beide hatte Schindler gerettet.

[36] wahrscheinlich sinngemäß: »so einen Weg …«

ein Teil der nicht einverstandenen Gläubiger und ich glaube, in einigen Monaten, sofern sich die Zusicherungen von meinem Freund Martin Gosch bewahrheiten, diese individuell abzufinden und [*dass ich*] dann auch meinen Offenbarungseid wieder löschen lassen kann …

In diesem Brief, in dem Schindler herzlich Graf Yorck[37] *von Wartenburg für seine Bemühungen um ihn dankt, macht er zwei Dinge deutlich: Er ist nicht mehr in der* »glücklichen Lage, geben und nicht nehmen zu müssen«, *und den Glauben an das Menschentum hat er offensichtlich zeitweilig verloren.*

Frankfurt a. M., den 13.7.1966, Oskar Schindler an Graf von Wartenburg

Sehr geehrter Herr Graf von Wartenburg!
Vor allem bitte ich Sie nochmals, meinen innigsten Dank für die herzliche Aufnahme entgegenzunehmen, die Sie mir in Bad Gastein entgegenbrachten. Es ist mir in meinem Leben sehr selten passiert, dass sich unbefangene Menschen so herzlich um meine Belange gekümmert hätten und mir so positiv Trost mitgeben konnten.

Den Großteil meines Lebens war ich in der glücklichen Lage, geben und nicht nehmen zu müssen und war tief gerührt über Ihr herrliches Angebot, einem Ihnen unbekannten Menschen spontan materielle Hilfe anzubieten. Für diese Geste allein, lieber Graf von Wartenburg, tausend Dank.

Die erfrischenden Gespräche mit Ihrer lieben, so jugendlichen Gattin waren mir eine weitere Injektion zu neuem Glauben an das Menschentum.

Ich gestatte mir, wie besprochen Ihnen einige Unterlagen beizufügen, von denen Sie gefälligst Gebrauch machen mögen, so wie es Ihre Zeit erlaubt. Ich kann nicht beurteilen, ob es für Sie, sehr geehrter Herr Graf, leichter ist, bei Herrn Lübke aus irgendeinem Härtefonds einen Ehrensold, wie in Israel gedacht, zu erwirken, oder ob Sie abwarten wollen, wie Ihre Herren Freunde u. a. auf Ihre Ansprache

[37] auch manchmal »York von Wartenberg« geschrieben, hier einheitlich

für mich reagieren. Ich gebe sozusagen mein Schicksal in Ihre Hände und danke Ihnen im voraus auf alle Fälle für Ihre guten und so menschlichen Absichten, meiner Situation eine Besserung zu verschaffen.

Mit den besten Empfehlungen und Handküssen für Ihre geschätzte Gattin verbleibe ich mit herzlichen Grüßen

Ihr sehr ergebener

Der Kontakt zu den Grafen Yorck von Wartenburg – Vater und Sohn[38] *– stellt für Schindler eine neue Hoffnung auf Besserung seiner Lebensumstände dar.*

Frankfurt a. M., den 6.8.1966, Oskar Schindler an Graf von Wartenburg

… Eingangs will ich Ihnen herzlichst für Ihre Mitteilung danken, über die Maßnahmen, die der geschätzte Botschafter von Pauls in meinen Belangen eingeleitet hat. Ich gestatte mir, Ihnen die ersten Resultate in Form von zwei Fotokopien, eine des Oberbürgermeisters Dr. Brundert von Frankfurt am Main und die andere von Herrn Gottfried Noack, Farbwerke Hoechst, beizufügen.

Nun ist bei uns eben auch Urlaubszeit und ich werde gern mich noch einige Wochen gedulden, bis es aus diesen Titeln zu Gesprächen kommen wird.

Vor wenigen Wochen hatte ich die große Freude, Ihre lieben Eltern in Bad Gastein kennenzulernen und habe einige sehr angenehme und anregende Stunden mit ihnen verbringen können. Ich war von der spontanen Hilfsbereitschaft Ihres Herrn Vaters, sich für die Verbesserung meiner Situation einsetzen zu wollen, angenehm berührt …

Das Schreiben Ihres Herrn Vater zeigt zwei hoffnungsvolle Möglichkeiten, einmal die Tatsache, dass es Ihrem Herrn Vater gelungen ist, Herrn Bundestagspräsidenten Gerstenmaier dazu zu gewinnen, sich für einen Ehrensold für mich einzusetzen, denn eine Rente wäre wohl für mich das Fundament aller Dinge und als zweites, dass Herr

[38] Schindler lernte ihn in der Deutschen Botschaft in Tel Aviv kennen.

Dr. Lothar Kreissig erwägt, mich in die Leitung der Aktion »Sühnezeichen« einzubauen. Dies wäre eine sehr ehrenvolle Aufgabe, natürlich müsste ich darüber noch nähere Details erfahren.

Wie ich aus Presseberichten entnehme, wird Herr Bundestagspräsident Dr. Gerstenmaier am 30.8. die Deutsche Delegation zur Einweihung des neuen Parlamentsgebäudes in Jerusalem anführen. Ich wäre froh, wenn Sie die Gelegenheit hätten, mit dem Herrn Bundestagspräsidenten meine Probleme, die ihm ja schon durch Ihren Herrn Vater bekannt sind, zur Sprache zu bringen.

Lieber Graf Yorck, ich erlaube mir, in Beilage Ihnen einige Fotokopien, die zum Teil leider schwer leserlich sind, über meinen Besuch vor vier Jahren in Israel beizufügen. Sie ersehen daraus, dass auch damals meine Aufnahme in Israel in großer Herzlichkeit erfolgte ...

Ein so genanntes »Zwischenhoch« – Schindler ist sicher, bei den Farbwerken Hoechst eine Anstellung zu finden und sich dort wahrscheinlich für die Geschäfte mit Israel engagieren zu können. Von der Aktion Sühnezeichen[39] *wird Interesse an einer Mitarbeit Schindlers signalisiert. Schindler fühlt gerade* »weit mehr Optimismus für die Zukunft«.

Frankfurt a. M., den 15.10.1966, Oskar Schindler an I. Stern

... Auch von der *Aktion Sühnezeichen* waren zum Wochenende aus Berlin zwei sehr junge Männer bei mir, die wohl ohne alle Vollmachten nur den Auftrag hatten, mich zu »besichtigen«. Ich werde nach Angaben dieser Herren von der leitenden Stelle in Berlin in den nächsten Wochen einmal nach Berlin eingeladen werden, um über die Möglichkeiten einer Belebung der Israelaktion zu diskutieren. Was dabei herauskommt, bleibt in den Sternen geschrieben, vorerst arbeitet nur eine kleine Zahl von etwa 50 Menschen in Israel, wohl durch das Sommerklima bedingt, Genaueres konnte ich bei der kurzen

[39] Die *Aktion Sühnezeichen* ist eine Friedensorganisation, die 1958 von deutschen evangelischen Christen gegründet wurde, die in Anerkennung der historischen Schuld für die nationalsozialistischen Verbrechen Sühne leisten wollten. Freiwillige soziale Dienste werden bei den Völkern geleistet, die im 2. Weltkrieg von den Deutschen Gewalt erlitten haben, ein Schwerpunkt ist die Arbeit in Israel.

Unterhaltung in meiner Wohnung nicht in Erfahrung bringen. Mein Vortrag in Bonn vor dem evangelischen Ritterorden unter dem Patronat von Herrn Graf Lehndorf am 9. November 1966 ist vorerst aktuell (durch Vermittlung von Graf Yorck sen. bei meinem letzten Zusammentreffen mit ihm in Bonn).

Das bisher greifbarste Resultat der Bemühungen des Botschafters Dr. Pauls ist wohl meine Mitarbeitsmöglichkeit mit den Farbwerken Höchst. Ich hatte gestern wieder ein freundschaftliches Essen mit Herrn Direktor Noack (das für Montag vereinbarte Essen für Dich und Deine liebe Gattin und die Fabriksbesichtigung musste ich ja leider wegen Nebel abblasen), welches überaus herzlich verlief. Ich habe mich grundsätzlich einverstanden erklärt, als freier Mitarbeiter auf Jahresvertrag für die Kunstfaserabteilung (Trevira) tätig zu werden. Der freie monatliche Verdienst wäre außer Spesen DM 2000,–. Für meine Einsatzmöglichkeit ist größte Freizügigkeit zugesichert. Herr Prof. Dr. Wienacker als Präsident des Vorstandes und Herr Direktor Dr. Lanz werden erst in 10–14 Tagen aus den USA zurückkommen, aber Direktor Noack empfiehlt mir, vorerst doch mit einem Fuß einzusteigen, da ich mir erst dann vieles leichter in meinem eigenen Interesse gestalten kann. Das Kunststoff-Fasergeschäft wird jetzt durch das Auslaufen der Weltpatente resp. Lizenzen einen großen Aufschwung nehmen. In Chile und Mexiko werden schon Höchsteigene Werke erbaut. Auch das Israel-Interesse ist groß. (Derzeitiger Umsatz über 50 Millionen DM in Trevira.)

Die anderen bisher bescheidenen Israel-Geschäfte des Werkes sind seit längerer Zeit in Bearbeitung bei mehreren Herren, die man nicht abrupt vom Schreibtisch verjagen kann, sondern erst eine allmähliche Koordinierung herbeiführen muss. Direktor Noack verreist morgen für einige Tage und ich werde mich nach seiner Rückkehr wieder zu Detailbesprechungen mit ihm zusammenfinden. Ich hoffe bis dahin auch von Euch, meine lieben Freunde, Eure Stellungnahme zur Sache in Händen zu haben.

Herr Direktor Lanz hat Herrn Botschafter Dr. Pauls kürzlich von den stattgefundenen Zwischengesprächen mit Direktor Noack Bericht gegeben und ich bitte Euch, die Sache bis zu einer Konkretisierung hier an Ort und Stelle gegenüber der Botschaft in Schwebe zu halten.

Indem ich Euch, meine lieben Freunde, nochmals herzlich danke für den wohl einmaligen Erfolg der Ehrung durch den Internationalen *Martin-Buber-Preis*, die ja nur dank Eurer so anständigen Kameradschaft zu mir möglich wurde und auch für lange Jahre einmalig in Deutschland sein wird, bleibe ich mit weit mehr Optimismus für die Zukunft

immer der Euch ergebene

Schindler schildert einige gute Zukunftsaussichten. Doch mit den Farbwerken Hoechst wird es nichts werden[40]*, und der Kontakt zu Honig und der* Martin-Buber-Friedenspreis *werden sogar zu einer großen Enttäuschung führen.*

Schindler in späteren Jahren

Frankfurt a. M., den 12.11.1966, Oskar Schindler an Jacob Sternberg

... Auch wollte ich schon über Bonn und Farbwerke Höchst berichten können. Die Dinge gehen allerdings etwas schleppend ...

Mit den Farbwerken Höchst wird es wohl noch einige Zeit dauern, wobei ich betone, dass keinerlei Verzögerungstaktik vorliegt, sondern eben, dass eine für mich zumutbare Einsatzmöglichkeit noch nicht

---

[40] Es ist allerdings möglich, dass Schindler daran nicht ganz unschuldig ist. In einem Brief Pauls, des Botschafters der BRD in Israel, an Jakob Sternberg vom 5.3.1967, heißt es, dass Schindler keine »interne Tätigkeit« hätte ausüben wollen, sondern sich nur eine Tätigkeit im Außendienst vorstellen konnte. Pauls berichtet, dass man sich bei Hoechst weiter um Schindler bemühe und ist »überzeugt, dass diese Bemühungen auch zu einem Erfolg führen werden, wenn Herr Schindler entsprechend kooperiert ...«

gefunden wurde, auch die kompetenten Herren nach einem längeren USA-Aufenthalt sei dem 10. d. Mts. schon wieder in Paris sind und ich vermeiden möchte, dass von untergeordneten Angestellten … über mich verfügt wird. Außerdem kann man sowieso nicht unmittelbar vor Weihnachten eine Tätigkeit aufnehmen, nur um das Weihnachtsgeld und die Weihnachtsferien zu genießen.

Außerdem bin ich – s. Beilage – vom Oberbürgermeister Prof. Dr. Brundert zur Fortsetzung der Gespräche zu Ende ds. Mts. eingeladen. (Es könnte sich hier um die Rückfrage von Dr. Gerstenmeier handeln.) Mein Vortrag bei dem evangelischen Johanniterorden war ein großer Erfolg. Er dauerte statt der vorgesehenen 2 Stunden 3 $^{1}/_{2}$ Stunden und ich habe in meinen Ausführungen, wie Ihr mich kennt, kein Blatt vor den Mund genommen. Es waren neben der Sekretärin des israelischen Botschafters, die eine Verwandte von Graf von Lehndorf ist, sechs Mitarbeiter des Dt. Auswärtigen Amtes anwesend. Die ungefähr anwesenden 45 Personen hatte ich vorher mit diversen bebilderten KZ-Broschüren, mit dem Bildband »Meczenstvo Walka, zaglada Zydow w Polsce 1939/1945, herausgegeben vom Ministerstwa Obrony Narodowej« seelisch auf mein Thema vorbereitet. Genauere Details werde ich Euch zu einem späteren Zeitpunkt mitteilen. In der Diskussion wies ich im wesentlichen darauf hin, dass weit größere Geldmittel für einen Jugendaustausch auf breitester Basis erforderlich sind, um der neuen Generation die Chance eines sich besseren Kennenlernens zu bieten.

Dass Ihr, meine lieben Freunde, Herrn Ehrensekretär Honig in London mit so ausführlichem Material bedacht habt, freut mich ungemein. Auch ich habe meinerseits viel englischen Text, Lichtbilder etc. meinem Schreiben beigelegt. Es ist doch wirklich ein so großer Glücksfall, dass ich bis heute noch nicht in der Lage bin, die Ausmaße zu erkennen, die sich für uns aus dem Kontakt mit der *Martin-Buber-Gesellschaft* ergeben werden. Dass wir heute nur die lebenslängliche Ehrenmitgliedschaft bekanntgeben wollen und nicht auch den zuerkannten Friedenspreis für 1967, liegt doch schon in der Tatsache begründet, dass wir der *Martin-Buber-Gesellschaft* mit einer verfrühten Publizierung die Show nicht nehmen dürfen …

Gefühle der Demütigung treten hier zutage: Die Deutsche Regierung tue seit Jahren nichts für ihn, Schindler – und er müsse sich von »seinen« Juden, die selbst nicht viel hätten, helfen lassen.

Frankfurt a. M., den 14.12.1966, Oskar Schindler an Freund Janek [Sternberg] u. a.

... Es wäre wesentlich, in Eurem Schreiben[41] auf die Tatsache hinzuweisen, dass, trotzdem Ihr für einen Lebensneubeginn nach Kriegsende ein überalterter Jahrgang wart, für die ein Existenz- und Erwerbsaufbau in einem neuen Land doppelt schwer wurde und Ihr trotz bescheidenen Einkommens mir für Eure bescheidenen Möglichkeiten namhafte Hilfe angedeihen ließet in den letzten Jahren. Meine makabre ernste Situation wurde durch meinen Bettelstolz jahrelang verheimlicht, bis sie durch meine Erkrankung vor vier Jahren offenkundig wurde. Es wäre daher an Euch ein Vorwurf fehl am Platze, da seitens der Deutschen Regierung ja nicht das Geringste geschehen ist, mir zu helfen, trotzdem diese angesprochen war ...

Schindler hofft auf die Bewilligung einer Rente. In diesem Zusammenhang schildert er Oberbürgermeister Dr. Brundert die Misere der letzten Jahre. Da die letzten Gelder aus dem Lastenausgleich *für die Befriedigung seiner Gläubiger verwendet wurden, sei er völlig mittellos. Er lebt, so behauptet er hier, ausschließlich von Spenden seiner israelischen Freunde.*

Frankfurt a. M., den 7.1.1967, Oskar Schindler an Oberbürgermeister Prof. Dr. Brundert

Sehr geehrter Herr Oberbürgermeister!
Zurückkommend auf Ihre geschätzten Ausführungen anlässlich unseres Gesprächs am 4.1.1967 gebe ich Ihnen zu der Rückfrage des Bundesfinanzministeriums in Bonn in kurzen Umrissen meine Lage bekannt.

Seit der Liquidierung meiner Firma im Winter 1962/63 (Betonsteinwerk Hochstadt) durch außergerichtlichen Vergleich, ausgelöst durch Räumungsklage und Geltendmachung des Mieterpfand-

[41] an Honig, bezüglich des *Martin-Buber-Preises*

rechts auf das Inventar durch den Besitzer, bin ich ohne jeglichen Verdienst.

Der Rest der *LAG*-Mittel[42] wurde über ein Treuhandkonto meines Rechtsanwaltes und Notars, Dr. Alexander Besser, Frankfurt/Main, zur Vergleichsbefriedigung meiner Gläubiger verwandt und hat nicht ausgereicht, alle Verpflichtungen zu erfüllen. Am 13.12.1963 musste ich beim Amtsgericht Frankfurt/Main den Offenbarungseid leisten.

Zusätzlich wurde meine makabre Situation durch einen schweren Herzanfall verschlechtert, die ich ohne Mittel für Arzt und Medikamente durchstehen musste. Ich verdanke nur der unentgeltlichen monatelangen ärztlichen Hilfe und Medikamentengestellung durch Herrn Dr. Horst Metz, Frankfurt am Main, Waldschmidtstrasse, dass ich einigermaßen wiederhergestellt bin. Ich bin bis heute noch in dauernder ärztlicher Behandlung.

Trotz Empfehlungen ist es mir in meiner Altersgruppe und meiner physischen und psychischen Verfassung nicht möglich gewesen, eine leichte berufliche Tätigkeit zu finden, da selbst kerngesunde Arbeitswillige meines Alters sehr selten wieder in den Arbeitsprozess eingeschaltet werden.

Nachdem meine lang verheimlichte Misere doch nun meinen jüdischen Freunden in Israel und USA bekannt wurde, haben sich diese zur Hilfeleistung bereit erklärt und schicken mir sporadisch Beträge zwischen 150 und 300 Dollar. Anlässlich meiner diversen Einladungen nach Israel und den USA habe ich dann weit größere Beträge für Spesen, Flugkarten etc. erhalten.

Diese Hilfsaktion ist eine vollkommen freiwillige einer Gruppe meiner Freunde, mit denen ich die ganzen Nachkriegsjahre in schriftlichem Kontakt stand. Hier handelt es sich ausschließlich um ehemalige KZ-Leute, die selbst nicht auf Rosen gebettet sind, da sie ja in ihrer zweiten Lebenshälfte in einem fremden Land eine neue Existenz und ein neues Leben aufbauen mussten …

… Einige meiner Freunde in Los Angeles hatten meine Handlungen im Kriege zu einer Filmidee verarbeitet, aber es bestehen ernste Zweifel, ob dieses … Drehbuch je zur Verfilmung kommt …

---

[42] Gelder aus dem *Lastenausgleich*

Oskar Schindler

Frankfurt am Main, den 7. I. 1967
Am Hauptbahnhof 4 Appt. 63

Herrn
Oberbürgermeister
Professor Dr. Brundert

<u>6000 Frankfurt am Main</u>
Rathaus - Römer

Sehr geehrter Herr Oberbürgermeister!

Zurückkommend auf Ihre geschätzten Ausführungen anlässlich unseres Gesprächs am 4.I.1967 gebe ich Ihnen zu der Rückfrage des Bundesfinanzministeriums in Bonn in kurzen Umrissen meine Lage bekannt.

Seit der Liquidierung meiner Firma im Winter 1962/63 (Betonsteinwerk Hochstadt) durch aussergerichtlichen Vergleich, ausgelöst durch Räumungsklage und Geltendmachung des Mieterpfandrechts auf das Inventar durch den Besitzer, bin ich ohne jeglichen Verdienst.

Der Rest der LAG-Mittel wurde über ein Treuhandkonto meines Rechtsanwaltes und Notar, Dr. Alexander Besser, Frankfurt/Main, zur Vergleichsbefriedigung meiner Gläubiger verwandt und hat nicht ausgereicht, alle Verpflichtungen zu erfüllen. Am 13.12. 1963 musste ich beim Amtsgericht Frankfurt/Main den Offenbarungseid leisten.

Zusätzlich wurde meine makabre Situation durch einen schweren Herzanfall verschlechtert, die ich ohne Mittel für Arzt und Medikamente durchstehen musste. Ich verdanke nur der unentgeltlichen monatelangen ärztlichen Hilfe und Medikamentengestellung durch Herrn Dr. Horst Metz, Frankfurt am Main, Waldschmidtstrasse, dass ich einigermassen wiederhergestellt bin. Ich bin bis heute noch in dauernder ärztlicher Behandlung.

Trotz Empfehlungen ist es mir in meiner Altersgruppe und meiner physischen und psychischen Verfassung nicht möglich gewesen, eine leichte berufliche Tätigkeit zu finden, da selbst kerngesunde Arbeitswillige meines Alters sehr selten wieder in den Arbeitsprozess eingeschaltet werden.

Nachdem meine lang verheimlichte Misere doch nun meinen jüdischen Freunden in Israel und USA bekannt wurde, haben sich diese zur Hilfeleistung bereit erklärt und schicken mir sporadisch Beträge zwischen 150 und 300 Dollar. Anlässlich meiner diversen Einladungen nach Israel und den USA habe ich dann weit grössere Beträge für Spesen, Flugkarten etc. erhalten.

Diese Hilfsaktion ist eine vollkommen freiwillige einer Gruppe meiner Freunde, mit denen ich die ganzen Nachkriegsjahre in schriftlichen Kontakt stand. Hier handelt es sich ausschliesslich um ehemalige KZ-Leute, die selbst nicht auf Rosen gebettet sind, da sie ja in ihrer zweiten Lebenshälfte in einem fremden Land eine neue Existenz und ein neues Leben aufbauen mussten,

Schindler an OB Dr. Brundert, 7.1.1967

Sehr geehrter Herr Oberbürgermeister, ich betone, dass ich keinerlei Grundstücke, Aktien, Zinseinnahmen oder ähnliches besitze …

… dass ich ausschließlich von Unterstützungen meiner jüdischen Freunde lebe, die diese mir in variablen Höhen zukommen lassen …

Sie können versichert sein, sehr geehrter Herr Oberbürgermeister, dass die Bewilligung einer Ehrenrente für mich so unendlich viel bedeuten würde, da sowohl die trostlosen Zukunftsaussichten sowie die beschämende Tatsache, von ehemaligen Sklavenarbeitern Hilfe erbitten zu müssen, eine grundlegende Änderung erfahren würde.

Schindler ist schwer angeschlagen von den Machenschaften Honigs im Zusammenhang mit dem Martin-Buber-Preis.

Frankfurt a. M., den 14.4.1967, Oskar Schindler an Dr. Bejski u. a.

… Ich hoffe, vom 20.4.–11.5.1967 zu Pessach zu Euch zu kommen, da es eine Vielzahl von Problemen gibt, die sich schriftlich einfach nicht mehr bewältigen lassen. Aber [*ich*] bitte Dich und unsere Freunde dringend, meinem Besuch nur dann zuzustimmen, wenn Ihr mir gestattet, die Unkosten selbst zu bestreiten …

Es ist bedauerlich, dass ein Herr Honig aus Tomaschow – M. – heute mit englischem Pass – also polnischer Jude, sich einen Schindler heraussucht, um aus dem Erlös seiner weltweiten Schnorrbriefe seiner Frau ein Luxusauto zu kaufen, und andere Dinge mehr sich erlaubt, … hat mich schwer getroffen … Ich hoffe, wenn mir noch etwas Zeit bleibt im Leben, dass ich auch diesen Tiefschlag überleben werde …

Der Skandal um den Martin-Buber-Friedenspreis *hat Schindler zusätzlich belastet … und ärmer und verbitterter zurückgelassen.*

Frankfurt a. M., den 23.9.1967, Oskar Schindler an C. Honig

Sehr geehrter Herr Honig!
… Es mag sein, dass ich Sie mit der Zumutung schockiert habe, mir das Ihnen vor mehr als einem halben Jahr geliehene Geld in Frankfurt sowie die Erstattung der Flug- und Reisespesen der Einladung Ihres

Oskar Schindler

Frankfurt am Main, den 14.4.1967
Am Hauptbahnhof 4 Appt. 63

Lieber Dr. Bejski, meine lieben Freunde!

Da ich von Poldek vor zwei Tagen ein verstümmeltes Telegramm erhielt, hatte ich Euch gebeten, die Post an Martin oder andere zurückzuhalten. Der Aufenthalt von Martin in Europa hatte nicht den erwünschten Erfolg gebracht, um so mehr man ihm, einen Schauprozess in Kiel nicht einräumt. Er bekommt aufgrund seiner Bonner Gespräche mit amerikanischer Schützenhilfe eine Dolmetscher-Sekretärin und einen mehrwöchentlichen Hotelaufenthalt. Auf Gehalt hat er verzichtet.

Zur Schindler-Foundation war man im Bundespresseamt positiver eingestellt, aber hierüber sprach er nur mit halben Worten, um so mehr als er bedauerlicherweise die letzten drei Tage seines Aufenthaltes in Frankfurt am Main ernstlich krank war. In der Sache Honig, wo er sich auch energisch eingeschaltet hat, war er leider durch die Osterfeiertage gehandikapt, aber er hat Honig eindeutig zur Ordnung gerufen. - sh. Briefwechsel - .

Soweit ich konnte, habe ich ihm den Heinrich-Kunde-Prozess als Show-Möglichkeit ausgeredet. Als historische Studienmöglichkeit für die Leiden der Juden im Krakauer Gebiet muss er sich etwas bescheiden und wird das ergänzende Filmmaterial bestimmt aufnehmen können.

Ich hoffe vom 20.4. - 11.5.1967 zu Pessach zu Euch zu kommen, da es eine Vielzahl von Problemen gibt, die sich schriftlich einfach nicht mehr bewältigen lassen. Aber bitte Dich und unsere Freunde dringend, meinem Besuch nur dann zuzustimmen, wenn Ihr mir gestattet, die Unkosten selbst zu bestreiten. Der Hin-und Rückflug beträgt ca. 150 Dollar. Ich wäre Euch dankbar, wenn Ihr mir ein möbliertes Zimmer oder eine billige Pension, die ich bezahlen will, beschafft.

Ich habe Vertrauen, dass mir 2 - 3 Wochen Tapetenwechsel gut tun werden, da ich seit dem Zusammenbruch meiner Firma vor drei Jahren einen derartigen seelischen Tiefstand nicht erlebt habe.

Es ist bedauerlich, dass ein Herr Honig aus Tomaschow - M. - heute mit englischem Pass - also polnischer Jude, sich einen Schindler heraussucht, um aus dem Erlös seiner weltweiten Schnorrbriefe seiner Frau ein Luxusauto zu kaufen und andere Dinge mehr, sich erlaubt, hat mich schwer getroffen. Denn ihm hätte ich mehr Mitgefühl mit seinen Landsleuten zugetraut. Ich hoffe, wenn mir noch etwas Zeit bleibt im Leben, dass ich auch diesen Tiefschlag überleben werde. Ein Visum habe ich mir in der vorigen Woche in Bonn besorgt. Leider war der Botschafter gerade in Bremen. Ich würde mich sehr freuen, wenn einer von Euch wegen der Zollabfertigung auf dem Flughafen sein könnte!

York jun., mit dem ich gestern sprach, ist nicht sehr glücklich mit seiner neuen Mission und von Fräulein Dr. Rhecker habe ich einen netten Brief erhalten.

Flugankunft werde ich telegrafieren.

Herzlichst an Euch alle
Euer

Schindler an Dr. Bejski, 14.4.1967

Komitees nach London im Frühling dieses Jahres (Ihr Komitee konnte ich leider nicht kennenlernen) endlich zurückzugeben. Sie haben mir dies für November dieses Jahres versprochen, Ihr Wort in Gottes Ohr!! …

Sie müssen verstehen, dass meine Verbitterung durch die immer wieder mit neuen Tricks verzögerte Preisverleihung mir gesundheitlich und moralisch mehr Schaden zugefügt haben, als zwei *Martin-Buber-Preise* aufwiegen könnten [*und*] ich noch unter der empörten Reaktion meiner Freunde über diese Verschleppungen (diesmal können Sie sich auf keinen Martin Gosch ausreden) leide, die durch große materielle Opfer an der Preisverleihung in London am 11. September d. J. teilnehmen zu können hofften und dadurch einige Tage in Europa vertrödelten …

Schindler fühlt sich »lustlos und elend«. *Viele Hoffnungen haben sich in den letzten Jahren zerschlagen. Einen gewissen Widerspruch stellt es dar, dass Schindler sich in früheren Briefen als vollkommen mittellos darstellt, hier aber schreibt, dass* MGM-*Mittel*[43] *es ihm erlaubt hätten, in* »den letzten 5 Jahren noch einmal menschenwürdig zu leben«.

Frankfurt a. M., den 24.2.1968, Oskar Schindler an Poldek[44] u.a.

… Wie Du mir mitteilst, wirst Du morgen Familie Gosch und Glovin als Gäste haben, vielleicht bringt dieses Zusammentreffen bei Martin das Schindler-Problem wieder etwas stärker in Erinnerung. Er will ja, wie Du schreibst, am 1.3. nach NY fliegen, und ich bitte Dich sehr, ihn noch vor der Abreise auf seine Bemühungen bei *MGM* für unsere Sache stark zu machen. Denn Martin hat so viel Dinge im Programm, dass wir nur im Glücksfall einmal im Jahr einen Moment explosiver Initiative erleben und dann ist wieder für viele Monate alles still. Wenn ich Dir auch, lieber Poldek, allein zu verdanken habe, dass ich die letzten 5 Jahre noch einmal menschenwürdig leben konnte, so ist doch einmal auch die *MGM*-Substanz zu Ende und ich stehe mit

[43] Gelder, die bei Unterzeichnung des Filmvertrags mit *MGM*, der Filmproduktionsgesellschaft *Metro Goldwyn Mayer*, fällig wurden
[44] Poldek Pfefferberg

60 Jahren vor einem Nichts. Du wirst selber bedauern, so wie ich, dass die Jahre weiter laufen, und die mit großem Schwung geplante Filmstory ist genauso eingeschlafen wie die *Schindler Foundation*[45]. Das bedauern doch nicht nur wir beide, sondern vor allem auch unsere Freunde in Israel …

Lieber Poldek, Deine Frage über mein Gesamtbefinden kann ich leider nicht mit Erfreulichem beantworten. In den letzten Monaten habe ich gesundheitlich neben meiner alten Herzgeschichte mit Depressionen und anderen Leiden zu tun. Ich fühle mich lustlos und elend. Ich will nicht verheimlichen, dass der gesamte Komplex zu 50% die Ursache darin hat, dass ich mit 60 Jahren zerbrochen vor einem Lebensabend stehe ohne die geringste Aussicht auf ein sorgenfreies Alter. Unsere Freunde in Israel sind wohl sehr hartnäckig bemüht, für mich eine ausreichende Lebensrente bei der Bundesregierung hier zu erwirken, aber Du kennst ja die Sturheit der deutschen Bürokratie. Die Überbrückungshilfe von monatlich DM 500, die bisher noch [*nicht*] widerrufen wurde, ist nur ein kleiner Teil des Lebensminimums, da ich davon DM 312,– für Miete, DM 30,– für Putzfrau und DM 40,– für Strom bezahle. Es bleiben mir also 30 Dollar, davon soll ich Medikamente, Reinigung, Postspesen und evtl. auch Zigaretten und Lebensmittel bestreiten. Dass da die Substanz schmelzen muss wie Schnee in der Sommersonne, ist klar, um so mehr ich noch eine ganze Reihe von sogenannten Ehrenschulden abzudecken hatte …

Brief von Dr. Charlotte Schiffler, Stadträtin in Frankfurt, die sich schon häufig für Schindler eingesetzt hat. Sie weiß anscheinend, wie schlecht es Schindler geht: »…Nachdem Sie soviel Kummer gewöhnt sind …«

Frankfurt a. M., März 1968, Stadträtin Schiffler an Oskar Schindler

Sehr geehrter, lieber Herr Schindler!

---

[45] *Schindler Humanities Foundation* – eine Idee Martin Goschs; durch die *Foundation* sollten im Namen Oskar Schindlers große humanitäre Projekte gefördert werden. Die Zinsen der eingenommenen Spenden sollten wohl Oskar Schindler direkt zugute kommen. Das Ganze war wohl auch als PR-Sache gedacht, um den *Schindler-Film* zu promoten.

So könnte ein Treffen israelischer Freunde – des Schindler-Komitees, das sich Schindlers und seiner Probleme annahm – ausgesehen haben. Hier ist Schindler (am Kopfende des Tisches) dabei.

Wir haben offenbar Glück. Ihre Rente wird durch die Stadt ein wenig nach oben erweitert … man sprach über ca. 140,–. Nachdem Sie soviel Kummer gewöhnt sind, wäre das für den Augenblick vielleicht doch etwas … Ich bohre aber an anderer Stelle noch weiter …

Israelische Freunde bemühen sich, eine Ehrenrente für Schindler beim Präsidenten des Bundestags, Dr. Gerstenmaier, zu erwirken. Hier Schindlers – verzweifelte – Situation aus ihrer Sicht. Sie schreiben:

Tel Aviv, den 14.5.1968, Israel Verband durch Oskar Schindler geretteter KZ-Häftlinge an Dr. Gerstenmaier

… Herr Oskar Schindler, der heute 60 Jahre alt geworden sei, lebe zu ihrem tiefsten Bedauern in sehr prekären materiellen Verhältnissen.

Er hat nicht nur sein ganzes Vermögen verloren, sondern ist auch schon seit Jahren wegen eines schweren Herzleidens und hohem Blutdruck arbeitsunfähig und ohne Einkommen. Sein Gesundheitszu-

ISRAEL VERBAND durch Oskar Schindler
Geretteter K-Z Haeftlinge
c/o Jakob Sternberg,
Tel Aviv, 14 Emanuel Blvd.

14. Mai 1968

Herrn
Dr. E. Gerstenmaier,
Praesident des Bundestages
B o n n.

Exzellenz !

Wir, die unterfertigten, eine Gruppe der in Israel lebenden "Schindler Juden" eine Gruppe gewesener Haeftlinge aus Konzentrationslagern Plaschow, Gross-Rosen, Ausschwitz, und Bruennlitz, die Herrn Oskar Schindler, einem der "Gerechten aller Nationen" es zu verdanken haben, dass sie dem Schicksal, das ihnen bevorstand, entronnen sind, erlauben uns folgende Bitte zu richten : sich in dieser Angelegenheit fuer ihn einzusetzen.

Vieles wurde geschrieben und gesagt von dem einzigartigen Rettungswerk Herrn Schindlers, das von aussergewoehnlichem Erfolg gekroent wurde: Alle 1200 Juden, die er betreute und fuer die er sich aufopferte sind am Leben geblieben, weil er jahrelang in diesen Kriegsjahren sein Leben gefaehrdet hat.

Im Rahmen dieser Zeilen sind wir ausserstande seine saemtlichen Taten und Leistungen aufzufuehren. Im "Jad va Schem", dem Isr. Regierungsinstitut in Jerusalem ist das Dokumentar-Material vorhanden und bekannt.

In Deutschland und in der ganzen Welt wurde davon geschrieben, von den vielen Artikeln in den Zeitschriften abgesehen.

Fuer seine Leistungen wurde vor 3 Jahren Herrn Oskar Schindler das Bundesverdienstkreuz, erster Klasse, verliehen.

Wir erlauben uns einen kleinen Auszug der Aeusserungen, die an einer Versammlung der "Schindler Juden", als Herr Schindler in Israel - anlaesslich der Pflanzung des Baumes in der Allee der "Gerechten aller Nationen" im "Jad va Schem" in Jerusalem weilte, gesagt wurden, beizulegen.

Die aus den Herzen stroemenden Worte sprechen fuer sich selbst.

Mit ergebener Hochachtung,

Schindler-Juden *an Dr. Gerstenmaier, 14.5.1968*

stand hat sich jetzt noch wegen einem Diabetikleiden verschlimmert. Dabei ist Herr Schindler ohne jedwede soziale Krankenversicherung.

Die von ihm geretteten Schindler-Juden *hätten ihn nicht vergessen, seien jedoch in der ganzen Welt zerstreut und ihre Hilfe schaffe für Schindler keine Basis zum regelmäßigen Lebenserhalt, umso mehr, da Schindler eine derartige Lösung widerstrebe. Seine äußerst humane Handlung könne in dieser Art und Weise nicht belohnt werden.*

Immer älter und kränklicher schaut Herr Schindler mit wachsender Sorge der Zukunft entgegen, da er ja ohne sicheren Lebensunterhalt für den Lebensabend ist …

Schindler fühlt sich gesundheitlich schwer angeschlagen. Immer wieder führt er es auch auf die schweren Enttäuschungen zurück und fragt sich, was gewesen wäre, wenn … wenn z. B. Martin Gosch ihm die Tausende von Dollar zur Verfügung gestellt hätte, die seiner Überzeugung nach Freunde in die Schindler Foundation *eingezahlt haben.*

Frankfurt a. M., den 1.3.1969, Oskar Schindler an Freund Walter[46] u. a.

… Mein Gesundheitszustand in den letzten 1 1/2 Jahren setzt mich außerstande, einen vernünftigen Brief zu schreiben, auch waren meine gesundheitlichen und wirtschaftlichen Verhältnisse makaber. Ich bin zwar krankenhausreif im April v. Jrs. nach Israel geflogen, doch hat mich die ärztliche sowie die materielle Hilfe unserer Freunde einigermaßen wieder auf die Beine gestellt. Dank der materiellen Hilfe meiner israelischen Freunde konnte ich mich einige Wochen in eine Klinik begeben und fühle mich dank der vorgeschriebenen Behandlung etwas besser.

Du kannst Dir vorstellen, lieber Walter, dass die blamable Situation, von einem Ehrensekretär Honig der *Martin-Buber-Gesellschaft* um zwanzigtausend englische Pfund [*gebracht worden zu sein*], die er ein Jahr lang mit … Rundschriften als Dotation für meinen Preis in

---

[46] wahrscheinlich Walter Pollack

BfG **Bank für Gemeinwirtschaft Aktiengesellschaft**

Hauptverwaltung Frankfurt (Main)
6 Frankfurt (Main) 1 Postfach 5107
Mainzer Landstraße 16-24
Telefon: bei Durchwahl (0611) 71 21 ...
bei Hausvermittlung (0611) 71211
Telex: 0412715, 0412716 Allgemein
0411497 Vorstandssekretariat
0411566 Devisenhandel
0413096 Geldhandel
0412590 Wertpapierhandel
Telegramme: hauptbankwirt frankfurtmain
Girokonto: LZB Frankfurt (Main) 4/2542
Postscheckkonto: Frankfurt (Main) 6953

Herrn
Oskar Schindler

600 Frankfurt/Main

Bahnhofsplatz 6

Ihr Zeichen	Ihre Nachricht vom	Unser Zeichen	Hausapparat	Tag
		VS Hs/Hd	452/8	19. Februar 1971

Betrifft:

Sehr geehrter Herr Schindler,

anbei übersenden wir Ihnen den Beratungsvertrag und bitten Sie, das Original unterschrieben an uns zurückzusenden. Die Kopie ist für Ihre Unterlagen bestimmt.

Falls Sie ein Konto bei der Bank für Gemeinwirtschaft AG, Frankfurt/Main, haben, bitten wir Sie, uns Ihre Kontonummer mitzuteilen, damit wir Ihnen den vereinbarten Betrag für Ihre Beratungstätigkeit überweisen können.
Falls Sie jedoch noch kein Konto bei der Bank für Gemeinwirtschaft AG, Frankfurt/Main, haben sollten, erlauben wir uns, ein Gehaltskonto für Sie zu errichten.

Mit freundlichen Grüssen

BANK FÜR GEMEINWIRTSCHAFT
AKTIENGESELLSCHAFT

Vorsitzender des Aufsichtsrates: Heinz O. Vetter
Vorstand: Walter Hesselbach, Vorsitzender; Gerhard Neuenkirch, stellv. Vorsitzender; Dr. Alfred Bernhard, Hans Duncke, Dr. Hans-Ludwig Hennemann, Horst van Heukelum, Dr. Diether H. Hoffmann, Rolf Wagner; Stellv.: Dr. Dietrich Hauslage, Udo Knop
Sitz Frankfurt am Main HRB 6800

Die Bank für Gemeinwirtschaft an Schindler, 19.2.1971

der ganzen Welt kassierte und unterschlagen hat, mir zu meinem geschwächten Gesundheitszustand den Tiefschlag bereitete …

Gosch, Martin, hat es seit vielen Jahren versäumt, einige tausend Dollar auf ein Schindler-Konto gutzubringen, auf die unsere lieben Freunde als Honorar der *MGM* verzichteten.[47]

Ein Bruchteil dieser Summe hätte mir vor zwei Jahren genügt, mich in meiner kritischen gesundheitlichen Lage wenigstens nach medizinischen Gesichtspunkten zu retten. Martin Gosch hat mich zur Empörung aller unserer Freunde mit durchsichtigen Phrasen abgespeist …[48]

Schindler hat für die Bank für Gemeinwirtschaft Aktiengesellschaft anscheinend eine bezahlte Beratungstätigkeit ausgeübt. Am 19. Februar 1971 wird ihm ein Beratungsvertrag zugeschickt (s. Faksimile S. 163).

Welcher Art diese Tätigkeit war und ob er sie tatsächlich ausgeübt hat, geht aus der Korrespondenz nicht hervor[49].

Schindler scheint es zwischenzeitlich besser zu gehen. Er vermittelt hier den Eindruck eines beschäftigten und unternehmungslustigen Mannes.

o.O., den 24.11.1971, Oskar Schindler an Murray Pantirer[50]

… Ich erhielt gerade die Vergrößerungen der Bilder unseres Besuches auf dem Skopus[51] mit Herrn Boyar[52] …

---

[47] Um Hintergrundinformationen für den *Schindler-Film* zu erhalten, hat Martin Gosch viele *Schindler-Juden* interviewt. Sie haben häufig auf ihr Honorar verzichtet, um es Schindler in Form der *Schindler Humanities Foundation* zukommen zu lassen.

[48] s.a. Korrespondenz mit Gosch im Kapitel »Umgang mit Schindler«. Gosch scheint Schindler tatsächlich hingehalten zu haben: Er verlangte zunächst die erfolgreiche Gründung des *Schindler Survivor's Fund*, bevor der *Schindler Humanities Fund* gegründet werden könne, von dem er sich anscheinend vor allem Publicity für den *Schindler-Film* versprach.

[49] Es ist z.B. vorstellbar, dass Schindler als ehemaliger Direktor und Besitzer einer Fabrik als Sachverständiger bei Entschädigungsfragen gehört wurde, z.B. wenn es um die Festsetzung des Wertes einer Fabrik ging. Vielleicht ist dieser Vertrag auch dem Vorstand der Bank Dr. Walter Hesselbach zu verdanken, der Schindler gut kannte und sich mehrmals für ihn einsetzte.

[50] *Schindler-Jude*

Ich hatte nochmals mit Herrn Boyar bei einem Mittagessen in Tel Aviv Gespräche, schade, daß durch den Tod von der Frau des Ministers Sapira ein Besuch bei ihm ausfallen mußte. Wie mir Herr Boyar berichtete, hatte er auch mit Dir noch einige Gespräche im King David geführt. Ich hoffe, Du hattest einen guten Eindruck über die Aufbauleistungen der *Hebräischen Universität Jerusalem* und auch einen Begriff des großen Kapitalbedarfes solcher gigantischen Bauvorhaben.

Schindler feiert Silvester mit seinen Freunden in Amerika.

Ich war vor einigen Tagen in London beim Europakongress (siehe Beilagen), es ist bewundernswert, wie opferwillig Juden in der ganzen Welt bereit sind, die *HUJ*[53] zu unterstützen und zu fördern.

Sam Rothberg, Chairman of the Board of Governors, der auch in London anwesend war, hatte in Jerusalem mit Mr. Bojar gesprochen und war über Deine Unterredung mit ihm betr. der Förderung der *HUJ* unterrichtet.

Ich habe vor einigen Tagen mit Manci Rosner in New York gesprochen und sie hat mich wie immer eingeladen, über Neujahr bei ihr zu wohnen. Das trifft sich gut, da Dein Teilhaber Lavenstein am 5. Januar 1972 Silberne Hochzeit feiert und mich auch in Tel Aviv eingeladen hatte. Auch unser Freund Zuckermann hatte mich schon im Sommer anläßlich seines Besuches in Jerusalem gebeten, an der Sylvesterfeier unserer Freunde teilzunehmen.

---

[51] der Skopusberg in Jerusalem – Sitz der *Hebräischen Universität Jerusalem*
[52] auch »Bojar« geschrieben
[53] *HUJ = Hebräische Universität Jerusalem*

Ich bin also vom 19. Dezember bis 8. Jänner 1972 in New York und wir werden bestimmt uns wiedersehen und Gelegenheit haben, über alles zu sprechen …

Auch der Brief an B. Meyer klingt unternehmungslustig:

Frankfurt a. M., den 6.3.1972, Oskar Schindler an Benjamin Meyer

… Lange habe ich nichts von Dir gehört und war auch in den letzten Monaten sehr beschäftigt. Ich hoffe, dass Du und Deine liebe Familie o. k. bist, noch mehr freue ich mich auf unser Wiedersehen zu Pessach!!! Am 18.3.72 fliege ich nach Israel, wo ich als einziger Delegierter der BRD an dem Welttreffen Board of Governors der Freunde der *Hebräisch. Uni. Jerusalem* teilnehmen werde. Dann bleibe ich schon im Lande, um meinen Urlaub zu verbringen. Ami[54] kommt leider erst nach Pessach, um wie alle Jahre ein paar Wochen in Israel zu verbringen. Dr. Staehr[55] ist im Augenblick unabkömmlich … Auch von mir habe ich Dir einen Artikel beigelegt über »Schindlers dankbare Kinder«, er stammt von Kurt Großmann, der in diesen Tagen leider in Florida verstorben ist.

Du kannst mir glauben, dass ich richtig stolz bin, dass meine alten Freunde so viele Spenden zu meiner Ehrung für die *Hebräische Universität* stiften. Der Beginn dieser Aktion waren unsere Gespräche im Sommer des Jahres 1971 mit Dir, lieber Benny, Familie Zuckermann aus USA und Dr. Direktor Frost der *HUJ* in Jerusalem im Intercontinental. Ich hatte noch im Herbst Gespräche mit Mr. Boyar, Direktor Honig und Mr. Pantirer aus USA in derselben Richtung. Mein Besuch in N. Y. zum Jahreswechsel hat die Sache perfekt gemacht …

Wenn man von gesundheitlichen Problemen absieht, scheint sich Schindler weiterhin in einer guten Phase zu befinden:

---

[54] Annemarie, »Ami« Staehr, Schindlers Freundin der letzten Jahre
[55] Ami Staehrs Ehemann

Frankfurt a. M., den 14.6.1972, Oskar Schindler an Herbert Sulzbach[56]

Lieber Herbert!
Bitte entschuldige mir vielmals, dass ich so lange Zeit nichts von mir hören ließ, aber meine 2 1/2 Monate Israelaufenthalt, von wo ich vor 10 Tagen zurückkam, waren mit Arbeit derart ausgefüllt, dass es eigentlich kein Urlaub war. Bei der Woche des Kongresses bei der *Hebrew University Jerusalem* (Board of Governors) war ich der einzige Vertreter der BRD auf weiter Flur, anschließend eine Reihe von Veranstaltungen, dann die Eröffnung des Maison de France in der *HUJ* mit Französischer Woche, Ausstellungen, Theater und 150 Prominenten aus Paris, darunter die Rothschilds, Ben Nathan und andere wichtige Persönlichkeiten, daß Dir ja alles durch die Presse wohl bekannt ist. Dazu hatte ich einen Kreislaufkollaps, der mich auf drei Wochen festlegte.

Im Januar war ich drei Wochen in New York, und Du siehst aus beiliegendem Zeitungsausschnitt, dass ich für die *HUJ* Erfolg hatte.

Mir schrieb am 7. Juni eine Miss Susan McConachy von der Thames Television in London, dass sie meine Mitarbeit wünscht. Wenn Du mir die Dame empfiehlst, bin ich selbstverständlich bereit, mich zur Verfügung zu halten und mitzuarbeiten. Ich habe auch unseren Professor Simonson, Vorstandsmitglied des Bundesverbandes der Freunde der *HUJ* und Vorstand der KZ-ler Theresienstadt, angesprochen, der gerne bereit ist, Material aus seinen Archiven der Thames Television zur Verfügung zu stellen. Wenn Du in den nächsten Tagen Gelegenheit hast, mit Miss Conachy zu sprechen, berichte ihr von meiner Bereitwilligkeit mitzuarbeiten, sollte sich in ihrem Zeitplan eine Änderung ergeben, bin ich in unserem Büro, Tel. 292726, immer erreichbar.

Lieber Herbert, bitte teile mir postwendend mit, wann Dein Treffen mit den englischen Freunden in diesem Jahr in Düsseldorf stattfindet. Ich habe einige Termine in Düsseldorf, u. a. Montag, den 16. Oktober bis 18. Oktober mit Prof. Simon, könnte auch andere Termine in Kiel, Hannover, Hamburg über Düsseldorf leiten und wäre glücklich, Dich wiederzusehen.

---

[56] Freund Schindlers, Angehöriger der Deutschen Botschaft in London

Mit herzlichen Grüßen an Deine Familie und besten Wünschen für Deinen lieben Botschafter grüßt Dich in alter Freundschaft immer Dein

Schindler nimmt seine Aufgabe als ehrenamtlicher Geschäftsführer der Freunde der Hebräischen Universität Jerusalem *ernst und überlegt sich, wo er überall Unterstützung finden könnte – auch ihm selbst wird diese Aufgabe psychisch gut getan haben.*

Frankfurt a. M., den 16.6.1972, Oskar Schindler für den Bundesverband der Gesellschaften der Freunde der *Hebräischen Universität Jerusalem* in Deutschland[58] an den Limburger Weihbischof Walther Kampe

Sehr geehrter Herr Weihbischof!
Erst heute bestätige ich mit bestem Dank den Erhalt Ihrer lieben Karte, in der Sie mir mitteilen, daß Sie leider aus Zeitmangel mit Ihrer Gruppe auf eine Besichtigung der *Hebräischen Universität Jerusalem* verzichten mussten. Ich bedauerte dies sehr, daß Sie dadurch von meinem Angebot, Ihnen die Details dieser Universität zu zeigen, keinen Gebrauch machen konnten.

Der Präsident der *Hebräischen Universität Jerusalem*, Herr A. Harman, und seine Magnifizenz Dr. Katz haben angeregt, daß man in einigen Monaten eine Gruppe von 15–20 Persönlichkeiten der christlichen Kirchen in Deutschland zu einem speziellen Besuch Jerusalems und der *Hebräischen Universität Jerusalem* einladen sollte. Diese Anregung wurde auch von unserem Präsidenten Dr.

---

[58] Dieser Verein, dessen Präsident Schindlers guter Bekannter Walter Hesselbach war, hatte mehrere Geschäftsstellen in verschiedenen deutschen Städten. Er diente der Völkerverständigung und förderte materiell und ideell insbesondere die wissenschaftliche Arbeit der *Hebräischen Universität Jerusalem* durch Spenden von Büchern, Apparaten, wissenschaftlichen Hilfsmitteln und Geldbeträgen. Ein weiterer Zweck dieses Vereins war die Pflege der Beziehungen zwischen Dozenten und Studenten der Universität Jerusalem und den deutschen Freunden der Universität. Schindler wurde ehrenamtlicher Geschäftsführer und setzte sich sehr für die *HUJ*, die *Hebräische Universität Jerusalem* ein.

BUNDESVERBAND DER GESELLSCHAFTEN DER
FREUNDE DER HEBRÄISCHEN UNIVERSITÄT JERUSALEM
IN DEUTSCHLAND E.V.

6 Frankfurt am Main, Bethmannstr. 50-54 · Telefon (0611) 29 26 27 (nach Bürostunden (06196) 1418)

Präsident:
Stadtrat Dr. W. Hesselbach, Frankfurt/M.

Vizepräsidenten:
Prof. Dr. F. Martini, Stuttgart
Prof. Dr. B. Simonsohn, Frankfurt/M.

Schriftführer:
Moshe G. Hess, Frankfurt/M.

Vorstandsmitglieder:
LG. Dir. Nora Platiel, Kassel
Dr. L. Adlerstein, Düsseldorf
Dr. Hans Lamm, München
Dr. Rolf May, Berlin
Dr. Max Plaut, Bremen
Joh.-Wolfg. Werner, Hamburg

Kuratorium:
Prof. Dr. F. Böhm, Frankfurt/M.
Prof. Dr. M. Eigen, Göttingen
Prof. Dr. R. L. Mößbauer, München

Herrn Weihbischof
Walther K e m p e
6250 Limburg
Ferd.Dirichs-Str.12

Datum: 16.Juni 1972

Sehr geehrter Herr Weihbischof !

Erst heute bestätige ich mit bestem Dank den Erhalt Ihrer lieben Karte, in der Sie mir mitteilen, daß Sie leider aus Zeitmangel mit Ihrer Gruppe auf eine Besichtigung der "Hebräischen Universität Jerusalem" verzichten mussten. Ich bedauerte dies sehr, daß Sie dadurch von meinem Angebot, Ihnen die Details dieser Universität zu zeigen, kein Gebrauch machen konnten.

Der Präsident der "Hebräischen Universität Jerusalem", Herr A.Harman und seine Magnifizenz Dr.Katz haben angeregt, daß man in einigen Monaten eine Gruppe von 15 - 2o Persönlichkeiten der christlichen Kirchen in Deutschland zu einem speziellen Besuch Jerusalems und der "Hebräischen Universität Jerusalem" einladen sollte. Diese Anregung wurde auch von unserem Präsidenten Dr.Walter Hesselbach und unserem Präsidialmitglied M.Hess sehr begrüsst.

Es wäre eine besondere Auszeichnung, wenn z.B. Kardinal Döpfner an dieser Reise teilnehmen könnte, die seine positive Einstellung und sein Verständnis für ökumenische Bemühungen noch unterstreichen würde. Herr Dr.Hans Lamm, Präsident der Israelitischen Kultusgemeinde München und Vorstandmitglied unserer Gesellschaft ist von diesem Projekt unterrichtet und würde zur gegebenen Zeit - vielleicht gemeinsam mit mir - Kardinal Döpfner persönlich zur Teilnahme einladen.
Ich werde mich nach den Ferien mit Ihnen, hochgeschätzter Herr Weihbischof, in Verbindung setzen, um diese Angelegenheit zu besprechen.

Jetzt, lieber Herr Weihbischof, habe ich eine persönliche Bitte. Sie ersehen aus beiliegendem Zeitungsausschnitt, wie groß die materielle Not an den Universitäten in Israel ist.
Wir haben auf dem Scopus bisher 25oo Studentenwohnungen errichtet, die bereits voll im Studium eingebaut sind. Wir benötigen aber 5ooo solcher Studentenwohnungen.
Wir haben das "Martin-Buber-Institut",das sich in der 2.Bauphase befindet, dank Initiative unseres Präsidenten Dr.Hesselbach voll finanziert. Trotz der sorgfältigsten Verwaltung der Spenden

-2-

Bankverbindung: Bank für Gemeinwirtschaft
Ffm., Kto.-Nr. 1000-768-2

Schindler an Weihbischof Kampe, 16.6.1972

Walter Hesselbach und unserem Präsidialmitglied M. Hess sehr begrüßt.

Es wäre eine besondere Auszeichnung, wenn z. B. Kardinal Döpfner an dieser Reise teilnehmen könnte, die seine positive Einstellung und sein Verständnis für ökumenische Bemühungen noch unterstreichen würde. Herr Dr. Hans Lamm, Präsident der Israelitischen Kultusgemeinde München und Vorstandsmitglied unserer Gesellschaft ist von diesem Projekt unterrichtet und würde zur gegebenen Zeit – vielleicht gemeinsam mit mir – Kardinal Döpfner persönlich zur Teilnahme einladen.

Ich werde mich nach den Ferien mit Ihnen, hochgeschätzter Herr Weihbischof, in Verbindung setzen, um diese Angelegenheit zu besprechen.

Jetzt, lieber Herr Weihbischof, habe ich eine persönliche Bitte. Sie ersehen aus beiliegendem Zeitungsausschnitt, wie groß die materielle Not an den Universitäten in Israel ist.

Wir haben auf dem Scopus bisher 2500 Studentenwohnungen errichtet, die bereits voll im Studium eingebaut sind. Wir benötigen aber 5000 solcher Studentenwohnungen.

Wir haben das »Martin-Buber-Institut«, das sich in der 2. Bauphase befindet, dank Initiative unseres Präsidenten Dr. Hesselbach voll finanziert …

Schindler war beteiligt an der Organisation der Europäischen Konferenz der Hebräischen Universität Jerusalem, *ein ihm sicher wichtiges Anliegen. Gesundheitliche Probleme hinderten ihn allerdings zeitweilig an der Konferenzteilnahme.*

Jerusalem, den 23.6.1974, Yehuda Kavish von der *Hebrew University of Jerusalem* an Oskar Schindler

Lieber Herr Schindler,
diesmal nur ein paar Zeilen, um Ihnen für Ihre wertvolle Mithilfe bei der Organisation der Europäischen Konferenz zu danken. Es tat mir nur leid, dass Sie am Tag der Konferenz selbst sich nicht wohlfühlten und deshalb nicht die ganze Zeit dort sein konnten. Ich hoffe, Sie fühlen sich jetzt wieder besser.

האוניברסיטה העברית בירושלים
THE HEBREW UNIVERSITY OF JERUSALEM

DEPARTMENT OF INFORMATION
AND PUBLIC AFFAIRS
SHERMAN BUILDING

המחלקה להסברה ויחסי ציבור
בנין שרמן

Jerusalem, den 23. Juni 1974

Herrn Oskar Schindler

6 Frankfurt/Main
Bethmannstr. 50-54

Lieber Herr Schindler,

Diesmal nur ein paar Zeilen, um Ihnen fuer Ihre wertvolle Mithilfe bei der Organisation der Europaeischen Konferenz zu danken. Es tat mir nur leid, dass Sie am Tag der Konferenz selbst sich nicht wohlfuehlten und deshalb nicht die ganze Zeit dort sein konnten. Ich hoffe, Sie fuehlen sich jetzt wieder besser.

Die Blumen habe ich natuerlich sofort nach meiner Rueckkehr in Ihrem Namen an Herrn Dr. Moshe Beski geschickt.

Mit freundlichen Gruessen

Y. Kavish

Yehuda Kavish

Yehuda Kavish an Schindler, 23.6.1974

Schindler an der Klagemauer in Jerusalem

Die Blumen habe ich natürlich sofort nach meiner Rückkehr in Ihrem Namen an Herrn Dr. Moshe Bejski geschickt.

Mit freundlichen Grüßen

Yehuda Kavish

Dieser Brief wurde wenige Monate vor Schindlers Tod geschrieben. Es ist gut möglich, dass der Einsatz und die Arbeit für die »Freunde der Hebräischen Universität« *Schindler längerfristig ausgefüllt und zufrieden gestellt hätten. Nun aber näherte sich Schindlers Leben aus gesundheitlichen Gründen unaufhaltsam seinem »letzten Tief« …*

Briefe von Schindler, die uns über seine Gemütslage Auskunft geben könnten, sind aus dieser Zeit im Koffer nicht mehr enthalten, vermutlich auch nicht mehr geschrieben worden.

3.
Wie man mit Schindler umging

Die Frage, wie man mit Schindler umging, welche Reaktionen er von privater und öffentlicher Seite auf sich und seine besondere Vergangenheit erfuhr, dürfte für viele von besonderem Interesse sein.

Schindler registrierte und kommentierte genau, was man für ihn tat und vor allem nicht tat. Er, der so unkonventionell gelebt hatte, in einer Zeit, die auch bei vielen anderen ein normales Leben und sämtliche Konventionen über den Haufen geworfen hatte, war jetzt auf den Einsatz, den guten Willen anderer angewiesen. Er war nicht gleichgültig gegenüber dem , was andere von ihm dachten und für ihn taten – das beweisen die vielen Briefe an Freunde, in denen er sie ausgiebig an seinem Leben teilnehmen lässt und häufig um Rat ersucht, und die umfangreiche Sammlung von Zeitungsartikeln, die sich mit ihm beschäftigten.

In diesen Briefen hier geht es immer wieder um finanzielle Probleme, um Hilfe, die man Schindler gewährt, nicht gewährt oder erst nach zähem Ringen hat zukommen lassen; sie belegen die verschiedenen Versuche israelischer, aber zunehmend auch deutscher Freunde, auch in amtlichen Stellen, ihm eine Arbeitsmöglichkeit oder eine Rente zu verschaffen.

Es geht um Enttäuschung und Missachtung, aber auch um Preise und Ehrungen, um das Interesse an Schindler von staatlicher und kirchlicher Seite, auch um das Interesse der Medien.

Es ergibt sich das Bild eines Mannes, der nach Jahren des Reichtums in Kriegszeiten in Friedenszeiten immer wieder um seine nackte Existenz hat kämpfen müssen. Schindler fand nie mehr den Platz im Leben, den er sich erhofft hatte, aber er hatte doch Helfer, Freunde und Bewunderer, die ihn auf seinem Weg begleiteten.

Immer wieder sucht und findet Schindler Leute, die sich für ihn einsetzen. Neben Sympathiegefühlen, die Schindler häufig zu erwecken vermochte, Mitleid, aber auch Schuldgefühlen dürfte Schindlers herausragendes Verhalten in der Kriegszeit oft der unmittelbare Anlass hierfür gewesen sein.

Hier einer der frühesten Briefe aus dem Koffer von Dr. Kasztner, einem Joint[1]*-Verbindungsmann und Mithelfer in den Aktionen zur Judenrettung; er wurde offensichtlich von Schindler gebeten, sich für ihn zu verwenden. Der* Joint *hatte Schindler für die Rettung der Juden Geld versprochen, aber nicht gleich nach dem Krieg zukommen lassen. Dr. Kasztner sollte ihm bei der Erlangung dieses Geldes behilflich sein, zu dem Zweck fragt er Schindler nach mehreren Dokumenten aus der Kriegszeit und versichert ihn seiner persönlichen Hochschätzung.*

Genf, den 17.1.1947, Dr. Rudolf Kasztner an Oskar Schindler

... Persönlich möchte ich Ihnen zu Ihrem Rettungswerk meine herzlichste Gratulation zum Ausdruck bringen. Die Tatsache, dass die Nachkriegswelt, die wir erlebten, so anders geartet ist, als wir sie uns vorgestellt haben, ändert nichts an den Verdiensten derjenigen, die in der Zeit der Gefahr bereit waren, ein jedes Risiko auf sich zu nehmen. Meiner tiefen Überzeugung nach ist die Zeit unweit, wo man darüber ruhiger und ausführlicher sprechen können wird ...

Schindler hat beim Joint *um finanzielle Hilfe für die Ausreise aus Deutschland und für die Emigration nach Argentinien gebeten. Das Leben in Deutschland war für die Schindlers schwierig, oft wurden sie wegen ihrer Aktionen zur Judenrettung angefeindet, als Verräter beschimpft. Und der* Joint *hatte Schindler zugesagt, ihm in Argentinien mehr Hilfestellung geben zu können.*

Zwei Schindler-Frauen *haben einen Brief Schindlers an Dr. Schwarz-*

---

[1] Der vollständige Name ist: The *American Jewish Joint Distribution Committee.* Diese Organisation wurde 1914 gegründet, ursprünglich um den Juden zu helfen, die in dem Gebiet des heutigen Israels lebten und zu Beginn des 1. Weltkrieges flüchten mussten. Der *Joint* sammelte dann Geld, um allgemein Juden in Europa und Palästina zu helfen, im 2. Weltkrieg dann besonders den von den Nazis verfolgten Juden.

bart vom Joint *überbracht, der Schindler zusichert, sein Anliegen an die richtige Stelle weitergeleitet zu haben. Schwarzbart versichert ihn seiner Dankbarkeit und Hochachtung wegen der Rettung jüdischer Menschen.*

New York, den 29.8.1947, Dr. Schwarzbart an Oskar Schindler

Sehr verehrter Herr Schindler:
Ihr Schreiben ... haben mir Frau Maria Rosner und Frau Ludmilla Pfefferberg gebracht.

Verehrter Herr Schindler, ich bin persönlich nicht in der Lage, Ihren Wunsch zu erfüllen ...

Schwarzbart versichert, dass er eine leitende Persönlichkeit des American Joint Distribution Committee *persönlich in Schindlers Angelegenheit gesprochen habe, da dies fast die einzige Hilfsorganisation sei, die Schindlers Wunsch erfüllen könne* ... Auf jeden Fall möchte ich Ihnen persönlich meinen herzlichen Dank aussprechen für das, was Sie getan haben ... Mögen Ihnen eine gewisse Genugtuung geben die Worte, dass Ihre Tat wie ein Stern scheint auf dem pechschwarzen Horizont des schrecklichen Unheils, das deutsche Männer und Frauen dem jüdischen Volke verursacht haben.

Auch Levy aus England ist beeindruckt von Schindlers Rettungstaten während des Krieges. Aus Hochachtung und Dankbarkeit bietet er ihm auf vielfältige Weise seine Hilfe an.

Manchester, den 25.2.1948, A. J. Levy an Oskar Schindler

... so will ich mich bemühen, Ihnen passende getragene Kleider zu besorgen und versichere Ihnen, dass dieselben in Qualität den neuen gleichkommen werden. In der Zwischenzeit bemühe ich mich auch, Ihnen einige Lebensmittelpakete zukommen zu lassen ..., jedoch sind auch diesbezüglich Beschränkungen ...

Levy macht sich auch Gedanken, wie er Schindler bei einer eventuellen Emigration behilflich sein könnte: ... falls Sie die Erlaubnis erlangen, hierher nach England zu kommen, so will ich für Ihre Anstellung Sorge tragen. Sollten Sie aber die Möglichkeit haben, anderswohin

SOLE AGENT FOR GT. BRITAIN
LAFAIRE MIDNIGHT COCKTAIL
LAFAIRE, PERE & FILS
Epernay (Marne)
CHAMPAGNE
SPARKLING MUSCATEL
VIN MOUSSEUSE
COGNAC*****
BRANDY***
SHIPPER OF
HUNT, ROOPE & Co.
OPORTO (PORT)

CLOSED SATURDAY
PROPRIETOR OF THE FAMOUS
"SPANOVIN" WINE

A. J. LEVY
WINE & SPIRIT MERCHANT
34, BURY NEW ROAD
MANCHESTER, 8 den 25. Februar, 1948.

ESTABLISHED 1907
TELEPHONE
BLACKFRIARS 2726
WINE FACTORY
3, HANOVER SQUARE
MANCHESTER
TEL. BROUGHTON 2306

Reference Ours L.
Yours

Herrn Oskar Schindler,
Regensburg,
Nurnberger Strasse 25.
Bayern, U.S.Zone.

Sehr geehrter Herr Schindler,

Schreiber dieser Zeilen ist mein Secrater der auch deutsch correspondiert. Derselbe ist ein Jude aus der C.S.R., szt. in Belsen gerettet.

Zunachst wollen Sie gefl.entschuldigen, dass mein Antwortschreiben verspatet Ihnen zugeht, doch musste ich mich an verschiedenen Stellen vorerst erkundigen, was ich Ihnen eigentlich zuschicken darf. Stoffe und neue Kleider sind leider ausgeschlossen. Falls Sie aber mir Ihr genaues Mas und event.ein Photo einsenden, so will ich mich bemuhen, Ihnen passende, getragene Kleider zu besorge[n] und versichere ich Sie, dass dieselben in Qualitat dem neuen gleich kommen werden. In der Zwischenzeit bemuhe ich mich auch Ihnen einig[e] Lebensmittel Packete zukommen zu lassen, jedoch sind auch diesbezugli[ch] Beschrankungen und die einzelnen, zugelassenen Artickeln sind nicht viel. Allenfalls glaube ich, dass meine Packete Ihnen zugute sein werden.

Bezuglich Ihrer event.Emigration, will ich Ihnen die Versicherung geben, dass falls Sie die Erlaubnis erlangen hieher nach England zu kommen, so will ich fur Ihre Anstellung Sorge tragen. Sollten Sie aber die Moglichkeit haben, anderstwohin zu emigrieren, so will ich mich auch bemuhen Ihnen behilflich zu sein, doch ist es selbstverstandlich, dass ich diesbezuglich keine bindende Versprechung Ihnen geben kann.

Inzwischen behalten Sie Mut und Ausdauer, Wohltaten werden nie vergessen und bin ich uberzeugt, dass der Allmachtige Ihne[n] auch in der Zukunft helfen wird.

Mit besten Wunschen und Grusse,

Ihr freundlicher,

Levy an Schindler, 25.2.1948

zu emigrieren, so will ich mich auch bemühen, Ihnen behilflich zu sein …

Inzwischen behalten Sie Mut und Ausdauer, Wohltaten werden nie vergessen und ich bin überzeugt, dass der Allmächtige Ihnen auch in der Zukunft helfen wird …

Schindler bedankt sich herzlich bei Levy.

München, den 16.11.1948, Oskar Schindler an A.J. Levy

Sehr geehrter Herr Levy!
Haben Sie vielen Dank für Ihr liebenswürdiges und ausführliches Schreiben, welches ich schon vor einigen Wochen erhielt, dessen Beantwortung ich aber immer noch hinauszögerte in der Hoffnung, Ihnen bereits konkrete Erfolge in meiner *Joint*-Angelegenheit mitteilen zu können. Doch davon später. Gleich am Beginn meines Briefes will ich mit vielem herzlichen Dank das Eintreffen Ihres reichhaltigen Lebensmittelpaketes vom 7. September bestätigen, mit welchem Sie mir große Freude bereiteten. Ich freue mich, sehr geehrter Herr Levy, dass Sie in Ihrem Schreiben zu allen mich brennend interessierenden Fragen so ausführlich Stellung genommen haben und danke Ihnen vor allem aufrichtig, dass Sie weiter bemüht bleiben, einen Weg zu finden, um mir zu helfen.

Ihre Hilfsbereitschaft, sehr geehrter Herr Levy, geht so weit, dass Sie wegen mir, der ich Ihnen leider persönlich unbekannt bin, sogar Ihre Herren Freunde in Irland exponieren[2] wollen, und Ihre geschätzten Briefe sind für mich ein wirksames Mittel, meinen Optimismus zu stärken und meine Weltuntergangsstimmung zu verscheuchen …

Auch schon – wenige – Essenspakete sind in dieser Zeit eine große Hilfe. Der Präsident der International Rapid Aid Company, *M.M. Feinleib, New York, benachrichtigt Schindler am 21.4.1948 auf Englisch (Faksimile des Schreibens s. S. 179), dass der* Jüdische Weltkongress[3] *sie von Schindlers humanitären Aktionen im Weltkrieg unterrichtet hätte:*

---

[2] hier im Sinne von »behelligen«

[3] *Jewish World Congress:* Diese Organisation wurde von den Zionisten im

Der Aufforderung des *Kongresses* Folge leistend, ist es uns eine besondere Freude, unser Warenhaus damit zu beauftragen, Ihnen ein Essenspaket pro Monat für die folgenden drei Monate zu senden, als kleinen Ausdruck unserer Anerkennung und Dankbarkeit.

Der Jude Silberberg, der auch schlimme Verfolgungen durch die Deutschen hat erleiden müssen, behauptet, über Schindler ein Buch schreiben zu wollen. Ob er damit nur ausdrücken will, wie bedeutsam er Schindlers Taten findet, oder ob er tatsächlich als Erster diese Buchidee hat, lässt sich hier nicht klären. Wie so viele andere, kann er fast nicht fassen, dass Schindlers Taten wirklich auf Wahrheit beruhen.

Paris, 25.11.1948, Silberberg an Oskar Schindler

… So unglaublich ist mir damals alles erschienen. Ich hab mir nur immer gesagt, wenn es nur 10% davon, was die mir erzählt haben, wahr ist, ist es auch schon genug, dass ich soll Ihnen mein Herz zeigen. Das hab ich auch getan …

Aber glauben Sie mir, Ihre Geschichte ist so fantastisch, dass es war für mich persönlich, nach dem, was ich gelitten habe von Deutschen, unmöglich zu glauben, dass es konnte solch einen edlen, mutigen Deutschen geben, der sein Leben für Juden …und riskiert hat … Ich hoffe, Sie noch im Leben zu sehen, um mit Ihnen ganz genau Ihre Geschichte, wie Sie tausend Juden gerettet haben, aufzunehmen, um ein Buch darüber zu schreiben …

In das Kapitel »Umgang mit Schindler« gehört immer wieder auch die Hilfe, die ihm zuteil wurde. So wurde Schindler schon frühzeitig von jüdischer Seite aus unterstützt – in Anerkennung der Juden während des Krieges geleisteten Hilfe, die auch mit großem finanziellem Einsatz verbunden war. Aus einem auf Englisch geschriebenen Brief des American

---

Jahre 1917 in New York gegründet mit dem Ziel, die zivilrechtliche, religiöse und politische Gleichberechtigung der Juden in Osteuropa sowie Palästina zu sichern. Diese führende jüdische Dachorganisation von Vereinigungen jüdischer Gemeinden aus über 80 Staaten sowie internationaler Organisationen spielte später eine bedeutende Rolle im Kampf gegen den Nationalsozialismus und setzt sich für die Bürgerrechte in den USA ein.

INTERNATIONAL RAPID AID COMPANY, Inc.

521 FIFTH AVENUE

Cables: INRAPIDAID
Bentley's Code, 2d Ed.
Telephone: MUrray Hill 2-5650 / 5651

NEW YORK 17, N. Y.

April 21, 1948

Dir. Oskar Schindler
Nuernbergerstrasse 25
Regensburg
Bayern, U.S. Zone
Germany

Dear Sir:

From the World Jewish Congress, with whom we are working in close contact, we have learned of your noble humanitarian attitude towards people persecuted for their political and religious beliefs.

Following the request of the Congress, it is a special pleasure for us to order our warehouse to send you one food parcel per month for three months as a small expression of appreciation and gratitude.

Yours truly,

INTERNATIONAL RAPID AID CO. INC.

M.M. Feinleib
President

MMF:le

CC WJC

P.S. For your information, we wish to add that the parcels will be delivered by our warehouse in Aschaffenburg.

Die »Rapid Aid Company« an Schindler, 21.4.1948

CABLES: "JOINTDISCO" NEW YORK — TELEPHONE: LExington 2-5200

THE AMERICAN JEWISH
JOINT DISTRIBUTION COMMITTEE, Inc.
270 MADISON AVENUE, NEW YORK 16, N.Y.

December 15, 1949

Mr. Oskar Schindler
Hotel "Corrietes"
Corrientes 6:2
Buenos Aires, Argentine

Dear Mr. Schindler:

We have for acknowledgment your letter of December 12th and note your instructions to deposit the balance which you maintain is due you of $10,000. to the account of:

"Mr. Leon Arbolave
First National Bank of Boston
Boston, Mass."

We shall be glad to follow these instructions as soon as we are in a position to clarify your account. We are in receipt of a letter from our Paris office to the effect that maintenance and other expenses were incurred in Italy in your behalf which should be offset against the sum due you. These charges are as follows:
According to the records of the Emigration Department in Paris, JDC Genoa spent

Maintenance - 414,200 Lira @ 575	$720.35	
Luggage	331.00	
Embarkation Tax	19.00	$1,070.35
In addition our Munich office indicates an advance made July 21st, of DM 5300 @ 6.1 or		868.85
The foregoing amounts to a total of		$1,939.20

This is exclusive of the advance made by the Asofis in Buenos Aires in the sum of 12,206.40 Argentine pesos/for ship passages and a further advance which was made to you during the month of November of 5,800 Argentine pesos. With respect to the transportation expenses, in view of your previous letter indicating that you are prepared to pay for the steamship tickets for your wife and yourself but you feel that passage for the other six persons should be paid by JDC, we have written to Mr. Beckelman, who has returned to Paris, and we will undoubtedly have word from him in the near future.

Meanwhile, may I ask you to be good enough to verify the advances enumerated above totalling $1,939.20 which we shall, of course, deduct from the $10,000. balance due you. It is understood, of course, that as we agreed previously, reimbursement of the advances for transportation will be made by you in Argentine pesos as well as the 5,800 pesos advanced to you during the month of November. This repayment is to be made after the deposit has been effected by us in accordance with your instructions.

Yours very truly,

Evelyn M. Morrissey
Assistant Treasurer

cc MWB
FFG
Gottlieb

Der Joint *an Schindler, 16.12.1949*

Jewish Joint Distribution Committee, *New York, vom 15. Dezember 1949, wird ersichtlich, dass Schindlers Emigration nach Argentinien durch Kredite dieser Organisation unterstützt bzw. erst ermöglicht wurde.*

Evelyn M. Moryissey, die 2. Schatzmeisterin, bittet Schindler, Vorschusszahlungen von $ 1039,20 zu bestätigen, die von dem ihm gewährten Kredit in Höhe von $ 10 000 abgezogen würden. (s. Faksimile S. 180)

Schindler ist auch Anfeindungen ausgesetzt, so z. B. von seinem ehemaligen Krakauer Angestellten Wurzel und von Wiener, deren Firmen er sich unrechtmäßig und brutal im Zuge der »Arisierung« angeeignet haben soll. Eine israelische Zeitung[4] berichtet, dass Julius Wiener es durchgesetzt habe, dass der in Israel weilende Schindler zu den Feiern auf dem Gedenkberge in Jerusalem nicht eingeladen wurde. Diese Vorgehensweise muss Schindler zutiefst gekränkt haben.

Der Zeitungsbericht zitiert Julius Wiener:

Am 15. Oktober 1939 abends betrat Oscar Schindler, geschmückt mit dem Blutorden der Nazis, in Begleitung eines weiteren Deutschen und seiner Geliebten das Engros-Geschäft für Haushaltswaren von Schlomo Wiener in Krakau, dem Vater von Julius Wiener, und übernahm als sogenannter Treuhänder im Zuge der Arisierung diese Firma. In brutalster Weise beschimpfte er den über 60jährigen Schlomo Wiener und verlangte von ihm, ein Hitlerbild zu küssen. Schlomo Wiener wurde sofort aus seiner Firma entfernt, Julius Wiener konnte noch einen Monat in der Firma verbleiben und wurde sodann unter einem nichtigen Vorwand von Schindler ebenfalls vertrieben.

Als Julius Wiener sich beschweren wollte, habe Schindler die SS gerufen, die Wiener schwer misshandelt hätte.

---

[4] ohne Datum, wahrscheinlich aus dem Jahre 1962, der ersten Israelreise Schindlers. Dieses Dokument wurde anderen aus dem Jahre 1955 vorangestellt, weil hier die Art der Beschuldigung genauer zur Sprache kommt.

Schindler versucht in zahlreichen Briefen zu beweisen, wie unbegründet diese Anklagen seien. Interessant, wie er die Behandlung Dr. Kasztners[5] *schildert, in dem er sich zum Teil selbst zu sehen scheint:*

San Vicente, den 23.4.1955, Oskar Schindler an Dr. Lomnitz[6]

Während meiner Aussprache anläßlich des Besuches des *Joint*-Präsidenten[7] in Buenos Aires hatte ich Gelegenheit, auf die Gleichzeitigkeit der Angriffe gegen den so verdienstvollen Dr. R. Kasztner in Israel und meiner Sache hinzuweisen, und Präsident M.A. Leavitt hält einen politischen Hintergrund für leicht möglich.

Gut kann ich mir die Gefühle eines Dr. Kasztner vorstellen, der sich für seine mutigen, einzigartigen Leistungen, die er in den gefahrvollen Jahren aufbrachte, um seinem Volke zu helfen und zu retten, jetzt mit Schmutzwerfern auseinandersetzen muß, die zum Großteil in der kritischen Zeit weit vom Schuß waren. Jetzt, wo mutig sein gefahrlos ist, haben diese Typen Kraft, sich zum Richter der traurigen Vergangenheit aufzuschwingen und sich die Ereignisse nach Bedarf zurechtzubiegen.

Natürlich bittet er auch u.a. seine israelischen Freunde, sich um seine Rehabilitation zu bemühen.

Buenos Aires, April 1955, Oskar Schindler an Mag. Salpeter, Izak Stern, Rabbiner Levetov, Dr. N. Stern, Edel Elsner, Henek Licht u. a.

Meine sehr geehrten Herren!
Betrifft: Wurzel-Korzeniowski-Nathan, Giwat-Brenner, Israel
Wenn ich mich heute gezwungen sehe, Sie mit diesen Zeilen zu bedenken, geschieht dies mit der Bitte, aus eingangs angeführtem Kreis geehrter Persönlichkeiten einen Ehrenausschuss zu bilden, nachfol-

---

[5] Dr. Kasztner war der *Joint*-Vertreter für Osteuropa und damit beauftragt, seinen verfolgten jüdischen Mitbrüdern während des Krieges zu helfen. Er wurde beschuldigt, dabei in seine eigenen Tasche gewirtschaftet zu haben.
[6] *Joint*-Direktor für Südamerika
[7] Herrn M.A. Leavitt aus New York

Schindler (links unten) mit israelischen Freunden

genden Tatbestand zu prüfen und eine Entscheidung und Ehrenerklärung zu erwirken.

Seit einigen Monaten bin ich hier durch Wurzel einer Verleumdungs- und Beleidigungs-Kampagne ausgesetzt, die W. mit verlogenen Schriften bei allen jüdischen Institutionen und ernsten Dienststellen betreibt, ich bin nicht gewillt, mich länger dieser Aktion unerwidert auszusetzen.

Ehe ich auf die Beschuldigungen und Forderungen W.s eingehe, will ich versuchen, die Vorgeschichte des Streitfalles chronologisch zu skizzieren, um gewisse Momente aufzuhellen. Es liegt mir ferne, mit diesem Bericht zum Ankläger jüdischer Belange zu werden und ich erkläre, daß ich frei bin von Rachsucht oder anderen böswilligen Interessen. Die in der Folge aufgeführten Tatsachen sind, soweit diese für W. nach einem Gesetz strafbar waren, heute, zehn Jahre nach dem Krieg, bestimmt objektiv und subjektiv verjährt und dienen nur zur Illustration dieses traurigen Zeitgenossen und der damaligen Spannungen und Zusammenhänge.

In vielen in den letzten Monaten nach Argentina gerichteten Briefen, Akten und anonymen Schreiben bezeichnet sich Wurzel als rechtmäßiger Eigentümer der vor dem Kriege in Konkurs gegangenen Emailfabrik Record in Krakau. In manchen Briefen behauptet er nur, Eigentümer der Maschinen der Konkursmasse »Record« Krakau zu sein. Diese Behauptungen werden durch Lügen und Beleidigungen untermauert, um sich mit diesen Ausführungen glaubwürdig als Naziopfer Nr. 1 herauszustellen.

Es ist bewiesen, daß die Fabrik »Record« Krakau lange vor dem deutschen Einmarsch nach Polen in Konkurs ging, die Produktion einstellte. Der Betrieb war, als ich 1939 nach Krakau kam, nicht jüdisches Vermögen, sondern Zweckvermögen der Konkursmasse des polnischen Handelsgerichtes in Krakau. Wurzel war zu polnischer Zeit nie Teilhaber der Email-Fabrik Record in Krakau. In seinen Briefen stellt W. die verlogene Behauptung auf, ich hätte die Fabrik Record in Krakau »beschlagnahmt«, wo ihm gut bekannt ist, daß ich das gesamte Volumen der Konkurs-Masse Record, das nie dem Treuhänder für jüdisches Vermögen unterstanden hat, durch einen legalen Pachtvertrag mit Genehmigung und Unterstützung des polnischen Handelsgerichtes in Krakau rechtsgültig zur Nutzung als Pächter erworben hatte. Den Pachtvertrag habe ich mit dem Konkursmasse-Verwalter der Fa. Record, Dr. Roland Goriczko, Advokat in Krakau, im Beisein des Richters Dr. Kraus des poln. Handelsgerichtes Krakau, abgeschlossen …

Es bleibt undurchsichtig, warum Wiener und Wurzel 1955 – zehn Jahre nach Kriegsende – mit diesen Beschuldigungen Schindlers an die Öffentlichkeit gegangen sind. Ging es ihnen darum, Entschädigungszahlungen aus ihren, wie sie behaupten, von Schindler unrechtmäßig angeeigneten Firmen zu erhalten? Wollte Wurzel sich an Schindler rächen, der ihn nach mehreren Unterschlagungen aus seiner Fabrik in Krakau entlassen hatte? Gab es einen politischen Hintergrund, waren Wurzel und Wiener nur Werkzeuge anderer Kräfte? Gab es bestimmte Kreise in Israel, die nicht akzeptieren wollten, dass es einen »guten« Deutschen gab, der auch noch öffentlich geehrt wurde? Schindler scheint es nie erfahren zu haben.

Das Ergebnis der Untersuchungen zur Wurzel-Affäre, das Schindler nicht befriedigt haben dürfte, da es keinerlei Rehabilitation bedeutete, teilt J. Sternberg ihm in einem Brief vom 25.2.1964 mit:

… Es war noch ein … Beschluss, betreffend die persönlichen Anklagen Wieners u. Wurzels, der Ihnen auch zugesandt wurde. – Die Kommission ist zur Einsicht gelangt, wie das lateinische Sprichwort besagt: »audiatur et altera pars«, dass ohne Sie zu vernehmen und Ihre Kontraargumente zu hören, sie nicht berechtigt ist, irgendeine Stellung zu beziehen. Somit hat die Geschichte »Wiener-Wurzel« ihr Ende genommen.

Diese Beschlüsse werden wir allen Kollegen-»Schindlerjuden« zukommen lassen.

Der Schriftsteller Kurt Großmann von der Jüdischen Palästina-Agentur[8], *New York, ist der Nächste, der über Schindler schreiben möchte. Schindler schildert ihm auf sein Bitten hin die Ereignisse der Kriegszeit. Das Buch wird unter dem Titel »Die unbesungenen Helden« erscheinen.*

N.Y., den 4.9.1956, Kurt Großmann an Oskar Schindler

… Ihre Darstellung habe ich mit besonderem Interesse gelesen und danke Ihnen für die Mühe, die Sie sich gemacht haben, mir nur die positiven Fakten Ihrer Erlebnisse mitzuteilen. *Er, Großmann, wolle in seinem Buch 30 bis 40 verschiedene Fälle schildern.*

Allein Ihr Fall würde die Herausgabe eines Buches rechtfertigen; aber in meinem Buch wird der Fall Schindler vielleicht zehn bis fünfzehn Druckseiten umfassen …

Schindler, der kein Englisch konnte, muss für den am 15.5.1957 aus Buenos Aires geschriebenen Brief[9] *an Moses Leavitt, den* Joint-*Präsidenten von Argentinien, eine Übersetzung in Auftrag gegeben haben. Er bittet Leavitt darin um einen Kredit, damit er nach Deutschland*

---

[8] *Jewish Agency (for Palestine):* im Mandatsvertrag für Palästina (1922) anerkannte öffentliche Vertretung des Zionismus für Palästina, beriet 1929–48 die britische Mandatsregierung und das jüdische Nationalkomitee im Interesse der jüdischen Bevölkerung; heute als *Jewish Agency for Israel* besonders für die Einwanderung tätig

[9] Er ist in ziemlich fehlerhaftem Englisch geschrieben.

zurückkehren kann, um Lastenausgleichszahlungen[10] *für sein im Krieg verlorenes Vermögen beantragen zu können.*

Wie so oft braucht Schindler aber nicht nur Geld, sondern auch Beziehungen. Lastenausgleichszahlungen *sollten zunächst nur Leute ab 75 Jahren erhalten. Schindler wollte sich verständlicherweise nicht damit zufrieden geben und bat um Unterstützung von Leuten, die er für einflussreich hielt.*

Er schildert, wie Dr. Nahum Goldmann[11], den er wiederum durch Vermittlung kennen gelernt hat, ihm einen Brief an Felix v. Eckardt, den Pressechef der Deutschen Bundesregierung mitgegeben habe und sich bereit erklärt hätte, in Deutschland mit Schindler gemeinsam persönlich beim Bundespräsidenten Dr. Heuss vorstellig zu werden.
(Faksimile des Briefes s. S. 187)

Schindler bedankt sich für die Unterstützung Goldmanns anlässlich seiner Rückkehr in die Bundesrepublik.
Er hat sich dadurch erhofft, Lastenausgleichszahlungen *schneller zu erhalten.*

---

[10] *Lastenausgleich:* Der Vermögensausgleich nach dem 2. Weltkrieg in der BRD zugunsten der durch die Kriegs- und Nachkriegsereignisse Geschädigten (Gesetz vom 14.8.1952, mehrere Änderungen). Zur Durchführung werden Ausgleichsabgaben erhoben, die dem Ausgleichsfonds zufließen. Die Gelder dürfen nur zur Finanzierung der Ausgleichsleistungen (z. B. Kriegsschadenrente, Eingliederungsdarlehen, Härtefonds) verwendet werden. Die Hauptentschädigung dient der Abgeltung für Vertreibungs-, Kriegssach- und Ostschäden an Vermögen, die nach dem Feststellungs-Gesetz (vom 14.8.52) festzustellen waren.
Zur Durchführung des *Lastenausgleichs* wurde das Bundesausgleichsamt errichtet, die Verwaltung in den Ländern liegt bei den Landesausgleichsämtern, in den Stadt- und Landkreisen bei den örtlichen Ausgleichsämtern.
Der *Lastenausgleich* wird in den Dokumenten immer wieder zur Sprache kommen.

[11] Dr. Nahum Goldmann war ein Mitglied des *Joint* und Präsident des *Jüdischen Weltkongresses* in New York.

OSKAR SCHINDLER
SAN VICENTE, Pcia.Buenos Aires

Buenos Aires, May 11th,1957

Mr.Moses A.Leavitt
Vice President of the JOINT
3 East 54th Street
NEW YORK 22, N.Y.

Dear Mr.Leavitt:

According to the request of Mr.Sidney Nelson, I am pleased to send you herewith enclosed a copy of the application filed by my former protégés with the President Dr.Theodor Heuss, who is also the president of the "Gesellschaft Christlich-Juedischer Zusammenarbeit".

In the meantime I had the honour to meet personally Dr.Nahum Goldmann, who happens to be in Buenos Aires and fortunately counted with all his understanding and sincere sympathy with my situation. As a matter of fact, Dr.Goldmann handed over to me a letter addressed to Mr.Felix v. Eckardt, head of the Press De-partment at the Genman Federal Government, a photostatic copy of which I am sending you herewith enclosed for your information. You will realize that this letter will be of greatest help to me upon my arrival in Germany.

In addition to that letter, I am indeed happy to state, Dr.Goldmann informed me that he is due to be in Germany early June and promised to be at my disposal for a personal intervention in my presence, with President Dr.Heuss or any authority where it were required.

From this you will understand, dear Mr.Leavitt, I am most interested in arriving in Germany the earliest possible. I would therefore highly appreciate it if you would kindly let me have the loan requested now, so that I can make reservation and all the necessary preparations for my trip. For the amount you will be good enough to lend me, I will give to the Joint office in Buenos Aires a promissory note which will be returned to me upon my repayment.

I indend to make my trip to Germany via the United States, which means only a very minimum difference in the cost, and will then call on you to extend my heartfelt thanks personally for all you were good enough to do on my behalf.

In the meantime I remain, dear Mr.Leavitt, sincerely yours

cc.Mr.S.Nelson

Schindler an Leavitt, 11.5.1957

Buenos Aires, den 17.5.1957, Oskar Schindler an Dr. Nahum Goldman, Präsident des *Jüdischen Weltkongresses*

Hochverehrter Herr Präsident,
Herr Mark Turkow, Direktor des *Weltkongresses*, Buenos Aires, hatte die Güte, mir Ihr liebenswürdig ausgearbeitetes Empfehlungsschreiben an Herrn Felix v. Eckhardt zu übergeben.

Ich gestatte mir, Ihnen mit diesen Zeilen nochmals herzlich für die Großzügigkeit zu danken, die Sie mir und meinem Problem während Ihres kurzen Aufenthaltes in Buenos Aires entgegenbrachten. Durch Ihre bewiesene Unterstützungsbereitschaft wird mir in Deutschland viel bürokratischer Leerlauf erspart bleiben, und ich werde mir die Freiheit nehmen, Sie über den Erfolg meiner Bemühungen zu unterrichten. Es ist mir eine besondere Genugtuung, gerade bei Ihnen, sehr verehrter Herr Präsident, soviel Verständnis und moralische wie auch praktische Unterstützung gefunden zu haben.

Schindler ist mittlerweile zurück in Deutschland. Die unterschiedlichsten Leute verwendeten sich nun bei verschiedenen Regierungsstellen für ihn. So schreibt L. Goldschmidt[12] *am 10. Juli 1957 ans Bundespräsidialamt und an den Pressechef der Bundesregierung und bittet um Unterstützung für Schindler.*

In zwei Schreiben an Saul Kagan[13] *schildert Schindler die Fortschritte, die er dank Vermittlung verschiedener Leute, u.a. Kagans, gemacht hat, und bittet um einen weiteren Kredit. In dem ersten Schreiben vom 12.7.1957 schreibt er:*

Sehr geehrter Herr Kagan,
als erstes sehe ich mich veranlaßt, Ihnen für die so wertvolle Empfehlung an Ihren hiesigen Mitarbeiter, den liebenswürdigen Herrn Dr. Katzenstein, aufrichtig zu danken, der trotz großer Arbeitslast immer Zeit findet, sich meiner Person und Problemen zu widmen und mich in feiner Form allen wichtigsten Persönlich-

---

[12] Mitglied des *Jüdischen Weltkongresses* in New York
[13] Vorstandmitglied der *Claims Conference* in New York; der Kontakt wurde über die israelischen *Schindler-Juden* und Freunde hergestellt

keiten empfohlen hat. Herr Dr. May unterstützt ihn hierbei weitgehend …

… In meiner Wiedergutmachungssache haben die ersten Sondierungsversuche von Herrn Dr. May ergeben, daß vorerst ein Wiederaufbaukredit im Bereich der Möglichkeiten stünde… Mit meiner Geschichte sind bei Presse und Funk einige Sachen in Bearbeitung, ich werde Ihnen die Ergebnisse mitteilen …

Im 2. Schreiben vom 20.8.1957 berichtetet er:

Frankfurt a. M., den 20.8.1957, Oskar Schindler an Saul Kagan

… In Zusammenarbeit mit meinem, mir sehr empfohlenen Rechtsanwalt Dr. Alexander Besser haben wir in unzähligen Besuchen der verschiedenen für meine Sache zuständigen Dienststellen die Voraussetzungen für das Maximum namhafter Aufbaukredite herausgearbeitet und finden, dank der hervorragenden Empfehlungen, bei allen Stellen größte Bereitwiligkeit, meinen Anträgen zu schnellem Erfolg zu verhelfen. (Was nicht ausschließt, daß infolge der vielen Kleinarbeit noch einige Wochen vergehen werden, bis wir für ein namhaft gemachtes Projekt das erste Geld erhalten.)

Da die Bearbeitung meines Problems längere Zeit benötigt als vorauszusehen war, hatte ich vor einiger Zeit durch Herrn Dr. Katzenstein an Sie, sehr geehrter Herr Kagan, die Bitte herangetragen, … meinen Kredit noch um tausend Dollar zu erweitern, ich wurde durch Ihre liebenswürdige Vermittlung an das Frankfurter *Joint*-Büro verwiesen, erhielt von Frau Reifer tausend Mark mit dem … Hinweis, nach Rückkehr ihres Direktors am 26. d. M. wegen einer weiteren Summe vorzusprechen. Ich bitte Sie, sehr geehrter Herr Kagan, hier … befürwortend zu helfen, da ich doch mit sehr bescheidenen Mitteln ausgestattet war, um all das, Unkosten und Spesen, tragen zu können, darüber hinaus müßte ich meiner Frau nach Buenos Aires, die leider keinerlei Reserven hat, einen kleinen Betrag schicken. In circa drei Monaten rechne ich fest, an den *Joint* die ersten Rückzahlungen vornehmen zu können …

Wieder scheint Schindler das Opfer einer Verleumdung geworden zu sein, die jetzt allerdings mehr sein privates Verhalten betrifft:

Frankfurt a. M., den 13.1.1959, Oskar Schindler an Kurt Großmann

… In der Hoffnung, dass Sie einen guten Start in das Neue Jahr genommen haben, entbiete ich Ihnen und Ihrer lieben Gattin für das Neue Jahr die besten Wünsche.

Der Zweck meiner Zeilen ist, nachfolgendes zu klären:

Ich erhalte aus Buenos Aires von meiner Frau die Mitteilung, dass Sie Herrn Henry Rosner, meinen guten Freund in New York, anlässlich eines Gespräches dahin unterrichtet hätten, dass Sie mir ein namhaftes Honorar für Ihr Buch »Die unbesungenen Helden« ausbezahlt hätten und ich diese Summe sowie einen weiteren Dollar-Zuschuss vom *Joint*, New York, mit jungen Mädchen in Luxus-Hotels hier verprasse.

Ich empfinde für meine Frau ein großes Maß Kameradschaft und ich hätte gerade dieser Frau, die jede Stunde gewärtig sein muss, dass man ihr [*ihr*] Rancho durch Versteigerung über den Kopf [*hin*]weg verkauft, eine bessere Weihnachtsbotschaft gegönnt.

Sie wissen, sehr geehrter Herr Großmann, in erster Linie, dass ich von Ihnen weder einen Cent Honorar erhalten oder erbeten habe. Auch wissen Sie sehr gut aus dem Schriftwechsel mit Herrn Dr. Besser, dass ich seit fast einem Jahr keinerlei materielle Unterstützung vom *Joint* Frankfurt (via New York) erhalten habe. Ich bitte Sie daher sehr, die Gelegenheit wahrzunehmen, Herrn Rosner telefonisch oder persönlich das Missverständnis aufzuklären, denn ich will nicht annehmen, dass Sie irgendeinen Grund hätten, derartige Unwahrheiten kursieren zu lassen.

Die Geschichte lässt sich nicht aufklären, denn Großmann bestreitet in seinem Antwortbrief vom 19.1.1959 je derartige Äußerungen gemacht zu haben. Und welchen Grund sollte Henry Rosner gehabt haben, gegenüber Emilie Schindler derartige Gerüchte in die Welt zu setzen?

Die Medien beginnen sich für Schindler zu interessieren …

Der WDR will eine Sendung über Schindler machen und hat dazu seinen Besuch in Israel gefilmt:

Köln, 17.5.1962, Dr. Simon, Westdeutscher Rundfunk, an Oskar Schindler

Gotthard Gebauer in Gleiwitz, 1936 (Foto: Gerburg Gebauer)

Sehr geehrter Herr Schindler!
Der Westdeutsche Rundfunk plant eine aktuelle Sendung über Ihren Besuch in Israel und über den Hintergrund Ihrer Beziehungen zu den Juden. Wir haben unseren Kameramann in Israel beauftragt, die Stationen Ihres Besuches zu filmen. Das ist bereits geschehen. Unser Kameramann teilte uns mit, daß Sie am vergangenen Sonntag wieder nach Deutschland zurückgekehrt sind.

Wir wären Ihnen dankbar, wenn Sie uns so bald wie möglich wissen ließen, wann wir Sie in Frankfurt besuchen können …

Gotthard Gebauer[14], der Schindler vor dem Krieg zur deutschen Spionageabwehr unter Admiral Canaris brachte, war laut Aussage seiner Tochter ein enger Freund Schindlers. Schindler hatte ihn ca. 1959 um einen Kredit gebeten, dessen schnelle Rückzahlung er zusicherte. Für diesen Kredit musste Gebauer selbst Geld aufnehmen – das Schindler geliehene Geld sah er jedoch nie wieder. Verständlich, dass eine gewisse Ungeduld und Gereiztheit aus seinen Zeilen spricht.

München, den 23.4.1962, Gotthard Gebauer an Oskar Schindler

… Leider kann ich Dir hier beim Abflug nach Israel nicht das Geleit geben, weil wir nicht hier sind. Und zwar fahren wir nach Meran, wo wir schon vor einem Monat fest Zimmer bestellt hatten, die wir jetzt

---

[14] Er war Offizier in der dt. Spionageabwehr unter Admiral Canaris und arbeitete gleich nach seiner Kriegsgefangenschaft in England für den BND.

Schindler pflanzt am 5. Mai 1962 einen Baum in der »Allee der Gerechten« in Jerusalem

bezahlen müßten, wenn wir absagen würden. Die Reise muß einfach steigen, weil Erna[15] unbedingt erholungsbedürftig ist. Du hast nichts von dem Theater gemerkt, das ihr Erich[16] fortgesetzt macht, weil Du ihm nicht das Geld zurückzahlst, das Du Dir für ein halbes Jahr – vor 3 Jahren – bei ihm geliehen hast. Er hat von seinem Standpunkt aus selbstverständlich recht, zumal Du noch kein Wort einer erklärenden Entschuldigung gefunden hast. Wir können ihn nur trösten und besänftigen, indem wir ihn darauf hinweisen, daß wir auch noch nichts zurückbekommen hätten. Bitte schreibe Erich ein paar entschuldigende und vertröstende Zeilen. Du mußt damit verhindern, daß er Dich überall herumträgt und schlecht macht, indem er behauptet, daß Du über Deine Verhältnisse lebst. Er betont dabei natürlich immer, daß wir ihn zur Geldhergabe veranlaßt haben. Schreibe ihm bitte, damit er wenigstens Deinen guten Willen sieht und merkt, daß Du ihn nicht vergessen hast. ... Aber nun möchte ich Dich dringend und ernstlich bitten, mir spätestens sofort nach Deiner Rückkehr aus Israel 1500,- DM auf mein Postscheck-Kto. ... zu überweisen. Ich würde Dich aber sehr darum bitten, daß Du mir nach Möglichkeit vor Deiner Abreise schon einen Teil dieses Betrages ... überweist.

Also, lieber Oskar, guten Start und gute Heimkehr und herzlichste Glückwünsche und Grüße zum Geburtstag von

Erna und Deinem Freunde
Gotthard

---

[15] Gebauers Ehefrau

[16] ein weitläufiger Verwandter der Familie Gebauer

בזכירה
סוד הגאולה
(הבעש"ט)

DANS LE SOUVENIR
RÉSIDE LE SECRET
DE LA RÉDEMPTION

YAD VASHEM
Har Hazikaron
Jérusalem

יד ושם
הר הזיכרון
ירושלים

תעודה
ATTESTATION

[redacted]

ששם נפשו בכפו להצלת יהודים בתקופת השואה
QUI, AU PÉRIL DE SA VIE, A SAUVÉ DES JUIFS PENDANT L'ÉPOQUE D'EXTERMINATION

נטע עץ בשדרת חסידי אומות העולם
A PLANTÉ UN ARBRE DANS L'ALLÉE DES JUSTES

LE 8 mai 1962 **ביום א' אייר תשכ"ב**

בשם רשות הזיכרון יד־ושם
POUR L'INSTITUT DU SOUVENIR YAD VASHEM

בשם הוועדה לציון חסידי אומות העולם
POUR LA COMMISSION DES JUSTES

ונתתי להם יד ושם אשר לא יכרת..... ישעיה נו
"JE LEUR DONNERAI UN NOM ÉTERNEL, QUI NE PÉRIRA PAS" ISAÏE, 56

estätigung vom 8.5.1962, dass Schindler einen Baum in der Allee der Gerechten pflanzen durfte

Ein wichtiges Ereignis und eine große Ehre muss es für Schindler gewesen sein, in Jerusalem am 5. Mai 1962 einen Baum in der Allee der Gerechten pflanzen zu dürfen. Der Präsident der jüdischen Gedenkstätte Yad Vashem, *Léon Kubovy, lädt Schindler in einem Schreiben vom 26. April 1962 (in französischer Sprache) dazu ein. Die Urkunde ist am 8. Mai 1962 ausgestellt worden. (s. Faksimile S. 193)*

Wieder ein anderer Anlass, Schindler behilflich zu sein: Die jüdische Gemeinde Frankfurt bittet den Frankfurter Oberbürgermeister, dass bei der Vergabe von städtischen Aufträgen bevorzugt Zementplatten aus Schindlers Betonsteinfabrik Verwendung finden mögen. Den Bankrott konnte dies allerdings nicht abwenden …

Das Oberbürgermeisteramt hat die Empfehlung aufgegriffen, ob Schindler aber tatsächlich städtische Aufträge erhalten hat, geht aus der Korrespondenz nicht hervor.

Erzeugnisse aus Schindlers Betonsteinfabrik

Frankfurt am Main, den 25.7.1962, Jüd. Gemeinde an Oskar Schindler

Sehr geehrter Herr Schindler, wir haben uns in Ihrer Angelegenheit an den Oberbürgermeister der Stadt Frankfurt am Main gewandt und ihn gebeten, dass er Sie bei eventuell anfallenden städtischen Arbeiten für Zementplatten usw. bei städtischen Bauten berücksichtigen möchte …

Vom Oberbürgermeisteramt kam folgende Benachrichtigung:

»Im Auftrag des Herrn Oberbürgermeister habe ich … die Amtsleitung des Verdingungsamtes … gebeten, Herrn Schindler an bevorzugter Stelle in die Vormerkliste zur Vergabe städtischer Aufträge aufzunehmen …

Während Schindler nach außen hin um sein wirtschaftliches Überleben kämpft, spielt sich ein nicht unbedeutender Teil seines Lebens in der Vergangenheit ab, die sporadisch, aber in sich steigerndem Maße auch in der Gegenwart Anerkennung findet.

So erfährt Schindler die offizielle Würdigung des Staates Israel wegen seiner Leistungen zur Rettung jüdischer Menschen während des Zweiten Weltkriegs. (s. Faksimile S. 197)

Auch Freund Sternberg aus Israel hat von dieser Würdigung erfahren.

Tel Aviv, den 25.2.1964, Sternberg an Oskar Schindler

Vor einigen Tagen bekam ich ein Schreiben von *Yad Vashem*[17], dem die Resolution der Kommission für die »Gerechten der Nationen«, die Ihre ungeheuren Leistungen und Verdienste um die Rettung von 1100 Juden feststellt und hervorhebt, in hebräischer u. deutscher Sprache beilag. An der Spitze dieser Kommission stand der Oberlandesgerichtsrat Landau, Vorsitzender des Eichmann-Prozesses. In der Kommission saßen auch u. a. Dr. Kubovy u. der bekannte

---

[17] Israelisches Dokumentationszentrum und Gedenkstätte für die Opfer der Judenverfolgung mit Sitz in Jerusalem

Rechtsanwalt Gideon Hausner, Generalprokurator im Eichmann-Prozess« …

Der Sekretär des »*Yad Vashem*« teilte mit, dass der Beschluss an Sie, teuerer, verehrter Herr Schindler, direkt abgegangen ist.

… Es ist in Aussicht gestellt, dass *Yad Vashem* ein Buch veröffentlicht, worin die Rettungstaten der »Gerechten der Nationen« geschildert werden. Ihre Persönlichkeit wird selbstredend in den allerersten Reihen zum Vorschein u. Geltung kommen …

Dieser Brief zeigt, dass Schindler tatsächlich Geld aus einem Oskar Schindler Fund[18] *erhalten hat, dass viele Leute sich für ihn interessieren und seine Freunde sehr um ihn besorgt sind. (s. Faksimile S. 199)*

Dieser Brief ist etwas stärker bearbeitet worden.[19]

N.Y., den 24.12.1963, Henry Rosner[20] an Oskar Schindler

… Wie Du ja schon weißt, bin ich der Chairman[21] für den *Oskar Schindler Fund* in NY, Frau Betty Gunz ist Treasurer[22], die … das Geld nach Frankfurt für Dich überweist. Sie hat schon einmal $ 50,00 Dir geschickt, aber bis jetzt ist keine Bestätigung von Dir gekommen. Vor zwei Tagen hat sie Dir wieder $ 50,00 geschickt als Christmas present. *Rosner schreibt, dass er Briefe aus Schweden und aus Panama erhalten habe, alles von fremden Leuten, die Schindler helfen wollten.* Der aus Schweden ist von einem Amerikaner geschrieben, der behauptet, dass solche Menschen wie Du in Schweden gern gesehen sind. Alle wollen Deine Adresse …

Sein Konto wachse immer weiter, und sie wollten nur das Eine, er solle genug zum Leben haben und das Weitere *werde sich automatisch ergeben.* Du mußt uns natürlich auch helfen …

---

[18] Der bekanntere *Schindler Survivor's Fund* wurde erst 1967 von Pfefferberg ins Leben gerufen. Aus diesem hier genannten *Fund* dürfte Schindler nicht viel Geld erhalten haben.

[19] Das bezieht sich nur auf Satzbau und Rechtschreibung – der Brief ist in der ursprünglichen Form nicht so gut lesbar.

[20] Hermann »Henry« Rosner – *Schindler-Jude* und Musiker

[21] Vorsitzende

[22] Schatzmeisterin

רשות הזיכרון לשואה ולגבורה

MARTYRS' AND HEROES' MEMORIAL AUTHORITY

HAR HAZIKARON P.O.B. 84 / CABLES: YADVASHEM TEL. 22169, 21817, 26318 טל׳ / מברקים: ירושם / ת״ד 84 ירושלים, הר הזיכרון

ירושלים

(Official Citation given to Oskar Schindler by the Government of Israel, December 24, 1963)

Auf Grund vieler Zeugenaussagen, die ihr vorlagen, stellt die Kommission zur Ehrung der Gerechten der Nationen, im Rahmen der nationalen Institution "Yad Vashem" fest, dass Herr Oskar Schindler ueberragende Leistungen zur Rettung der Juden waehrend der juedischen Katastrophe in Europa vollbracht hat. Unter anderem ist hervorzuheben, dass Herr Schindler den Juden die in seiner Fabrik Zablocie arbeiteten, menschliche Lebensbedingungen angedeihen liess, dass er die Juden aus dem Lager Plaszów in seine Fabrik ueberfuehrte, um ihnen das Leben zu retten; dass er 900 juedische Maenner und 300 juedische Frauen aus dem Lager Plaszów vor dessen endgueltiger Liquidierung nach Brünnlitz brachte; dass er die 300 juedischen Frauen, die bereits nach Auschwitz transportiert waren, von dort rettete; dass er etwa hundert juedische Haeftlinge des bereits liquidierten Lagers Golszów aus plombierten Eisenbahnwaggons herausbrachte und dieselben mit Hilfe seiner Frau zum Leben zurueckpflegte; dass er sich staendig um die Gesundheit seiner juedischen Arbeiter kuemmerte, indem er fortdauernd fuer zusaetzliche Nahrungsmittel und Arzneien sorgte und seinen juedischen Arbeitern menschliche Lebensbedingungen und äztliche Behandlung sicherte, um ihre Leiden zu erleichtern; dass er in Todesfaellen die Bestattung nach juedischen Glaubensvorschriften durchfuehren liess.

All dies fuehrte Herr Schindler unter dauernder Lebensgefahr aus.

Herr Schindler hat dadurch die tiefe Dankbarkeit hunderter von ihm geretteter Juden erworben und ist der Anerkennung des ganzen juedischen Volkes wuerdig.

24.12.1963

Offizielle Würdigung Schindlers durch den Staat Israel, 24.12.1963

Wieder ist eine Fernsehsendung über Schindler geplant. In dem Zusammenhang wird auch ein Vorfall angesprochen, bei dem Schindler von einem seiner Arbeiter angegriffen und als »Drecksjude« beschimpft wurde.

Dies war nicht der einzige Fall, bei dem Schindler wegen der Rettung von Juden und späteren, die (SS-)Täter belastenden, Aussagen vor Gericht angefeindet wurde.

Frankfurt a. M., den 2.1.1964, Oskar Schindler an Hermann Rosner

Lieber Hermann!
Wie Dir von Herrn Wilfert vom 2. Fernsehen bekannt ist, will er Dich in den ersten Tagen dieses Jahres in N.Y. besuchen, um für das Fernsehen mit Dir und einigen unserer Freunde ergänzende Aufnahmen zu Eurem Artikel in der New York Herald Tribune zu machen.

Dass ich dabei überflüssig erscheine, ist unwesentlich. Ich habe mit Herrn Wilfert am 30.12.1963 in der Paulskirche in Frankfurt in der Ausstellung des Aufstandes des Warschauer Ghettos (die gleichzeitig mit dem Prozess gegen die Auschwitzer Wachmannschaften im Rathaus nebenan stattfindet), [*Aufnahmen*] gemacht und hatte anschließend an diese Aufnahmen eine kurze Unterhaltung mit Herrn Wilfert im Beisein zweier ausländischer Journalisten ...

In Eurem ersten Artikel soll, ich verstehe leider nicht englisch, die Behauptung aufgestellt worden sein, ich wäre in den Straßen von Frankfurt gesteinigt worden. Das ist unwahr und muss auf einem Übersetzungsfehler beruhen, denn ich habe eine derartige Behauptung nicht aufgestellt. Wahr hingegen ist, dass ich in meiner Fabrikshalle in einem Vorort von Frankfurt im Beisein von mehr als 10 Zeugen mit einer Eisenstange von einem meiner Arbeiter geschlagen wurde und über in der Halle lagernde Betonsteine resp. Treppenstufen zu Fall kam. Der Tenor liegt nicht auf der Tatsache meiner damals leider durch den Angriff entstandenen körperlichen Verletzung, sondern auf den begleitenden Worten: »Du Dreckjude, Dich hat man vergessen zu vergasen.«

Die von mir eine halbe Stunde später bei der Polizei in Hanau im Beisein von Zeugen erhobene Anzeige wurde nicht weiter verfolgt. Man hat wohl einen Funkstreifenwagen nach dorthin abgesandt, aber

N.Y.Dec.24,1963.

Lieber Oskar:
Meine Frau hat Dir einen Brief geschrieben(mit Zeitungsauschnitten)vor ungefaehr 2 wochen,aber wir haben bis nun nichts von Dir erhalten.
Ich war eingeladen zu meinen Bruder George nach Phoenix -Arizona,wo ich paar Tage gespielt habe mit meinen Bruder,dann bin ich geflogen nach Los Angeles wo ich mit Poldek & Mila zusammen war.Die bemuehen sich Dich nach Los Angeles zur Besuch zu bringen...und sammeln das Geld fuer die Reise.
Wie Du schon ja weist,ich bin der Chairman for Oskar Schindler Fund in NY.
Frau Betty Gunz ist Treasurer..die was Geld in die Bank bringt und die das Geld von der Bank nach Frankfurt fuer Dich ueberweist.Sie hat schon einmal $50.oo, Dir geschick,aber bis jest is keine Bestaetigung von Dir gekommen.Vor 2 Tagen hat Sie wieder Dir $50.oo,geschick als Christmas praesent.
Ich habe bekommen Briefe aus Schweden,und aus Panama Canal...von fremden leuten die Dir helfen wollen.Der aus Schweden,is geschrieben bei einem Amerikaner der behauptet das solche menschen als Du,sind gern gesehen in Schweden..alle wollen Deine Adresse...Ich muss von Dir dazu eine Erlaubniss haben Soll ich die Adresse denen geben?Heute hat mir der Dr.Grossman angerufen, Er arbeitet in der Zeitung "Aufbau"....naemlich,ich habe einen Brief an den Chefredakteur geschrieben in Deiner Angelegenheit...die Zeitung soll unserer Sache helfen usw.so darauf hin hat mir Dr.Grossman mitgeteilt das Aufbau will helfen uns ganz bestimt.Beir dieser Gelegenheit Er laest Dich Herzlichst Gruessen und wuenscht Dir Merry Chrismass.Er ist immer noch Dein Freund.Ich habe noch immer noch keinen posten,so habe ich genug Zeit in der Sache zu dringen.Ich habe sogar einen Anruf fuer Deutches Television Gesellsc Habe aber verlangt geld dafuer.Ich erwarte von denen eine Antwort.Dein Konto waechst immer,und wir wollen nur das eine,Du sollst haben genug zum leben und das weitere wird kommen automatisch.Du must natuerlich uns auch helfen und es ist schon hoechste Zeit das Du Herr Oskar Schindler fuehlst.
Do must heraus aus Frankfurt...das ist kein Platz fuer Dich.
Ich erwarte von Dir ein paar Zeilen...nur paar Zeilen,Du brauchst mir keine lange Briefe schreiben...nur gib mir ein Zeichen ...das Du lebst und gesund bist.Das waere allesfuer heute.Ich und meine Frau & kinder wuenschen Dir Froehliche Weinachten,Du sollst gesund und gluecklich sein immer..Amen

Allerbesten Gruesse

Dein alter "eternal" freund

Henry

HENRY ROSNER
62-37 79th STREET
ELMHURST 79, L. I., N. Y. 11379
U.S.A.

Henry Rosner an Schindler, 24.12.1963

es hatte sich sowohl der Täter mit seinem Kleinwagen als auch die anderen Arbeiter nach Erhalt ihrer verspäteten Lohnzahlung nach Hause begeben.

Seitens der Polizeistellen wurden keine weiteren Erhebungen gemacht und selbst mein Anwalt Dr. Alexander Besser riet mir, lieber der gute wie der böse Narr zu sein und die Sache auf sich beruhen zu lassen. Zu der Zeit war ich seit 4 Monaten mit meiner Herzkranzgefäß-Problematik so stark in medizinischen Händen, dass ich mich um diese Dinge nicht kümmern wollte …

Ich muß mich dagegen verwehren, dass diese Sendung aus mir sei es einen Märtyrer macht oder politischen Wahlschlagern gilt …

Bei der Fernsehsendung über Schindler haben Schindler-Juden *sich bereitwillig beteiligt und sogar zugunsten Schindlers auf ihr Honorar verzichtet – nicht aber Schindlers Anwalt Dr. Besser. Schindler ist unzufrieden, wie langsam dieser seinen Konkurs abwickelt und argwöhnt, dass das nur Dr. Bessers Konto zugute käme.*

Schindler geht davon aus, dass seine Freunde sehr an ihm interessiert sind und sich für ihn einsetzen wollen, wünscht sich aber noch mehr Engagement bei der Arbeitssuche für ihn.

Frankfurt a. M., den 20.1.1964, Oskar Schindler an Sternberg, Stern, Dr. Bejski, Mag. Salpeter, Mandel, Nachhauser, Elsner, Licht, Bechtold, vor allem Aleksandrowitsch[23] und alle meine lieben Freunde

… Pemper und Singer kamen sich nicht fotogen genug vor, haben aber in ausführlichen Telefongesprächen zu dem Material Stellung genommen. Frau Orbach, die zur Zeit hier in Frankfurt lebt, erzählt die Schubkarrengeschichte mit dem von Grün nicht erschossenen Lamus[24], Rosner spielt sogar in dieser Sendung die Wiener Lieder, die er im Lager spielen musste.

Die für den 15.1.1964 fertige Sendung musste um zwei Wochen verschoben werden, weil unser lieber Herr Dr. Besser die abschwächen-

---

[23] manchmal auch »Aleksandrowicz« oder »Alekzandrowicz« geschrieben

[24] Diese Episode wird auch im 1. Kapitel »Die Kriegsjahre« geschildert.

den Schlussworte erst am Tage der Sendung sprechen konnte, trotzdem er zwei Wochen vorher mehrere Male gebeten wurde, eine Sendung mitzumachen und aus »Zeitmangel« immer wieder ablehnte. Zum Schluss ist es ihm doch noch gelungen, seine Beruhigungspille »es gibt keinen Antisemitismus in der Bundesrepublik« anzubringen, und zwar gegen Honorar. Frau Orbach und Herr Rosner haben zugunsten des *Schindler Fund*s auf ihr Honorar verzichtet. Ich bin bemüht, von dieser Sendung ein Tonband aufnehmen zu lassen und werde Euch das für unsere Freunde zuschicken, Sendezeit 45 Minuten. Gleichzeitig schicke ich Euch für Euer Schindler-Archiv das Tonband aus Kalifornien mit einer Vielzahl von Glückwünschen unserer dortigen Freunde zu den Feiertagen.

Der Vergleich des Herrn Dr. Besser mit meinen Gläubigern schleppt sich jetzt mangels jeder Initiative schon monatelang hin, ohne dass ein Ende abzusehen ist … Leere Versprechungen, die Euch Pincas[25] machte, schnell zu arbeiten, haben scheinbar nur noch den Zweck, für das brachliegende Kapital Zinsen auf das Konto des Dr. Besser zu bringen.

Ich bin erfreut, Euch mitteilen zu können, dass unser Hermann Rosner, der zur Zeit leider arbeitslos ist, zu Poldek Pfefferberg nach Los Angeles geflogen ist, um sich mit ihm über den *Schindler Fund* zu koordinieren. Er schreibt mir, dass bereits für mich für einen Besuch die Flugspesen gesammelt werden …

Ich habe in Dutzenden von Fällen hier in der Bundesrepublik, sei es für Verfolgte oder Verfolger, Zeugenschaften geleistet (Szvjtni-Svedek). Ob meine Anwesenheit hier für die Folgezeit einen positiven Wert hat, soweit es Kriegsereignisse betrifft, kann ich schlecht beurteilen. Sicher aber kann ich der Sache selbst nur nützen, wenn mein Erwerbsminimum dem hier Üblichen entspricht …

Bei der Vielzahl Eurer Freunde in den USA, die industrielle Bindungen in Europa haben, muss es doch einen Weg geben, in einem dieser Konzerne für eine Tätigkeit in Mitteleuropa Parnuse[26] zu verdienen. Ich suche keinen Aufsichtsratsposten in einer AG, wo ich einige Male im Monat einige Unterschriften zu leisten habe, son-

[25] Rechtsanwalt, manchmal auch »Pineas« geschrieben

[26] Bedeutet auf hebräisch »Arbeit«.

dern eine produktive Tätigkeit, denn ich bin Gott sei Dank nicht gelähmt …

Ich will aus den eventuellen Erfolgen für meine Frau in Argentinien natürlich auch Erleichterungen schaffen und ich bin glücklich, von meinem Freund Walter Pollak gehört zu haben, dass sich nach Einschaltung des Weltkongresses auf Eure Initiative hin sich durch Einschaltung einer jüdischen Loge die Situation meiner Frau erträglicher gestaltet hat. …

immer Euer ergebener

Schindler hat keinerlei Krankenversicherung[27] *und ist deshalb auch immer bei gesundheitlichen Problemen auf Unterstützung angewiesen. Hier ist ihm anscheinend Beihilfe zu einem Sanatoriumsaufenthalt zugesagt worden.*

Sanatorium in Emdenau, den 19.8.1964, Oskar Schindler an Herrn Simon, *United Restitution Organization*[28]

… Bitte mich zu entschuldigen, dass ich Sie mit diesen Zeilen belästige, aber ich habe nachfolgende dringende Bitte an Sie:

Seit zwei Wochen bin ich im Sanatorium Dr. Stein eingeladen und bleibe noch bis Anfang September ds. Jhrs. hier; ich will versuchen, meinen sehr elenden Gesundheitszustand etwas zu restaurieren. Meine Bitte an Sie, sehr geehrter Herr Simon, geht dahin, falls es Ihnen möglich ist, den mir zugedachten Betrag schon einige Tage vor dem 1. September an mich per Adresse Sanatorium Dr. Stein durch die Post zu überweisen.

Sie werden verstehen, dass mein Aufenthalt viele zusätzliche Ausgaben wie Medikamente und anderes mit sich bringt …

---

[27] Das behauptet er jedenfalls mehrfach; 1972 spricht er allerdings davon, dass die »Armenkrankenkasse« ihm bestimmte Behandlungen nicht bezahle … zu dem Zeitpunkt zumindest muss er in einer Krankenkasse gewesen sein.

[28] *URO = United Restitution Organization*. Die *URO* ist eine führende jüdische Organisation, die zu dem Zweck gegründet wurde, alle jüdischen Opfer des Nationalsozialismus bei der Geltendmachung ihrer Wiedergutmachungsansprüche gegenüber den Deutschen zu unterstützen.

Es gibt immer wieder Menschen, auch Journalisten, die Schindler dem Vergessen entreißen, seine Verdienste ehrlich würdigen wollen. So Uri Kaisari in der hebräischen Tageszeitung Maariv *vom 7.1.1965 mit dem Artikel »Wirkliche Helden und Helden mit der Schminke«.*

Wer hörte etwas über Oskar Schindler? Wer kannte ihn u. lernte ihn kennen? Bestimmt sehr wenige Leute. Eichmann, Göring u. Hitler, was ich nicht zu betonen brauche, sind mehr bekannt. Sie haben doch Millionen Juden ermordet, wogegen Oskar Schindler lediglich nur einige Hunderte rettete. Selbstverständlich: der Ausdruck »lediglich« enthält einen Tropfen von Ironie, schmerzlicher Ironie.

... Schindler sei nach Deutschland zurückgekehrt und man erzähle sich, dass er heute – in Bedrängnis – von der Gutherzigkeit seiner Geretteten lebe. So stellten sich die Lebensgeschichten jener Helden dar, von denen niemand spräche ...

Oskar Schindler war ein Lebensheld, ein Held der Wirklichkeit, er war ein waghalsiger, gradliniger, offener u. treuer Mensch. Er offenbarte sich vor allen so wie er war, er hatte weder Farbe noch Schminke nötig.[29]

Schindler war bei den Medien immer wieder gefragt. So ergibt sich aus einem Brief vom 14.1.1965, dass er z. B. bei einer Sendung des Westdeutschen Rundfunks (Schulfunk) mitgemacht hat, er bittet einen Dr. Erfurth um die Überweisung seines Honorars.

In dem folgenden Brief wird Schindler wieder einmal darum gebeten, bei der Erlangung von Entschädigungszahlungen behilflich zu sein.

Rita Dränger aus Israel, Tochter des jüdischen Kaufmanns Sofier (Emaillewarenbranche) aus Krakau, bittet Schindler um Bestätigung der elterlichen Vermögensverhältnisse, damit sie Entschädigungszahlungen erhalten kann.

Ein Brief, der exemplarisch für viele andere gesehen werden kann:

---

[29] Bezieht sich auf den Plan, Richard Burton die Hauptrolle bei der Verfilmung der Schindler-Geschichte zu geben.

Naharija (Israel), den 10.2.1965, Rita Dränger an Oskar Schindler

... Bitte, wie Sie ja wissen, war mein Vater ein großer u. reicher Kaufmann in der Emailwaren-Branche. Im Krieg wurde uns alles weggenommen, meine Mutter in Krakau erschossen u. mein Vater [*ist*] in Mauthausen umgekommen. Seit Jahren bemühe ich mich um die minimalste Entschädigung, nur für Schmuck, Pelze, doch alles umsonst ...

Schindler hat am 5.4.1965 eine Freiheitsstrafe auf Bewährung erhalten. Er wird am 26.6.1967 vom Amtsgericht Frankfurt/Main-Höchst darüber informiert, dass die Bewährungsfrist abgelaufen ist.
Aus dem Schreiben wird nicht ersichtlich, wofür er die Bewährungsstrafe erhalten hat.[30] *(s. Faksimile S. 205)*

Schindler soll das Bundesverdienstkreuz 1. Klasse verliehen werden. (Verleihungsurkunde s. S. 207) Er fragt seine Freunde, ob er es annehmen soll. Der Rat wird prompt erteilt:

Tel Aviv, den 10.1.1966, Sternberg an Oskar Schindler

... »Antwort positiv stop Empfehlen Annahme und gratulieren«
Wir waren uns einig, dass nichts im Wege steht, die ehrenvolle Auszeichnung anzunehmen. Im Gegenteil, sie zeugt von Interesse in den hohen Stellen, nicht jeder kann doch das Bundesverdienstkreuz I. Klasse erzielen. Die Verleihung dieser Auszeichnung kann unvorhergesehene Vorteile ... u. gebührende Achtung nach sich ziehen. Wir sind demnach gespannt zu wissen, wie die Verleihungsfeier vor sich ging ... in wessen Beisein u. ob sie Widerhall in der Presse u. der Öffentlichkeit gefunden hat. Es ist besonders interessant zu wissen, auf wessen Veranlassung ... die Auszeichnung zustande kam ...

---

[30] Der Firmenkonkurs liegt schon einige Jahre zurück, und auch der Vorfall, bei dem Schindler vor Gericht zitiert wurde, weil er jemanden geschlagen hatte, der ihn als »Drecksjude, den man vergessen hätte zu vergasen« bezeichnet hatte, hat sich schon um einiges früher ereignet.

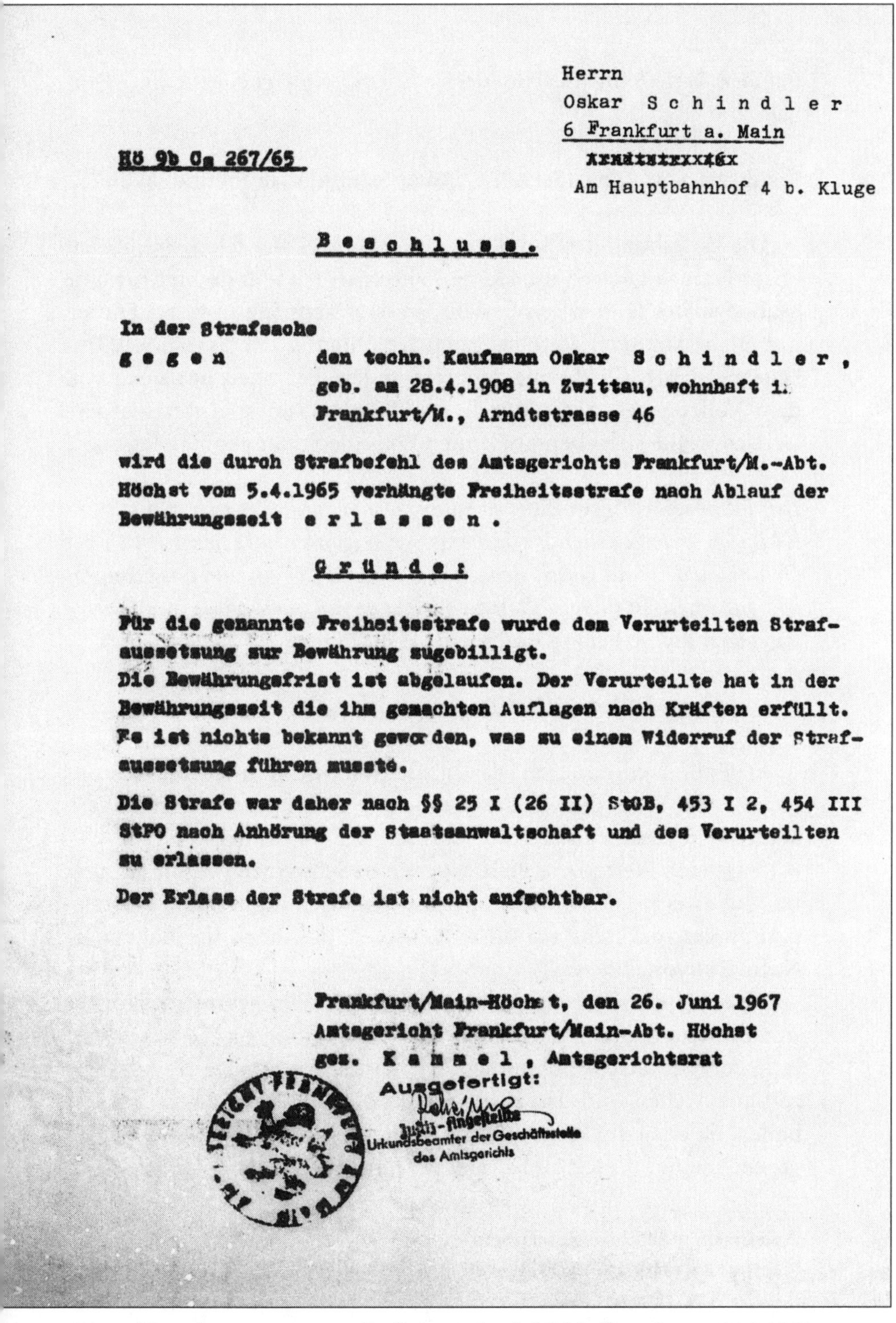

Herrn
Oskar Schindler
6 Frankfurt a. Main
~~Arndtstrasse 46~~
Am Hauptbahnhof 4 b. Kluge

Hö 9b Cs 267/65

B e s c h l u s s .

In der Strafsache
g e g e n — den techn. Kaufmann Oskar S c h i n d l e r , geb. am 28.4.1908 in Zwittau, wohnhaft in Frankfurt/M., Arndtstrasse 46

wird die durch Strafbefehl des Amtsgerichts Frankfurt/M.-Abt. Höchst vom 5.4.1965 verhängte Freiheitsstrafe nach Ablauf der Bewährungszeit e r l a s s e n .

G r ü n d e :

Für die genannte Freiheitsstrafe wurde dem Verurteilten Strafaussetzung zur Bewährung zugebilligt.
Die Bewährungsfrist ist abgelaufen. Der Verurteilte hat in der Bewährungszeit die ihm gemachten Auflagen nach Kräften erfüllt.
Es ist nichts bekannt geworden, was zu einem Widerruf der Strafaussetzung führen musste.

Die Strafe war daher nach §§ 25 I (26 II) StGB, 453 I 2, 454 III StPO nach Anhörung der Staatsanwaltschaft und des Verurteilten zu erlassen.

Der Erlass der Strafe ist nicht anfechtbar.

Frankfurt/Main-Höchst, den 26. Juni 1967
Amtsgericht Frankfurt/Main-Abt. Höchst
gez. K a m m e l , Amtsgerichtsrat

Ausgefertigt:
Justiz-Angestellte
Urkundsbeamter der Geschäftsstelle
des Amtsgerichts

Die auf Bewährung ausgesetzte Freiheitsstrafe wird Schindler erlassen, 26.2.1967

Bei der Verleihung des Bundesverdienstkreuzes gab es kleine Pannen …

Frankfurt a. M., den 17.1.1966, Oskar Schindler an Freund Jakob[31]

… Die Verleihung des Bundesverdienstkreuzes war feierlich, nur hat unser Freund Orbach die kleine Zahl unserer Freunde hier für eine Stunde später telefonisch bestellt, so dass Trauring mit drei Frauen nur mehr vor dem Rathaus nach Beendigung der Zeremonie uns begegnete, Ing. Garde und mehrere andere Personen nur noch von dem Vollzug des Aktes durch den Pförtner unterrichtet wurden. Orbach wollte sich eben um keinen Preis die Schau nehmen lassen …

Das Filmprojekt[32] geht nicht so voran, wie Schindler es sich wünscht. Er fühlt sich verletzt durch Pfefferbergs Schweigen, er hat offensichtlich das Gefühl, dass er und Gosch sich nicht genügend für ihn und das Filmprojekt einsetzen. In diesem Kontext spricht er von »Passivität und Unwillen gegen meine Person und meine Handlungen« *in Deutschland.*

Frankfurt a. M., den 28.2.1966, Oskar Schindler an Sternberg

… In der Beilage sende ich Dir u. a. die zwei eidesstattlichen Erklärungen mit der Bitte, diese weiterleiten zu wollen und den Empfängern auch meine besten Grüße und Wünsche zu übermitteln.

… Da sich Pfefferberg viele Wochen in Schweigen gehüllt hat und mir auf zwei Briefe Antwort schuldet, habe ich ihm Freitag ein Telegramm geschickt und darauf hingewiesen, dass auch Ihr lange ohne Nachricht von ihm seid.

Die schleppende Entwicklung in unserer Filmgeschichte könnte mich verleiten, auf 2–3 Wochen nach USA zu fliegen. Gosch erwägt ja in seinem letzten Schreiben, den Film auch auf die Nachkriegszeit auszuweiten und das dürfte wohl politische Gründe als Ursache haben, da er so die Möglichkeit hat, die Passivität und den Unwillen gegen meine Person und meine Handlungen herauszuarbeiten.

[31] wahrscheinlich Jakob Sternberg

[32] Schindler hatte am 13.11.64 mit Gosch einen Vertrag geschlossen.

VERLEIHUNGSURKUNDE

IN ANERKENNUNG DER UM STAAT UND VOLK ERWORBENEN

BESONDEREN VERDIENSTE

VERLEIHE ICH

HERRN OSKAR SCHINDLER

FRANKFURT AM MAIN

DAS VERDIENSTKREUZ

ERSTER KLASSE

DES VERDIENSTORDENS DER BUNDESREPUBLIK DEUTSCHLAND

BONN, DEN 5. NOVEMBER 1965

DER BUNDESPRÄSIDENT

15

Das Bundesverdienstkreuz

Was wohl mehr der heutigen Tendenz des amerikanischen Films entspricht. Ich glaube durch meine Anwesenheit einen gewissen Stoß nach vorne herbeizuführen und das Projekt zu aktualisieren …

Werner bezieht als Zoll-Oberinspektor DM 1700,– Rente, und wo bleibe ich???

Liebe Freunde, Ihr könnt Euch vorstellen, dass ich durch das lange Schweigen von Pfefferberg stark deprimiert bin, da ich doch, so wie Ihr, schon auf einen greifbaren Fortschritt in der Filmsache warte …

Graf Yorck von Wartenburg hat über seinen Sohn von Schindler gehört und ist von ihm beeindruckt.

Badgastein, den 3.7.1966, Graf Y. v. Wartenburg an Oskar Schindler

… Lassen Sie mich Ihnen zunächst meinen aufrichtigen Dank sagen und Ihnen meine Bewunderung aussprechen. Sie haben viel für die Juden und damit mehr noch für unser Vaterland getan. Daß man Ihnen wenig Dank weiß, unterstreicht Ihren Verdienst, denn so ist es nun einmal um uns bestellt.

Von meinem Sohn, den Sie in Tel Aviv kennenlernten, wurde ich unterrichtet, daß Sie eine Stellung suchen. Ich bin sehr gerne erbötig, Ihnen dabei behilflich zu sein und würde es mir zur Ehre anrechnen, wenn ich damit Erfolg hätte …

Auch der Frankfurter Oberbürgermeister Brundert ist auf Schindler aufmerksam gemacht worden. Er wird sich in Zukunft für ihn einsetzen.

Frankfurt a. M., den 18.7.1966, OB Prof. Dr. Brundert an Oskar Schindler

… Herr Botschafter Pauls in Tel Aviv hat kürzlich die Anregung an mich herangetragen, mich mit Ihnen über Ihre persönlichen Verhältnisse zu besprechen. Eine ähnliche Anregung gab mir kurz davor Herr Staatssekretär Birkelbach in Wiesbaden. Ich bin gern bereit, diesen Anregungen zu entsprechen und würde mich freuen, Sie in nächster Zeit kennenlernen zu können …

DER OBERBÜRGERMEISTER
DER STADT FRANKFURT AM MAIN

Frankfurt am Main, den 18. Juli 1966
Rathaus-Römer
B/Be.

Herrn
Oskar Schindler
6000 Frankfurt am Main
Am Hauptbahnhof 5, Apt. 63

Sehr geehrter Herr Schindler!

Herr Botschafter Pauls in Tel Aviv hat kürzlich die Anregung an mich herangetragen, mich mit Ihnen über Ihre persönlichen Verhältnisse zu besprechen. Eine ähnliche Anregung gab mir kurz davor Herr Staatssekretär Birkelbach in Wiesbaden. Ich bin gern bereit, diesen Anregungen zu entsprechen und würde mich freuen, Sie in nächster Zeit kennenlernen zu können.

Da ich jedoch am 24.7.1966 meinen Urlaub antrete und bis dahin terminlich voll ausgelastet bin, sehe ich in den nächsten Tagen zu einem solchen Gespräch keine Möglichkeit mehr. Ich wäre Ihnen daher dankbar, wenn Sie Ende August zu mir in den Römer kommen könnten. Ich werde Ihnen rechtzeitig einige Termine zur Auswahl vorschlagen. Bis dahin wollen Sie sich bitte noch gedulden.

Mit vorzüglicher Hochachtung

(Prof. Dr. Brundert)

OB Dr. Brundert an Schindler, 18.7.1966

Schindler hat Altbundeskanzler Adenauer in Israel getroffen und fühlt sich durch diese Begegnung offensichtlich sehr geehrt.

Frankfurt a. M., den 2.9.1966, Oskar Schindler an Dr. Konrad Adenauer

Hochgeschätzter Herr Altbundeskanzler,
Anläßlich Ihres Besuches in Israel hatte ich am 8. Mai die große Ehre, auf Einladung des sehr geehrten Herrn Botschafter Dr. Pauls an Ihrem Empfang im Sheraton-Hotel, Tel Aviv, teilzunehmen.

Eine große Zahl meiner jüdischen Schützlinge der Kriegsjahre, heute meine guten Freunde, die alle die Greuel des Krieges in meinen Betrieben überlebten, hatten mich wieder zu einem Urlaub eingeladen.

Lieber Herr Altbundeskanzler, wenn Sie mir die große Ehre erweisen wollen, das beiliegende Foto unserer Begegnung mit Ihrer geschätzten Widmung zu versehen, wäre ich Ihnen für dieses wertvolle Andenken sehr dankbar.

Mit vielem Dank im voraus und den besten Wünschen für Ihre werte Gesundheit verbleibe ich mit den ergebensten Grüßen

An Schindler wird jetzt auch vermehrt von kirchlichen Kreisen und karitativen Organisationen die Bitte herangetragen, von seinen Taten zur Judenrettung zu erzählen:

Bad Godesberg, den 15.10.1966, Dr. Hans Graf von Lehndorff an Oskar Schindler

... Sie werden schon lange auf einen Brief von mir gewartet haben. Ich möchte Sie nun fragen, ob Sie wohl am Mittwoch, dem 9. November, hier bei uns in Godesberg sein können, um einem Kreis von Mitgliedern des Johanniterordens, einer karitativen Vereinigung, von der Zeit Ihrer Bemühungen um die Rettung von Juden zu erzählen ...

Schindler beklagt den mangelnden Einsatz der deutschen Regierung für ihn, immer noch wartet er auf die Vermittlung einer Ehrenrente durch Dr. Gerstenmaier. In anderer Hinsicht tut sich aber durchaus etwas. So

Oskar Schindler
Am Hauptbahnhof 4/63
Frankfurt/Main 2.Sept.66.

An den Herren
Altbundeskanzler
Dr.Konrad Adenauer
<u>Bonn.</u>
Bundeshaus.

Hochgeschätzter Herr Altbundeskanzler,

Anläßlich Ihres Besuches in Israel,hatte ich am 8.Mai die große Ehre,auf Einladung des sehr geehrten Herrn Botschafter Dr.Pauls, an Ihrem Empfang im Sheraton-Hotel,Tel-Aviv,teilzunehmen.

Eine große Zahl meiner jüdischen Schützlinge der Kriegsjahre, heute meine guten Freunde,die alle die Greuel des Krieges in meinen Betrieben überlebten,hatten mich wieder zu einem Urlaub eingeladen.

Lieber Herr Altbundeskanzler,wenn Sie mir die große Ehre erweisen wollen,das beiliegende Foto unserer Begegnung mit Ihrer geschätzten Wiedmung zu versehen,wäre ich Ihnen für dieses wertvolle Andenken sehr dankbar.

Mit vielen Dank im Voraus und den besten Wünschen für Ihre werte Gesundheit,verbleibe ich mit den ergebensten Grüßen,

Ihr:

(Oskar Schindler)

Schindler an Altbundeskanzler Adenauer, 2.9.1966

ist er z. B. als Preisträger für den Martin-Buber-Preis[33] *nominiert worden, sieht eine Arbeitsmöglichkeit bei den Farbwerken Höchst und man versucht ihn zur Mitarbeit für die* Aktion Sühnezeichen[34] *zu gewinnen.*

Frankfurt a. M., den 15.10.1966, Oskar Schindler an Izak Stern u. a.

... Zutiefst bedauere ich, dass unser Treffen in Frankfurt weder Sonntag noch Montag zustande kam.[35] Es bleibt nur zu hoffen, dass bei Eurem nächsten Europabesuch die Situation weniger »benebelt« ist – Am meisten bedaure ich ja, dass meine kleinen und bescheidenen Vorbereitungen, Euch Euren kurzen Aufenthalt in Frankfurt nach Möglichkeit nett zu gestalten, umsonst waren ...

... Liebster Izak, wie Du aus meinem Brieftelegramm entnommen haben wirst, hat Deine schnelle Reaktion und Initiative in Sachen *Martin-Buber-Preis* zu einem unerwartet schnellen Erfolg geführt.[36] Ich danke Euch dafür, meine lieben Freunde, herzlichst, denn diese Ehrung bedeutet für mich mehr als ein Orden der Ehrenlegion.

...

Meines Erachtens wäre es vielleicht angebracht, in dem Dankschreiben [*an Honig*] zu erwähnen, dass Ihr Euch, meine lieben Freunde, um so mehr über die Ehrung freut, als ich trotz des Wissens der deutschen offiziellen Stellen über meine Handlungen zwanzig

---

[33] *Martin-Buber-Friedenspreis:* Preis der Internationalen *Martin-Buber-Gesellschaft* mit Sitz in London, der, initiiert von dem Ehrensekretär Camille Honig, erstmalig an Schindler vergeben wurde. Offensichtlich betrieb Honig die Preisverleihung im Alleingang, viele der illustren Mitglieder – Vizepräsidenten waren z. B. Prof. Karl Barth, Max Brod, Marc Chagall, Dr. Erich Fromm, The Earl of Harewood, Pastor Niemöller – waren über sein Vorgehen überhaupt nicht informiert.

[34] Die *Aktion Sühnezeichen* ist eine Friedensorganisation, die 1958 von deutschen evangelischen Christen gegründet wurde, die in Anerkennung der historischen Schuld für die nationalsozialistischen Verbrechen Sühne leisten wollten. Freiwillige soziale Dienste werden bei den Völkern geleistet, die im 2. Weltkrieg von den Deutschen Gewalt erlitten haben, ein Schwerpunkt ist die Arbeit in Israel.

[35] Das Flugzeug konnte offenbar wegen Bodennebel nicht landen.

[36] Izak Stern hatte Schindler für den *Martin-Buber-Preis* vorgeschlagen und sehr schnell Antwort vom so genannten Ehrensekretär Honig erhalten.

Jahre lang nicht nur nicht die geringste Anerkennung fand, sondern höchstens noch Schwierigkeiten.

Die in meinem Telegramm erbetene vorläufige Diskretion gegenüber Behörden ist ... gegen die Deutsche Botschaft gemünzt, da diese sonst ... die Hände in den Schoß legen ... Denn ich hätte doch nur zu gern vorerst die versprochene Erledigung des Ehrensoldes durch Herrn Dr. Gerstenmeier aus dem Bundespräsidialamt. Denn das ist eine lebenslängliche Sicherung. Ich werde diesbezüglich Mitte der Woche mich in Passau mit Herrn Graf Yorck sen. treffen, um eine Beschleunigung herbeizuführen.

Auch von der *Aktion Sühnezeichen* waren zum Wochenende aus Berlin zwei sehr junge Männer bei mir, die wohl ohne alle Vollmachten nur den Auftrag hatten, mich zu »besichtigen«. Ich werde nach Angaben dieser Herren von der leitenden Stelle in Berlin in den nächsten Wochen einmal nach Berlin eingeladen werden, um über die Möglichkeiten einer Belebung der Israelaktion zu diskutieren. Was dabei herauskommt, bleibt in den Sternen geschrieben, vorerst arbeitet nur eine kleine Zahl von etwa 50 Menschen in Israel ... Genaueres konnte ich bei der kurzen Unterhaltung in meiner Wohnung nicht in Erfahrung bringen. Mein Vortrag in Bonn vor dem evangelischen Ritterorden unter dem Patronat von Herrn Graf Lehndorf am 9. November 1966 ist vorerst aktuell (durch Vermittlung von Graf Yorck sen. bei meinem letzten Zusammentreffen mit ihm in Bonn).

Das bisher greifbarste Resultat der Bemühungen des Botschafters Dr. Pauls ist wohl meine Mitarbeitsmöglichkeit bei den Farbwerken Höchst[37]. Ich hatte gestern wieder ein freundschaftliches Essen mit Herrn Direktor Noack, welches überaus herzlich verlief. Ich habe mich grundsätzlich einverstanden erklärt, als freier Mitarbeiter auf Jahresvertrag für die Kunstfaserabteilung (Trevira) tätig zu werden. Der freie monatliche Verdienst wäre außer Spesen DM 2000,– ...

Die anderen bisher bescheidenen Israel-Geschäfte des Werkes sind seit längerer Zeit in Bearbeitung bei mehreren Herren, die man nicht abrupt vom Schreibtisch verjagen kann, sondern erst eine allmähliche Koodinierung herbeiführen muss ...

Indem ich Euch, meine lieben Freunde, nochmals herzlich danke

[37] Diese Mitarbeit ist anscheinend nie zustande gekommen.

für den wohl einmaligen Erfolg der Ehrung durch den Internationalen *Martin-Buber-Preis*, die ja nur dank Eurer so anständigen Kameradschaft zu mir möglich wurde und auch für lange Jahre einmalig in Deutschland sein wird, bleibe ich mit weit mehr Optimismus für die Zukunft

immer der Euch ergebene

Schindler gibt Honig von der Martin-Buber-Gesellschaft *einen Abriss seiner augenblicklichen Situation, die er als schwierig darstellt.*

Frankfurt a. M., den 8.11.1966, Oskar Schindler an C. Honig

... Seit drei Jahren lebe ich von der Unterstützung meiner jüdischen Freunde.

... Meine Freunde hatten in Kalifornien einen Film-Vorvertrag mit *MGM* gemacht, der meine Kriegserlebnisse um die Rettung jüdischer Menschen historisch festhalten sollte. Von den daraus resultierenden Zuwendungen für Rechte, Reisespesen usw. konnte ich bescheiden in meiner möblierten 1-Zimmerwohnung mein Leben fristen. Es sind wohl mehr politische als sachliche Gründe, die dazu führten, dass dieses Projekt auf Eis gelegt wurde, denn in USA will man heute weder einen Film über KZ-Geschehnisse noch über einen guten Deutschen finanzieren.

Neben dieser Illusion erhielt mein bescheidener Optimismus dadurch Auftrieb, dass, durch ein Zusammentreffen mit Dr. Adenauer, Botschafter Dr. Pauls und Graf Yorck von Wartenburg in Israel, Herr Bundestagspräsident Gerstenmeier angesprochen wurde, für mich, da ich keinerlei Rente, Krankenschutz oder andere Sicherheit besitze, einen Ehrensold im Bundespräsidialamt zu erwirken. Diese Gespräche fanden im Mai des Jrs. anlässlich meines Besuches in Israel bei meinen Freunden statt, leider habe ich bis heute keinen konkreten Bescheid.

Durch den durch mein Alter und die Misere der letzten Jahre angegriffenen Gesundheitszustand ist eine Einstellung meiner Person in der Industrie kaum durchzusetzen, wenn auch meine Gesundheit eine gewisse Tätigkeit zuließe.

Sehr geehrter und lieber Herr Honig, ich danke Ihnen und Ihrer

Institution für die große Ehrung[38] und versichere Ihnen, dass mir dieser herrliche Akt neuen Lebensmut gegeben hat …

Fazit des folgenden Briefes: Schindler erkennt den großen Einsatz seiner israelischen Freunde für ihn an, die deutsche Regierung dagegen hat ihn im Stich gelassen.

Frankfurt a. M., den 14.12.1966, Oskar Schindler an Janek u. Freunde

Lieber Freund Janek, meine lieben Freunde!
Mit vielem herzlichen Dank habe ich Dein ausführliches Schreiben in Sachen Martin-Buber-Honig erhalten und beantworte dieses kurz, ohne schon selbst eine Nachricht von Herrn Honig in Händen zu haben. Ich schicke dir dies dann nach Erhalt als Nachläufer. …

Es wäre wesentlich, in Eurem Schreiben [*an Honig*] auf die Tatsache hinzuweisen, dass, trotzdem Ihr für einen Lebensneubeginn nach Kriegsende ein überalterter Jahrgang wart, für die ein Existenz- und Erwerbsaufbau in einem neuen Land doppelt schwer wurde, Ihr trotz bescheidenen Einkommens mir für Eure bescheidenen Möglichkeiten namhafte Hilfe angedeihen ließet in den letzten Jahren. Meine makabre ernste Situation wurde durch meinen Bettelstolz jahrelang verheimlicht, bis er durch meine Erkrankung vor vier Jahren offenkundig wurde. Es wäre daher an Euch ein Vorwurf fehl am Platze, da seitens der Deutschen Regierung ja nicht das Geringste geschehen ist, mir zu helfen, trotzdem diese angesprochen war …

Endlich kann Schindler seinen Freunden von einer monatlichen Rente – vom Land Hessen – berichten, über deren geringe Höhe er jedoch enttäuscht ist. Er hofft noch auf eine Erhöhung dieser Rente aus anderen Quellen.

Frankfurt a. M., den 30.12.1966, Oskar Schindler an Dr. Bejski u. a.

… Knapp vor den Feiertagen überreichte mir der Staatssekretär Birkelbach anlässlich einer Einladung in die Staatskanzlei in Wiesbaden

[38] mir den *Martin-Buber-Preis* verleihen zu wollen

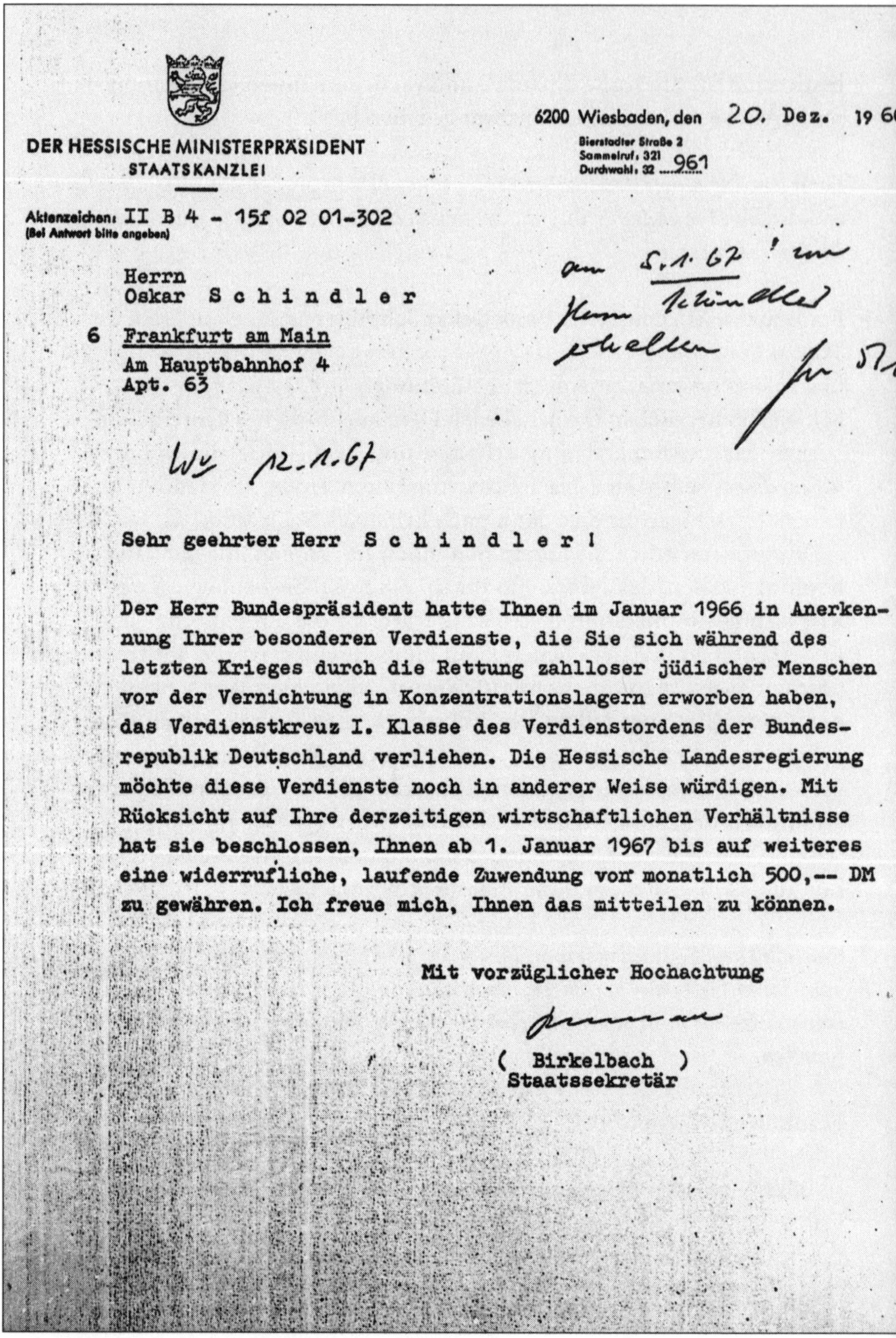

DER HESSISCHE MINISTERPRÄSIDENT
STAATSKANZLEI

6200 Wiesbaden, den 20. Dez. 1966
Bierstadter Straße 2
Sammelruf: 321
Durchwahl: 32 961

Aktenzeichen: II B 4 - 15f 02 01-302
(Bei Antwort bitte angeben)

Herrn
Oskar Schindler

6 Frankfurt am Main
Am Hauptbahnhof 4
Apt. 63

am 5.1.67 an Herrn Schindler erhalten

Wv 12.1.67

Sehr geehrter Herr Schindler!

Der Herr Bundespräsident hatte Ihnen im Januar 1966 in Anerkennung Ihrer besonderen Verdienste, die Sie sich während des letzten Krieges durch die Rettung zahlloser jüdischer Menschen vor der Vernichtung in Konzentrationslagern erworben haben, das Verdienstkreuz I. Klasse des Verdienstordens der Bundesrepublik Deutschland verliehen. Die Hessische Landesregierung möchte diese Verdienste noch in anderer Weise würdigen. Mit Rücksicht auf Ihre derzeitigen wirtschaftlichen Verhältnisse hat sie beschlossen, Ihnen ab 1. Januar 1967 bis auf weiteres eine widerrufliche, laufende Zuwendung von monatlich 500,-- DM zu gewähren. Ich freue mich, Ihnen das mitteilen zu können.

Mit vorzüglicher Hochachtung

(Birkelbach)
Staatssekretär

Schindler wird am 20.12.1966 über eine monatliche Zuwendung des Landes Hessen informiert

beiliegende Erklärung über eine widerrufliche Zusage einer Zwischenhilfe von DM 500,– monatlich. Da dieser Betrag vom Land Hessen aufgebracht wird, muss das noch nicht mit den Betreibungen von Dr. Gerstenmeier zusammenhängen, da die seinerzeitige Rückfrage an OB Dr. Brundert vom Finanzministerium Bonn kam. Ich würde daher bitten, mit dieser Zusage noch nicht zu operieren, da ich noch mit Graf Yorck sen. sprechen will, damit dieser bei Dr. Gerstenmeier nachstößt. (Neben der unschönen Klausel »widerruflich« ist zu bedenken, dass diese Summe weit unter dem liegt, was Graf Yorck sen. und anderen vorschwebt. Z. B. verbleiben mir in diesem Falle abzüglich Miete und Heizung zum Lebensunterhalt DM 140,–.)

Von den Farbwerken Hoechst ist leider noch kein Fortschritt zu verzeichnen, außer sehr netten Besuchen ...

Schindler wird am 20.12.1966 (s. S. 216) über eine monatliche Zuwendung des Landes Hessen informiert. Das ist die erste regelmäßige Unterstützung, die Schindler in Deutschland erhält.

Graf Yorck sen. hat sich beim Frankfurter Oberbürgermeister Brundert für Schindler verwendet und eine finanzielle Unterstützung empfohlen. Schindler schildert diesem seine schwierige Lage nochmals persönlich.

Ein einziger Lichtblick in diesem Bericht ist der Arzt Dr. Metz, der Schindler anscheinend monatelang[39] unentgeltlich behandelt hat.

Frankfurt a. M., den 7.1.1967, Oskar Schindler an Oberbürgermeister Prof. Dr. Brundert

Sehr geehrter Herr Oberbürgermeister!
Zurückkommend auf Ihre geschätzten Ausführungen anlässlich unseres Gesprächs am 4.1.1967 gebe ich Ihnen zu der Rückfrage des Bundesfinanzministeriums in Bonn in kurzen Umrissen meine Lage bekannt.

Seit der Liquidierung meiner Firma im Winter 1962/63 (Betonsteinwerk Hochstadt) durch außergerichtlichen Vergleich, ausgelöst durch Räumungsklage und Geltendmachung des Mieterpfand-

---

[39] wahrscheinlich sogar jahrelang

rechts auf das Inventar durch den Besitzer, bin ich ohne jeglichen Verdienst.

Der Rest der *LAG*-Mittel wurde über ein Treuhandkonto meines Rechtsanwaltes und Notars, Dr. Alexander Besser, Frankfurt/Main, zur Vergleichsbefriedigung meiner Gläubiger verwandt und hat nicht ausgereicht, alle Verpflichtungen zu erfüllen. Am 13.12.1963 musste ich beim Amtsgericht Frankfurt/Main den Offenbarungseid leisten.

Zusätzlich wurde meine makabre Situation durch einen schweren Herzanfall verschlechtert, die ich ohne Mittel für Arzt und Medikamente durchstehen musste. Ich verdanke nur der unentgeltlichen monatelangen[40] ärztlichen Hilfe und Medikamentengestellung durch Herrn Dr. Horst Metz, Frankfurt am Main, Waldschmidtstrasse, dass ich einigermaßen wiederhergestellt bin. Ich bin bis heute noch in dauernder ärztlicher Behandlung.

Trotz Empfehlungen ist es mir in meiner Altersgruppe und meiner physischen und psychischen Verfassung nicht möglich gewesen, eine leichte berufliche Tätigkeit zu finden, da selbst kerngesunde Arbeitswillige meines Alters sehr selten wieder in den Arbeitsprozess eingeschaltet werden.

Nachdem meine lang verheimlichte Misere doch nun meinen jüdischen Freunden in Israel und USA bekannt wurde, haben sich diese zur Hilfeleistung bereit erklärt und schicken mir sporadisch Beträge zwischen 150 und 300 Dollar. Anlässlich meiner diversen Einladungen nach Israel und den USA habe ich dann weit größere Beträge für Spesen, Flugkarten etc. erhalten.

Diese Hilfsaktion ist eine vollkommen freiwillige einer Gruppe meiner Freunde, mit denen ich die ganzen Nachkriegsjahre in schriftlichem Kontakt stand. Hier handelt es sich ausschließlich um ehemalige KZ-Leute, die selbst nicht auf Rosen gebettet sind, da sie ja in ihrer zweiten Lebenshälfte in einem fremden Land eine neue Existenz und ein neues Leben aufbauen mussten …

Wenn auch die deutsche Regierung nicht viel für Schindler tut[41]*, die Justiz hat ihn anscheinend zur Kenntnis genommen. Sie tritt immer wie-*

---

[40] Die Hilfe scheint ihm auch noch die nächsten Jahre zuteil geworden zu sein.

[41] Am 17.7.67 wird er die Nachricht erhalten, dass der Bundespräsident ihm 3000 DM zugewiesen hat – Schindler schwebt jedoch eine feste Rente vor.

der an Schindler wegen der Aufklärung von NS-Verbrechen heran, er wird um Häftlingslisten und um Zeugenaussagen gebeten. So auch von der »Zentralen Stelle der Landesjustizverwaltungen«, Ludwigsburg.

Ludwigsburg, den 15.2.1967, Zentrale Stelle der Justizverwaltungen an Oskar Schindler

... Leopold Page ... hat ... erwähnt, daß Sie, sehr geehrter Herr Schindler, sich große Verdienste um die Häftlinge in Plaszow erworben hätten und daß Sie im Besitz einer Liste von Anschriften ehemaliger Häftlinge seien. Da alle ehemaligen Häftlinge in diesem Verfahren als Zeugen von Interesse sein können, wäre ich Ihnen sehr dankbar, wenn Sie mir ... eine Ablichtung dieses Anschriftenverzeichnisses zur Verfügung stellen könnten. ... oder ob Sie ... in der Lage sind, nähere Angaben über das Lager und über die Angehörigen der Lagerleitung und der Bewachungsmannschaft zu machen ...

Am 18.5.1967 ist Schindler dann als Zeuge in Ludwigsburg erschienen.

Wenn man diese und ähnliche Briefe liest, sieht man, dass es um Schindler in den letzten Jahren doch nicht ganz ruhig gewesen sein kann. Schindler ist bei verschiedenen Veranstaltungen ein wichtiger Gast und Diskussionspartner.

Frankfurt a. M., den 1.4.1967, Oskar Schindler an Dr. Bejski und Freunde

... Ich werde Mitte der Woche einen ausführlichen Brief an Euch schreiben, da ich wieder zu einem Diskussionsabend mit evangelischen Akademikern durch Graf Lehndorf nach Bonn eingeladen bin. Ich will bei dieser Gelegenheit unsern Freund Yorck besuchen, der mit seinem Staatssekretär 10 Tage in Afrika war. Graf Yorck sen. gab mir anlässlich meiner Osterwünsche bekannt, dass er nochmals bei Dr. Gerstenmeier wegen der Rente sondieren will.

Im nächsten Monat wird hier in einer evangelischen Kirche anlässlich einer Festaufführung für Studenten neben Brecht und anderen

Stücken die Schindler-Geschichte als Hörspiel aufgeführt (unter Anlehnung an die »Unbesungenen Helden«) …

Maria Lahusen hat über Schindlers Taten eine Leseszene geschrieben, die als Hörspiel einem Podiumsgespräch mit Schindler am 25.5.1967 vorangestellt wurde. Sie bewundert aufrichtig Schindlers Leistungen. Die »literarische« Anerkennung und diese herzlichen Zeilen müssen Schindler gut getan haben.

Berlin, den 19.11.1967, Lahusen an Oskar Schindler

Lieber Herr Schindler,
heute hörte ich noch einmal Ihre Stimme auf dem Tonband. Wieviel lebendiger sind Sie mir geworden als nach den kargen Sätzen des Buches. Hätte ich Sie als lebendigen Menschen vorher angehört, hätte ich mit mehr Feuer schreiben können! *Die größte Schwierigkeit sei allerdings für sie gewesen, seinen Bericht als wahr zur Kenntnis zu nehmen* und doch immer wieder auszurufen: das ist nicht möglich, das kann ihm nicht geglückt sein, denn das Ausmaß Ihrer Unternehmung ist gigantisch, der Widerstand bezieht sich auf 5 mal 365 Tage! Ihnen selbst muss es rückschauend wie ein Wunder erscheinen, dass unter dem Bogen dieser Jahre keine Toten liegen, dass sich das Tor öffnete für Lebendige.

Maria Lahusen schreibt weiter, dass sie sich immer gewundert habe, dass es nicht mehr Menschen gegeben habe, die sich gegen die Hybris der Mächtigen wehrten, dass Männer ihr Leben so hoch einschätzten, kein Risiko eingingen. Es bleibe beschämend. Ihr Mann gehöre zu den Mutigen (nicht unbedingt zu den Klugen), durch Anzeige – eines Amtsbruders – hätte er ein Jahr im Gefängnis zu Koblenz sitzen müssen. Sie selber hätte das Leben einer Jüdin retten können und sei zäh am Ball geblieben, obgleich sie vier kleine Kinder gehabt habe. Sie hätte es mindestens so sehr für sich als für die Jüdin getan, es habe ihr zu Atem in dem Morast geholfen.

Sie bietet Schindler an, bei ihr zu wohnen, wenn er je nach Berlin kommen sollte.

Als an einen alten Freund denkt an Sie …

Auch wenn einige Leute sich für ihn einsetzen, so muss doch Schindler auch immer wieder selber kämpfen, immer wieder vorstellig werden. Hier kämpft er weiter um seine Rente und mahnt auch die Unterstützung seiner Freunde an.

Eine Rente ist ihm anscheinend einmal von Finanzminister Strauß abgelehnt worden.

Frankfurt a. M., den 16.2.1968, Oskar Schindler an Dr. Bejski u. a.

… Graf Yorck sen., wie aus der Beilage ersichtlich, hat mir in netten Zeilen auch mitgeteilt, dass es unbedingt erforderlich wäre, dass meine israelischen Freunde einen neuen konzentrierten Vorstoß bei Botschafter Dr. Pauls an die Bundesregierung einbringen, denn nur eine neue Vorlage kann die seinerzeitige Ablehnung [*einer Rente*] des F.Ministers Strauß [*Franz Josef Strauß?*] annullieren und erneut zur positiven Bearbeitung durchsetzen. Denn wenn die Rente, auch in bescheidener Höhe, nicht bald ausgesprochen wird, befürchte ich, sie wird mir helfen, wie einem toten Bakjes ….

Schindler scheint sich zu freuen, dass er bei verschiedenen Gelegenheiten über seine Kriegserlebnisse sprechen kann und auf großes Interesse stößt.

Bezüglich der Einzahlungen in die Schindler Foundation[42], *von der Schindler profitieren möchte, gibt es zwischen ihm, Pfefferberg und Gosch Differenzen. Schindler deutet Betrug an …*

Frankfurt a. M., den 4.6.1967, Oskar Schindler an Dr. Bejski u. a.

… Ihr könnt Euch vorstellen, dass es eine sehr lebhafte Woche war. Das Treffen war ein großer Erfolg und die Diskussionen mit den 500 jungen Menschen dauerte eine Stunde länger als vorgesehen. Ich hatte Poldek mitgenommen, der auch einige Sätze zu seinen Erlebnissen zu Gehör brachte – s. Beilage.

---

[42] Die folgenden vier Briefe haben den *Schindler Survivor's Fund* und die *Schindler Humanities Foundation* zum Thema und folgen deshalb nicht ganz der sonst meist eingehaltenen chronologischen Reihenfolge.

Übermorgen fahre ich zu der vereinbarten Diskussion zu Graf von Lehndorf nach Bonn, um mich mit den evangel. Akademikern auseinanderzusetzen. Den alten Graf Yorck habe ich 3–4 Mal angerufen, schon um ihm meine Rückkehr bekannt zu geben, leider meldet sich dort niemand, er scheint in Urlaub zu sein.

... Wegen der *Schindler Foundation* hatte ich mit Poldek eine kleine Auseinandersetzung, im Beisein von Orbach und seiner Frau (die wieder eine neue Firma in Frankfurt eröffnen), als ich Poldek im Zusammenhang mit der *Schindler Foundation*, bei der auch Pemper bereit ist mitzuarbeiten, ... darlegte, dass nach Auffassung der israelischen Freunde es optisch wirksam wäre, wenn auch Martin die seinerzeit zu meinen Gunsten kassierten Schecks diesem Konto zubringen würde.

Poldek behauptete, das wären ungefähr lächerliche 2000 Dollar und nicht, wie ich behauptete, über 20 000 Dollar. Ich weiß aber, dass Martin mehr als 2000 Dollar schon in New York und Wien an unterschriebenen Schecks hatte ... Auf alle Fälle ist in der *MGM*-Abrechnung der Wurm drin ...

Zwischen Schindler, Pfefferberg und Gosch gibt es Irritationen.

Thema ist die Organisation des Schindler Survivor's Fund, *den Pfefferberg endlich auf die Beine stellen möchte, und die* Schindler Humanities Foundation, *die Martin Gosch vorschwebt. Beide Gründungen haben natürlich grundsätzlich zum Ziel, Schindler zu helfen.*

o. O., 7.11.1967, Pfefferberg an Oskar Schindler

Pfefferberg schreibt sinngemäß, dass Martin Gosch die Oskar Schindler Humanities Foundation[43] *nur vorantreiben könne, wenn die (durch*

---

[43] *Schindler Humanities Foundation*: eine Idee Martin Goschs; durch die *Foundation* sollten im Namen Oskar Schindlers auf internationaler Ebene große humanitäre Projekte gefördert werden. Die Zinsen der eingenommenen Spenden sollten wohl Schindler direkt zugute kommen. Verwirrend ist, dass schon im August 1963 von der Gründung eines *Oscar Schindler Fund* die Rede ist, die von *Schindler-Juden* aus Los Angeles und Tel Aviv ausging.
Der Herausgeberin ist nicht bekannt, ob diese Gelder je voll an Oskar Schindler oder später an seine Witwe ausgezahlt worden sind. Es war ja schon bald klar, dass der Film in absehbarer Zukunft nicht zustande käme.

Schindler) Überlebenden schnellstens bereit wären, den Oskar Schindler Survivor's Fund *zu gründen. ... Dieser* Fund *solle Schindlers Zukunft sichern ... Gosch könne nicht bei den großen amerikanischen Philanthropen for die* Schindler Humanities Foundation *werben, wenn die jüdischen Überlebenden nichts Vorzeigbares für ihren Retter Schindler täten. Pfefferberg schlägt vor, dass alle Überlebenden fünfzig Dollar für Schindler auf ein Konto einzahlen, sodass Schindler daraus monatlich eine gewisse Summe erhalten könne ...*

Wenn dieser Fund *eingerichtet ist, wolle Martin Gosch eine internationale Pressekonferenz abhalten, um von diesen Aktionen der Überlebenden zu berichten. Dann könne sofort die* Schindler Humanities Foundation *gegründet werden, weil die sich aus der* Fund-*Gründung ergebende Publicity den Erfolg der* Foundation *praktisch gewährleiste ...*

Wie so oft geht es hier um Geld – das Schindler bekommen hat, noch bekommen sollte, z. B. von Martin Gosch –, aber auch um den deutsch-israelischen Jugendaustausch.

Schindler ist in ständigem Kontakt mit seinen Freunden, die offensichtlich regen Anteil an seinem Schicksal nehmen.

Frankfurt a. M., den 3.3.1968, Oskar Schindler an Dr. Bejski u. a.

Endlich habe ich nach langem Warten wieder eine Nachricht von Euch und bin Dir für die Wiederauflebung der Climes[44]-Rente überaus dankbar. Es ist mir eine sehr große Hilfe. Dr. Katzenstein – s. Beilage – war einige Wochen in Urlaub, so dass ich erst Ende Februar in Besitz des Schecks kam. Schon er sagte mir bei unserer Unterhaltung, dass ihm Dr. Weissmann von New York geschrieben hatte, dass auf Deine Anregung die Zuwendung wieder aktiv wird.

Ich wollte gerade ein Telegramm an unsern Freund Sternberg senden, als Dein Brief kam. Ich war schon sehr beunruhigt. Du vermutest, dass ein Brief verlorengegangen sein könnte. Ich hatte an Janek Sternberg zur Bar Mizwa zum Glückwunsch eine Nachricht mitgesandt mittels eingeschriebenem Brief und ungefähr eine Woche spä-

[44] Wahrscheinlich ist Geld von der jüdischen »Claims Conference« gemeint.

ter ein Kirchenblatt mit einem Artikel über unseren Baum in *Yad Vashem*, das mir der Weihbischof von Limburg zukommen ließ. Ich freue mich sehr, dass Du bereit bist, mit unsern Freunden dem Jugendpfarrer Trautwein mit seiner Jugendgruppe behilflich zu sein. Er ist wirklich ein großer Freund Israels.

Was mein Kommen für Ende April betrifft, suche ich noch eine Mezie[45], die auch terminmäßig passt, denn die Preise bewegen sich zwischen 700,– und 1150,– DM. Ich will versuchen, gegen den 24.4. einen Flug zu bekommen und bitte Dich auf alle Fälle in meinem lieben Hotel »im Schatten des Hilton« prophylaktisch ein Zimmer zu reservieren, da dieses Hotel auch für das Schwimmbad äußerst günstig liegt. Ich werde in 1–2 Wochen hoffentlich einen Termin bekannt geben können, sowie ich gebucht habe.

Aus den Beilagen ersiehst Du, dass Pfefferberg geschrieben hat, außerdem siehst Du meine Antwort darauf. Ich bin bewusst auf Deinen Brief an ihn nicht eingegangen, da er diesen nicht erwähnte. Im Nachsatz habe ich ihn noch gebeten, bei Martin Gosch anzuregen, dass er mir die nunmehr seit 3 Jahren verwaltete Restsumme überweisen möge. Auf die Höhe bin ich nicht eingegangen, da sich nach Darstellung von Poldek der Betrag aus New York, Wien und Tel Aviv höchstens auf 2,5–3 Tausend Dollar, nach der Darstellung meiner israelischen Freunde aber nahezu auf 10 Tausend Dollar beläuft. Wir wollen sehen wie Gosch reagiert.

Ich hatte dieser Tage unsern Freund Orbach ausführlich gesprochen, der sich ja immer wieder nach meinem Ergehen erkundigt. Er will an Euch schreiben. Er hatte damals mit Poldek in Frankfurt wegen der *Schindler Foundation* gesprochen und ist jetzt der Auffassung, dass man sich endlich von der Gosch-Illusion lösen sollte und aus eigener Initiative etwas unternehmen müsste. Wir werden ja bei unserm Zusammensein Gelegenheit haben, über diese Dinge ausführlich zu sprechen. Seit meinem letzten Telefongespräch mit Dr. Sulzbach, London, hat sich leider noch nichts Neues ergeben und auch von den hiesigen Bemühungen kann ich noch kein greifbares Resultat melden. Ich hoffe aber, in den nächsten Tagen Post zu bekommen.

---

[45] »Mezie« – etwas, was ganz billig ist, hier so etwas wie »günstiges Angebot«

Sage unserm lieben Freund Sternberg, dass ich über sein Schweigen beunruhigt bin und grüße Euch herzlich in der Hoffnung auf ein gesundes Wiedersehen

Euer dankbarer

Martin Gosch versucht in einem auf Englisch geschriebenen Brief (s. Faksimile S. 226/227) die Vorwürfe Schindlers bezüglich der Schindler Humanities Foundation *zurückzuweisen, von denen er indirekt durch Pfefferberg erfahren hat.*

Für Schindler heißt das konkret, dass er zumindest unmittelbar kein Geld aus der Foundation *erhalten wird.*

Los Angeles, den 3.3.1968, Martin Gosch an Oskar Schindler

My dear Oskar:
Gosch schreibt, dass er eine Sache klarstellen wolle, die Schindler offensichtlich verwirre. Für den Schindler-Film hätte er zahlreiche Leute interviewt und einige von ihnen hätten ihr Honorar für die zukünftige Gründung der Oskar Schindler Humanities Foundation *gespendet.*

Angeblich würde es sich hier nur um eine kleine Summe von $ 2500 handeln und wäre gespendet worden von: Moshe Bejski, Izak Stern, Josef Horn, Lewis Fagen, Henry Rosner, Marianne Rosner, William Rosner, Regina Horowitz, Eda Wertheimer, Bronin Ganz, Pauline Boyman and Frances Spira. Das Geld könne nur von der Foundation *genutzt werden, wenn sie gegründet sei. … Gosch stellt sich vor, dass schließlich eine Summe von $ 500 000 der Stiftung zur Verfügung stehen werde,* um es der *Foundation* zu ermöglichen auf internationaler Ebene zu operieren, wie der Nobelpreis zum Beispiel.

Vergiss nicht, dass die Leute das Geld nicht aus ihrer eigenen Tasche bezahlt haben, sondern dass es aus dem Filmbudget von Martin Gosch stammt, damit die Gründung der *Foundation* gewährleistet ist, wenn die richtige Zeit dafür gekommen ist.

Nach seiner Meinung wäre es jetzt soweit … Wenn für den Schindler Survivor's Fund *alles erledigt sei und … Schindlers finanzielles Auskommen von den 1300 Geretteten gesichert sei, dann würde die Wirkung auf die Öffentlichkeit gewaltig sein und praktisch den Erfolg der* Foundation *sichern – und vielleicht sogar den der Filmproduktion.*

Martin A. Gosch Productions

10655 WILSHIRE BOULEVARD
LOS ANGELES, CALIFORNIA 90024
BRIGHTON 0-4176

March 3, 1968

Mr. Oskar Schindler
Am Hauptbanhofstr. 4, Appt. 63
Frankfurt-am-Main

Mydear Oskar:

Paul Page has advised me of your recent letter and the booklet regarding the Buber Dinner, etc. He is translating the letter into English, and I will defer comment until then.

Meanwhile, I want to clarify once and for all a point that seems to be confusing you, and possibly others. During the course of researching the Schindler Story I interviewed countless people, many of whom were paid money for the authorization to use their individual stories in the preparation of the film script. Some of these persons had stories or relationships that were particularly interesting, and I permitted those people to sign over their payments to the future formation of the Oskar Schindler Humanities Foundation.

The amount totals the small sum of only $2500, and was contributed by: Moshe Bejski, Izak Stern, Josef Horn, Lewis Fagen, Henry Rosner, Marianne Rosner, William Rosner, Regina Horowitz, Eda Wertheimer, Bronin Gunz, Pauline Boyman and Frances Spira. This money is in the form of American Express checks and bank drafts duly endorsed to "THE OSKAR SCHINDLER HUMANITIES FOUNDATION and can be used only by that Foundation when it is organized. Many other individuals signed their authorizations with and without payments. But I set a limit on the endorsed total simply because that is the basic amount that would be needed to form the corporation and establish its functions through which we will eventually raise the sum of $500,000 to enable the Foundation to perform on an international level such as the Nobel Prize, for example. Bear in mind that this money was not given from the personal pockets of those persons, but from the film's account of Martin Gosch, so that the Foundation would be assured of being established when the proper time arrived.

In my opinion, that time is now approaching. Moshe Bejski has advised Paul that my plan for the raising of the Schindler Survivor's Fund meets with his approval. Therefore, within the next few days I am writing to Moshe the full details of the entire form of organization and the sample letters that would be sent to all survivors by Irving Glovin and myself after Paul has arranged the preparations with the various Schindler Committees throughout the world. Once the Survivors Fund has been completed and your economic life has been secured by the 1300 people whose lives you saved, the impact of this act on the world in general would be tremendous and practically assure the success of the Foundation, and perhaps even the production of

Gosch an Schindler, 3.3.1968

the film itself.

You will hear from me soon as this matter now progresses. In the interim, I suggest you stop any dealings with Honig and any others could be annoying or interfere with what is finally being projected -- just as I outlined it to you a year ago in Franfurt.

With best wishes from Chip and myself.

Sincerely,

MARTIN A. GOSCH

cc: Dr. Moshe Bejski
Irving Glovin, Esq.

Im Gegensatz zu Goschs hochfliegenden Plänen – die Schindler ja auch nicht billigt, er möchte jetzt etwas von dem Geld haben – freut sich die Frankfurter Stadträtin Dr. Charlotte Schiffler, die sich wiederholt für Schindler eingesetzt hat, Schindler wenigstens von einer – geringfügigen – Rentenerhöhung berichten zu können.

Frankfurt a. M., Josefstag, März 1968, Stadträtin Schiffler an Oskar Schindler

… Wir haben offenbar Glück. Ihre Rente wird durch die Stadt ein wenig nach oben erweitert. Leider nahm ich das Telefongespräch nicht persönlich ab, sondern mein Mann gab es weiter und man sprach über ca. 140,–. Nachdem Sie soviel Kummer gewöhnt sind, wäre das für den Augenblick vielleicht doch etwas … Ich bohre aber an anderer Stelle noch weiter.

Aber auch mit der Rentenerhöhung hat Schindler noch zu wenig Geld zum Leben. Dr. Schiffler versucht für Schindler außerdem eine Mietbeihilfe zu erlangen.

Frankfurt a. M., den 17.4.1968, Stadträtin Dr. Schiffler an Obermagistratsrat Schumacher

… Als Frankfurter Bürger lebt unter uns ein besonders verdienstvoller Mann, der Hunderte von Juden persönlich gerettet hat: Herr Oskar Schindler, Ffm, am Hauptbahnhof 4, App. 63.

…

Er ist 60 Jahre alt und leidend. Seine Wohnung kostet ohne Heizung und Reinigung DM 300,– …

Wir glauben, dass eine Mietbeihilfe auf Grund des Wohnungsbaugesetzes Herrn Schindler finanzielle Erleichterung bringen könnte …

Schindler freut sich über die baldige Verleihung eines päpstlichen Ordens und auch darüber, dass er auch von der katholischen Gemeinde für die Jugendarbeit entdeckt wurde:

Frankfurt a. M., den 10.6.1968, Oskar Schindler, wahrscheinlich an israelische Freunde

... Im übrigen habe ich jetzt die feste Zusicherung, dass mir vom Vatikan in Kürze der höchste Hausorden verliehen wird, den Laien erreichen können. Auch das dürfte unserer Rentenbestrebung nützlich sein. Leider hat es infolge der Bürokratie, die auch im Vatikan herrscht, nicht gereicht, mir diesen Orden zum 60. Geburtstag zu übergeben.

Immerhin freue ich mich, meine lieben Freunde, dass nach meiner in den letzten zwei Jahren gut angekommenen Jugendarbeit mit den evangelischen Gruppen [*jetzt auch*] die katholische Gemeinschaft nach mehr als 20 Jahren mich als ihren Glaubensgenossen in ihre leider sehr schwerfällige Jugendarbeit einzubeziehen versucht ...

Schindler soll der päpstliche Silvesterorden verliehen werden; auch Weihbischof W. Kampe bemüht sich um größere finanzielle Unterstützung für Schindler.

Limburg, den 19.9.1968, Weihbischof Kampe an Stadträtin Dr. Schiffler

... *Weihbischof Kampe schreibt, dass er Frau Dr. Schiffler nun die freudige Mitteilung machen könne, dass der päpstliche Orden für Herrn Schindler bei ihm eingetroffen sei. Er sei gerne bereit, ihn mit Herrn Stadtpfarrer* [Adlhoch] *zusammen Herrn Schindler zu übergeben. Man müsse einen geeigneten Termin ausmachen.*

Die DM 200,– vom Bundespräsidialamt möge man doch nicht abweisen. Auch unser Bischof ist bereit, einen Ehrensold zu geben. Wenn die Stadt Frankfurt noch mitmacht und evtl. auch die evangelische Kirche, könnte man mit der normalen Unterstützung, die Herrn Schindler wie jedem Staatsbürger zusteht, einen Betrag von über DM 1000,– im Monat zusammenbekommen, so dass er ohne Sorge leben könnte. Ich bin überzeugt, dass Sie das erreichen können, wenn Sie das in die Hand nehmen wollten ...

WEIHBISCHOF WALTHER KAMPE

6250 LIMBURG/LAHN. 19.9.1968
FERDINAND-DIRICHS-STR. 18
TELEFON (06431) 6071

Frau
Stadtrat Dr. Charlotte Schiffler
Frankfurt/Main - Oberrad

Buchrainstr. 68

Sehr verehrte Frau Stadtrat!

Ich kann Ihnen nun die freudige Mitteilung machen, dass der päpstliche Orden für Herrn Schindler hier eingetroffen ist. Ich bin gerne bereit, ihn mit Herrn Stadtpfarrer zusammen Herrn Schindler zu übergeben. Man müßte einen geeigneten Termin ausmachen.

Die DM 200.-- vom Bundespräsidialamt möge man doch nicht abweisen. Auch unser Bischof ist bereit, einen Ehrensold zu geben. Wenn die Stadt Frankfurt noch mitmacht und evtl. auch die evangelische Kirche, könnte man mit der normalen Unterstützung, die Herr Schindler wie jedem Staatsbürger zusteht, einen Betrag von über DM 1.000.-- im Monat zusammenbekommen, sodass er ohne Sorge leben könnte. Ich bin überzeugt, dass Sie das erreichen können, wenn Sie das in die Hand nehmen wollten.

Mit ergebenen Grüßen

+ W. Kampe

Weihbischof Kampe an Dr. Schiffler, 19.9.1968

Aus einem Brief vom Bundesminister der Finanzen vom 23. September 1968 an Graf Yorck von Wartenburg geht hervor, dass Schindler mittlerweile DM 840,– monatlich aus öffentlichen Mitteln erhält.

Schindler erhält auch eine Unterstützung vom Bischöflichen Ordinariat in Limburg. *(s. Faksimile S. 232)*

Limburg, den 11.10.1968, Bischöfliches Ordinariat an Stadtpfarrer Adlhoch

Betr.: Herrn Oskar Schindler
Sehr geehrter Herr Stadtpfarrer!
Nachdem wir für Herrn Oskar Schindler einen Ehrensold von monatlich DM 150,– festgelegt haben, bitten wir, gegebenenfalls nach Rücksprache mit Frau Stadträtin Dr. Schiffler, um Angabe eines Kontos, auf das die Überweisungen erfolgen können. Dieser Ehrensold soll beginnen rückwirkend ab 1. Juli 1968.

Die israelischen Freunde teilen Schindlers Enttäuschung über die kleine – DM 200! – von Bundespräsident Lübke bewilligte Rente.
Seine Freunde wollen ihm nun eine regelmäßige monatliche Unterstützung zukommen lassen.

o. O., 19.9.1968, Sternberg an Oskar Schindler

... Auf Umwegen erfuhr ich, dass Dir vom Bundespräsidenten Lübke eine winzige monatliche Rente zugewiesen worden ist. Ich stelle mir Deine Enttäuschung u. Unzufriedenheit vor ...

Sternberg sagt zu, sich weiter einsetzen zu wollen, bedauert aber, dass Schindler sich aufregen müsse. Hauptsache sei, dass er seine Nerven und Gesundheit schone.

... Wir hier in Israel – Deine geretteten *Schindler-Juden* – werden Dich nicht im Stich lassen. Unlängst waren wir die engsten Brünnlitzer Freunde beisammen, freuten uns aufrichtig u. von Herzen, dass es Dir gesundheitlich besser geht, wir wollen sorgen, dass es Dir an Medikamenten u. Ärzteausgaben nichts fehlt. Wir werden bestrebt

Bischöfliches Ordinariat

Telefon: (06431) 6021
Postscheck-Konto: Ffm. 4702

6250 Limburg, den 11.10.1968
Postfach 308 /d

N.O.E. 7151/68/1
Es wird gebeten, im Antwortschreiben vorstehende Nr. anzugeben

Herrn
Stadtpfarrer
Msgr. Adlhoch

6 Frankfurt / Main
Domplatz 14

Betr.: Herrn Oskar Schindler.

Sehr geehrter Herr Stadtpfarrer !
Nachdem wir für Herrn Oskar Schindler einen Ehrensold von monatlich DM 150,-- festgelegt haben, bitten wir, gegebenenfalls nach Rücksprache mit Frau Stadträtin Dr. Schiffler, um Angabe eines Kontos, auf das die Überweisungen erfolgen können. Dieser Ehrensold soll beginnen rückwirkend ab 1. Juli 1968.

Mit freundlichen Grüßen

gez. Seidenather

Durchschrift :

Frau
Dr. Charlotte Schiffler
Stadträtin

6 Frankfurt / Main
Buchrainstr. 68

zur freundlichen Kenntnisnahme.

Bischöfliches Ordinariat Limburg an Stadtpfarrer Adlhoch, 11.10.1968

sein, [*Dir*] einen monatlichen Zuschuss – gegen 600,– DM – zukommen zu lassen, eben für ärztliche Kosten u. kleine Erholung …

Schindlers Antwortschreiben an seine Freunde:

Frankfurt a. M., den 6.10.1968, Oskar Schindler an Sternberg u. a.

… Wegen der winzigen monatlichen Zuwendung von Lübke, denn Rente ist dies ja nicht, wollen wir uns nicht weiter aufregen, denn ich habe inzwischen von allen Seiten empörende … [*Kritiken*] dazu gehört und wir müssen abwarten, wer sein Nachfolger sein wird. Bei Gerstenmeier hätten wir natürlich größere Möglichkeiten, aber wie gesagt, die nächsten Monate bitte ich Euch eine abwartende Haltung einzunehmen, um nicht wieder ins Leere zu stoßen. Denn Ihr könnt mir ehrlich glauben, dass ich am meisten interessiert bin, eine ausreichende Alterssicherung aus Bundesmitteln zu erhalten. Dies ist keine Phrase. Gott sei Dank habe ich heute hier etwas bessere Beziehungen und hoffe dann in Zusammenarbeit mit Euch zum richtigen Zeitpunkt zu Eurer Entlastung die angestrebte Lösung zu finden.

OB Brundert lässt vorerst die Beihilfe des Landes Hessen weiter laufen, so dass der drohende Tiefschlag, DM 500,– gegen DM 200,– zu tauschen, abgewendet wurde, bis Bonn eine zeitgerechte Entscheidung trifft, s. auch Beilage! Eure kameradschaftliche Aktion, mir durch eine schnelle Überweisung in dieser Größenordnung zu helfen, hat mich wieder, wie so oft schon, überzeugt, dass es eine glückliche Fügung ist, so wunderbare Menschen zu ehrlichen Freunden zu haben, denn die meisten von Euch sind wirklich [*nicht*] auf Rosen gebettet …

Auch mit Dr. Hesselbach von der Bank für Gemeinwirtschaft, der ja auch Präsident der Deutsch-Israelischen Gesellschaft ist, hatte ich wieder zwei herzliche Gespräche, einmal beim Empfang Ben Nathan im Hotel Intercontinental und gestern bei der U-Bahn-Eröffnung Nordweststadt (Hesselbach ist auch Mitglied des Stadtrates. Es kann nicht schaden, hier eine Basis zu schaffen für ein späteres Israel-Geschäft, das, falls mich Gott gesund werden lässt, auch für Euch interessant werden kann). Der Vatikan verleiht mir am 18.10.1968 den Silvesterorden, der im Rahmen einer kleinen Feier mir vom Bischof überreicht wird …

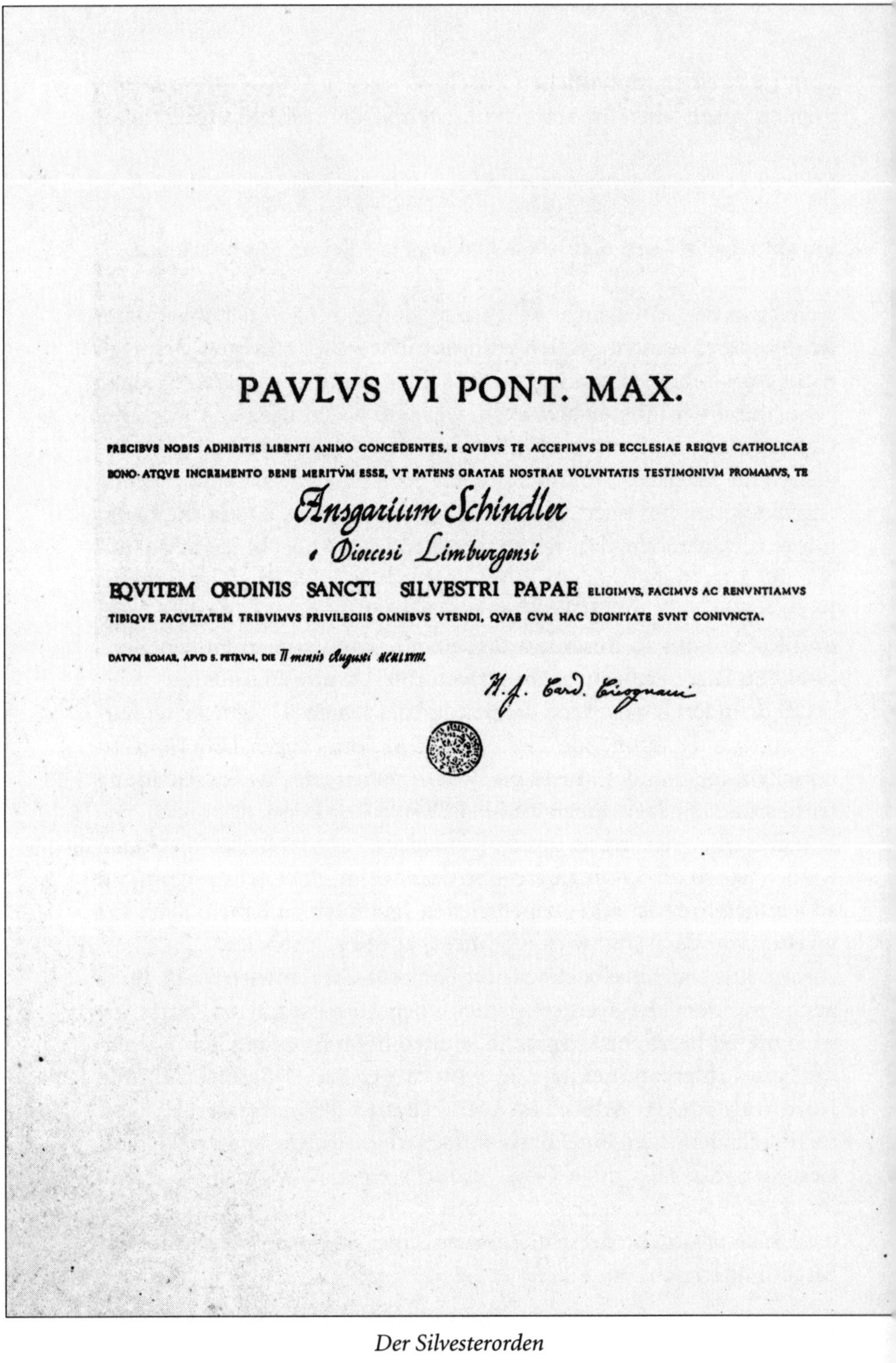

PAVLVS VI PONT. MAX.

PRECIBVS NOBIS ADHIBITIS LIBENTI ANIMO CONCEDENTES, E QVIBVS TE ACCEPIMVS DE ECCLESIAE REIQVE CATHOLICAE BONO·ATQVE INCREMENTO BENE MERITVM ESSE, VT PATENS GRATAE NOSTRAE VOLVNTATIS TESTIMONIVM PROMAMVS, TE

Ansgarium Schindler

e Dioecesi Limburgensi

EQVITEM ORDINIS SANCTI SILVESTRI PAPAE ELIGIMVS, FACIMVS AC RENVNTIAMVS TIBIQVE FACVLTATEM TRIBVIMVS PRIVILEGIIS OMNIBVS VTENDI, QVAE CVM HAC DIGNITATE SVNT CONIVNCTA.

DATVM ROMAE, APVD S. PETRVM, DIE *II mensis Augusti MCMLXVIII.*

H. J. Card. Cicognani

Der Silvesterorden

Weihbischof Kampe übergibt Schindler am 18.10.1968 den Silvesterorden.

Schindlers besondere Beziehung zu Israel findet auch dadurch Anerkennung, dass er zu den Ehrengästen gehört, die zur Eröffnung der neuen Lufthansa-Flugstrecke nach Tel Aviv eingeladen werden.

Köln, den 29.10.1968, Deutsche Lufthansa AG, Dr. Wingenroth, an Oskar Schindler

… am 19. November 1968 führt die Deutsche Lufthansa auf ihrer neuen Strecke nach Israel einen Eröffnungsflug mit Gästen durch. Ich habe die Ehre, Sie zur Teilnahme an diesem Flug einzuladen.

…

Ich würde mich freuen, Sie, sehr geehrter Herr Schindler, als Gast an Bord unserer Boeing 727 begrüßen zu können, und erwarte gern Ihre Zusage.

Anlässlich dieses Lufthansa-Eröffnungsfluges gibt es verschiedene Empfänge, zu denen auch Schindler eingeladen ist:

Aus Anlass des Lufthansa Eröffnungsfluges

Der Botschafter des Staates Israel

~~*und Frau A. Ben-Natan*~~

bittet

Herrn Oscar Schindler

zu eienm Empfang

am Donnerstag, den 28.11.68

um 17.30- 19.30 *Uhr*

U. A. w. g.
Bad Godesberg
Tel. 56061

Bonn
Zitelmannstr. 7

Aus Anlass der Aufnahme des Flugliniendienstes nach Israel

Der Bundesminister für Verkehr
in Verbindung mit der Deutschen Lufthansa A.G.

gibt sich die Ehre

Herrn Oscar Schindler

zum Buffet-Dinner *am* Do,den 28.11.68 *um* 20.00 Uhr

im Hotel Königshof, Bonn *einzuladen.*

Anzug:
U. A. w. g. bis

Bonn, Sternstraße 100
Telefon 3021, Nebenstelle:

Schindler wird anlässlich des Lufthansa-Eröffnungsfluges nach Tel Aviv zu verschiedenen Empfängen eingeladen

Hier tritt einmal der seltene Fall ein, dass jemand sich mit Schindler vergleicht, sich in ähnlicher Situation wie Schindler sieht – mit dem Unterschied, dass Schindler doch für seine Rettungstaten immerhin Anerkennung erfahre. Imre Szabo, ein ungarischer Major, hat anscheinend Juden und Soldaten im Zweiten Weltkrieg das Leben gerettet.[46] *Eine erste briefliche Kontaktaufnahme erfolgt durch Szabo am 14.10.1968, er schlägt ein Treffen am 17.10. in Frankfurt vor, zu dem Schindler anscheinend gekommen ist.*

Nach diesem Treffen schreibt er einen Brief, in dem er Schindlers Hilfe beim Erwerb eines Ordens erbittet, den er aufgrund seiner Rettungstaten zu erhalten hofft.

Inwieweit Schindler ihm behilflich sein konnte und wollte, geht aus der Korrespondenz nicht hervor.

Bremen, den 18.1.1969, Imre Szabo an Oskar Schindler

Lieber Oskar,
weil ich glaube und fühle, in Dir einen guten Freund gefunden zu haben, erlaube ich mir heute, Deine recht kostbare Zeit etwas in Anspruch zu nehmen …

Szabo schreibt, dass er sich sehr über die Verleihung des Silvesterordens für Schindler gefreut habe, diese hohe Auszeichnung habe er zu Recht verdient.

… Meine Bitte: zeige mir einen Weg, damit ich ebenfalls vom Vatikan für meine vielen … selbstlosen Hilfeleistungen, unter Nichtbeachtung der damit verbundenen eigenen Lebensgefahr, etwas belohnt werde. Warum soll mir nicht auch eine Gunst zuteil werden?

Die Anregung zu diesem Schreiben habe ihm seine deutsche Verlobte gegeben, die auch auf dem Standpunkt stünde, dass ihm für seinen damaligen Einsatz – Rettung vieler deutscher Soldaten in Ungarn – das Bundesverdienstkreuz zustünde.

Dass er zahlreichen Juden das Leben rettete, sei Schindler bekannt,

---

[46] am 20.12.67 hat er eine auf französisch geschriebene Benachrichtigung von *Yad Vashem* erhalten, dass er aufgrund seiner Verdienste um die Judenrettung die »Medaille der Gerechten« verliehen bekommt. Da sich dieses Schreiben in Schindlers Koffer befindet, wird Szabo es ihm zugeschickt haben.

aber außerdem hätte er US- und zahlreiche ungarische Soldaten seinerzeit vor sicherer Verfolgung und Tod bewahrt.

Es ist uns natürlich klar, dass ich persönlich keine Eingaben diesbezüglich machen kann, sondern eine Fürsprache brauche. Ich benötige jemanden, der mich für evtl. Auszeichnungen vorschlägt und über mich berichtet.

Unterlagen für Vorstehendes habe ich fast lückenlos.

Besonders bemerken wolle er, dass sein Verhalten damals aus christlicher Überzeugung geschah. Darum wolle er auch bei Schindler nicht das Gefühl auslösen, auf Ordensjagd zu sein.

Der Grund für seine Bitte sei ..., dass er einen allzu schweren Existenzkampf seit Jahren führe ... Die nervliche Belastung in seiner derzeitigen Stellung ... könne er kaum noch verkraften nach seiner damaligen KZ-Zeit – Todeslager in Ungarn (1948 bis 24.8.1953). Er leide auch unter dem Märtyrertod seines Vaters, der sich lieber habe totschlagen lassen als Juden zu verraten.

Verstehe so meinen Hilferuf an Dich. Du hast so vielen Menschen geholfen. Aber für mich ist niemand »zuständig«, weil ich kein Deutscher bin. Das macht mich ganz krank ...

Ich fühle, dass ich mich vertrauensvoll an Dich wenden kann, vor allem deshalb, weil nur Du mein Schicksal nachfühlen kannst.

Ich rechne fest mit Deiner Gegenantwort und verbleibe, Dir alles Liebe und Gute wünschend, im voraus dankend stets Dein

Das Jahr 1968 war für Schindler ein ereignisreiches Jahr. Er hat einige öffentliche Würdigungen erfahren und endlich regelmäßige Geldzahlungen auch von der Bundesregierung erhalten. Hier (s. S. 239) erhält er, auf Vermittlung Frau Dr. Schifflers, weitere Zahlungen vom Ausgleichsamt, außerdem eine monatliche Kriegsschadensrente. Schindler hat diese Niederschrift am 4.12.68 unterschrieben.

Schindler hat immer wieder auch die Sympathie »bedeutender Persönlichkeiten des öffentlichen Lebens« gewinnen können. Der Brief des Bundesministers Leber (s. S. 240), den Schindler auf einer Israelreise kennen lernte, scheint kein reines Höflichkeitsschreiben zu sein:

<u>Niederschrift</u>

Auf Vorladung erscheint Herr Oskar S c h i n d l e r
und erklärt nach Belehrung über den Sachverhalt:

Ich habe heute den Bescheid über die Zuerkennung des Mehrgrundbetrages meiner Hauptentschädigung vom 18. 11. 1968 erhalten und auf Rechtsmittel verzichtet.

Nachdem ich über das Verhältnis von Hauptentschädigung zur Kriegsschadenrente belehrt wurde, beantrage ich, von dem zuerkannten Mehrgrundbetrag DM 2oooo,-- in bar zu erfüllen.
Der Betrag soll auf mein Giro-Konto bei der Dresdner Bank Frankfurt a.M., Kaiserstrasse -Konto-Nr. 517 527 überwiesen werden. Für den restlichen Mehrgrundbetrag werde ich nach der Erfüllung Kriegsschadenrente beantragen.
Mir wurde eröffnet, daß diese voraussichtlich in folgender Höhe gezahlt wird:

Unterhaltshilfe	monatlich	3o5,-- DM
Entschädigungsrente	mtl.	118,-- DM.

Voraussetzung für die Gewährung von Kriegsschadenrente ist u.a., daß die Untersuchung durch das Stadtgesundheitsamt eine mehr als 5o%ige Erwerbsminderung ergibt.

Frankfurt a.M., den 4.12.68

Begl.: V. g. U.

Niederschrift des Ausgleichsamts, 4.12.1968

GEORG LEBER
Bundesminister
für Verkehr und für das Post-
und Fernmeldewesen

53 Bonn 1, den 13. Januar 197o
Adenauerallee 81
Fernsprecher (0 22 21) 14 - 20 1
Fernschreiber 8 86 707

Herrn
Oskar Schindler
6ooo Frankfurt / Main
Am Hauptbahnhof 2 (oder 1o)

Lieber Oskar Schindler!

In den Tagen während des Jahreswechsels war ich mit meiner Frau in der Steiermark, und daher fand ich Ihre guten Wünsche erst bei meiner Rückkehr vor. Wir haben uns sehr darüber gefreut und bedanken uns dafür, besonders für die Fotos von der letzten Israel-Reise. Ihnen, lieber Herr Schindler, wünsche ich persönlich und auch im Namen meiner Frau ganz herzlich alles Gute. Sie wissen, wie wir Ihnen zugetan sind und ich wünsche Ihnen vor allen Dingen, daß Sie noch viele Jahre auf Ihre Weise für die Versöhnung und die Menschlichkeit wirken können.

Mit freundlichen Grüßen

Bundesminister Georg Leber an Schindler, 13.1.1970

Bonn, den 13.1.1970, Bundesminister Georg Leber an Oskar Schindler

Lieber Oskar Schindler!
In den Tagen während des Jahreswechsels war ich mit meiner Frau in der Steiermark, und daher fand ich Ihre guten Wünsche erst bei meiner Rückkehr vor. Wir haben uns sehr darüber gefreut und bedanken uns dafür, besonders für die Fotos von der letzten Israel-Reise. Ihnen, lieber Herr Schindler, wünsche ich persönlich und auch im Namen meiner Frau ganz herzlich alles Gute. Sie wissen, wie wir Ihnen zugetan sind, und ich wünsche Ihnen vor allen Dingen, daß Sie noch viele Jahre auf Ihre Weise für dieVersöhnung und die Menschlichkeit wirken können.

Hier noch ein weiterer Brief Lebers, einige Jahre später:

Bonn, den 2.2.1973, Bundesminister Georg Leber an Oskar Schindler

Lieber Oskar Schindler!
Von der Frau Stadträtin a. D. Dr. Charlotte Schiffler erfuhr ich von Ihrer bevorstehenden Reise nach Israel, die Sie anläßlich Ihres Geburtstages unternehmen wollen.

Ich freue mich, daß Sie sich diese Reise zumuten und möchte Ihnen mit der beiliegenden Flugkarte ein wenig behilflich sein.

Mit allen guten Wünschen, vor allem für Ihre Gesundheit, bin ich mit freundlichen Grüßen

Schindler wurde in seinen letzten Lebensjahren ehrenamtlicher[47] *Geschäftsführer des* Bundesverbandes der Gesellschaften der Freunde der Hebräischen Universität Jerusalem in Deutschland. *Dieser Versuch, Oskar Schindler eine neue Beschäftigung und Erwerbsmöglichkeit anzubieten, wurde ja auch einem nicht unbedeutenden Teil seiner Interessen und Kenntnisse gerecht.*

---

[47] trotzdem war die Tätigkeit anscheinend mit einem festen Gehalt verbunden

Frankfurt a. M., den 23.2.1971, der Bundesverband der Gesellschaften der Freunde der *Hebräischen Universität Jerusalem* in Deutschland e.V. an seine Geschäftsstellen

Liebe Freunde,
heute möchten wir Sie davon in Kenntnis setzen, dass sich
Herr O s ka r S c h i n d l e r
ab sofort als ehrenamtlicher Geschäftsführer des Bundesverbandes der Gesellschaften der Freunde der *Hebräischen Universität Jerusalem* in Deutschland zur Verfügung gestellt hat. Der Name Oskar Schindler ist vielen von Ihnen sicher bekannt. Er ist für seine aufrechte und tapfere Haltung während der Jahre der NS-Diktatur in Israel und in der Bundesrepublik mehrfach geehrt worden …

Hier eine Reaktion Schindlers:

o.O., den 8.9.1971, Oskar Schindler an Herbert Sulzbach

… Durch den etwas besseren Gesundheitszustand habe ich, wie Ihnen schon Herr Dr. Rosenstock mitgeteilt hat, ehrenamtlich die Geschäftsführung des Bundesverbandes der Freunde der *Hebräischen Universität Jerusalem* übernommen. Daß mir diese Arbeit viel Freude bereitet, können Sie sich vorstellen …

Herbert Sulzbach hat Susan McConachy von der Thames Television von Schindler erzählt. Sie möchte ihn für einen Dokumentarfilm über den 2. Weltkrieg interviewen.

Middlesex, den 7.6.1972[48], Thames Television an Oskar Schindler

Lieber Herr Schindler,
Thames Television, die größte Fernsehgesellschaft innerhalb der

[48] Der Brief ist ohne Jahresangabe. Da Sulzbach in einem Brief vom 19.6.72 Schindler von »der englischen Dame von THAMES TV« erzählt, deren Dokumentarfilm (Zweiter Weltkrieg) auch das Positive à la Oskar bringen würde, ist dieser Brief hier wahrscheinlich auch 1972 geschrieben worden.

Bundesverband der Gesellschaften der

FREUNDE DER HEBRÄISCHEN UNIVERSITÄT JERUSALEM IN DEUTSCHLAND E.V.

6 Frankfurt am Main, Bethmannstr. 50-54 · Tel.: (0611) 292627 (551285)

Präsident:
Stadtrat W. Hesselbach, Frankfurt/M.
Vizepräsidenten:
Prof. Dr. F. Martini, Stuttgart; Prof. Dr. M. Landmann, Berlin
Schriftführer:
Prof. Dr. B. Simonsohn, Frankfurt/M.
Vorstandsmitglieder:
LG. Dir. Nora Platiel, MdL, Kassel
Dr. Hans Lamm, München
Vorsitzender des Kuratoriums:
Prof. Dr. F. Böhm, Frankfurt/M.

Datum 23. Februar 1971

Liebe Freunde,

heute möchten wir Sie davon in Kenntnis setzen, dass sich

Herr O s k a r S c h i n d l e r

ab sofort als ehrenamtlicher Geschäftsführer des Bundesverbandes der Gesellschaften der Freunde der Hebräischen Universität Jerusalem in Deutschland zur Verfügung gestellt hat. Der Name Oskar Schindler ist vielen von Ihnen sicher bekannt. Er ist für seine aufrechte und tapfere Haltung während der Jahre der NS-Diktatur in Israel und in der Bundesrepublik mehrfach geehrt worden.

Wir wären Ihnen sehr verbunden, wenn Sie Herrn Schindler bei seinen Bemühungen im Interesse unserer Gesellschaften unterstützen und ihm in jeder Weise behilflich sein würden.

In absehbarer Zeit wird Herr Schindler Sie nach vorheriger Absprache aufsuchen, um sich persönlich vorzustellen und um Sie kennenzulernen. Ausserdem möchte Herr Schindler mit Ihnen die zukünftige Arbeit auf Bundesebene besprechen und gemeinsam mit Ihnen überlegen, wie diese Arbeit reorganisiert, erweitert und koordiniert werden kann.

Eigene Initiativen der Mitgliedsgesellschaften werden selbstverständlich auch in der Zukunft sehr willkommen sein. Es wird sicher nützlich sein, sie mit Herrn Schindler zu koordinieren.

Mit freundlichen Grüssen

Prof. Dr. Berthold Simonsohn
(Schriftführer)

Dr. h.c. Walter Hesselbach
(Präsident)

Bankverbindung: Bank für Gemeinwirtschaft
Ffm., Kto.-Nr. 768

Bundesverband der Gesellschaften der Freunde der HUJ *an Mitglieder, 23.12.1971*

Independent Television (ITV), produziert ... eine Serie von 26 ... Dokumentarfilmen über den Zweiten Weltkrieg. Jeder Film besteht aus Archivmaterial von internationalen Quellen und auch Interviews mit Leuten, die die verschiedenen Ereignisse des Krieges, im Kampf oder zu Hause, miterlebt haben.

Ich war neulich bei Herrn Sulzbach[49] ... um manches ... zu besprechen, und er hat mir vorgeschlagen, dass ich mit Ihnen sprechen sollte. *Sulzbach hat Susan McConachy erzählt, wie Schindler 1200 Juden in seiner Fabrik gerettet hätte.*

Ich komme in nächster Zeit nach Deutschland ...

Schindler ist enttäuscht, dass das Projekt »Oskar Schindler on the Scopus«[50], die Geldsammlung für die Hebräische Universität, *so zögerlich vorangeht. Er sieht das anscheinend auch als persönlichen Affront. Er schreibt auf Englisch, hier die deutsche Übersetzung:*

Frankfurt a. M., den 4.6.1972, Oskar Schindler an Frank Lautenberg

... Herr Boyar drückte seine Enttäuschung darüber aus, dass das Projekt »Oscar Schindler on the Scopus« so wenig Fortschritt macht. Er meinte, dass er selber ein Auditorium mir zu Ehren hätte bauen können, welches ich seiner Meinung nach verdiente, und dass er meine Freunde in Amerika nicht verstünde, die erst laut verkündet hätten, dass sie spenden würden, aber bis jetzt keinen einzigen Dollar geschickt hätten.

Schindler bittet um baldige Sendung der versprochenen Gelder:

---

[49] Herbert Sulzbach, Presseattaché in der Dt. Botschaft London, Freund Schindlers

[50] Der Scopusberg liegt im Osten von Jerusalem und bildet das Zentrum der *Hebräischen Universität.* Mit dem für das Projekt »Oscar Schindler on the Scopus« gesammelten Geldern hätten Universitätsgebäude finanziert werden sollen. Schindler hat einen Erfolg dieses Projekts nicht mehr erleben können.

Ihnen ist sicherlich klar, dass ich nicht Geld erbitte, um mein Image aufzupolieren ... aber Herr Boyar und ich wären sehr enttäuscht, wenn die spontanen Versprechungen meiner Freunde ... nur leere Worte gewesen wären ...

Aus gesundheitlichen Gründen kann Schindler sich immer weniger engagieren und auch nicht so viel für die »Freunde der Hebräischen Universität« *tun, wie er möchte.*

Überhaupt weiß man nicht von Schindler persönlich, wie es ihm in den letzten Lebensjahren ergangen ist und wie man mit ihm weiter »umgegangen« ist: Von Schindler eventuell in den letzten Lebensjahren geschriebene Briefe sind im Koffer nicht aufgefunden worden.

In seinen letzten Lebensmonaten dürften sich seine Kontakte auf enge Freunde, besonders auch auf die Familie Staehr beschränkt haben, die ihn zu Hause bei sich aufnahm. Schindler starb am 9.10.1974.

Das Kapitel »Wie man mit Schindler umging« soll mit dem Programm der Trauerfeier abschließen und dem Hinweis, dass es unzählige Nachrufe auf Schindler gab, viele Zeitungsartikel, posthume Ehrungen, eine katholische und eine evangelische Trauerfeier und eine Beisetzung auf dem katholischen Friedhof in Jerusalem.

Das Programm der Trauerfeier zeigt die unterschiedlichen Menschen und Organisationen, die einen Bezug zu Schindler hatten. Es macht deutlich, dass Schindler etwas Besonderes gewesen sein muss ...

T R A U E R F E I E R
für HERRN OSKAR SCHINDLER

am Mittwoch, den 16. Oktober 1974, 14.00 Uhr
Trauerhalle in Frankfurt am Main Hauptfriedhof

Orgel

Liturgische Worte zum Beginn	Stadtdekan Adlhoch
Ansprache	Propst Trautwein
Psalmgebet	Oberkantor Reiss
Fürbitten	Stadtdekan Adlhoch

Gedenkworte

Es sprachen:
1. Ein unbekannter Herr
2. Für die Geretteten:
   Herr Richard Rechen – Haifa
3. Für das Land Hessen:
   Herr Staatssekretär Dr. J. Vogler – Wiesbaden
4. Für die Jüdische Gemeinde und
   die Gesellschaft der Freunde der
   Hebräischen Universität Jerusalem:
   Herr Moshe Gerhard Heß
5. Für die Zwittauer Heimatrunde:
   Herr Hackenberg

Segen

Lied für Oskar Schindler   Manfred Knoch

Am kommenden Sonnabend, dem 19. Oktober, findet um 8.00 Uhr im Dom zu Frankfurt ein Requiem für Herrn Oskar Schindler statt.

Der Martin-Buber-Friedenspreis

Ein Exkurs

Die Geschichte der Martin-Buber-Friedenspreis-*Verleihung war für Schindler ein dunkles Kapitel, nur mühsam wurde ein öffentlicher Skandal vermieden. Schindlers Freund Stern hatte von einem* Martin-Buber-Friedenspreis *gehört und machte Camille Honig, den so genannten Ehrensekretär der renommierten* Martin-Buber-Gesellschaft, *der viele illustre Persönlichkeiten des öffentlichen Lebens*[1] *angehörten, auf Schindlers Verdienste aufmerksam. Dieser eröffnete Schindler auch, dass er ein würdiger Empfänger hierfür wäre – was Schindler sehr freute, nicht nur des zu erwartenden Preisgeldes wegen. Einen Preis im Namen Martin Bubers, des renommierten jüdischen Religionsphilosophen und Schriftstellers zu erhalten, rechnete sich Schindler, der viele jüdische Freunde hatte und sich bis zu seinem Tod der jüdischen Sache eng verbunden fühlte, als hohe Ehre an. Martin Buber, 1878 in Wien geboren und 1965 in Jerusalem gestorben, war seit 1938 Professor in Jerusalem. Er forschte vor allem zum jüdischen Chassidismus Osteuropas. Besondere Beachtung fanden seine Werke »Das Königtum Gottes«, »Gog und Magog«, »An der Wende«. Er erhielt im Jahre 1953 den Friedenspreis des deutschen Buchhandels.* Die Martin-Buber-Gesellschaft *bemühte sich u.a. um die jüdisch-christliche Aussöhnung.*

Nach dem hoffnungsvollen Anfang musste Schindler jedoch im weiteren Verlauf ständige Terminverschiebungen der offiziellen Preisverleihung hinnehmen, hörte immer wieder von

[1] Als Vizepräsidenten werden z. B. Prof. Karl Barth, Max Brod, Marc Chagall, Dr. Erich Fromm, The Earl of Harewood, Yehudi Menuhin, Pastor Niemöller und viele andere genannt.

Honig, dass noch nicht genug Geld für die Preisverleihung vorhanden wäre. In Schindlers Namen schrieb er Bettelbriefe an bekannte Persönlichkeiten und forderte sogar von Schindler »Vorschusszahlungen«, ... die dieser nie zurückerhielt. Die Preisverleihung selbst wurde zwar von der Presse positiv erwähnt, war aber eine einzige Farce ... selbst die Flugkarte eines eingeladenen Artisten hatte Honig mit einem ungedeckten Scheck bezahlt. Schindler ging enttäuscht, gedemütigt, betrogen – und noch etwas ärmer aus dieser ganzen Geschichte hervor. Dieses Erlebnis, das er auch in zahlreichen Briefen zur Sprache bringt, hat ihn zweifellos sehr beschäftigt.

Freund und Schindler-Jude *Izak Stern schlägt Schindler als würdigen Empfänger eines* Martin-Buber-Friedenspreises *vor und gibt einen Überblick über seine Handlungen zur Rettung jüdischer Menschen.*

Tel Aviv, den 30.9.1966, Izak Stern an Gen.Sekretär Honig, Präsidium der Internationalen *Martin-Buber-Gesellschaft*

Anläßlich meines kurzen Europaaufenthaltes habe ich von der beabsichtigten Stiftung eines Deutsch-Jüdischen *Martin-Buber-Friedenspreises* gelesen.

... Ich erlaube mir, nur um die Frist nicht zu versäumen, mich an Ihr wertes Präsidium mit der Bitte und diesem Voraus-Antrag zu wenden, Herrn Oskar Schindler bei der ersten Preisverleihung der Internationalen *Martin-Buber-Gesellschaft* berücksichtigen zu wollen. ...

Schindler fühlt sich sehr geehrt, dass er den Martin-Buber-Preis *erhalten soll.*

Frankfurt a. M., den 15.10.1966, Oskar Schindler an Izak Stern u. a.

... Liebster Izak, wie Du aus meinem Brieftelegramm entnommen haben wirst, hat Deine schnelle Reaktion und Initiative in Sachen *Martin-Buber-Preis* zu einem unerwartet schnellen Erfolg geführt. Ich danke Euch dafür, meine lieben Freunde, herzlichst, denn diese Ehrung bedeutet für mich mehr als ein Orden der Ehrenlegion. Ehrensekretär Honig wird Dir wahrscheinlich auch selbst geschrieben haben, sicherheitshalber lege ich Dir eine Fotokopie seines Schreibens bei. …

Schindler schreibt Honig, wie sehr er sich über den Martin-Buber-Preis *freut. Auch seine israelischen Freunde freuen sich mit ihm.*

Frankfurt a. M., den 8.11.1966, Oskar Schindler an den Ehrensekretär der *Martin-Buber-Gesellschaft*, Camille Honig

… Ich danke Ihnen für Ihr zweites Schreiben, mit welchem Sie mein Danktelegramm bestätigen und bitte zu entschuldigen, dass sich die Beantwortung einige Tage verzögerte, da ich die von Ihnen erbetenen Beilagen beschaffen musste.

Inzwischen haben auch meine guten Freunde aus Israel, hocherfreut über die glückliche Nachricht, mir Glückwünsche gesandt über diese große Ehrung[2] und sind mit mir der Hoffnung, dass ich jetzt etwas optimistischer in die Zukunft sehen kann.

Anbei sende ich Ihnen einige Fotos und etwas Text zur Geschichte meiner hilfreichen Tätigkeit für meine *Schindler-Juden* in den Jahren 1939–1945. Auch teilen mir meine Freunde aus Israel mit, dass diese für Sie, sehr geehrter Herr Honig, authentisches Material sowie Auszüge aus *Yad Vashem*[3]-Archiven absenden werden. Bitte teilen Sie mir mit, ob Sie noch zu gewissen Punkten eine präzisere Ausarbeitung benötigen …

Wenn man bedenkt, welch große Enttäuschungen Honig Schindler noch bereiten wird, mutet dieser gefühlvolle Brief heuchlerisch an.

---

[2] der *Martin-Buber-Preis*-Verleihung

[3] Israelisches Dokumentationszentrum und Gedenkstätte für die Opfer der Judenverfolgung mit Sitz in Jerusalem

Vom 1.12.1966, Honig an israelische Schindler-Freunde

Teure Freunde! Euer Brief über O. Schindler hat mich und mein Komitee tief gerührt. ... ich schäme mich nicht, es zu sagen, dass ich am Ende des Briefes die Tränen in den Augen hatte! ... ich glaube, Ihr stimmt mit mir überein, dass Preiserteilung, wie großzügig und richtig sie auch ist – das wäre noch nicht genug.

Honig gibt seiner Verwunderung darüber Ausdruck, dass für einen Mann wie Schindler nichts getan wurde.

Wie ist es möglich, dass niemand daran dachte, einen *Fund* zu gründen für einen Mann, der nicht nur sein Leben riskierte, aber auch sein Vermögen spendete und sich jetzt in diesem Alter in schwachem Gesundheitszustand und in schweren Verhältnissen befindet. ...

Ich will auch das Äußerste tun, einen *Schindler Fund* zu gründen, damit dieser vornehme Christ nicht mehr in solchen kleinlichen Verhältnissen leben muss. ...

Schindler sieht in dem Kontakt zu Honig viele neue Möglichkeiten – auch in Bezug auf seinen Film.

Frankfurt a. M., den 14.12.1966, Oskar Schindler an Freunde

... Wegen der Filmidee [*von Honig*] bitte ich darauf hinzuweisen, dass ich durch Vermittlung unserer Freunde in Kalifornien vor 3–4 Jahren Persönlichkeitsrechte für meine Kriegsgeschichte an *MGM*[4] abgegeben habe, aber die anfänglich rege Bearbeitung dieses Projektes ist eingeschlafen und das Projekt scheinbar deshalb auf Eis gelegt, weil man in den USA weder für einen KZ-Film noch für den Film eines »guten Deutschen« heute kaum noch viel Interesse aufbringt. Bitte in Euren Zeilen die Möglichkeit offen zu lassen, einen Weg zu suchen, sei es die Persönlichkeitsrechte von Martin Gosch[5] zurückzunehmen,

---

[4] *Metro Goldwyn Mayer*, die bekannte amerikanische Filmproduktionsgesellschaft, die über Gosch mit Schindler einen Filmvertrag abgeschlossen hat.

[5] Schindlers amerikanischer Filmproduzent

oder mit ihm eine Interessengemeinschaft einzugehen, aber das bedarf unbedingt Fingerspitzengefühl, Takt und Zeit. (Von Poldek habe ich trotz zweier Briefe mehr als 6 Monate keine Nachricht und von Martin Gosch bin ich seit April ohne Antwort, das sind ca. 8 Monate.)[6]

... Sollte dieser Punkt der Absichten unseres Freundes Honig an Realität gewinnen, würde ich von mir aus den Versuch unternehmen, mit Martin Gosch eine Lösung zu finden.

... Meine lieben Freunde, das wären im wesentlichen meine Gedankengänge zu dem herrlichen Brief von Freund Honig und ich will hoffen, dass Ihr sinngemäss einigermassen mit mir konform geht.

Ich will nicht verhehlen, wie gross meine Freude an unserm neuen und so starken Freund Honig ist, dessen Gewinnung ich im wesentlichen der spontanen Initiative von unserm lieben Isak Stern darstellt. ...

Noch schreibt Schindler sehr hoffnungsfroh.

Frankfurt a. M., den 30.12.1966, Oskar Schindler an Honig

Lieber und sehr geehrter Herr Honig!
Mit großer Freude bestätige ich den Eingang Ihres Briefes mit der geschätzten Einladung, Sie in London zu besuchen, welcher ich sehr gern nachkomme.

Ich bitte Sie, zu entschuldigen, dass ich Ihnen erst heute antworte, aber ich war einige Tage über den Feiertagen einer Einladung nach auswärts gefolgt.

Bitte teilen Sie mir mit, an welchem Tag Ihnen mein Besuch angenehm wäre, und ich würde Ihnen dann postwendend die Flugnum-

---

[6] Poldek Pfefferberg, einer der von Schindler geretteten *Schindler-Juden*, war ein Freund Schindlers, der als Erster die Idee hatte, dass man über Schindlers Taten im Krieg einen Film drehen könnte. Er bemühte sich auch um finanzielle Verbesserungen für Schindler und war u.a. auch der Vorsitzende des *Oskar Schindler Survivor's Fund*. In späteren Jahren scheint Schindler manchmal über Pfefferberg verstimmt zu sein: Er schreibe ihm oft monatelang nicht und würde ihm nicht genügend Geld aus dem *Fund* zur Verfügung stellen.

mer meines Eintreffens durchgeben. Ich glaube, durch meinen Besuch Ihnen weniger Zeitverlust zu verursachen, obgleich ich Sie ebenso gerne einige Tage in Frankfurt willkommen heißen würde.

Von meinen guten Freunden aus Israel habe ich erfahren, dass diese mit Ihnen den Briefwechsel aufgenommen haben und Ihnen diverses Material über meine Tätigkeit in den grausamen Kriegsjahren übermitteln werden. Eine besonders stolze Freude haben Sie den Herren des Schindler-Komitees dadurch gemacht, dass Sie sie zur Mitgliedschaft in der so wertvollen *Martin-Buber-Gesellschaft* eingeladen haben, und es wird Ihnen eine Freude sein, diese überdurchschnittlich wertvollen Menschen zu Ihren Mitgliedern zählen zu können.

Indem ich Ihnen, sehr geehrter Herr Honig, für die Aufmerksamkeit der Glückwünsche zu den Festtagen danke, begrüße ich Sie, in freudiger Hoffnung, Sie bald persönlich kennenzulernen

als Ihr sehr ergebener

Am selben Tag schreibt Schindler voller Hoffnung und Begeisterung auch an seine israelischen Freunde.

Frankfurt a. M., den 30.12.1966, Oskar Schindler an Dr. Bejski u. a.

… Beiliegend die nette Einladung unseres Freundes Honig, ihn evtl. Anfang Januar in London zu besuchen, sowie seine Feiertagswünsche. Ich glaube wirklich, dass es ein großer Glücksfall für mich ist, dass wir in Herrn Honig einen guten Freund gefunden haben, der sich für meine Belange stark interessiert. Es wird in der Folgezeit von großer Wichtigkeit sein, unsere Handlungen in der Folgezeit gut aufeinander abzustimmen. Euer lieber Brief an Herrn Honig ist so vollendet, dass dem wohl nichts hinzuzufügen ist, und unsere Koordinierung soll ja nur der Sache nützen.

Sobald ich Antwort auf meinen Brief an Herrn Honig wegen des Londonbesuches habe, schreibe ich postwendend. …

Schindler informiert Gosch über Honig und den Martin-Buber-Friedenspreis. *Wegen dieser ganzen Angelegenheit soll Schindler noch viel Ärger mit Gosch bekommen, der Schindler exklusiv in der Öffentlichkeit zu vertreten wünscht.*

Frankfurt a. M., den 30.1.1967, Oskar Schindler an Martin Gosch u. a.

… Wie Du, lieber Martin, aus den weiteren Beilagen entnehmen willst, wurde ich von der Internationalen *Martin-Buber-Gesellschaft* als Ehrenmitglied ernannt und ich soll Ende Februar bei einem Ehrendinner in London den Internationalen *Martin-Buber-Friedenspreis* erhalten. Den Martin-Buber-Kulturpreis erhält gleichzeitig der Regisseur des Films »Die Bibel« Dino Laurentis und sein Hauptdarsteller Huston. Der Ehrensekretär der *Buber-Gesellschaft* hat mich auf seiner Reise nach Rom hier kurz in Frankfurt am Main besucht und wird auch heute neben Gesprächen mit Laurentis beim Vatikan zur Audienz sein, auch bei Kardinal Bea.

Nachdem Du mir schreibst, dass Du im Februar in London sein wirst, freut sich der Ehrensekretär der *Buber-Gesellschaft*, Herr Honig, sehr, Dich und Deine liebe Chip zu dem Dinner als eine der wichtigsten Personen einzuladen. Die persönliche Einladung wird Dir, sobald der genaue Termin des Dinners festliegt, zugehen. Es soll nach Gesprächen, die ich in London geführt habe, im Hilton-Hotel stattfinden und ca. 2–300 Personen umfassen, darunter viel englische Prominenz. Nachdem Herr Honig über gute Beziehungen zur BBC verfügt, könnte es auch für unsere Filmprojekte interessant werden. Genauere Details können wir dann bei unserm Treffen in London noch ausführlicher besprechen. Von unseren israelischen Freunden werden wohl auch einige kommen, denn sie haben ja in dieser Sache viel Initiative entwickelt, das Handicap sind nur die hohen Reisespesen Tel Aviv – London. …

Schindler gibt Gosch eine erste Einschätzung Honigs.

Frankfurt a. M., den 6.3.1967, Oskar Schindler an Martin Gosch und Gattin

… Zur Person von Mr. Honig kann ich leider aus eigenen Feststellungen wenig schildern, da ich der englischen Sprache, wie Du weißt, nicht mächtig bin. Er hat mich den ersten Tag aus dem von mir gewählten Hotel in sein Vorstadthäuschen gebracht, wo ich wohl aus Telefongesprächen mit prominenten Persönlichkeiten entnahm, dass

P.S. Bitte schreiben Sie dem Mann dass die Bilder Geselschaft zieht zurück meine Einladung zum Ehren Komitee zu gehören. Ich hatte ein grossen Fehler.

TOPOLSKI

The International Martin Buber Society & Institute
Incorporating The Martin Buber Peace Foundation

DAG HAMMARSCHJOLD | ALBERT SCHWEITZER

World Life President: Igor Stravinsky
Hon. International Secretary: Camille R. Honig

32, Claigmar Gardens, London, N.3. FINchley 1849
Editorial Department "I AND THOU" (The International BUBERIAN MAGAZINE)

Sontag, 26. 3. 6[7]

Mein lieber Schindler,

Es thut mir sehr leid Ihnen diesen Brief zu schreiben. Ich bedaure auch dass ich nicht in ~~Englisch~~ schreibe. Es wäre mir viel leichter Ihnen zu sagen was ich wirklich fühle und denke. Es ist schon sehr lange wie ich solches überhaupt hatte wie mit diesen Mann aus Amerika in den letzten 3 Tagen.
Eins verstehe ich nicht: warum haben Sie mich nicht gewarnt was das für einen Kerl ist? Und diesen Kerl ist Ihr Typus ist: Film producer und Agent?
Ich habe natürlich keine beweise
Ich glaube, ich habe dass diesen Kerl ein gemeiner groben Hollywood Arroganten Gangster ist. Wenn

N.B. Leider musste ich mit grosser Mühe jetzt schaffen ihn ein Theater und ein Hotel zu reservieren seit den 21 Mai und so viele berühmte Persönlichkeiten die mir versprochen haben, auf das zu Schindlerfilm ...

VICE PRESIDENTS: ~~Prof. Theodor Adorno,~~ Prof. Karl Barth, Max Brod, Prof. Cleanth Brooks, Marc Chagall, Prof. Hans Cohn, Madame Rhena Eckert-Schweitzer, Dr. Erich Fromm, The Earl of Harewood (British Commonwealth), Prof. Abram Yehoshua Heschel, Prof. Karl Jaspers, Hugh MacDiarmid, Gabriel Marcel, Jacques Maritain, Francois Mauriac, Andre Maurois, Overrabiner Dr. Marcus Melchior, Yehudi Menuhin, Prof. Reinhold Niebuhr, Pastor Niemoller, Sir Herbert Read, Prof. I. A. Richards, Theodor Schocken, ~~Prof. Ernst Simon,~~ Lord Sorenson, Prof. Paul Tillich, Arnold Zweig.
HON. ADVISORY COMMITTEE: Dr. Hannah Arentd, The Hon. Anthony Asquith, W. H. Auden, Saul Bellow, Margarette Buber, Arthur Cohen, Prof. Malcolm Diamond, Prof. Maurice S. Friedmann, Rabbi Dr. Louis Jacobs, Robert Lowell, Dr. Thodor Reik, The Rt. Rev. the Bishop of Woolwich.
HON. ADVISORS THE ART OF THE THEATRE AND FILM: Sir Alec Guinness, Arthur Miller.
HON. CO-TREASURERS: Anth~~ony Blond, Rosser Chinn.~~
SECRETARY: Patricia Hamilton-Honig. HUMAN RELATIONS JOINT HON. TREASURER: Gordon Hyde.

Honig an Schindler, 26.3.1967, S. 254 – S. 259

er auch niemand 2 ermordet hatte oder
nie im Leben iemand beschwindelt hatte.
Er ist aber ein Kulturloser niederträchtiger
Kerl und frecher Lügner und Hochstapler,
dass bin ich sicher und dass er eine
Sehle, wenn er eine Sehle hatt, eines
Bösen Gänsters besitzt.
Seien Sie mir nicht böse aber ich muss
Ihnen Ja die Warheit sagen. Sie Errinern
Sich Ja wohl wie ich skeptisch war
wann Sie mir erzählten von seinen
grossen beziehunga und sein Einfluss
in Hollywood mit der M.G.M. und in
Washington.
Ich bin ietzt überzeugt, dass er nie
im Leben einen wertvollen Film gemacht hat.
Von seinen Moralischen + Ethischen Wert
sprechen wir besser nicht.
Meine Intuition war richtig. Aber...
Zur Sache.
Ich möchte nur eines wissen: Wusten
Sie „Was“ er vorher mit mir besprechen wollte?
Beim letzten gespräch habe ich Ihm diese Frage
gestellt: Haben Sie die Zustimmung von
Oskar Schindler? Ja – hat er gesagt.
Oskar Schindler is ganz einstimmig mit mir.
Ich habe Ihm $50,000 gegeben und
Er bekommt itzt eine grosse Summe Gelt
von der Deutschen Regierung in Bonn und

The International Martin Buber Society & Institute
Incorporating The Martin Buber Peace Foundation

DAG HAMMARSCHJOLD | ALBERT SCHWEITZER

World Life President: Igor Stravinsky
Hon. International Secretary: Camille R. Honig

32, Claigmar Gardens, London, N.3. FINchley 1849
Editorial Department "I AND THOU" (The International BUBERIAN MAGAZINE)

3

er wird auch eine grosse Pension bekommen.
Dass habe ich geschaffen in Bonn.
Ich werde nicht erlauben dass Sie den
Schindler ausnützen für die Buber Gesellschaft
Ich habe ein Kontrakt für alle Rechte,
Film T.V. Buch – alles was Schindler
angehört gehört mir. und alle Schindler
Juden!' Ich habe den Gelt gegeben
habe ich schon hineingelegt.
$ 250.000 haben kein Recht
Und Sie (d.h. ich) haben kein Recht
ein Buch zu schreiben oder ein Film
mit der BBC oder mit Dino de Laurentis
zu schaffen
Im letzten Gespräch dass nur 5–10 Minuten
danach hatte er mir gesagt: Ich war bei
Sir Keith Joseph (ich habe ihn im ersten
Gespräch gesagt dass ich habe vor einigen Monaten
ein interview mit Sir Keith, den ich gut
kenne und dass er ein erstmaliges Konservativen

VICE PRESIDENTS: Prof. Theodor Adorno, Prof. Karl Barth, Max Brod, Prof. Cleanth Brooks, Marc Chagall, Prof. Hans Cohn, Madame Rhena Eckert-Schweitzer, Dr. Erich Fromm, The Earl of Harewood (British Commonwealth), Prof. Abram Yehohashua Heschel, Prof. Karl Jaspers, Hugh MacDiarmid, Gabriel Marcel, Jacques Maritain, Francois Mauriac, André Maurois, Overrabiner Dr. Marcus Melchior, Yehudi Menuhin, Prof. Reinhold Niebuhr, Pastor Niemoller, Sir Herbert Read, Prof. I. A. Richards, Theodor Schocken, ~~Prof. Ernst Simon~~, Lord Sorenson, Prof. Paul Tillich, Arnold Zweig.

HON. ADVISORY COMMITTEE: Dr. Hannah Arentd, The Hon. Anthony Asquith, W. H. Auden, Saul Bellow, Margarette Buber, Arthur Cohen, Prof. Malcolm Diamond, Prof. Maurice S. Friedmann, Rabbi Dr. Louis Jacobs, Robert Lowell, Dr. Thodor Reik, The Rt. Rev. the Bishop of Woolwich.

HON. ADVISORS THE ART OF THE THEATRE AND FILM: Sir Alec Guinness, Arthur Miller.

HON. CO-TREASURERS: ~~Anthony Blond, Rosser Chinn~~.

SECRETARY: Patricia Hamilton-Honig. HUMAN RELATIONS JOINT HON. TREASURER: Gordon Hyde.

4

Minister und ein sehr reicher Mann
ist, und er hatt mir Versprochen wen
ich sagte Ihm dass Sie, lieber Schindler
ohne Einkunft sind zu helfen in den
Schindler Fund!)" und habe Ihn gesagt
dass Schindler braucht Kein Gelt
mehr!"

Wann ich den Grossen Film Produzenten
Sagte und Zeigte Ihren Brief + Telegramme
und die Briefe Von Tel Aviv hat er
mir gesagt dass ich habe diese
herausbekommen mit "false-pretences"
(mit Fälschungen + Falsche pretenzionen)
dass es gibt Kein Schindler Komite
in Tel Aviv dass der Dr Bejski ist
ein Schwindler — und dass die Leute
in Tel Aviv Von Ihm bezahlt wurden
Alles is sein Eigenthum — Nur er hatt das
Recht über die Schindler geschichte.

Wann er mir dass gesagt hatte (im Ihren
Namen) bin ich aufgestanden und ihn
gesagt: Wir haben nichts mehr
Gemeinsames. Wir sprechen nicht die selbe
Sprache.

Sein letztes Wort zu mir war:
"Ich war beim "Foreign Office" und habe
die ganze Sache den übergegeben.
Die werden eine Ausforschung."
Dann bin weckgegangen.

Also! Ich erwarte von Ihnen

The International Martin Buber Society & Institute
Incorporating The Martin Buber Peace Foundation

DAG HAMMARSCHJOLD | ALBERT SCHWEITZER

World Life President: Igor Stravinsky
Hon. International Secretary: Camille R. Honig

32, Claigmar Gardens, London, N.3. FINchley 1849
Editorial Department "I AND THOU" (The International BUBERIAN MAGAZINE)

einen ausfürlichen Brief ob dass
alles War ist.
Ob sie wusten davon. Ob Sie
wirklich schon $ 50.000 von Ihm (Sie sagten mir das Sie $ 3000 bekommen haben)
bekommen haben – und Sie brauchten
nichts mehr von der Buber Stiftung
und auch nicht den Buber Preis
Nach Sechs Monate schwere
Arbeit die mich sehr viel Kosten
im Gesund, Zeit und Gelt nach einen
Monat im Rom beim Vatican nach
ungeheuren bemühen mit berümten
persöhnlichkeiten und mit der BBC
und Verleger die einen Script und
ein Buch über Schindler von mir wolten
– um für Sie etwas grosses zu
schaffen – soll dass von einen
grossen Kerl zerstört werden?

VICE PRESIDENTS: Prof. Theodor Adorno, Prof. Karl Barth, Max Brod, Prof. Cleanth Brooks, Marc Chagall, Prof. Hans Cohn, Madame Rhena Eckert-Schweitzer, Dr. Erich Fromm, The Earl of Harewood (British Commonwealth), Prof. Abram Yehohashua Heschel, Prof. Karl Jaspers, Hugh MacDiarmid, Gabriel Marcel, Jacques Maritain, Francois Mauriac, Andre Maurois, Overrabiner Dr. Marcus Melchior, Yehudi Menuhin, Prof. Reinhold Niebuhr, Pastor Niemoller, Sir Herbert Read, Prof. I. A. Richards, Theodor Schocken, ~~Prof. Ernst Simon~~, Lord Sorenson, Prof. Paul Tillich, Arnold Zweig.

HON. ADVISORY COMMITTEE: Dr. Hannah Arentd, The Hon. Anthony Asquith, W. H. Auden, Saul Bellow, Margarette Buber, Arthur Cohen, Prof. Malcolm Diamond, Prof. Maurice S. Friedmann, Rabbi Dr. Louis Jacobs, Robert Lowell, Dr. Thodor Reik, The Rt. Rev. the Bishop of Woolwich.

HON. ADVISORS THE ART OF THE THEATRE AND FILM: Sir Alec Guinness, Arthur Miller.

HON. CO-TREASURERS: ~~Anthony Blond, Rosser Chinn.~~

SECRETARY: Patricia Hamilton-Honig. HUMAN RELATIONS JOINT HON. TREASURER: Gordon Hyde.

Diese Antwort mussen Sie mir
geben. Es wäre besser natürlich
wenn Sie selbst für einen Tag nach
London kommen (ich zahle die Reise
Kosten und die 200 M. die ich
Ihnen schuldig bin!)

Aber bitte telephonieren Sie mir
Mitwoch oder Donnerstag früh
V.M. Uplands 9124. Ich warte
auf ihr Telefon.

Sie mussen wählen: Die Buber
Gesellschaft und mich oder
Ihren Hollywooder Agenten.
Sie sind ein Frei Mann.

Es ist jetzt ein neues Buch
mit eine halbe sehr gute Seite
über Sie in English erschienen
das Buch ist von H.D. Leuner
"When Compassion was a Crime"
(Wenn Mitleid war ein Verbrechen)
Germany's Silent heroes – 1933–1945.
Verleger O. Wolff London.

Ich hatte eine Idee Dr Gideon Hausner
von Jerusalem einzuladen und auf Ihren
Dinner zu sprechen und habe auch
mit die Verleger gesprochen dass die
zwei Bucher auch dem Bouquet + Symposium
verkauft werden. Aber ich warte auf Ihre Antwort

P.S. Ich sollte gestern nach Belgien gehen um ... Ihr Comrade Harry
Wo ich oder unser 'Komitee' dort zu besuchen und [illegible] mein Kriegen [illegible]

ich in London anwesend bin. Persönlich kennengelernt habe ich nur zwei Personen. Er selbst ist Journalist und mag sich in den letzten 20 Jahren für den *Jüdischen Weltkongress*, Dr. Nahum Goldmann, verdient gemacht haben. Dass er in London über hervorragende Beziehungen verfügt, steht außer Zweifel. Wie weit er diese bei höchsten Stellen mit Hypotheken belastet hat, kann ich nicht beurteilen. Seine Frau ist arische, englische Aristokratin, die als Kinderpsychologin bei den Snobs ihr Geld verdient und einen großen Wagen fährt. Seine beiden Töchter scheinen gut, aber kinderreich verheiratet zu sein. Mr. Honig selbst besitzt kein Geld und ist mehr als Bohème zu bezeichnen. Wie dem auch sei, da Du der weitaus Stärkere bist, können diese Beziehungen unserer Publicity nur nützen. Wir werden ja bei Deinem Besuch in der Bundesrepublik, ehe Du nach London fährst, ausführlich darüber sprechen. Ich werde nichts tun, davon bist Du ja überzeugt, was unserer Filmsache schaden könne, und die Sachen vorher mit Dir genau analysieren. …

Honig schreibt[7] *empört über den Besuch von Martin Gosch in London. Er zeichnet das Bild eines einflussreichen und habgierigen Hollywood-Agenten, der eifersüchtig darauf wacht, dass ja kein anderer der »Schindler-Geschichte« zum Erfolg verhilft. Schindler soll gezwungen werden, sich für einen von beiden zu entscheiden. (s. Faksimile S. 254–259)*

London, den 26.3.1967, Honig an Schindler

… Warum haben Sie mich nicht gewarnt, was das für ein Typus ist? Und dieser Kerl ist Ihr Filmproduzent und Agent?

Ich glaube … dass dieser Kerl [*Gosch*] ein gemeiner arroganter grober Hollywood-Gangster ist …

Honig schreibt, dass Gosch behauptet hätte, dass er Schindler $ 50 000 gegeben hätte und er jetzt eine große Summe Geld von der Deutschen Regierung in Bonn und auch eine große Pension bekäme. Das hätte er, Gosch, alles in Bonn geschaffen.

---

[7] Der Brief wurde leicht bearbeitet, Ausdrucksfehler jedoch nicht korrigiert.

Gosch habe gesagt, dass er nicht erlauben werde, dass er Schindler für die Buber-Gesellschaft *ausnütze.* Ich habe ein Kontrakt für alle Rechte, Film, T.V., Buch – alles, was Schindler angehört, gehört mir. Und alle *Schindler-Juden*! Ich habe den Geld gegeben, 250 000 habe ich schon hineingelegt. Und Sie (d.h. ich) haben kein Recht, ein Buch zu schreiben oder einen Film mit der BBC oder mit Dino de Laurentis zu schaffen. …

Honig beschwert sich bei Schindler:

Nach sechs Monate schwere Arbeit, die mich sehr viel kosten in Gesundheit, Zeit und Geld … – soll das von einem groben Kerl zerstört werden?

… Sie müssen wählen: Die *Buber-Gesellschaft* und mich oder Ihren Hollywood-Agenten. …

Ein desillusionierter, zutiefst enttäuschter Schindler meldet sich zu Wort.

Frankfurt a. M., den 14.4.1967, Oskar Schindler an C. Honig

Sehr geehrter Herr Honig!

An sich wollte ich Ihre Zeilen, die einen verletzenden Ton für meine Rettungsarbeit jüdischer Menschen beinhalten, nicht beantworten, aber mit Rücksicht darauf, dass eine große Zahl prominenter Menschen von Ihren Entscheidungen und Handlungen betroffen werden kann, schreibe ich Ihnen diese Zeilen, um so mehr ich für drei Wochen nach Israel fahre (sollten Sie etwas sehr Dringendes haben, schreiben Sie bitte an Herrn Dr. Bejski oder Herrn Sternberg, Tel Aviv).

Von Mr. Martin Gosch habe ich lediglich ein Telegramm über seinen Schriftwechsel mit London, ausführliche Post erwarte ich jeden Tag.

In Ihrem vorigen Schreiben, sehr geehrter Herr Honig, bemühten Sie sich aus Gesprächen mit Mr. Gosch den Eindruck zu erwecken, dass Schindler dank der Gosch-Initiative bei der Bundesregierung keine Zuschüsse der *Martin-Buber-Gesellschaft* mehr braucht. Sie wissen sehr genau, dass ich erst seit 1. Januar 1967 DM 500,– als Zuwendung erhalte, Ihre unnötige Einladung Ihres Komitees nach London sowie Ihr Aufenthalt in Frankfurt haben mich mehr als das

Vierfache gekostet. In Ihrem neuerlichen Schreiben bemühen Sie sich darzulegen, dass die internationale *Martin-Buber-Gesellschaft*, deren Ehrensekretär Sie sind, für den Friedenspreis für Schindler kein Geld hat. Ich bringe Ihnen in Erinnerung, dass ich, wie nachträglich erfahren, lt. Veröffentlichung der Weltpresse und auch der jüdischen Presse den mit 20 000,– Pfund dotierten Friedenspreis zugesprochen erhielt und dies von einem Sonderkomitee nach Abstimmung der *Buber-Gesellschaft* in London. Es konnte der Moment eintreten, dass ich als Friedenspreisträger mit dem Miterwerber des Kulturpreises, Dino Laurentis, die Summe teilen müsste. Aber gerade dazu erklärten Sie mir am Bahnsteig in Frankfurt nach Ihrer Rückkehr aus Rom, dass dieser zu meinen Gunsten auf seinen materiellen Preis verzichtet, da Dino Laurentis kein Geld brauche, ihm die halbe Filmstadt Cinecitta bei Rom gehört, er sein eigenes Flugzeug hat und sich freut, der Buber-Idee für einen Bedürftigen dienen zu können.

Ergänzend bringe ich Ihnen in Erinnerung, dass Sie am Bahnsteig in Frankfurt, nachdem ich mir 25 Dollar von einem befreundeten Herrn für Sie geliehen hatte, für Ihre Weiterreise nach Paris, Sie sich eine Unkosten-Provision auf den Friedenspreis, den ich in London erhalten sollte, von mir ausbedungen haben. Ich habe dem zugestimmt, da Sie als Ehrensekretär keinerlei Bezüge haben und über Ihre Sonderunkosten ja nicht die zahlreichen Spenden auf das Sperrkonto Ihrer Gesellschaft in Angriff nehmen können, aber lieber Herr Honig, hätten Sie nicht von diesem mir meinen Lebensabend sichernden materiellen Preis gesprochen, hätten Sie auch keine Ursache gehabt, eine prozentuelle Unkostenbeteiligung aus dieser Summe zu fordern.

Was mich an Ihren Zeilen so verletzte, war Ihre Zeile Seite 2 Ihres Briefes, dass ich ja nicht jüdische Menschen gerettet hätte, um bezahlt zu werden. Sehr geehrter Herr Honig, in der Zeit, wo Sie Ihren guten Freund Dr. Nahum Goldmann, der Sie heute im Stich lässt, Millionen Dollar in den Bananenrepubliken, in südlichen Gestaden, zwischen Golf- und Tennisplätzen durchkämpften, habe ich unter Einsatz meines Lebens das Mehrfache des *Martin-Buber-Preis*es aus eigener Tasche geopfert und dies bei makabren Begegnungen mit SS-Führern, um das Leben meiner jüdischen Schützlinge in den nächsten Wochen sichern zu können. Sollten Sie in der Folgezeit an mich Nachrichten übermitteln wollen, bitte ich Sie dringend, derartige Unverschämtheiten aus Ihrem Text zu verbannen. …

In der großen Hoffnung, dass Sie sich aus dieser kritischen Situation herauswinden werden, da Sie letzten Endes doch der Martin-Buber-Idee einige Opfer bringen, mögen Sie verhindern, dass sich der hochverehrte Martin Buber im Grabe umdreht und Sie einen weltweiten Presseskandal in London erwirken.

Mit besten Grüßen
Ihr sehr ergebener

Schindler versucht offensichtlich seine Sorgen – und die seiner Freunde – im Zusammenhang mit dem Martin-Buber-Friedenspreis *zu beschwichtigen.*

Frankfurt a. M., den 14.4.1967, Oskar Schindler an Freund Poldek

Lieber Poldek!
Entschuldige, dass ich Deine lieben ausführlichen Zeilen erst heute beantworte, aber ich wartete noch auf die Antwort von Honig und Post aus Israel.

Wie mich mein Rechtsanwalt in einer privaten Unterredung unterrichtete, ist die Situation des Honig-Buber-Preises nicht so kritisch, da sich die prominenten Persönlichkeiten, Lordschaften und Kardinäle in keinen Presseskandal einlassen werden. Ich bin natürlich bereit, auf die 10 000,– Pfund von Dino Laurentis zu verzichten. An sich hätte ich, falls sein Verzicht Tatsache gewesen wäre, diese Summe dem Tormay-Or, dem israelischen Blindenhilfswerk für Kinder zur Verfügung gestellt, da mir Frau Pollack[8] in Buenos Aires durch viele Jahre ihrer Tätigkeit für dieses Werk Gelder zu sammeln vorexerziert hat. …

---

[8] auch »Pollak« geschrieben

Schindlers Urteil über Honig steht jetzt fest. Er fühlt sich von ihm betrogen.

Frankfurt a. M., den 14.4.1967, Oskar Schindler an Dr. Bejski u. a.

... Es ist bedauerlich, dass ein Herr Honig aus Tomaschow – M. – heute mit englischem Pass – also polnischer Jude, sich einen Schindler heraussucht, um aus dem Erlös seiner weltweiten Schnorrbriefe seiner Frau ein Luxusauto zu kaufen und andere Dinge mehr sich erlaubt, hat mich schwer getroffen. Denn ihm hätte ich mehr Mitgefühl mit seinen Landsleuten zugetraut. Ich hoffe, wenn mir noch etwas Zeit bleibt im Leben, dass ich auch diesen Tiefschlag überleben werde. ...

Auch die israelischen Freunde beginnen an Honigs ehrlichen Absichten zu zweifeln.

Tel Aviv, den 17.4.1967, Jacob Stern[*berg?*] an Oskar Schindler

... Wir sind ganz im Ungewissen, was Honig betrifft. Er scheint nicht das richtige Ansehen, wie er sich vorgibt, zu haben u. ganz ernst genommen zu werden. Er nützt Deinen guten ... Namen aus, um mit prominenten Persönlichkeiten anzuknüpfen. Es ist fraglich, ob er überhaupt einen Fond zu verschaffen imstande ist, dem ein namhafter *Buber-Preis* folgt. *Jacob Stern fragt sich, was Honig tatsächlich unternommen habe, damit der Empfang in London überhaupt zustande käme und ob er Schindler* mit den erheblichen Spesen u. Anleihen glatt nicht aufzieht. Er scheint auf Deine Kosten für seine Tasche zu sorgen. ...

Er stellt fest, dass der Kerl Honig Dir nicht wenig die Nerven rüttet. *Er bewundert Schindlers Brief an Honig,* eine Meisterantwort ... Schade, wie man daraus ersieht, dass Du Deine vortreffliche Schreibbegabung für Memoiren nicht ausnützt. Du könntest mit diesen Fähigkeiten große materielle Gewinne erzielen u. würdest die Welt auslachen.

Schöne u. beste Grüße an Frau Hertha und Dich von uns allen ...

Gosch schreibt – auf Englisch – einen äußerst empörten, beleidigenden Brief an Schindler. Gosch ärgert sich, dass Schindler »hinter seinem Rücken« den Martin-Buber-Friedenspreis *zu organisieren versuchte. Gosch sieht sich als alleiniger Präsentant Schindlers in der Öffentlichkeit und erwartet von Schindler völliges Stillschweigen. Schindler hätte einen »manischen Zwang«, Briefe zu schreiben, treibe ein Doppelspiel. Gosch kündigt ihm die Zusammenarbeit auf, wenn er so weitermache. Wieweit Gosch Grund zur Verärgerung hatte – es ist gut möglich, dass Schindler ein gewisses naives und unkluges Verhalten an den Tag legte, um endlich zu Geld, Ehren und seinem Film zu kommen – lässt sich hier nicht klären. Einen so stolzen und verletzlichen Mann wie Schindler muss dieser Brief, in dem er heruntergeputzt wird wie ein kleines Kind, jedoch zutiefst gedemütigt und gekränkt haben. (s. Faksimile S. 266–267)*

Los Angeles, den 19.4.1967, Martin Gosch an Oskar Schindler

Dear Oskar:
... I want you to understand me clearly: I do not like your methods. If they continue you will loose my personal interests and help ...

Und in deutscher Übersetzung: ... ich möchte, dass Du mich genau verstehst: Ich schätze Deine Methoden nicht. Wenn Du so weitermachst, wirst Du meine Hilfe und mein persönliches Interesse verlieren.

Er erinnert Schindler daran, dass er ihn, Gosch, beauftragt hätte, Honig zu stoppen, dann sich aber doch wieder eingemischt und Honig sogar ermuntert hätte, weiterzumachen – was für Gosch sehr peinlich gewesen wäre. Weitere Briefe, die er, Schindler dann an Honig geschrieben hätte, wären ebenso geschmacklos gewesen.

Es scheint so, dass Du unter dem Zwang stehst, Briefe schreiben zu müssen. ... So kann und werde ich nicht weiterarbeiten. ...

Gosch erinnert Schindler daran, dass er die Rechte an seiner Lebensgeschichte ihm und MGM *– verkauft habe und keinerlei Recht hätte, Honig irgendwelche Filmrechte in Aussicht zu stellen.*

Ein Mann mit Schindlers Vergangenheit und Leistungen sollte über ... solche Intrigen erhaben sein. Ich würde meinen, dass Deine Würde Dir dieses Doppelspiel verbieten sollte ... *Gosch wisse, dass sein Brief scharf formuliert sei, er könne aber gar nicht stark genug ausdrücken, ...*

Martin A. Gosch Productions
10655 WILSHIRE BOULEVARD
LOS ANGELES, CALIFORNIA 90024
BRIGHTON 0-4176

April 19, 1967

Mr. Oskar Schindler
c/o Judge Moshe Bejski
7 Pinkas Street
Tel Aviv

Dear Oskar:

I am writing this to you in English because I am sure you will have no difficulty in Tel Aviv having it translated, and also because I want to give you my own thoughts directly in my own words. During the past couple of weeks I asked Paul Page to cable and write to you in German simply to make things easier for you.

Enclosed is a copy of a letter I have sent to the Earl of Harewood which is self-explanatory. You will note that this approach is certainly more subtle and logical than the hard-handed letters you have written to Honig that indicate threats of scandal, etc. I disapprove entirely of such procedures. Further, writing to Honig in this nature is utterly useless; this man is confessedly penniless, and is being disavowed by all of his so-called good 'friends' and contacts in your connection.

Oskar, I want you to understand me clearly: I do not like your methods. If they continue you will lose my personal interests and help. I refer particularly to the fact that when you telephoned me to London from Frankfurt on March 24th I told you that Honig's efforts would be disasterous to your name and reputation. You authorized me without question to take any necsssary steps to stop him. Almost immediately after, upon receipt of a wildly libelous letter from Honig, you replied to him in my defense (which was a foolish thing to do; you should have referred the letter to me) and then, in the very same letter, you actually countermand our understanding by urging Honig to continue on with the dinner for May 21st! Did it not occur to you that such a letter not only relieved Honig of felonious responsibility, but also would be most embarrassing to me with respect to the statements I made in your behalf and mine to the Foreign Office of the British Government and to Scotland Yard??

Now, today, Paul has received further correspondence between you and Honig which is equally distasteful. It seems you have a compulsion to write letters. You are obviously unable to permit anyone to authoratively supervise any matters for you without interference. I cannot - and will not - work that way, Oskar. Out of my affection for you, my respect

Gosch an Schindler, 19.4.1967

Martin A. Gosch Productions Mr. Oskar Schindler -2-

for your great service to so many fellow Jews, and my sincere dedication to your welfare and security I have gone far beyond the normal relationship that exists between a producer and a person whose life story has been purchased. My recent trip to Europe was a case in point: I spent more than $5000 and devoted four weeks exclusively to your affairs; there was no time left for my own business in Europe. And all of this happened simply because you failed to advise of the Honig events when they occurred in the first instance last September; instead you waited until January 30th of this year to apprise me, after you knew in your heart that the whole Buber Society scheme was complicated by delays, Honig's alleged lies to you, the lack of funds in the Society, Honig's peculiar behavior, etc.

Furthermore, in spite of the fact that your life story is owned by MGM and myself at a considerable payment to you, you actually permitted Honig to enter into discussions and/or negotiations with others that were in distinct contravention of the rights owned by me. The document you signed for Honig in January was disgraceful, regardless of its conditional context, because it could serve as nothing more than your clear encouragement of him to proceed against our contract.

Oskar, I was prepared to overlook these actions of yours as being occasioned by fear for your future security and the (ridiculous) hope that Honig might someway effectually obtain some money for you. However, I should point out that a man of your background and accomplishment, a man whose name might one day stand at the head of a great international foundation in the Humanities, should be able to rise above this kind of pettiness and intrigue. You cannot ride with both the hares and the hounds and expect to come away entirely unmarked. I would think that your dignity would forbid that kind of dual activity.

I am well aware that this letter is strongly worded. But I must tell you that it hardly serves to describe my hurt at the way you have behaved, and my personal disallusionment regarding the true greatness of Oskar Schindler. I am most especially resentful of your letter to Paul received today, in which you set forth the things you allegedly said to me in Frankfurt, i.e., criticism of my efforts with the German Government; the negative results therefrom, etc. Such language is mighty shameful thanks to me for all that I have done for you. Do you forget saying to my wife and me: "Where would I have been these last three years if it were not for Martin Gosch?"

Unless you will give me unreserved authority to continue in regard to London and Bonn, I prefer that you handle your own affairs. Meanwhile, Chip joins me in wishing you a very happy birthday, and a pleasant trip to Israel.

MARTIN A. GOSCH

wie sehr er persönlich desillusioniert wäre über »die wahre Größe von Oskar Schindler«. ... *Wenn Schindler ihm nicht volle Autorität gebe, würde er vorziehen, dass Schindler sich in Zukunft selbst um seine Angelegenheiten kümmern würde.*

Honig wiederum beschimpft Gosch, macht ihn für seinen Misserfolg bei der Beschaffung der Preisgelder verantwortlich.

London, den 19.5.1967, Honig an Schindler

... Nur leider haben wir jetzt keine Möglichkeit, den *Buber-Friedenspreis* auch mit einer Summe Geld zu honorieren, weil der Erfolg einer Geldsammlung war abhängig von 1. ein Symposium, 2. ein Dinner und 3. ein BBC-Film und Dokumentation in der Presse. Das alles hat der Gosch mit sein Londoner Besuch ganz vernichtet mit seiner gemeinen Denunziation über mich bei Sir Joseph Keith und bei der BBC. Wenn wir kein Geld haben für Sie und für unsere eigene Ausgaben, ist das ganz seine Schuld ...

Honig drängt Schindler, ihm eine Vollmacht zu geben, Bücher über ihn schreiben zu dürfen und einen Film zu drehen. Wenn er das nicht täte, wäre das Misslingen der Preisverleihung seine, Schindlers, Schuld. Honig weiß, dass die Filmrechte bei Gosch liegen – sein Vorgehen ist wirklich unglaublich.

London, den 5.9.1967, The International Martin Buber Society & Institute, Camille Honig an Oskar Schindler

... Heute muss ich haben einen kurzen Brief von Ihnen, dass Sie mich bevollmächtigen, eine Reihe Artikel und ein biografisches Buch über Sie und Ihre Rettungsarbeit während des Krieges zu schreiben. ...

Das ist mein letzter Versuch ... Auch schreiben Sie, dass Sie mir das Recht gegeben haben, einen Film zu drehen und informieren Sie den Herrn Gosch, dass Sie lange Jahre genug gewartet haben. *Großmütig konzediert Honig Gosch, dass er sich ja finanziell beteiligen könne ...* Also die Sache hängt von Ihnen ab, ob Sie wollen Geld verdienen, und auch der *Buber-Gesellschaft* und Ihrem Freund ein paar Pfund [*verschaffen wollen*], um seine Schulden zu bezahlen …

Mittlerweile sind Schindlers Schreiben an Honig voller Verbitterung und Ironie. Er zeigt ihm, dass er seine Machenschaften durchschaut hat.

Frankfurt a. M., den 23.9.1967, Oskar Schindler an C. Honig

Sehr geehrter Herr Honig!
Nun ist leider die Woche vergangen, für die Sie Ihren so dringenden Besuch bei mir in Frankfurt angesagt hatten. Aufgrund unseres Telefongespräches hatte ich angenommen, dass Sie wirklich dringende Dinge im Zusammenhang mit dem *Martin-Buber-Friedenspreis* mit mir zu besprechen haben.

Es mag sein, dass ich Sie mit der Zumutung schockiert habe, mir das Ihnen vor mehr als einem halben Jahr geliehene Geld in Frankfurt sowie die Erstattung der Flug- und Reisespesen der Einladung Ihres Komitees nach London im Frühling dieses Jahres (Ihr Komitee konnte ich leider nicht kennenlernen[9]) endlich zurückzugeben. Sie haben mir dies für November dieses Jahres versprochen, Ihr Wort in Gottes Ohr!!

In dem vorigen Telefongespräch, wozu Sie mich telegrafisch dringend aufforderten, fragten Sie mich, ob ich auf meinem Konto 500 £ für das Dinner hätte, dazu erübrigt sich wohl jeder Kommentar. In Ihrem letzten Schreiben erhöht sich schon der Dinner-Preis auf 750 £. Es erweckt langsam den Anschein, als ob Sie auf Kosten der *Martin-Buber-Gesellschaft* ganz Soho abfüttern wollten.

Dass die Dinge bei Ihnen in London scheinbar etwas chaotisch laufen, beweist die Tatsache, dass Sie mit den höchsten Persönlichkeiten Ihres geschätzten Komitees nur sporadisch zusammenkommen, sonst wäre Ihnen bekannt, dass die Briefe meiner israelischen Freunde längst in London sind.

Sie erbitten in Ihrem letzten Brief eine Vollmacht von mir, die auf

---

[9] Wie man im späteren Verlauf der Geschichte erkennen wird, waren viele Mitglieder der *Martin-Buber-Gesellschaft* gar nicht über Honigs Vorgehen informiert.

unwahren Tatsachen beruhen würde für Buch- und Filmrechte, die Sie auch der Deutschen Botschaft vorlegen wollen, trotzdem Sie gut wissen, dass die Filmrechte immer noch Martin Gosch und der *MGM* gehören. Ich glaube, für Ihre Werbung für das Festival des *Buber-Preises* müsste doch vollauf Ihre Broschüre »I and You« genügen, die trotz der hundert Druckfehler doch das Wesentliche der Tatsachen beinhaltet. Erst nach der Verleihung des *Buber-Preises* bin ich bereit, mit Ihnen weitere Möglichkeiten zu besprechen, der *Martin-Buber-Gesellschaft* zu nützen. Sie müssen verstehen, dass meine Verbitterung durch die immer wieder mit neuen Tricks verzögerte Preisverleihung mir gesundheitlich und moralisch mehr Schaden zugefügt haben, als 2 *Martin-Buber-Preise* aufwiegen könnten, ich noch unter der empörten Reaktion meiner Freunde über diese Verschleppungen (diesmal können Sie sich auf keinen Martin Gosch ausreden) leide, die durch große materielle Opfer an der Preisverleihung in London am 11. September d. J. teilnehmen zu können hofften und dadurch einige Tage in Europa vertrödelten.

Ich würde mich freuen, bald von Ihnen zu hören, dass Sie sich mit der Prominenz Ihres Komitees endlich abgesprochen haben und wie nun der Verlauf der Dinge nach dem Ermessen Ihres geschätzten Sonderkomitees weitergehen wird.

Auf schnelle ausführliche Antwort wartend
mit besten Grüßen Ihr

Schindler berichtet vielen Freunden von seiner Enttäuschung und Empörung.

Frankfurt a. M., den 23.9.1967, Oskar Schindler an Freunde (Janek, Klara[10])

... Neben dem Alleinsein ist meine größte Depression die Unverschämtheit des Herrn Honig, die er sich mit uns erlaubt hat. Wobei [*nicht*] das materielle Moment, wo ich bitter nötig für die Zukunft eine Aufbesserung gebrauchen kann, ausschlaggebend ist, sondern die Skrupellosigkeit, mit der er seinen Egoismus ohne Rücksicht auf

---

[10] Sternberg

das Ansehen seiner Opfer befriedigt. Ich werde alle Mittel und Beziehungen zu nützen versuchen, dieses Bubenstück nicht ungestraft hinnehmen zu müssen …

Hier ist der Beleg, dass nicht nur Honig »Bettelbriefe« geschrieben hat, sondern dass auch ein illustres Mitglied der Martin-Buber-Gesellschaft, *Yehudi Menuhin, versucht hat, für Schindler die finanziellen Voraussetzungen für eine Preisverleihung zu schaffen. (Faksimile s. S. 272) Ob der angeschriebene Axel Springer etwas gespendet hat, geht aus der Korrespondenz nicht hervor.*

London, den 10.10.1967, Yehudi Menuhin an Axel Springer

Dear Mr. Springer
Menuhin schreibt, dass ihn Honig informiert hätte, dass Springer letztes Jahr seine Unterstützung für einen Kongress zu Ehren Martin Bubers angeboten hätte, der aber aufgrund einiger Missverständnisse nicht stattgefunden habe.

Nun würde die Internationale Martin-Buber-Gesellschaft *ein Dinner für zwei tapfere und menschenliebende Deutsche, Herrn Oskar Schindler und Dr. Gerhard Wolf, ausrichten, die während des Krieges ihr Leben riskiert hätten, um viele tausend Juden vor Konzentrationslagern oder Deportation zu bewahren. Sie sollten mit dem* Martin-Buber-Friedenspreis *ausgezeichnet werden. Herr Schindler benötige auch finanzielle Hilfe.*

Da er alles verloren hat (es hat ihn mehr als eine Million Mark gekostet) und nicht von den deutschen Behörden entschädigt worden ist, hoffe ich aufrichtig, dass Sie in der Lage sind, dieses wichtige Vorhaben in Ihrer gewohnten Großzügigkeit zu unterstützen.

Martin Gosch und Pfefferberg sind empört, dass Schindler offensichtlich noch weiter mit Honig zusammenarbeitet und die Verleihung des Martin-Buber-Friedenspreises *nicht abgeblasen hat. Dieser Brief ist wieder auf Englisch geschrieben:*

2, The Grove,
Highgate Village,
London, N.6.

Herrn
Axel Springer
Hamburg
Germany

10th October 1967

Dear Mr Springer

Mr Camille Honig informs me that last year you offered your facilities for a Memorial Congress in honour of Martin Buber, but that owing to some misunderstanding the Congress did not take place.

The International Martin Buber Society is arranging a Testimonial Dinner for two brave and humanitarian Germans, Herr Oskar Schindler and Dr Gerhard Wolf, who during the war risked their lives to save many thousands of Jews from the concentration camps or from deportation. They have been awarded the Martin Buber Peace Prize. Herr Schindler is also in need of financial help. As he has lost everything (it cost him over one million Marks) and has not been compensated by the German authorities, I sincerely hope that you may be able to support this worthy cause in your customary generosity.

Sincerely yours

Yehudi Menuhin

Yehudi Menuhin

Yehudi Menuhin an Axel Springer, 10.10.1967

o.O., 7.11.1967, Poldek[11] an Oskar Schindler

Dear Oskar –
… *Pfefferberg schreibt, dass er und Martin Gosch der Meinung gewesen wären, dass die Buber-Geschichte sich erledigt hätte, nachdem Goschs Untersuchungen ja bewiesen hätten, dass Honig ein totaler Betrüger sei. Nun hätte er einer Zeitung in Los Angeles*[12] *die Ankündigung der Verleihung des* Martin-Buber-Friedenspreises *im November in London entnehmen müssen. … Martin Gosch wäre sehr schockiert gewesen, erstens, weil Schindler sie nicht informiert hätte, und zweitens, weil es so aussähe, als ob Schindler weiter mit Honig in Verbindung geblieben wäre, obwohl Martin Gosch starkes Missfallen daran geäußert hätte … Honig sei ein Mann,* der nicht nur Deinen guten Namen ausgenützt hat, um Gelder zu erhalten, sondern der auch Martin schlechtgemacht hat, den Mann, der Dir einer der besten Freunde gewesen ist, die Du auf der Welt hast. Die einzige Entschuldigung, die wir uns vorstellen können, ist, dass Honig ohne Dein Wissen vorgegangen ist …

Auf der folgenden Seite (S. 274) die bitter erkämpfte Ehrenurkunde des Martin-Buber-Friedenspreises – *ausgestellt am 4. Dezember 1967.*

Schindler schildert den Verlauf des Festabends zur Martin-Buber-Friedenspreis-*Verleihung und begründet, warum er die Preisverleihung nicht vorher abgesagt hat.*

Frankfurt a. M., den 10.12.1967, Oskar Schindler an Dr. Bejski u. a.

… Ich flog nach London, aber weder am Flughafen noch im Regent Palace Hotel sah ich Honig. Durch Zufall traf ich den israelischen Artisten Zwi Kanar, der mir gegenüber wohnte und eigens aus Boston geflogen kam, um bei der Buber-Feier aufzutreten. Nächsten Mittag erschien Honig sehr aufgeregt und mit Arbeit überlastet, tröstete uns

---

[11] Pfefferberg
[12] *Heritage Jewish Newspaper*

OSKAR SCHINDLER

Frankfurt am Main

THE INTERNATIONAL MARTIN BUBER SOCIETY AND PEACE FOUNDATION

has the honour to bestow upon you the Martin Buber Peace Prize for your humanitarian rescue actions during the last war in saving several thousands of innocent victims of the Nazi fury from a cruel death at the risk of your own and your family's lives in Kraków, in Zabłocie and in Plaszów during the years 1940–1945.

You have truly taken upon yourself the noble and heroic role of being Your Brother's Keeper in a world where Cain seemed to triumph.

You have acted according to the Talmudic apophthegm:

Where there be no man endeavour to be a man –

in the true spirit of Martin Buber.

London, December the fourth, 1967

PAX ET LUX

Igor Stravinski (Life President)
The Earl of Harewood
Lady Diana Cooper
Lord Sorensen
Christopher Hollis
Yehudi Menuhin
Camille R. Honig (Hon. Secretary)

Die Ehrenurkunde des Martin-Buber-Friedenspreises

20 Minuten mit hinhaltenden Redensarten und verschwand wieder. Um 7 Uhr abends sollte uns Honig zu der für 7.30 Uhr angesetzten Veranstaltung abholen, er hatte um 6 Uhr lediglich durch eine Managerfirma für Frau Karp den Flügel besorgt (Frau Karp hat auch vor Göth Chopin gespielt), Reflektoren und Tonbandgerät für den Auftritt Kanars, die er auch nicht besorgte und dessen Auftritt leider nicht erfolgte, denn Honig musste sich ein Smokinghemd kaufen und kam um 8.30 Uhr ins Hotel. Als wir in das Veranstaltungslokal kamen, hatte Priestley bereits seine Rede gehalten und Frau Karp spielte ihr Programm. Sie hat auch in der späteren Folge wunderbar zur Rettung der Stimmung des Festivals beigetragen.

Priestley, der bereits fortgehen wollte, hat nur mir zur Liebe eine Willkommensansprache gehalten (eine zweite). Anschließend sprach Lord Sorensen und der fabelhafte Rabbiner Hardman. Nach kurzer Ansprache von Honig und meiner Ansprache war der offizielle Teil beendet.

Meine lieben Freunde, dass ich die Sache Honig bis zum bitteren Ende durchstehen wollte und durchstehen musste, trotzdem in den letzten Wochen vor allem durch die Warnung der israelischen Botschaft in Bonn und seines Gesamtverhaltens klar war, dass Honig ein Gangster ist, hat viele Gründe. Ich weiß, dass nicht jeder von Euch in diesem Punkt mit mir einer Meinung war. Aber wenn von meinem Standpunkt aus eine Sache so weit fortgeschritten war und so viele Prominente, gute Freunde etc. ja letzten Endes an der Lächerlichmachung meiner Sache kein Interesse haben konnten, und ich mich andererseits nicht als Opfer einer öffentlichen Blamage hergeben wollte, musste ich einfach versuchen, gute Miene zum bösen Spiel zu machen, um wenigstens nach außen hin das Gesicht zu wahren.

Hätte Herr Gosch anlässlich seines Besuches in London anstatt eines eintägigen Wirbels mit einigen anschließenden Briefen aus Madrid die Sache solide zu Ende geführt, konnte man sowohl noch resignieren als auch auf solider Basis die Buber-Sache aufzäumen.

Aber er ging wie der Elefant aus dem Porzellanladen und ließ alles in der Schwebe.

Zum Glück bin ich meinem alten Freund Dr. Madanes begegnet,

den ich seit meinem Parisbesuch beim *Joint*[13] mit unserm Freund Stern nicht mehr gesehen hatte, den ich seit 22 Jahren noch von München her kenne und der eine einflussreiche Position bei BBC in London hat, sowie den Rabbiner Hardman, der über die Unverschämtheit von Honig ehrlich böse ist, so dass ich mit deren Hilfe und mit Hilfe des Deutschen Presseattachés Sulzbach während meines verlängerten Aufenthaltes in London eine lange Aussprache im House of Lords mit Lord Sorensen hatte und von all diesen Herren der Entschluss gefasst wurde, ein wirkliches Schindler-Komitee ohne Honig zu schaffen. Charakteristisch ist es, dass mir Lord Sorensen eröffnete, Honig habe in seinem Namen eingeladen, ohne dass er davon wusste. Zum Überfluss erschien noch ein junger Mann von der Managerfirma, der für Honig den Abend organisierte und für Werbung und Aufwand von Personal etc. außer tausend Schnorrbriefen auch Telefon- und Taxispesen für Honig beglichen hat und dann stellte sich heraus, dass Honig die Flugkarte für Zwi Kanar in zwei ungedeckten Schecks, vordatiert für Januar, bezahlt hat. Um das Maß des Ehrensekretärs noch voll zu machen, hat er von Mister Sinclair für den besagten Artikel ein Honorar von 1000 £ kassiert mit dem Bemerken, mir die Hälfte des Honorars zur Verfügung zu stellen, was ich nicht sehen werde, ebenso wie meine alte Forderung.

Honig flog nächsten Tag nach Düsseldorf, um im Ruhrclub zu schnorren. Meinem Wunsch nach der Begleichung meiner alten Forderung kam er mit 2 £ in bar und einem Verrechnungsscheck über 5 £ nach. Auf meinen Hinweis, dass sich meine jüdischen Freunde über seine Art sehr freuen würden, erklärte er, mehr habe ich nicht, ich hab sie alle in der Erd, und verließ fluchtartig die Hotelhalle. Übrigens hat Honig 50 DM Eintritt für die Feier genommen, was unser Freund Halberthal bestätigen kann, den ich eingeladen hatte. Gott sei Dank ist durch die Hilfe der Pressestellen und der BBC die Ehrung bei der Öffentlichkeit gut angekommen und was die Höhe der wirklichen

[13] *AJJDC = The American Jewish Joint Distribution Committee*, auch *Joint* genannt. Diese Organisation wurde 1914 gegründet, ursprünglich um den Juden zu helfen, die in dem Gebiet des heutigen Israels lebten und zu Beginn des 1. Weltkrieges flüchten mussten. Der *Joint* sammelte dann Geld, um allgemein Juden in Europa und Palästina zu helfen, im 2. Weltkrieg dann besonders den von den Nazis verfolgten Juden.

Dotation des Preises erbringt, wird jetzt ein Komitee aus seriösen Menschen bestimmen, und nicht mehr das 1-Mann-Komitee Honig. Ich will noch betonen, dass ich in meinen Schlussworten der Dankansprache gebeten habe, 50% der bis zur Stunde noch nicht festgelegten Dotation der israelischen Botschaft in London an förderungswürdige Studenten zu geben, deren Väter im 6-Tage-Krieg gefallen sind. Dieser Entschluss wurde mit Beifall aufgenommen. Meine lieben Freunde, ich habe die Zusicherung von Dr. Madanes und Rabbiner Hardman, dass diese in Zusammenarbeit mit Lord Sorensen und dem Pressemann der Deutschen Botschaft in London, Dr. Sulzbach (deutsch-jüdischer Offizier im Ersten Weltkrieg, 17 Jahre in der Botschaft), mir in den nächsten Tagen das Ergebnis ihrer Arbeit bekannt geben werden und ich werde Euch dann sofort über das Ergebnis berichten.

Ich schließe für heute, da ich immer noch die Müdigkeit der letzten Tage in den Knochen habe, da sie doch ziemlich anstrengend waren und an meinen schlechten Nerven zehrende Ereignisse waren. Mit vielen herzlichen Grüßen

immer Euer

Nach der Preisverleihung; das Ergebnis des Gesprächs im House of Lords war, dass die Höhe des Preisgeldes für Schindler festgelegt und Schindler bald darüber informiert werden sollte. Schindler versucht hier die Sache voranzubringen.

Frankfurt a. M., den 15.12.1967, Oskar Schindler an Dr. Madanes

… Es fällt mir schwer, lieber Doktor Madanes, meine Freude des Wiedersehens mit Ihnen und Ihrer lieben Familie nach mehr als 20 Jahren zu schildern, aber es scheint schon Ihr Schicksal zu sein, nur immer dann Schindler zu begegnen, wenn sich ernste Probleme auftun. Nehmen Sie es bitte, lieber Freund, nicht als Unverschämtheit, wenn ich Sie dringend bitte, bei unseren Gesprächen im House of Lords mit dem Finger am Puls zu bleiben, denn außer dem herrlichen Rabbiner Dr. Hartman wüsste ich neben Ihnen, lieber Doktor Madanes, niemanden, der unbefangen meine Interessen vor dem Club der Lordschaften und Menchuins vertreten könnte, da ja selbst der gute Lord Sorensen unbewusst von dem Spitzbuben Honig durch kriminellen Bluff hereinmanövriert wurde, wie vorher Sir Keith Josef, der Bischof von Westminster und Earl of Harewood …

In der Weltpresse gibt es kurze Notizen über den Martin-Buber-Preis. *Manche Zeitungen nehmen das zum Anlass, ausführlicher über Schindler zu berichten, so auch der* Weser-Kurier.

Bremen, vom 21.12.1967, Zeitungsausschnitt vom *Weser-Kurier*

1200 Menschen vor dem Tode bewahrt
Die Juden haben ihren Retter nicht vergessen
Oskar Schindler wurde in London mit dem *Martin-Buber-Preis* ausgezeichnet …
Oskar Schindler, der bewiesen hat, dass es Möglichkeiten gab, den Juden auch während der Naziherrschaft zu helfen …

Es folgt eine Zusammenfassung seiner Rettungstaten im Krieg und ein Bericht über seine späteren Lebensumstände.

Auch andere – hier die Firma, die für Honig den Martin-Buber-Festabend organisierte – fühlen sich durch Honig betrogen und erwägen, gerichtliche Schritte zu unternehmen.

London, den 2.1.1968, Philip Dawes & Company Limited Publishing an Oskar Schindler

… Betreffend unserer Verhandlungen mit Herrn C. Honig und die *Martin Buber Society & Institute* werden Sie sich erinnern, dass ich erwähnte gerichtliche Schritte zu unternehmen.

Ich wäre Ihnen sehr verbunden, wenn Sie mir, um Gewicht für eine Anklage zu geben, Angaben über Herrn Honig geborgte Summen und Daten machen könnten. (Wir haben mehrere Personen gefunden, denen Herr Honig Geld schuldet.)

… Die Angelegenheit ist uns sehr dringend.

Schindler gibt im Nachhinein in verschiedenen Briefen noch einmal eine umfassende Bewertung der Ereignisse um den Martin-Buber-Preis:

Frankfurt a. M., den 24.2.1968, Oskar Schindler an Freunde (Poldek, Mila, Fred, Marie)

… Die Vorwürfe von Martin in Deinem letzten Brief wegen Mister Honig, *Buber-Gesellschaft*, London, treffen mich zu Unrecht, da ich auf nachweislich 20 Briefe von Honig mit 2 ziemlich groben Briefen antwortete, dass ich doch zur Preisverleihung geflogen bin, begründet durch die Tatsache, dass die *Buber-Preis-Geschichte* schon so weit fortgeschritten war und öffentlich bekannt, so wie bis zum bitteren Ende zu erleben, wie weit der Betrüger Honig die englische Prominenz dupieren kann, mich interessierte. Letzten Endes hatte es ja Martin allein in der Hand, bei seinem London-Besuch den ganzen Fall mit der Prominenz zu einem guten Ende zu bringen. Leider ist er damals erkrankt und musste abreisen. Er schrieb von Madrid aus noch einige Briefe und dann ist die ganze Sache eingeschlafen. Honig kassierte mit mehr als tausend Schnorrbriefen weiter einige tausend £ weltweit für die Dotation des Preises, die er natürlich für sich privat verwendete. Nur mit Hilfe einiger einflussreicher alter Freunde konnte nach außen hin wenigstens das Gesicht gewahrt werden, um einen Skandal zu verhindern. Dass mich das Ganze nervenmäßig zermürbt und sehr deprimiert hat, kannst Du Dir vorstellen. Natürlich bin ich ohne einen Dollar von London zurückgeflogen.

Da sich jetzt prominente Persönlichkeiten der Institution mit dem skandalösen Honig befassen, wird das ganze auf höherer Ebene noch sein Nachspiel haben und dem Mann sein Handwerk gelegt werden. …

Frankfurt a. M., den 6.4.1968, Oskar Schindler an Freunde

… Lieber Walter[14], über meine Verleihung des *Martin-Buber-Preis*es in London, von der ich Dir eine Broschüre geschickt habe, habe ich von Dir keine Stellungnahme erhalten. Es ist bedauerlich, dass ich einem Betrüger aufgesessen bin, der sich mit mehr als 1000 Schnorrbriefen in aller Welt eine enorme Dotation für den Schindler-Preis erschwindelt hat. Ich betone, dass ich für diesen Ehrensekretär – Herrn Honig

[14] höchstwahrscheinlich Walter Pollack

– der *Buber-Gesellschaft*, London, für Hotelspesen in Frankfurt, Rückreise vom Vatikan nach London sowie Unterschlagung von Honorar-Geldern mehr als 8000 DM verloren habe. Ihr könnt Euch, meine lieben Freunde, vorstellen, dass mich der Verlust der Dotation, der damals mehr als 100 000,– DM betrug, mit tiefer Niedergeschlagenheit betroffen hat. Ich hätte mir für diesen Betrag eine sichere Lebensrente erkaufen können, leider hat der Ehrensekretär Honig statt dieser unter meinem Namen geschnorrten Dotation, die er für sich verwendet hat, mir im Hotel in London nur 7,– £ zurückgelassen. Du siehst, lieber Walter, dass alle mit dem Zusatztitel »Ehren« behafteten, sei es der Ehrenpräsident Murmis vom *Joint* oder der Ehrensekretär Honig, vom Schindler Stücke reißen, um sich selber zu helfen. …

Offensichtlich nimmt Schindler Martin Gosch seinen scharfen Brief vom 19.4.67 nicht mehr übel.

Frankfurt a. M., den 8.4.1968, Oskar Schindler an Martin Gosch

… Martin, ich weiß, dass ich Dich zu einem meiner wenigen, aber guten Freunde zählen kann, doch kann ich mit Deinen Ausführungen nicht ganz konform gehen, weil Deine Bemühungen auf einer anderen Ebene liegen, als ich es mit meiner heutigen Lebensweise vereinbaren kann.

… Deine Befürchtungen wegen Beziehungen zu Mr. Honig der *Buber-Gesellschaft* sind unbegründet, da ich diesen gebeten habe, mich mit Schriftwechsel nicht mehr zu belästigen und es zu unterlassen, weiterhin in meinem Namen zu schnorren. Jüdische Persönlichkeiten und Vertreter der Deutschen Botschaft sowie prominente Herrschaften des House of Lords sind bemüht, ihm das Handwerk zu legen. Ich wünsche Dir und mir die vielen 10 000 Dollar, die er in unserm Namen weltweit geschnorrt hat. …

Frankfurt a. M., o. D., Oskar Schindler an Walter und Beate Pollack

… Du kannst Dir vorstellen, lieber Walter, dass die blamable Situation, von einem Ehrensekretär Honig der *Martin-Buber-Gesellschaft* um zwanzigtausend englische Pfund, die er ein Jahr lang mit …

Rundschriften als Dotation für meinen Preis in der ganzen Welt kassierte und unterschlagen hat, mir zu meinem geschwächten Gesundheitszustand den Tiefschlag bereitete. Dass ich bis heute noch siebenhundert englische Pfund an Bardarlehen für den Ehrensekretär inklusive Vatikan-Flugspesen und Honorar zu bekommen habe, hat sogar unsern Freund C. Paul (*News Chronicle*) auf die Palme gebracht, s. Beilage Martin Bubers Name missbraucht. Auch unser Freund Dr. Madanes, heute Chef bei BBC-London und mein persönlicher Freund vom German Ambassador, Herbert Sulzbach, haben pressemäßig den Anschein gegeben, dass die Verleihung dieses Preises ein Erfolg wäre, damit nicht bekannt wird, dass ein Jude einen Judenhelfer um zwanzigtausend Pfund bestohlen hat. …

Schindler bemüht sich nach der Preisverleihung weiter darum, seinen Schaden zu begrenzen.

Frankfurt a. M., den 13.7.1968, Oskar Schindler an Dr. Sulzbach

… Ich hatte Sie nach unserem letzten Telefongespräch in dieser Angelegenheit[15] in den letzten Monaten nicht mehr angesprochen, weil ich weiß, wie schwer es ist, in der Urlaubszeit ein Treffen mit unseren Freunden Dr. Madanes und Rabbiner Hardman mit Lord Sorensen, den anderen Lordschaften der *Buber-Gesellschaft* zu koordinieren.

Schwester Gabriele aus London, die auf Empfehlung des Weihbischofs Kampe aus Limburg bei einer Israel-Diskussion in Frankfurt mit mir sprach, sicherte mir zu, dass sie ebenfalls bemüht sein wolle, in ihren Kreisen darauf zu drängen, dass das *Buber-Komitee* mir vorerst wenigstens den effektiven Schaden ersetzt, der mir durch den Ehrensekretär dieser Gesellschaft entstanden ist. …

Leider erfahren wir durch die Korrespondenz nicht, ob Honig tatsächlich zur Rechenschaft gezogen wurde und ob Schindler je ein Preisgeld erhalten oder zumindest seine Auslagen ersetzt bekommen hat. Da Schindler ansonsten seinen Freunden sehr ausführlich über die Buber-Angelegenheit berichtet, ist das allerdings eher unwahrscheinlich.

---

[15] *Martin-Buber-Friedenspreis*

4.
Schindler und seine Freunde

Schindler ist ein zur Freundschaft begabter Mann – das verraten nicht nur die Berichte aus den Kriegsjahren[1]*, sondern auch die umfangreiche Korrespondenz mit Freunden, die im Koffer besonders aus der Zeit in Deutschland ab 1957 enthalten ist. Seine engsten Freunde bleiben immer die* Schindler-Juden, *die ihn mit seiner nie vergessenen Vergangenheit verbinden, aber auch später schließt er verlässliche Freundschaften.*

Auch nach der Häufigkeit der Briefe zu schließen sind die engsten Freunde Izak Stern, Jakob Sternberg, Moshe Bejski, Walter Pollack und Poldek Pfefferberg.

In Schindlers Briefen geht es immer wieder um ähnliche Dinge: Schindler bittet um Hilfe und/oder bedankt sich für erwiesene Wohltaten; häufig schwört er seine Freunde auf die Arbeitssuche für ihn ein, berichtet ausführlich von seinem (öffentlichen) Leben und über gemeinsame Freunde.

Auch wenn Schindler immer wieder seine eigenen Probleme zu umkreisen scheint, zeigt er doch auch große Teilnahme am Leben seiner Freunde.

Da er häufig nicht nur Einzelnen, sondern gleich seinem kompletten Freundeskreis schreibt, wird sich oft über verschiedene gemeinsame Bekannte und Freunde ausgetauscht – so wie auch Schindlers Probleme häufig in Gesprächen und Briefen seiner Freunde diskutiert werden. Und immer wieder ermöglicht es Schindler – eine wahrhaft integrierende Persönlichkeit –

---

[1] Schindler ist es auch schon da gelungen, sich ein Netz von ihm sich verpflichtet fühlenden und/oder ihm freundschaftlich verbundenen Menschen zu knüpfen – ein Netz, das sich manchmal als überlebenswichtig erwies.

Außenstehenden, in den engsten Freundeskreis aufgenommen zu werden – vielleicht lässt sich dieser Stil am ehesten mit dem Begriff »vernetzende Kommunikation« beschreiben.

Schindler hat Zeit seines Lebens Freunde für sich eingespannt und sich seinerseits großzügig für sie eingesetzt. Hier hat Schindler anscheinend Dr. Kasztner, Joint-*Vertreter für Osteuropa, der u. a. mit Schindler bei der jüdischen Rettungsaktion zusammenarbeitete, gebeten, sich für ihn zu verwenden, was dieser gerne tut: In seinem Antwortschreiben vom 17.1.47 heißt es:* »Ich möchte meinerseits alles unternehmen, um Ihrem Wunsche[2] im Rahmen des Möglichen entgegenkommen zu können … Dieses Schreiben[3] soll mit einer Denkschrift ergänzt werden, in der Ihre Hilfs- und Rettungstätigkeit eingehend geschildert wird.«

Schindler soll sich später ebenfalls für Dr. Kasztner verwenden.[4]

Schindler ist dem Juden Levy[5] *persönlich unbekannt, der jedoch von seiner Rettung jüdischer Menschen gehört hat und sich Schindler in Form verschiedener Hilfeleistungen dafür erkenntlich zeigen möchte. Bald jedoch wird ihr Kontakt persönlicher: Sie teilen sich ihre Sorgen zur politischen Entwicklung mit, finden Gemeinsamkeiten. Nicht selten passiert es Schindler, dass sich ein aufgrund seiner Rettungstaten oder auch seiner Bedürftigkeit begonnener Kontakt zu einer Freundschaft weiterentwickelt. Hier ein Ausschnitt aus ihrer Korrespondenz:*

---

[2] Es geht wahrscheinlich um eine finanzielle Entschädigung für seine Rettungsaktion, wie sie Schindler während des Krieges vom *Joint* versprochen worden war.

[3] das Dr. Kasztner für Schindler an die entsprechenden Leute, wahrscheinlich beim *Joint*, richten wird

[4] s. 1. Kapitel »Die Kriegsjahre«

[5] Wein- und Spirituosenhändler in Manchester, England

Manchester, den 25.2.1948, A. J. Levy an Oskar Schindler

... musste ich mich ... erkundigen, was ich Ihnen ... zuschicken darf. ... will ich mich bemühen, Ihnen passende getragene Kleider zu besorgen ... bemühe ich mich auch, Ihnen einige Lebensmittel-Pakete zukommen zu lassen ...

Bezüglich Ihrer event. Emigration will ich Ihnen ... falls Sie die Erlaubnis erlangen, hierher nach England zu kommen ... für Ihre Anstellung Sorge tragen. Sollten Sie aber die Möglichkeit haben, anderswohin zu emigrieren, so will ich mich auch bemühen, Ihnen behilflich zu sein ...

Inzwischen behalten Sie Mut und Ausdauer, Wohltaten werden nie vergessen, und ich bin überzeugt, dass der Allmächtige Ihnen auch in der Zukunft helfen wird ...

Manchester, den 20.8.1948, A. J. Levy an Oskar Schindler

... Ich glaube, dass wenn Sie jüdischen Menschen geholfen hatten, so ist es jetzt an sie [*ihnen*] die Reihe[6], Ihnen behilflich zu sein ...

Manchester, den 2.12.1948, A. J. Levy an Oskar Schindler

... Hoffe Ihnen auch weiterhin Pakete zukommen lassen zu können, wie auch sonst Ihnen behilflich zu sein. Ich versichere Sie [*Ihnen*], dass ich dies als ein Privilegium betrachte ...

Regensburg, den 16.11.1948, Oskar Schindler an A. J. Levy

... Gleich am Beginn meines Briefes will ich mit vielem herzlichen Dank das Eintreffen Ihres reichhaltigen Lebensmittelpaketes vom 7. September bestätigen, mit welchem Sie mir große Freude bereiteten. Ich freue mich, sehr geehrter Herr Levy, dass Sie in Ihrem Schreiben zu allen mich brennend interessierenden Fragen so ausführlich Stellung genommen haben und danke Ihnen vor allem aufrichtig,

---

[6] Wahrscheinlich ist gemeint: »... so sind diese jetzt an der Reihe, Ihnen behilflich zu sein ...

dass Sie weiter bemüht bleiben, einen Weg zu finden, um mir zu helfen.

Ihre Hilfsbereitschaft, sehr geehrter Herr Levy, geht so weit, dass Sie wegen mir, der ich Ihnen leider persönlich unbekannt bin, sogar Ihre Herren Freunde in Irland exponieren[7] wollen, und Ihre geschätzten Briefe sind für mich ein wirksames Mittel, meinen Optimismus zu stärken und meine Weltuntergangsstimmung zu verscheuchen.

Ich habe mit größtem Interesse Ihre treffend richtigen Ausführungen über Deutschland gelesen und bin erstaunt, dass Sie den Zustand so zu beurteilen vermögen, ohne in dem Land zu wohnen …

… ich weiß ja so wenig von Ihnen, kenne nur Ihre großzügige mir bereits bewiesene Hilfsbereitschaft und bin Ihnen sehr dankbar, dass Sie bei Ihrem bestimmt sehr umfangreichen Geschäftsbetrieb noch Zeit aufbringen, sich zum Anwalt meiner Sorgen zu machen. Sie können versichert sein, dass ich Ihr Opfer ermessen kann und dankbar schätze. …

Schindler lebt mit seiner Frau Emilie seit einigen Jahren in Argentinien[8]. *Der* Schindler-Jude *und gute Freund Izak Stern versucht Schindler mit herzlichen Worten aufzumuntern. Schindler steht vor dem finanziellen Ruin und sucht verzweifelt nach einer neuen Verdienstmöglichkeit.*

Tel Aviv, den 24.3.1956, Izak Stern an Oskar Schindler

… Lieber Freund! Als geschworener »Optimist« bin ich überzeugt, daß Sie endlich alle Schwierigkeiten überwinden und Ihr Ziel erreichen werden. Ich glaube an Ihren »glücklichen Stern«, der Sie in den schwersten und tragischsten Zeiten nicht verlassen hat und auch jetzt zur sicheren Landung führen wird.

Wie geht es Ihnen, lieber Herr Direktor? Wie fühlt sich Ihre liebenswürdige Gattin gesundheitlich?

Bitte schreiben Sie mir ausführlich. Wir freuen uns immer mit jeder Nachricht von Ihnen.

…

---

[7] sinngemäß: »sich für mich einsetzen lassen«

[8] seit 1949

Der Blick Schindlers scheint Verbundenheit mit einem guten Freund auszudrücken.

In diesem Brief wird deutlich, wie wichtig Schindler sein jetziger Freund, Helfer und Fürsprecher Stern [9] auch schon in den schwierigen Kriegszeiten gewesen ist. Schindler seinerseits nimmt starken Anteil an der politischen Entwicklung in Israel. Seine Freunde – und Schindler – haben Angst vor einem Krieg, der ja auch wenige Monate später ausbricht.

San Vicente, den 16.4.1956, Oskar Schindler an Dr. Izak Stern

Lieber, alter Freund Izak!
Mit vielem Dank bestätige ich Deine beiden ausführlichen Briefe sowie Osterwünsche und ich bitte Dich, meinen Dank auch Deiner lieben Familie zu übermitteln. Daß Du meine Belange mit so gründlichen Bemühungen vertrittst, danke ich Dir sehr, gar nicht froh macht mich Deine Grippe, ich hoffe, daß es inzwischen vorüberging. Du solltest eben doch gelegentlich ein Glas Wodka trinken, das ist

---

[9] Der *Schindler-Jude* und Buchhalter von Schindlers Krakauer Fabrik lebte später in Israel.

nicht nur ein hervorragendes Vorbeugungsmittel, sondern auch eine gute Medizin. In kurzen Umrissen (wenn möglich) will ich Dir jetzt über den Stand meiner Dinge Nachricht geben.

Vor allem danke ich für die Grüße unseres gemeinsamen Freundes Jereth und für seinen Hinweis an Herrn Grabovsky Tannhausen. Wenn es einer der Brüder Grabovsky aus Kattowitz ist, von welchen ich in den Kriegsjahren einen vorzüglichen Eindruck gewann, würde ich mich über genauere Adresse oder Berufsangabe freuen. Bitte Fam. Jereth recht herzliche Grüße zu bestellen ...

Das erfreulichste und schwerwiegende Resultat Deiner so großen Bemühungen in meiner Sache ist entschieden die Empfehlung meiner Person an Dr. Küster durch Persönlichkeiten des Israelischen Außenministeriums.

... Wenn ich erst einige Wochen drüben [*in Deutschland*] tätig wäre, hätte ich bald Klarheit, wo Engpässe bestehen und wie ich mich verdient machen könnte[10]... Daß ich, wo immer man mich einschalten wird, noch sehr viel zu vergeben habe, ist Dir bestimmt bewußt, so daß Du mit gutem Gewissen mein Fürsprecher sein darfst, ohne Gefahr zu laufen, eine Enttäuschung zu erleben ...

In unserem gemeinsamen »Gestern«, lieber Izak, war ich so erfüllt von der fanatischen Überzeugung der Richtigkeit meiner Handlungen, als ich mich trotz aller Warnungen voll bewußt in eine Lage brachte, aus der es kein Zurück gab, sondern nur ein Durchstehen unter Anwendung aller Mittel, wie oft habe ich damals bei Dir Kraft geschöpft, in meiner inneren Verzweiflung, bei Dir, dem Schwächeren, Bedrohteren, in Deiner edlen Menschlichkeit, wo Dir Deine Gemeinschaft näher stand als Dein Ich. Wie oft hast Du, selbst hungrig, von mir geschenktes Brot Deinen Nächsten gegeben.

... Und nun zu Euch, meine Lieben. Die Nachrichten über Euer Land sind sehr ernst und keinesfalls erfreulich. In den letzten Monaten erfüllt mich eine Unruhe, die Verschlechterung Eurer schweren Lage hier untätig erleben zu müssen, ohne meinen alten Freunden auch nur in geringster Form helfen zu können. Wäre ich schon drüben, würde ich Wege finden, etwas Positives für Euch zu tun und Eurer guten Sache zu helfen. Meine persönlichen Probleme würden mir

---

[10] Schindler möchte für die israelische Einkaufs-Mission tätig werden.

bestimmt viel freie Zeit lassen, ich bin sicher, an der richtigen Stelle durch mein Tun mir neue Anerkennung meiner Freunde zu schaffen.

Der traurige Umstand, daß die Auseinandersetzung mit Euren Nachbarn wohl aufgeschoben, aber kaum verhindert werden kann, überschattet leider die berechtigt stolze Freude des 8jährigen Gründungstages Israels.

Flotten-Paraden und diplomatische Phrasen diverser Pseudo-Freunde können nicht über die ernste Tatsache hinwegtäuschen, daß bei dem drohenden Ernstfalle Ihr allein den sehr, sehr harten Kampf zu bestehen habt, nichts wäre tragischer für Euer aufblühendes Land, als zum Versuchsfeld neuer Waffen und Taktiken zu werden. (Dann schon lieber jenseits des Suez.)

Lieber Izek! All diese Dinge sind Dir besser bekannt als mir, auch wenn ich diese aus einem anderen Blickfeld sehe, und es ist müßig, viel darüber zu schreiben, ich wollte mit diesen Zeilen Dir nur mein Mitempfinden mit Eurer Situation aufzeigen.

In der Hoffnung, bald ein ausführliches Schreiben von Dir zu erhalten, schließe ich für heute mit vielen herzlichen Grüßen an Deine liebe Gattin, mit besten Empfehlungen an die Familie Deines Herrn Bruders sowie mit den besten Wünschen für alle meine wirklichen Freunde, immer Euer:

Offensichtlich ist es Schindler wichtig, dass seine Freunde an seinen Geburtstag denken – den er später, wann immer möglich, in Israel feierte. Sich zu Festtagen und Geburtstagen zu gratulieren, scheint unter seinen Freunden sowieso üblich gewesen zu sein.

Dankbarkeit ist ein Gefühl, dass zwischen seinen Freunden häufig zum Ausdruck kommt: Schindler genießt die Dankbarkeit seiner Freunde, hat aber im Laufe der Jahre auch immer mehr Anlass, sie seinerseits zu bezeugen – was er auch gerne tut. Der Brief spricht von einem großen Vertrauen in seine Freunde.

San Vicente, den 27.5.1956, Oskar Schindler an Izak Stern

... Dein lieber Brief vom 27.4. hat mir große Freude bereitet, besonders danke ich Euch, meine Lieben, für die herzlichen Glückwünsche zu meinem Geburtstag. Die besondere Bedeutung dieses Tages wird manchen unvergessen bleiben – gab dieser 28.4.45 für Euch die ersten glaubhaften Zeichen, die Freiheit zu erleben[11], hat dieser Tag mich gelehrt, daß mein mutiges Durchhalten mit Eurer Dankbarkeit belohnt wurde. Nur sehr wenige Menschen werden sich rühmen können, eine ähnlich ergreifende Ehrung erlebt zu haben wie ich in dieser Werkshalle in Brünnlitz.

...

Die festen Bindungen zu Euch, meine lieben Freunde, die für den Rest meines Lebens bestehen und nicht zerstört werden können, erlauben mir nicht, den Fall W.[12] glatt zu ignorieren ... diese Angelegenheit muß endlich eine grundsätzliche Erledigung finden, die mir den hoffentlich verdienten moralischen Freispruch bringt und die Wiederherstellung meines Ansehens verbürgt ...

Lieber Izak, ich finde es traurig, daß ich mich 1956 mit so düsteren Problemen[13] herumschlagen muß. Ich wäre zufriedener, wenn ich Dir Angenehmeres und Freudigeres mitteilen könnte. All diese Probleme der letzten Zeit haben in mir eine Verbitterung geschaffen, um so mehr von keiner Seite ein Lichtstrahl neuer Hoffnungen auf Besserung der Dinge zu sehen ist.

Mein einziger Glaube, daß meine guten alten Freunde meine Belange mit allen Mitteln vorwärts treiben, läßt mich hoffen, daß ich vielleicht als »Spätheimkehrer des Wirtschaftswunders« meine Zukunft etwas sicherer gestalten kann ...

Lieber Izak! Nachdem ich Dir, alter Freund, einen ganzen Berg meiner Sorgen und Probleme ausgeschüttet habe, bitte ich Dich, Dir die Zeit zu nehmen, die einzelnen Punkte zu studieren und Deine Entschlüsse zu fassen, gegebenenfalls mir die nötigen Weisungen und Gedankengänge mitzuteilen ...

---

[11] Schindler hatte an seinem Geburtstag vor gesammelter Belegschaft eine Rede gehalten und u.a. verkündet, dass der Krieg bald aus sei und er »seine« Juden bis nach Kriegsende beschützen werde.

[12] Wurzel hatte Schindler angeklagt, sich seine Firma unrechtmäßig angeeignet und Juden misshandelt zu haben. Schindler versuchte mit allen Mitteln, diese Vorwürfe, die ihn schwer gekränkt haben, zu widerlegen (s. a. 3. Kapitel »Wie man mit Schindler umging«).

[13] Schindler meint damit auch den drohenden Bankrott seiner Nutriafarm in Argentinien.

Schindler nimmt erst 1956 mit Dr. Bejski, dem er später noch zahlreiche Briefe schreiben wird, Kontakt auf. Der Hauptgrund dürfte die Hoffnung sein, dass Bejski sich für ihn verwendet.

San Vicente, den 6.8.1956, Oskar Schindler an Dr. M. Bejski

Lieber Dr. Bejski!
Von unserem lieben Freund, Herrn Izak Stern, der sich seit langer Zeit auf feine, hervorragende Art zum Betreuer und Verfechter meiner Probleme macht, erhalte ich Ihre werte Adresse und freue mich, mit Ihnen direkt in Verbindung zu treten.

Vor allem habe ich das sehr traurige Bedürfnis, Ihnen, lieber Dr. Bejski, zum seinerzeitigen so schmerzhaften Verlust Ihres Bruders, der als Held für sein neues Vaterland gefallen ist, im Namen meiner Gattin und in meinem Namen das aufrichtige Mitgefühl und Beileid auszusprechen. Sie wissen gut, welch vertrauliches Verhältnis wir zu Ihrem so mutigen kleinen Bruder hatten, wie tief uns die Nachricht von seinem Tod traf.

Aus dem letzten Schreiben von Herrn Stern entnehme ich, daß er Sie gef. über meine Probleme unterrichtet hat und daß Sie die gefällige Bereitwilligkeit hatten, in meiner Sache bei Amtsstellen zu intervenieren. Ich danke Ihnen herzlich für Ihre werten Bemühungen …

Schindler erinnert sich der Anfänge seiner tiefen Freundschaft mit Stern.

o. O., den 22.10.1956, Oskar Schindler an Izak Stern

… Du wirst unter den Bildern[14] einige aus der alten Zeit finden, die mir durch einen Zufall gerettet wurden. Das Bild mit Boguslav alias Abraham Bankier[15], in Zivil, erweckt in mir viele Erinnerungen. Es ist aus einer Zeit, wo ich kaum mehr als 50 sozusagen freie jüdische Menschen beschäftigte, deren erste Qual schon unerträglich erschien, irgendwo in der Tasche den kleinen Zion-Stern aus Zelluloid zu

---

[14] Fotos, die Schindler an Stern für Dr. Ball-Kaduri, den Leiter der wissenschaftlichen Abteilung der jüdischen Gedenkstätte *Yad Vashem*, geschickt hatte.
[15] der frühere Besitzer von Schindlers Krakauer Emaillewerk

suchen, ihn anzustecken, ehe man in die Trambahn stieg oder durch belebte Hauptstraßen ging, wer von uns ahnte damals, daß es ein Trebliki, Auschwitz, Bergen-Belsen geben könnte, ja durch Jahre ertragen und überlebt werden könnte, wenn auch nur von leider so wenigen. Es war jene Zeit, wo ich mit Dir in Deinem Hauptbüro bei Buchheister den ersten Slivovitz trank, das heißt, Dein Glas stand fast immer halbvoll auf dem vorsintflutlichen Panzerschrank oder auf der biederen Kopierpresse, die eben in ein solides Büro gehörte, ich kam gerne zu Dir, lieber Izu, in Deinen Laden[16], kaufte Geschenke für all die Majore und gehörte wahrscheinlich zu den Wenigen, die sogar bezahlten. Es ist fast 17 Jahre, lieber Izak, seit unsere Freundschaft entstand und sie wurde so stark, daß sie gewaltigste Belastungen ertrug. Lach mich bitte nicht aus über die Gedankenverbindungen, die ein altes Bild von Bankier bei mir hervorruft ...

Schindler freut sich sehr über den israelischen Sieg im so genannten »Sechs-Tage-Krieg«. Für seine Freunde wäre er sogar in den Krieg gegangen ...

o. O., den 20.11.1956, Oskar Schindler an Izak Stern

Lieber, guter Freund Isak Stern!
Bestätige mit vielem Dank Deinen lieben Brief vom 25.X., der wohl wegen des Blitz-Krieges sehr lange unterwegs war. Über die Erfolge der israelischen Truppen habe ich mich mächtig gefreut, am meisten über die vielen, sehr guten Waffen, die euch der Iwan über Ägypten zukommen ließ. Möge Gott geben, daß keine ernsten Komplikationen eintreten. Mir hätte ja gefallen, wenn im gleichen Wirbel der geografisch wie strategisch unschöne Einbruch bei Jerusalem auf Kosten Jordaniens begradigt worden wäre, aber das muß jetzt wohl für einen späteren Zeitpunkt bleiben, bis sich die Gemüter beruhigen und die Fronten klären. Ich habe immer vertreten, daß man Israel am Suez und dem Schwarzen Meer resp. Bosporus verteidigen muß und nicht

---

[16] Das ist nicht ganz verständlich – der Vater von Stern hatte zwar einen Laden in Krakau, Izak Stern war aber Buchhalter in der Emaillewarenfabrik, auch schon unter Bankier, dem früheren jüdischen Besitzer der Fabrik.

in Jerusalem, ich hoffe, die Entwicklung wird mir Recht geben. Lieber Isak, Du kennst meine Bereitwilligkeit, Euch irgendwie zu helfen, selbst wenn es nur als Panzerfahrer wäre. (Flug)Karte genügt – komme sofort! ...

Schindler sucht auch bei Jeret Sternberg[17] *moralischen Beistand in der Wurzel-Affäre. Nicht nur in diesem Brief wird es deutlich, dass Schindler die Meinung seiner Freunde – auch in Bezug auf zu fassende Entschlüsse – wichtig ist.*

San Vicente, den 25.11.1956, Oskar Schindler an Herrn Jeret

... Lieber Herr Jeret, zum Abschluß dieses umfassenden Briefes hätte ich drei Fragen an Sie, die Sie mir gef. gelegentlich kurz beantworten mögen, da einem manchmal klare Worte eines Freundes aus einer gemeinsam verlebten, schweren Zeit eine moralische Aufrüstung des Ichs mit sich bringen, die ich zur Zeit bitter benötige, um nicht an der sogenannten Menschlichen Gesellschaft zu verzweifeln ...

Guter Freund, da wir mehr als ein Jahrzehnt keinen Kontakt hatten, ist mir an Ihrer unbeeinflußten Meinung sehr gelegen, ich werde Ihr privates Urteil in dieser unerträglichen Angelegenheit als besonders wertvoll bei meinen weiteren Entschlüssen einstufen ...

Zwei Monate schon wartet Schindler vergeblich auf eine Antwort von Stern und äußert die Vermutung, dass er ihm böse sein müsse. Dass eine tatsächliche Verstimmung zwischen den beiden Freunden eingetreten ist, erscheint eher unwahrscheinlich – zu oft wird zwischen ihnen über nicht erhaltene, angeblich nicht erhaltene Briefe oder zu große Schreibpausen geklagt. Außerdem nimmt Schindler Stern (auch) in diesem Brief sofort wieder in die Pflicht und mahnt die Beantwortung der in dem letzten Brief gestellten Fragen an:

---

[17] Der *Schindler-Jude* Simon Jeret (auch »Jereth« geschrieben) gehörte zusammen mit Bejski, Stern u.a. zum so genannten Schindler-Komitee in Israel, das sich zur Aufgabe gemacht hatte, Schindler, wo immer möglich, zu helfen.

San Vicente, den 12.5.1957, Oskar Schindler an Izak Stern

... Nachdem ich auf mein Schreiben vom 7. März ohne Antwort blieb, ... muss ich leider annehmen, dass Du mir ernstlich böse bist. Bei aller Gewissenserforschung bin ich mir keiner Schuld bewusst, außer, dass ich vor ca. drei Monaten Mundek Horowitz Deine Anschrift gegeben habe, um Dir in meiner Sache zu schreiben, wie er vorgab.

Nur zu gerne hätte ich von Dir einige Zeilen erwartet, z. B. wie Du über den blutigen Purim[18] denkst, den man der Familie Kasztner bereitet hat[19], es ist traurig, dass man erst geärgert werden muss, um voll rehabilitiert zu sein. ...

Wenn Du die Güte hättest, mir über die Fragen des letzten Briefes eine kurze Nachricht zu geben, bin ich Dir im voraus dankbar.

Mit vielen Grüßen für Deine liebe Gattin und Familie ...

Auf der folgenden Seite einer der wenigen handschriftlichen Briefe Schindlers. An Izak Stern, o.O., o.J. (s. Faksimile S. 294)

Mittlerweile ist Schindler nach Deutschland zurückgekehrt.

Immer wieder melden sich alte Bekannte bei Schindler, deren Spuren sich – bedingt durch die Kriegswirren, Flucht und Emigration – jahrelang verloren haben. So auch Friedrich Käferböck, den Schindler in Krakau kennen lernte – er scheint sich Schindlers mit freundschaftlichen Gefühlen zu erinnern.

Wien, den 14.3.1960, Friedrich Käferböck an Oskar Schindler

... Als ich den Artikel[20] über Sie las, freute ich mich, dass auch Sie aus dem ganzen Schlamassel gut herausgekommen sind ...

Können Sie sich noch an Ihren anständigen Blechlieferanten aus Krakau erinnern? ...

---

[18] jüdisches Freudenfest im Februar/März zur Erinnerung an die Rettung der persischen Juden (Buch Esther des A.T.)

[19] Schindler spielt darauf an, dass Dr. Kasztner, der während des Krieges für die Rettung seiner jüdischen Mitbrüder arbeitete, vorgeworfen wurde, er hätte sich bei diesen Rettungsaktionen persönlich bereichert.

[20] in dem Buch »Unbesungene Helden« von Kurt R. Großmann

Isac Stern, Scholor 26 Tel-Aviv Israel

Schon vorigen Freitag wollte ich mich in Wien mit unseren WJC-Freunden treffen, die in Paris stationiert.

Bis heute bin ich von allen Seiten ohne Nachricht. Sollte Poldeks Besuch vor allem seinen Bekannten in Polen und dieser Sache dienen. ~~Ich persönlich sehr keine Notwendigkeit~~ wer so schade um die vielen tausend Dollar.

Ich bin ganz bereit zu Salzgitter nach Jaffa oder sonstwohin innerhalb 48 Stunden unter Wahrung unbedingten Inkognitos auf 2–3 Tage zu kommen, denn was in manchen Augen nur Geschäft ist, ist für uns eine Mission.

Immer Ihr Schindler

93 x6
5588

Schindler an Izak Stern, o. O., o. J.

Jakob Sternberg, Tel Aviv
Emanuel Blvd. 14

Tel Aviv, 20 März 1962

Hochverehrter Herr Schindler,

Am 28. Dezember v. J. sandte ich Ihnen – gemeinsam mit Isak Stern – im Namen des hier bestehenden Ausschusses der Brünnlitzer KZ Häftlinge, die die Rettung ihres nackten Lebens Ihnen, teurer Herr Schindler, zu verdanken haben – unsere allerherzlichsten Wünsche zum Neujahr, als auch unsere besten Gefühlsausdrücke Ihnen gegenüber. –
Darauf sandten Sie an Stern ein Schreiben, dessen Inhalt allen Brünnlitzer weitergegeben wurde u. jedes Wort ist von ihnen mit Freude aufgenommen worden. Leider seit diesem Schreiben brach unser brieflicher Kontakt ab, obwohl wir ehrlich bestrebt sind, von Ihnen ständig im Laufenden zu sein, wie es Ihnen persönlich, wie auch im allgemeinen ergeht. Das ist aufrichtiges Interesse unserem Lebensretter gegenüber. –
Es wird sich noch die Gelegenheit bieten, Ihnen persönlich – hier im Lande – unsere Dankbarkeitsgefühle zu erweisen u. Ihre Hände vom Herzen drücken zu können.
Wie Ihnen bekannt ist, erschienen in der hiesigen Presse viele Artikel über Sie, die Ihnen Stern zusandte. Auch ich erlaubte mir in der hiesigen Tageszeitung „Haboker" (der Morgen) einige Zeilen zu veröffentlichen, worin sich auch meine Dankbarkeit Madritsch u. Titsch ausdrücken wollte. Titsch war doch derjenige, der einige Zehner „Madritschaner" (darunter mich, Frau u. Sohn) in die Brünnlitzer Liste einschreiben liess u. sich darum bemühte u. kümmerte. Madritsch u. Titsch sind in Wien, Madritsch geht es materiell gut, dem Titsch weniger, er ist pensionierter Werkführer.
Die deutsche Übertragung dieses Artikels vom 18/2/62 lege ich anbei.

Jakob Sternberg an Schindler, 20.3.1962

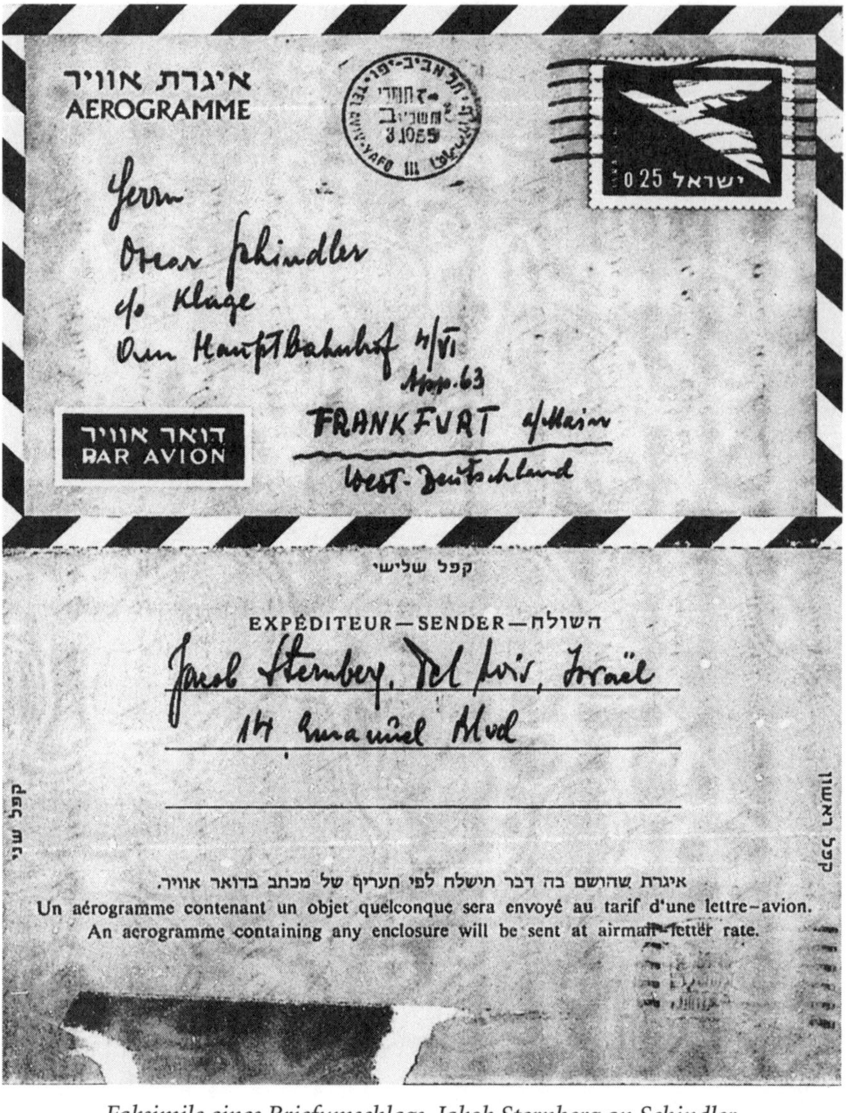

Faksimile eines Briefumschlags. Jakob Sternberg an Schindler

Wie geht es Ihnen? Was machen Sie jetzt? Was ist aus dem Oberrabbiner Bankier geworden? Schade, vergangenes Jahr war ich in Frankfurt, hätte Sie, wenn ich es gewusst hätte, gerne besucht und ein wenig über Krakau mit Ihnen geplaudert …

Es würde mich sehr freuen, bald von Ihnen zu hören …

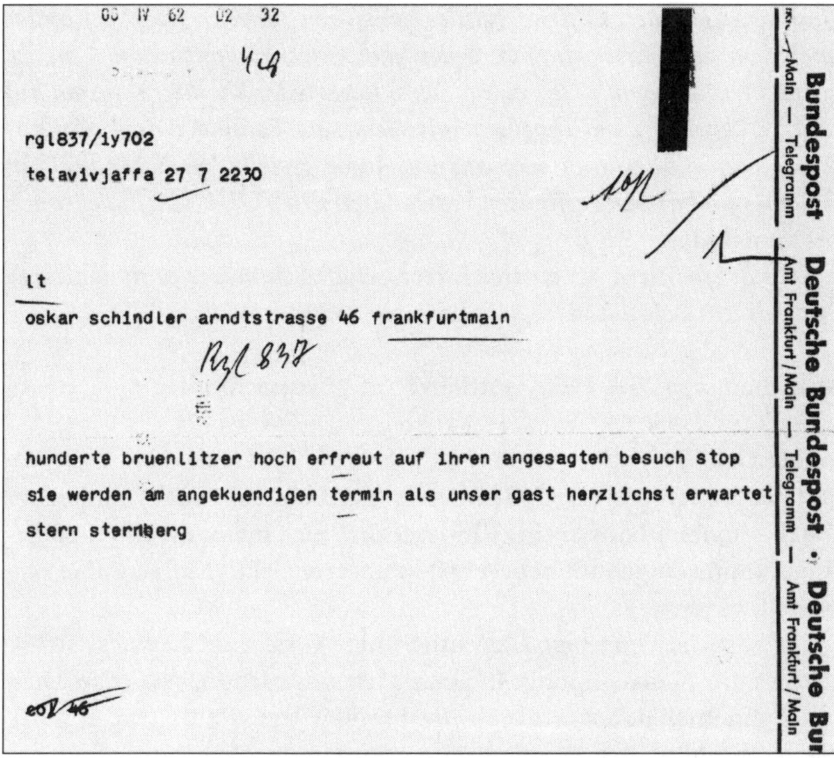

06 IV 62 02 32

[redacted]

rgl837/ly702

telavivjaffa 27 7 2230

lt

oskar schindler arndtstrasse 46 frankfurtmain

hunderte bruenlitzer hoch erfreut auf ihren angesagten besuch stop
sie werden am angekuendigen termin als unser gast herzlichst erwartet
stern sternberg

Deutsche Bundespost · Telegramm · Amt Frankfurt / Main

Auch per Telegramm werden freundschaftliche Gefühle ausgedrückt.

Der Brief des Schindler-Juden *Sternberg drückt Verehrung und Dankbarkeit aus. (Faksimile s. S. 295)*

Tel Aviv, den 20.3.1962, Jakob[21] Sternberg an Oskar Schindler

… wir ehrlich bestrebt sind, von Ihnen ständig im laufenden zu sein …

Das ist aufrichtiges Interesse unserem Lebensretter gegenüber – es muss sich noch die Gelegenheit bieten, Ihnen persönlich – hier im Lande – unsere Dankbarkeitsgefühle zu erweisen u. Ihre Hände von Herzen drücken zu können …

---

[21] Jakob Sternberg – auch »Jeret« oder »Janek« genannt

Gotthard Gebauer, Offizier bei der deutschen Abwehr, hatte Schindler noch vor dem Krieg zu der deutschen Abwehrorganisation Canaris gebracht. Nach dem Krieg nahm Schindler wieder Kontakt mit ihm auf und verkehrte freundschaftlich mit Gebauers Familie. Diese Freundschaft wurde allerdings sehr auf die Probe gestellt, als Schindler von Gebauer und dessen entfernten Verwandten Erich Geld lieh, das er ihnen nie zurückzahlte.

Dies dürfte nicht die einzige Freundschaft Schindlers sein, die durch »Gelddinge« belastet war. (s. Faksimile S. 300)

München, den 23.4.1962, Gotthard[22] an Oskar Schindler

Lieber Oskar!
Mit der Schreiberei geht's heute nicht ganz einfach, nachdem ich am Ostersonnabend durch eine Kinderei ein Stück meiner rechten Zeigefingerkuppe eingebüßt habe; er ist in unserer elektr. Kaffeemühle zerbröselt worden.

Du hast die Ostertage hoffentlich nett verlebt und rüstest sicher schon zum Staatsempfang in Israel. Ich sehe schon, wie man Dich unter einem Baldachin durch die Straßen Jerusalems tragen wird. Nach Abschluß der Feierlichkeiten wird man Dich zum Flugzeug geleiten und eine Trägerkolonne wird Dir Körbe mit Landeserzeugnissen und einige Goldsäcke hineinreichen. Deine breite Männerbrust wird sich ordensgeschmückt der Menschenmenge darbieten.

Leider kann ich Dir hier beim Abflug nach Israel nicht das Geleit geben, weil wir nicht hier sind. Und zwar fahren wir nach Meran, wo wir schon vor einem Monat fest Zimmer bestellt hatten, die wir jetzt bezahlen müßten, wenn wir absagen würden. Die Reise muß einfach steigen, weil Erna unbedingt erholungsbedürftig ist. Du hast nichts von dem Theater gemerkt, das ihr Erich fortgesetzt macht, weil Du ihm nicht das Geld zurückzahlst, das Du Dir für ein halbes Jahr – vor 3 Jahren – bei ihm geliehen hast. Er hat von seinem Standpunkt aus selbstverständlich recht, zumal Du noch kein Wort einer erklärenden

[22] Gebauer – der Nachname erscheint nicht im Brief. Der Brief wurde jedoch von der Tochter bei Gesprächen mit der Lektorin eindeutig ihrem Vater Gotthard Gebauer zugeschrieben.

Entschuldigung gefunden hast. Wir können ihn nur trösten und besänftigen, indem wir ihn darauf hinweisen, daß wir auch noch nichts zurückbekommen hätten. Bitte schreibe Erich ein paar entschuldigende und vertröstende Zeilen. Du mußt damit verhindern, daß er Dich überall herumträgt und schlecht macht, indem er behauptet, daß Du über Deine Verhältnisse lebst. Er betont dabei natürlich immer, daß wir ihn zur Geldhergabe veranlaßt haben. Schreibe ihm bitte, damit er wenigstens Deinen guten Willen sieht und merkt, daß Du ihn nicht vergessen hast. Bauchstreichle ihn etwas, indem Du ihm etwas vom reichen Mann schreibst, der so gestellt ist, daß er doch auf die paar Mark nicht wartet, u. Dich später nach Herzenslust anpumpen kann.

Aber nun möchte ich Dich dringend und ernstlich bitten, mir spätestens sofort nach Deiner Rückkehr aus Israel 1500,– DM auf mein Postscheck-Kto. München ... zu überweisen. Ich würde Dich aber sehr darum bitten, daß Du mir nach Möglichkeit vor deiner Abreise schon einen Teil dieses Betrages auf das PS-Kto. überweist.

Also, lieber Oskar, guten Start und gute Heimkehr und herzlichste Glückwünsche und Grüße zum Geburtstag von

Erna und Deinem Freunde
Gotthard

In diesem Brief mahnt Gotthard Gebauer wieder die Rückzahlung des geliehenen Geldes an, bringt aber auch Gerüchte über Schindler aus seiner Jugend, aus Vorkriegs- und Kriegszeit zur Sprache. Es ist nicht recht klar, ob Gebauer mit der Kolportierung dieser Gerüchte Schindler wirklich einen Freundschaftsdienst leisten will oder ob nicht doch etwas Schadenfreude mitspielt[23].

---

[23] oder vielleicht die Hoffnung, mit diesem Brief Druck auf Schindler ausüben zu können und ihn vielleicht zur Rückzahlung des Kredites geneigter zu stimmen?

München, den 23. April 1962
Tel. 60109 – Prinzenstr. 11

Lieber Oskar!

Mit der Schreiberei geht's heute nicht ganz einfach, nachdem ich am Ostersonnabend durch eine Kinderei ein Stück meiner rechten Zeigefingerkuppe eingebüßt habe; es ist in unserer elektr. Kaffeemühle zerbröselt worden.

Du hast die Ostertage hoffentlich nett verlebt und rüstest sicher schon zum Staatsempfang in Israel. Ich sehe schon, wie man Dich unter einem Baldachin durch die Straßen Jerusalems tragen wird. Nach Abschluß der Feierlichkeiten wird man Dich zum Flugzeug geleiten und eine Fahrzeugkolonne wird Dir Körbe mit Landeserzeugnissen und einige Goldsäcke hineinreichen. Deine breite Männerbrust wird sich ordensgeschmückt der Menschenmenge darbieten.

Leider kann ich Dir hier beim Abflug nach Israel nicht das Geleit geben, weil wir nicht hier sind. Und zwar fahren wir nach Meran, wo wir schon vor einem Monat fest Zimmer bestellt hatten, die wir jetzt bezahlen müßten, wenn wir absagen würden. Die Reise muß einfach steigen, weil Erna unbedingt erholungsbedürftig ist. Du hast nichts von dem Theater gemerkt, das ihr Erich fortgesetzt macht, weil Du ihm nicht das Geld zurückgezahlt, das Du Dir für ein halbes Jahr – vor 3 Jahren – bei ihm geliehen hast. Er hat von seinem Standpunkt aus selbstverständlich recht, zumal Du noch kein Wort einer erklärenden Entschuldigung gefunden hast. Wir können ihn nur trösten und beruhigen, indem wir ihn darauf hinweisen, daß wir auch noch nichts zurückbekommen hätten. Bitte schreibe Erich ein

Gotthard Gebauer an Schindler, 23.4.1962

München[24], den 7.12.1962, Gotthard an Oskar Schindler

Lieber Oskar!
Zu Deiner Orientierung möchte ich Dir folgendes mitteilen: Eine namhafte Zeitung (nicht hier am Ort) gab mir kürzlich Einblick in einen Artikel, der sich mit Deiner werten Person befaßte und den man erscheinen lassen wollte. Ein tolles Ding! Ich muß schon sagen: Du mußt gute (Jugend-)»Freunde« haben! Der mir unbekannte Artikelschreiber muß wohl wissen, daß wir uns kennen, weil man mir den Artikel sonst nicht zur Einsicht- und Stellungnahme vorgelegt hätte.

Der Artikel spricht von Schindler, Vater und Sohn, aus Zwittau, mit dem Spitznamen Schindler-Schwindler und Schindler-Gauner. Du sollst Dir mit Bauern im Raume Zwittau einen Landvermessungs-Gaunerstreich geleistet und einen Geldschrank-Einbruch bei Deinem Vater fingiert haben. Es wird behauptet, daß Du 5–8 Vorstrafen in der CSSR gehabt hättest. (Ein Strafregisterauszug müßte jeden Staatsanwalt, der den Artikel zu Gesicht bekäme, interessieren!)

Was in dem Artikel über Deine AST-Tätigkeit gesagt wird, stimmt hinten und vorne nicht. Außerdem wird behauptet, daß Du engste Kontakte mit SD-Führern in Zwittau und M.-Ostrau unterhalten hättest. Zwischendurch werden als Einlagen immer wieder »nette« Weibergeschichten moniert.

Ferner wird Dein Unternehmen in Krakau behandelt und in diesem Zusammenhang der Einsatz der jüdischen Arbeitskräfte.[25]

Ganz zum Schluß gibt der Artikelschreiber seiner Verwunderung darüber Ausdruck, daß das Ausgleichsamt 100 000,– DM an Dich gezahlt hätte, obwohl Du vor dem Kriege nichts besessen hättest. –

Ich habe es abgelehnt, den Artikel inhaltlich richtigzustellen und wie folgt Stellung genommen: Aus eigenem Erleben und aus eigener

---

[24] Es ist kein Ort angegeben, aber Gebauer lebte in München und in dem Brief gibt es keinen Hinweis darauf, dass er ihn von einem anderen Ort losgeschickt hätte.

[25] Laut Aussage der Tochter Gotthard Gebauers hat Schindler trotz mehrfacher Besuche nie über seine Aktion zur Rettung der Juden gesprochen.

Erfahrung heraus weiß ich, daß die Angaben über Deine AST-Tätigkeit, Dein Werk in Krakau und die Zahlung des Ausgleichsamtes nicht den Tatsachen entsprechen. Daraus muß ich herleiten, daß auch die Angaben über Deine »Jugendsünden«, die SD-Kontakte und die Weibergeschichten unzutreffend sind. Man hat mir zugesagt, daß der Artikel nicht erscheinen wird.

Jetzt habe ich mich so angestrengt und Dir vielleicht gar nichts Neues erzählt; vielleicht weißt Du schon von diesen Machenschaften? Diese Annahme vorausgesetzt, habe ich mir schließlich doch gesagt, es könne nicht schaden, wenn du auch von anderer Seite etwas darüber erfährst. Jedenfalls hoffe ich, mich in Deinem Sinne richtig verhalten zu haben.

Seit meinem Besuch sind schon wieder 3 Wochen vergangen. Vom Oskar ist wieder einmal nichts zu hören. Du wolltest doch vor Weihnachten noch einmal nach M. kommen? Die Gelder, die vor 3 Wochen in Aussicht standen, hast Du sicher wieder verteilt, ohne an mich zu denken. (Aus den Augen, aus dem Sinn!) Wenn Du selbst nicht herkommst, dann mußt Du mir noch vor Weihnachten wenigstens noch einige hundert Mark schicken. Ich erwarte Überweisung auf mein Postscheck-Kto. ... München, bis 17.12.62. Bisher habe ich mich vertrösten und hinhalten lassen, aber das kann so nicht weitergehen. Ich brauche mein Geld, das ich mir für Dich geliehen und inzwischen mit hohen Zinsen zurückgezahlt habe (es war ein dauernder Anschlußpump). Es geht nicht an, daß meine Familie jahrelang unter den damit verbundenen Einschränkungen leidet. Wenn Du für Dich persönlich Geld brauchtest, dann hast Du noch immer welches aufgetrieben, auch höhere Beträge. Das Geld habe ich mir seinerzeit erst für Dich leihen müssen und das auch erst dann, nachdem Du mir versprochen hattest, daß Du jederzeit einige hundert DM auftreiben würdest, wenn ich in arge Verlegenheit käme. Daß Du dazu jederzeit in der Lage wärest, daran habe ich weder früher noch jetzt gezweifelt. Es kann also nur an Deinem Wollen und dem guten Willen liegen. Nun zeige, ob Dein Wort etwas gilt!

Über Erichs anständigen und korrekten Mahnbrief konntest Du Dich nicht genug erregen. Es wäre viel eher Deine Anstandspflicht gewesen, ihm ein paar nette, vertröstende Zeilen zu schreiben. Doch trägt er überall herum, auch uns macht er schlecht, weil wir ihn ver-

Schindler feiert Weihnachten bei seiner Freundin Hertha Kluge.

Schindler (rechts) mit Freunden in den Bergen

anlaßt hätten, Dir das Geld zu leihen. Ich möchte gern vermeiden, daß er sich eines Tages von anderen dazu bestimmen läßt, Anzeige bei der StA zu erstatten, womit er u. U. in eine evtl. schon vorhandene Kerbe hauen könnte. Du weißt, was er für unkontrollierbares Zeug redet. So, nun zu etwas anderem – Ist's bei Euch auch so saukalt? Wir haben schon 2 Wochen Temperaturen zwischen –5 und –18°! Wie entwickelt sich Dein Betrieb, hast Du Aufträge? Was machst Du über Weihnachten, bist Du bei Familie Kluge[26] oder fährst Du in die Berge? Seit Wochen soll über Weihnachten/Neujahr in den Bergen alles ausverkauft sein.

Ruf mal abends an, mich interessiert Deine Stellungnahme zum ersten Teil meines Briefes und Deine Ausführung zur Geldfrage.

Bitte bestelle Frau Kluge meine Grüße und sei selbst herzlichst gegrüßt von Erna und mir.

Dein Gotthard

Der erste Besuch Schindlers in Israel war für seine Schindler-Juden *und Freunde ein unvergessliches Erlebnis. Große Verehrung und Anteilnahme sprechen aus Sternbergs Zeilen:*

---

[26] die Familie seiner Freundin Hertha, sie hatte eine Tochter und einen Sohn

Tel Aviv, den 8.6.1962, Jacob Sternberg an Oskar Schindler

… Lieber Freund Schindler, wir wundern uns sehr, seit Ihrer Abreise keine Zeile bekommen zu haben. Vielleicht ist dies nur damit zu erklären, dass Sie inzwischen geschäftlich sehr »busy« sind. Doch müssen Sie für Ihre ergebenen Freunde einige Minuten Muße abzwicken. Ihr Aufenthalt in Israel war für uns Brünnlitzer ein Traum u. Erlebnis, er bildet ein Evenement und unvergessliche Erinnerungen in unserem Leben.

Wir erwarten mit umgehender Post einige Zeilen von Ihnen, wir sind durch Ihr Schweigen direkt beunruhigt. Wir glauben doch, dass Sie uns was mitzuteilen haben, hunderte Exhäftlinge u. Ihre Schützlinge sind an jedweder Nachricht von Ihnen interessiert …

Marianne Kamerman[27], hat Schindler bei seinem Israelbesuch kennen gelernt. Sie fasst in Worte, was Schindler für viele Menschen bedeutete und warum er solche Verehrung auslöste.

Israel, den 17.6.1962, Marianne Kamerman an Oskar Schindler

Es war für mich ein ganz besonderes Ereignis, Sie zu treffen und kennenzulernen … war wohl die ganze schreckliche Angelegenheit[28] für uns in Deutschland Geborenen ein noch größerer Schlag seelisch als für Nichtdeutsche … Das Treffen also mit Ihnen hat mir ganz ehrlich gesagt den Glauben an die Menschen im allgemeinen zum Teil zurückgegeben.

Mein Mann hat ja zwar immer von Ihnen gesprochen, aber sehen ist halt doch anders als hören! …

Aleksandrowicz[29] ist von der Aufrichtigkeit, Hilfsbereitschaft und Dankbarkeit Schindlers israelischer Freunde sehr beeindruckt. Er selbst setzt sich ebenfalls voll für Schindler ein, der sich aufgrund seines Firmenzusammenbruchs in einer besonders bedrängten Lage befindet.

---

[27] Ihr Mann war ein *Schindler-Jude*, sie selbst war im KZ.

[28] Frau Kamerman meint die Judenverfolgung.

[29] auch ein *Schindler-Jude* und Freund Schindlers. Der Name wird manchmal auch »Alekzandrowicz« oder »Aleksandrowitsch« geschrieben.

Schindler (Mitte) mit israelischen Freunden (rechts von ihm Izak Stern)

Tel Aviv, den 30.1.1963, Aleksandrowicz an Oskar Schindler

... Sie haben in diesen Leuten [30] aufrichtige Freunde, welche Ihnen zu jeder Zeit [*zu*] helfen bereit sind ...

... Ihre Freunde haben sich ernst mit der erfahrenen Tatsache beschäftigt, dass Sie in eine persönlich besonders heikle Lage geraten sind und wollen Ihnen vom ganzen Herzen helfen ...

... Ich habe meine Intervention als meinen ersten Schritt nach meiner Landung unternommen, besuchte weder die Familie noch Freunde, denn ich wollte, wie ich es Ihnen versprach, zuerst diese heikle Mission bewerkstelligen. Hoffentlich wird der erwartete Erfolg nicht lange ausbleiben.

... Niemand würde es wagen, Ihre Behauptungen[31] zu widerlegen, zumal alle diese Leute heute wie auch zuvor Ihnen alles verdanken

---

[30] israelische *Schindler-Juden* wie Stern, Bejski, Sternberg

[31] dass im Namen Izak Sterns Schindler versprochen worden war, dass der *Joint* ihm seine Ausgaben (bei der Judenrettung) zurückerstatten würde, was anscheinend nicht in vollem Umfang geschehen ist. Aleksandrowicz rät Schindler, den *Joint* »im Wege eines Schiedsgerichts« anzuklagen.

und das nicht nur widerlegen, sondern es immer bejahen und die Dankbarkeit unterstreichen …

Ein Reporter der Los Angeles Times *hat Page getroffen, der ihm von Schindler und seinen Heldentaten erzählt hat. Er schreibt Schindler, dass ihn besonders die Liebe und Dankbarkeit der* Schindler-Juden *gegenüber Schindler beeindruckt habe, die aus Pages Worten spreche. Man spürt, dass der Schreiber des Briefes bewegt ist und große Hochachtung für Schindler empfindet.*

Los Angeles, den 20.8.1963, Anton Calleia an Oskar Schindler

… die Risiken, die Sie eingingen und die Opfer, die Sie brachten, waren wirklich heldenhaft, aber was mich mehr als alles andere berührte, war die tiefe Liebe und Verehrung, die diese Leute für Sie empfinden.

Sie sind ihr Engel, und alle sprechen hoffnungsvoll von dem Tag, an dem Sie sie in Amerika besuchen werden und sie Ihnen ihre Dankbarkeit beweisen können, indem sie Sie zu sich nach Hause einladen und mit Ihnen die Wohltaten teilen können, die Ihre Opfer ermöglicht haben …

Dieser Brief vereinigt einige sich wiederholende Elemente in der Korrespondenz mit Schindlers Freunden: Schindler bedankt sich für erwiesene Wohltaten, schwört seine Freunde auf die Arbeitssuche für ihn ein, berichtet ausführlich von seinem (öffentlichen) Leben (»Fernsehsendung«) und über gemeinsame Freunde.

Frankfurt a. M., den 20.1.1964, Oskar Schindler an Freunde[32]

…

Mit übergroßer Freude bestätige ich die herzlichen Weihnachtswünsche, die ich von Euch erhalten habe. Die großzügige Spende von 200 $ (sowie die Zuwendungen von Pfefferberg, Los Angeles, und Rosner, New York) ermöglichten mir seit Monaten erstmalig wieder, mir kleine Wünsche zu erfüllen, die dringendsten Anschaf-

[32] Der israelische Freundeskreis ist gemeint, Stern, Bejski, Sternberg u.a.

fungen zu machen, kleine Schulden zu begleichen und mich frei zu bewegen.

Es mag unglaubhaft klingen, dass seit dem Überraschungs-Weihnachtsabend, den mir unser Freund Stern und seine Gattin 1947 in Paris bereiteten, ich diese Feiertage [*zum 1. Mal*] in ähnlicher Form wieder froh und dem Schicksal dankbar war.

Ich entnehme aus den Briefen von unseren Freunden Dr. Bejski und Stern sowie aus Deinen lieben Zeilen, lieber Sternberg, dass Ihr Euch in das von unserm Freund Alekzandrowitsch aufgeworfene Zitrus-Problem[33] eingeschaltet habt. ...

Wenn diese Bemühungen in bezug auf die Zitrus keinen Erfolg gehabt haben, so bin ich doch dankbar, dass der Versuch gemacht wurde, meinem Existenzaufbau Unterstützung zu gewähren.

... Die für den 15.1.1964 fertige Sendung[34] musste um zwei Wochen verschoben werden ... Frau Orbach und Herr Rosner[35] haben zugunsten des *Schindler Fund* auf ihr Honorar verzichtet. Ich bin bemüht, von dieser Sendung ein Tonband aufnehmen zu lassen und werde Euch das für unsere Freunde zuschicken, Sendezeit 45 Minuten. Gleichzeitig schicke ich Euch für Euer Schindler-Archiv das Tonband aus Kalifornien mit einer Vielzahl von Glückwünschen unserer dortigen Freunde zu den Feiertagen.

... Ich bin erfreut, Euch mitteilen zu können, dass unser Hermann Rosner, der zur Zeit leider arbeitslos ist, zu Poldek Pfefferberg nach Los Angeles geflogen ist, um sich mit ihm über den *Schindler Fund* zu koordinieren. Er schreibt mir, dass bereits für einen Besuch für mich die Flugspesen gesammelt werden und es wäre doch wohl angezeigt, aus dieser Reise das Resultat zu erwirken, um meine Rolle als Rentenempfänger in einen produktiven Lohnempfänger zu verwandeln. Denn ich hoffe, dass für mich eine Beschäftigung neuen Auftrieb bedeuten würde.

... Es wäre die glücklichste Stunde meines Lebens, Euch, meinen Freunden, mitteilen zu können, dass eine produktive Tätigkeit mich

---

33 Schindler sollte in Deutschland als Vertreter für israelische Zitrusfrüchte werben.

34 im 2. Programm, über Schindler

35 *Schindler-Juden*, die bei der Sendung mitgemacht haben

frei macht … [*von*] jeder Unterstützung seitens meiner Freunde. Mir dazu zu verhelfen … ist nicht so sehr eine Sache politischer Beziehungen, sondern vielmehr das kluge Hirn einer Gruppe gutwilliger Freunde …

Mit dem Filmprojekt geht es voran und Schindler plant auch bei diesem Vorhaben seine Freunde voll ein. Er selbst würde den Kontakt zu seinen Freunden gern noch intensivieren, aber auch hieran hindern ihn seine begrenzten finanziellen Mittel.

Frankfurt a. M., den 30.10.1964, Oskar Schindler an Dr. Bejski

… Schon in der Einleitung bitte ich Dich, mir zu verzeihen, dass ich Dich mit einem Berg zusätzlicher Arbeit belaste. Aber leider muss man das Eisen schmieden, wenn es warm ist[36]… Ich gebe Dir in Beilage umfangreiche Fotokopien und den Brief von *MGM*[37], woraus Du ersehen wirst, dass wir uns in zwei Wochen in Paris mit unsern Freunden treffen werden. Natürlich bin ich überglücklich.

Liebster Freund, ich würde mich sehr freuen, wenn Du Dich für 2–3 Tage nach Paris frei machen könntest, aber ich weiß nicht, ob es Dir beruflich möglich ist. Bitte dazu postwendend Deine Stellungnahme.

… Ich bitte Dich, lieber Bejski, bei der jetzt wohl folgenden Besprechung des engeren Komitees meine Freunde Sternberg, Stern, Salpeter u. a. entschuldigend darauf hinzuweisen, dass ich mit voller Freude mit jedem einzelnen korrespondieren würde und für jeden unserer Freunde eine andere uns betreffende Erlebnisphase habe, aber es ist traurig eingestehen zu müssen, dass allein in den letzten Monaten die Telefon-, Telegramm- und Portospesen einen großen Teil meiner bescheidenen Bezüge ausmachen.

Weil der Produzent der *MGM*, mein Freund Martin Gosch, mit dem Textschreiber des Films und Poldek Pfefferberg in Paris drei Tage Zeit hat, bitte ich Dich sehr dringend, schnellstens bei unseren Freunden

---

36 Beim Filmprojekt sind wichtige Entscheidungen und Recherchen geplant: wie so oft können und sollen seine Freunde ihm nützlich sein.
37 *Metro Goldwyn Mayer*

Schindler und seine Freundin Hertha Kluge

festzustellen, wer von unsern Leuten noch in Paris lebt[38], und bitte gebe die Adressen direkt an Poldek Pfefferberg und bitte eine Abschrift an mich ...

Janek[39] hat Schindler – und dessen Freundin Hertha – in Frankfurt besucht. Er ist beglückt über die Nähe, die sich zwischen ihm und Schindler eingestellt hat. In Einbeziehung weiterer Freunde spricht er von der »Schindlerfamilie«.

Tel Aviv, den 1.11.1965, Jacob Stern[*berg?*] an Oskar Schindler

Teurer Freund Oskar,

---

[38] Um Hintergrundmaterial für den Film zu sammeln, hat Martin Gosch viele *Schindler-Juden* zu ihren Erlebnissen befragt.
[39] höchstwahrscheinlich Janek (»Jakob«) Sternberg

vor allem besten u. innigsten Dank für die schön zugebrachten Tage – in Deiner u. Frau Herthas Gesellschaft. Herrlich war der Abend im »Schultheiss am Westend«... Ich erzähle hier Klara alle Details, diesmal waren Du u. ich viele Stunden beisammen und sind uns ganz nahe u. intim gekommen...

Am Samstag sei seine erste Aufgabe gewesen, seine intime »Chevre«[40] *zusammenzutrommeln. Es seien Iciu, Bejski, Mandel u. Nachhauser gekommen, das Wort »Schindler« habe auf sie magische Wirkung.*

Dieses kleine Inzident »Iciu-Bejski« ist komplett beigelegt, wir sind zu nahe u. von ganzem Herzen an Dich gebunden, dass uns ein minder wichtiges Missverständnis auseinanderbringen soll. Wir bilden mit Dir beisammen eine »Schindlerfamilie« auf Leid und Freud ... Ich habe ihnen ausführlich erzählen müssen, wie es Dir geht, wo wir waren, in welchen Bedingungen Du lebst u. wie sich Dein Selbstgefühl verhält. Es hat sie gefreut, dass Du gut u. jung aussiehst, außer Wein u. Bier kommt kein Tropfen Alkohol in Deinen Mund, was Bejski auch bestätigte ...

Einen separaten Gruß u. Handkuss an Frau Hertha ...

Beate Pollack vermisst Schindler sehr.[41] *Aus ihrem Brief an Schindler spricht grenzenlose Anbetung.*[42]

Buenos Aires, den 22.7.1957, Beate Pollack an Oskar Schindler

Mein lieber, lieber Herr Schindler,
... über Ihren Brief vom 5. Juli und den vom 16., den ich vor 2 Minuten erhielt, habe ich mich rasend gefreut, aber am allermeisten über den 1. Satz vom 1. Brief, in dem Sie über Ihre Freundschaft zu mir sprechen. Jetzt glaube ich wirklich, die große Ehre zu haben, mit Ihrer

---

[40] hebräisch: »Gefühle«; sinngemäß würde man eher »Freundesgruppe« vermuten
[41] Er hat Argentinien erst vor kurzem verlassen.
[42] Dieser und der folgende Brief von Beate Pollack sind zusammengestellt, obwohl sie zeitlich weit auseinander liegen.

so unendlich wertvollen Freundschaft zu rechnen und bin Ihnen sehr, sehr dankbar dafür – es ist für meine Begriffe mit das Höchste, was es überhaupt in diesem Leben gibt.

... Wichtig und herrlich ist, dass Sie so herrlich anerkannt wurden überall...

Mirelman[43] ... sprach ... in den allerhöchsten Tönen von Ihnen ...

Also, was Sie da für meinen Mann in die Wege geleitet haben, ist ja ganz wunderbar[44].

...

INNIGEN Dank für Ihre Mühe wegen meines Mannes, Sie sind ein ENGEL!!!... Sie sollen gefälligst in Buenos Aires bleiben, verstanden? ...

Auch wenn Beate Pollack Schindler während vieler Jahre anscheinend nur einmal[45] gesehen hat, scheint sie noch immer herzlichste Gefühle für ihn zu hegen.
Beate Pollack und ihr Mann kümmern sich wieder einmal um Schindlers Frau, sicher vor allem, um Schindler einen Gefallen zu erweisen.

Buenos Aires, den 5.4.1965, Beate Fries-Pollack an Oskar Schindler

Mein sehr lieber Herr Schindler!
Obwohl ja direkte Bande nur noch zwischen Ihnen und meinem Mann bestehen, will ich mich doch einmal einmischen, denn ich weiß, auch wenn wir nicht persönlich miteinander korrespondieren, dass unsere Freundschaft sich nie verändern kann und wird.

Vor allem möchte ich Ihnen erklären, dass Sie bezüglich des Geldes ganz beruhigt sein können. Ihre Frau wird KEINEN Verlust mehr erleiden ...

Ich habe eben einen Brief für Ihre Frau an Ihre Bank in Californien geschrieben (Kopie anbei)...

---

[43] von der deutschen Sektion Tradición der jüdischen Loge B'nai B'rith, der auch die Pollacks angehörten

[44] Schindler hat anscheinend für W. Pollack in Deutschland Entschädigungszahlungen in die Wege geleitet.

[45] In einem Brief an Walter Pollack nimmt Schindler kurz Bezug auf Beate Pollacks Besuch in Deutschland.

Eidesstattliche Versicherung.

Ich, der unterzeichnete ....Oskar S c h i n d l e r Frakfurt/Main Am Hauptbahnhof Str. 4/63, erkläre, nachdem ich auf die Strafbarkeit einer falschen Eidesstattlichen Versicherung hingewiesen worden bin, folgendes an Eides Statt:

Frau Marianne (Vera) Rosner geb Rubitschek aus Krakau, geboren am ....21./Oktober [illegible]..........in Wien, jetzt wohnhaft in New York 6349 Alderton St., Rego Park, N.Y., war unter den 300 Frauen die in meinem Rüstungs-Betrieb in Brünnlitz/Sudetenland in den Jahren 1944 und 1945 als Konzentrationslager-Insassinen Zwangsarbeit leisten mußten.

Frau Rosner ist mir persönlich gut bekannt, da sie die Gattin des Kapelmeisters Henry (Hi...) Rosner war.

1944 hatte sie einem Nervenzusammenbruch, nach dem Bericht der Ärzte, als sie erfahren hat das ihr Gatte und Sohn nach dem Konzetratioslager Auschwitz ~~zum Verbrennen~~ verschikt worden sind. Ich habe seinerzeit die nötige Medikamente besorgt und gleichzeitig den damaligen KZ-Lagerkommandaten SS-Untersturmführer Leipold beeinflußt, Frau Rosner wegen der Krankheit nicht nach dem Stammlager zurücksenden, was ihren Tod bedeutet hätte. Frau Rosner war einiege Wochen in dem Krankenrewier meiner Fabrik und wurde später mit den anderen Häftlingen am 9 Mai 1945 durch die Russische Truppen befreit.

Eidesstattliche Versicherung Schindlers für M. Rosner, o. D.

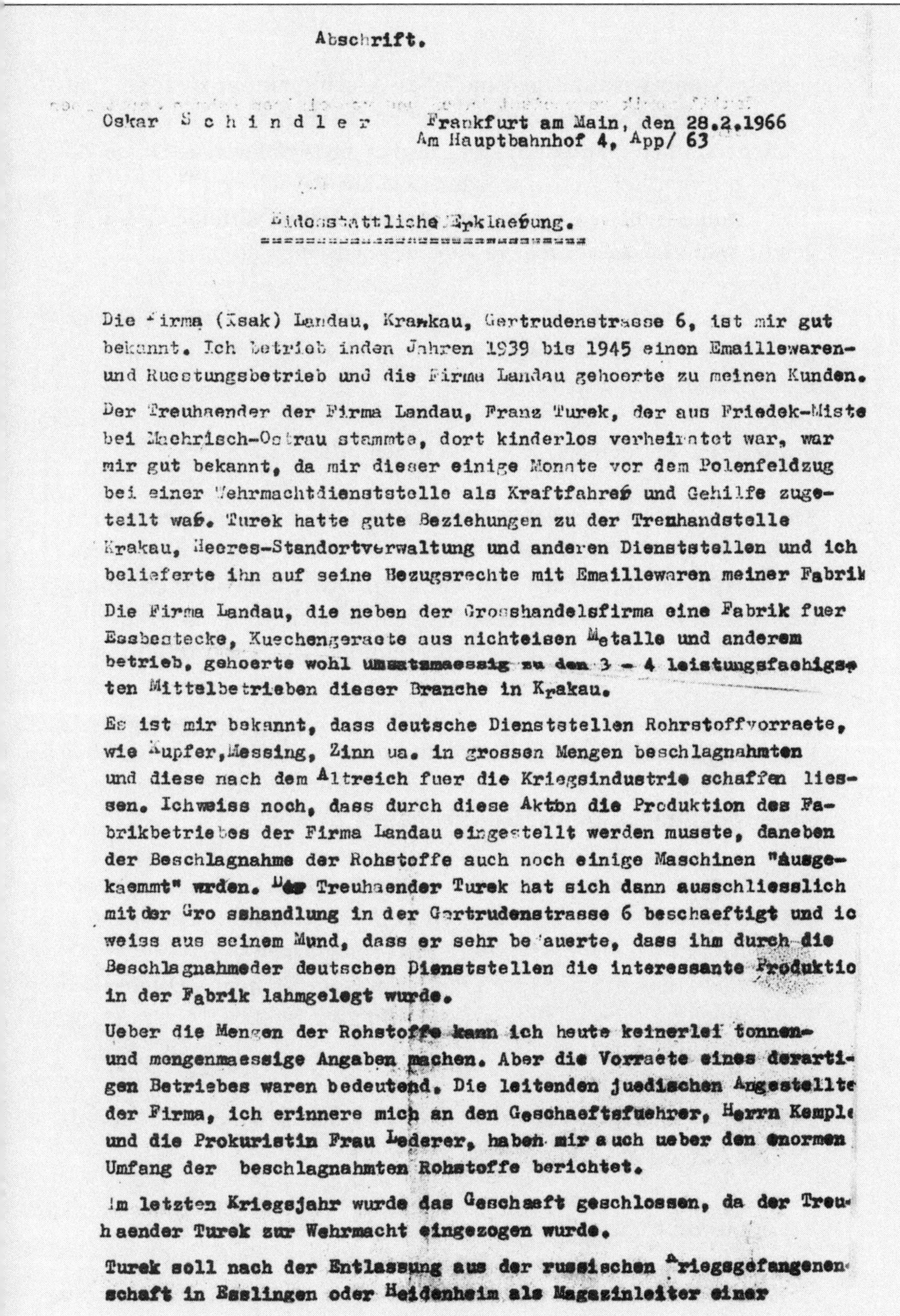
Abschrift.

Oskar S c h i n d l e r Frankfurt am Main, den 28.2.1966
Am Hauptbahnhof 4, App/ 63

Eidesstattliche Erklaerung.

Die Firma (Isak) Landau, Krakau, Gertrudenstrasse 6, ist mir gut bekannt. Ich betrieb inden Jahren 1939 bis 1945 einen Emaillewaren- und Ruestungsbetrieb und die Firma Landau gehoerte zu meinen Kunden.

Der Treuhaender der Firma Landau, Franz Turek, der aus Friedek-Miste bei Maehrisch-Ostrau stammte, dort kinderlos verheiratet war, war mir gut bekannt, da mir dieser einige Monate vor dem Polenfeldzug bei einer Wehrmachtdienststelle als Kraftfahrer und Gehilfe zugeteilt war. Turek hatte gute Beziehungen zu der Treuhandstelle Krakau, Heeres-Standortverwaltung und anderen Dienststellen und ich belieferte ihn auf seine Bezugsrechte mit Emaillewaren meiner Fabrik

Die Firma Landau, die neben der Grosshandelsfirma eine Fabrik fuer Essbestecke, Kuechengeraete aus nichteisen Metalle und anderem betrieb, gehoerte wohl ~~umsatzmaessig zu den 3 - 4 leistungsfaehigsten~~ Mittelbetrieben dieser Branche in Krakau.

Es ist mir bekannt, dass deutsche Dienststellen Rohrstoffvorraete, wie Kupfer,Messing, Zinn ua. in grossen Mengen beschlagnahmten und diese nach dem Altreich fuer die Kriegsindustrie schaffen liessen. Ichweiss noch, dass durch diese Aktion die Produktion des Fabrikbetriebes der Firma Landau eingestellt werden musste, daneben der Beschlagnahme der Rohstoffe auch noch einige Maschinen "ausgekaemmt" wrden. Der Treuhaender Turek hat sich dann ausschliesslich mit der Gro sshandlung in der Gertrudenstrasse 6 beschaeftigt und ic weiss aus seinem Mund, dass er sehr bedauerte, dass ihm durch die Beschlagnahmeder deutschen Dienststellen die interessante Produktio in der Fabrik lahmgelegt wurde.

Ueber die Mengen der Rohstoffe kann ich heute keinerlei tonnen- und mengenmaessige Angaben machen. Aber die Vorraete eines derartigen Betriebes waren bedeutend. Die leitenden juedischen Angestellte der Firma, ich erinnere mich an den Geschaeftsfuehrer, Herrn Kemple und die Prokuristin Frau Lederer, haben mir auch ueber den enormen Umfang der beschlagnahmten Rohstoffe berichtet.

Im letzten Kriegsjahr wurde das Geschaeft geschlossen, da der Treuhaender Turek zur Wehrmacht eingezogen wurde.

Turek soll nach der Entlassung aus der russischen Kriegsgefangenenschaft in Esslingen oder Heidenheim als Magazinleiter einer

Eidesstattliche Versicherung Schindlers für Turek, 28.2.1966

Mein Mann wird morgen nach San Vicente fahren zu Ihrer Frau und diesen Brief von ihr unterschreiben lassen …

Ich persönlich vermisse Sie sehr und es gibt wohl wenige Dinge, die mich so unendlich freuen würden, wie ein Besuch von Ihnen. Über Ihre Erfolge freue ich mich ganz unendlich und verfolge alles ganz genau, wenn ich auch nicht so viel zum Schreiben komme …

Schindler freut sich über Weihnachtsgrüße und Geschenke seiner Freunde. Außerdem will er u. a. von ihnen wissen, ob sie ihm zur Annahme des Bundesverdienstkreuzes raten.[46]

Frankfurt a. M., den 6.1.1966, Oskar Schindler an Freunde[47]

Mit vielem, vielem herzlichen Dank will ich Euch allen, meine Lieben, ehrlich für die Aufmerksamkeiten, die Ihr mir anlässlich der Feiertage zugesandt habt, danken. Ich will nicht Dutzende von alten Freunden namentlich aufführen, trotzdem ich speziell für die angekündigten Fruchtsendungen von meinen Freunden Dr. Bejski und Mandel danke …

… Ich bitte Euch, meine lieben Freunde, Euch in einer Kurzsitzung des Schindler-Klubs … ein Urteil zu bilden und mir … ein klares Ja oder Nein zur Annahme des verliehenen Bundesverdienstkreuzes I. Klasse des Bundespräsidenten zukommen zu lassen …

Schindler war gern hilfsbereit und gab eidesstattliche Erklärungen für die unterschiedlichsten Leute ab – oft auch für seine Schindler-Juden *–, um ihnen Entschädigungszahlungen zu ermöglichen.*
So auch für die Schindler-Jüdin *Frau Marianne Rosner (o. D.) und den Treuhänder der Firma Landau, Turek, am 28.2.1966.*
(s. Faksimile S. 312/313)

Einer von Schindlers treuen Freunden findet, dass sich nicht alle Schindler-Juden *genügend um Schindler kümmern:*

---

[46] Die Antwort heißt »ja«, und in diesem Fall wird Schindler den Rat seiner Freunde befolgen.
[47] die Freunde in Israel

o.O., den 23.4.1966, Janek Sternberg[48] an Oskar Schindler

...Ich muss heute – unter Scham – gestehen, dass wir Dir die gebührende Dankbarkeit nicht erweisen, welche Du als unser Lebensretter Dir verdient hattest. So schaut die Lebenswirklichkeit aus. Einzelne von uns hängen an Dir mit Leib und Seele, was Dir wenigstens ein kleiner, aber ehrlicher Trost sein soll. Ich war von Deinem Frankfurter Anruf berauscht, angenehm Deine Stimme als [*die*] eines aufrichtigen Freundes zu hören ...

Es soll wohl ein Trost für Schindler sein, dass ihre gemeinsamen Freunde Iciu (Izak) Stern und Bejski auch keine Zeit für Sternberg haben:

... Ich übergab Deine Korrespondenz an Bejski, er u. Iciu sind über jedes von Dir erhaltene Schreiben informiert, jedoch habe ich leider mit ihnen winzigen Kontakt. Sie sind sehr »busy«, unmöglich, sie zu erreichen, Gottlob, dass es ihnen sehr gut geht, dass sie zu den früheren Freunden keine Zeit haben ...

In diesem Brief erzählt Walter Pollack ausführlich von Emilie Schindler, auch wie es ihm selbst geht, und fragt nach Schindlers Befinden. Er möchte aber auch gern Geld von Schindler zurückerstattet bekommen, und es ist rührend, wie schwer ihm diese Bitte fällt.

Buenos Aires, den 28.7.1966, Walter Pollack an Oskar Schindler

... Lieber Oskar, bitte mach Dir keine Gedanken oder Sorgen über obige Zeilen[49]. Deine Freundschaft und das, was Du für Menschen in Not getan hast, ist in Worten nicht auszudrücken. Ich hätte Dir nie etwas von Geld geschrieben, wenn es uns nicht ... schlecht ... gehen würde. Wir haben nur eben im Moment grad Geld zum Leben. So oder so, lieber Oskar, bleibst Du für immer unser bester Freund. Ich bitte Dich, vergiss es sofort, wenn es Dir nicht möglich ist. Ich werde abwechselnd rot beim Schreiben dieser Zeilen. Entschuldige bitte ...

---

[48] Aus der Unterschrift könnte man auch Janek Stern lesen, es muss sich aber um Janek (»Jakob«) Sternberg handeln.

[49] Pollack hatte ihn gefragt, ob er ihm etwas von dem für Emilie Schindler über die Jahre ausgelegten Geld erstatten könne.

Oskar, bitte fass es nicht so dringend auf. Wir können auch warten. Nur wenn Du in der Lage bist und es Dir nicht schwerfällt …

Izak Stern hatte Schindler für den Martin-Buber-Preis *vorgeschlagen. Ein wohl gemeinter Freundesdienst, der für Schindler allerdings zu einer schweren Enttäuschung führen sollte.*

In seinem Anschreiben an den »Generalsekretär« der Martin-Buber-Gesellschaft *findet Stern über Schindlers Verhalten zutiefst anerkennende Worte.*

Tel Aviv, den 30.9.1966, Izak Stern an C. Honig von der *Martin-Buber-Gesellschaft*

… Die mutvolle und heldenhafte Tätigkeit des Genannten in den Kriegsjahren hat Tausenden von Juden das Leben gerettet. Er war Mensch in den schrecklichsten aller Zeiten …

Nichts war Schindler zu schwer und zu gefährlich, wenn es sich um die Rettung von Menschenleben handelte …

Wenn wir heute an diese schrecklichen Zeiten zurückdenken, so bleibt für uns ein einziger Lichtblick, der an den Menschen im Menschen glauben lässt – Oskar Schindler! …

In einem zweiten Brief[50] *israelischer Freunde an den »Generalsekretär« der* Martin-Buber-Gesellschaft, *der sich sehr bewegt von Schindler und seinen Rettungstaten gegeben hatte, wird einiges über die Beziehung der israelischen* Schindler-Juden *zu Schindler und der Einschätzung seiner Person deutlich.*

Tel Aviv, den 23.12.1966, N. N.[51] *an C. Honig*

N. N. schreibt, dass es nicht leicht sei, Schindlers Persönlichkeit zu verstehen, wenn man ihn nicht kennt. Schindler hätte jahrelang zurückgezogen gelebt, aus Stolz hätte er nichts von seinen persönlichen Problemen

---

[50] auf Englisch

[51] als Absender werden J. Sternberg, M. Bejski, I. Stern und Z. Handel angegeben

preisgeben wollen. Erst als er vor vier Jahren krank geworden sei, hätten seine engeren Freunde von seinen Problemen erfahren. Sie hätten sofort versucht, ihm zu helfen, aber es sei sehr schwer gewesen, die von ihm Geretteten, die über die ganze Welt verstreut wären, ausfindig zu machen.

Schindlers erster Besuch in Israel, bei dem »herzerweichende Szenen« mit den Überlebenden stattgefunden haben, hätte Schindler »aufgemuntert«. Seitdem würden sie immer an Schindler denken und hätten sich alle möglichen Dinge[52] *für ihn überlegt …*

Das Anschreiben von Page, des Initiators[53] *des* Oskar Schindler Survivor's Fund, *des ehemaligen* Schindler-Juden *Leopold Page erweckt den Eindruck, dass Page von starken Gefühlen der Verehrung und Dankbarkeit gegenüber seinem Lebensretter bestimmt ist und ihm gegenüber eine große Verpflichtung fühlt – und auf diese Gefühle auch alle anderen* Schindler-Juden *einschwören will. Der* Fund, *an dem sich diese beteiligen sollen, hat das Ziel, Schindler von finanziellen Sorgen zu befreien und ihm ein regelmäßiges Einkommen zu verschaffen.*

Beverly Hills, o. D. (aber höchstwahrscheinlich 1967), Page, *Oskar Schindler Survivor's Fund*, an die *Schindler-Juden* (s. Faksimile S. 318)

Lieber Schindler-Jude,
… *Page schreibt*[54], *dass die* Schindler-Juden *durch die außerordentliche Tapferkeit und große Menschlichkeit Oskar Schindlers das Glück gehabt hätten, den Holocaust zu überleben.*

Heute kämpft dieser Mann um sein eigenes Leben. Seine Gesundheit ist angegriffen, seine Geldmittel durch seine lange und kostspielige Krankheit erschöpft, und seine Zukunft sieht nicht rosig aus. Es ist unsere Verpflichtung und, wie ich weiß, Ihr Wunsch, Herrn Schindler ein regelmäßiges Einkommen zu verschaffen, das ihm ermöglichen wird, die ihm verbleibenden Lebensjahre in Frieden und Würde zu verbringen.

---

[52] wahrscheinlich, um ihm zu helfen
[53] und späteren Vorsitzenden
[54] Das Anschreiben ist auf Englisch.

THE OSKAR SCHINDLER SURVIVOR'S FUND

344 SOUTH ELM DRIVE • BEVERLY HILLS, CALIFORNIA 90211 • PHONES: 275-1664 • 278-7633

CHAPTERS-

ARGENTINA
AUSTRIA
AUSTRALIA
BELGIUM
CANADA
FRANCE
GERMANY
HOLLAND
ISRAEL
UNITED STATES
VENEZUELA

DEAR SCHINDLER JEW:

That title makes you a very special human being because you are part of a group of very fortunate people who lived through the Holocaust as the result of the extreme bravery and great humanity of one man: OSKAR SCHINDLER.

Today this man is fighting for his own life. His health is failing, his resources are depleted because of his long and costly illness, and his future is not bright. It is our obligation, and I know it is your desire, to provide a regular income that will afford Mr. Schindler both peace and dignity in his remaining years.

Your obligation to Oskar Schindler began when you became a SCHINDLER JEW. Your help to him must start TODAY. Please send IMMEDIATELY to THE OSKAR SCHINDLER SURVIVOR'S FUND an amount equal to fifty dollars ($50.) per capita and let your conscience tell you how much more you can send! Remember, the safety of Schindler's Ark will be sufficient to give our friend and benefactor peace, security, and dignity for the remainder of his life.

PLEASE! Send your contribution immediately to any of the Committee addresses listed here, or directly to the:

OSKAR SCHINDLER SURVIVOR'S FUND
GLENDALE FEDERAL SAVINGS BANK
175 SOUTH BEVERLY DRIVE
BEVERLY HILLS, CALIFORNIA, 90212
ACCOUNT NUMBER: 15-6686

It should not be necessary to emphasize the fact that we owe our lives to this man. Let your immediate response be proof of your genuine concern, affection, and eternal gratitude.

Thank you, and God bless you as I know Oskar Schindler will bless you.

Leopold Page

LEOPOLD PAGE
International Chairman
OSKAR SCHINDLER SURVIVOR'S FUND
344 S. ELM DRIVE
BEVERLY HILLS, CALIF.

Page an Schindler-Juden, *Gründung des* Schindler Survivor's Fund

Dieser Brief zeigt die tiefen Gefühle, die Schindlers israelische Freunde für ihn hegen.
Sie sind auch jedem anderen dankbar, der sich für Schindler einsetzt.

Tel Aviv, den 11.1.1967, Jacob Sternberg an C. Honig

... Wir wissen nicht, wie Ihnen und der hochverehrten »Martin Buber's Society« dankbar zu sein für Eure Beweise der Zuneigung, Ehrung, Verständnis u. Anerkennung, die Sie in vornehmster Weise unserem edlen Lebensretter Oskar Schindler entgegenbringen... Schindler hat leider nicht die Möglichkeit gehabt, in Deutschland seit 22 Jahren die ihm gebührende Position zu erreichen, weshalb er die ganze Zeit zu kämpfen hat ... Erst die beiden Empfänge Schindlers anlässlich seines Besuches in Israel bezeugten, wie wir alle ihn ehren, hochschätzen, mit Herz u. Seele u. in ewiger Dankbarkeit an ihm hängen, wie auch zu ihm unerschütterlich halten ...

... Sie werden Gelegenheit haben, persönlich unseren teuren Schindler kennenzulernen, er stellt eine ungemein interessante Persönlichkeit dar, von großem menschlichen Format, der bestimmt großen Eindruck auf Sie u. die verehrten Mitglieder des Komitees machen wird ...

Sternberg fühlt sich bedrückt von der schlechten Lage, in der ihr Freund und Retter sich befindet und versucht andere, Schindler wohlgesinnte Menschen, für die Verbesserung seiner Lage zu gewinnen.

Tel Aviv, den 25.9.1967, Jakob Sternberg an Graf v. Wartenburg

... Wir wissen, was Sie alles für ihn getan haben und wie Sie sich für ihn eingesetzt haben; wir waren hier mit Ihrem lieben Herrn Sohn[55] in engster Verbindung. Das Schicksal Schindlers liegt uns sehr am Herzen ... Er ist heute an die Sechzig und es ergaben sich viele Umstände, die dazu beitrugen, dass Schindler sich materiell und gesellschaftlich nicht in die Verhältnisse in Deutschland hineingefun-

[55] Graf Yorck von Wartenburg jun. war Angehöriger der Deutschen Botschaft in Tel Aviv.

den hat; er lebt in Frankfurt einsam, verschlossen, missmutig und bekümmert. Wenn wir daran denken, tut uns dieser Zustand weh und raubt uns den Schlaf und die Ruhe.

... Wie würden wir, die geretteten *Schindler-Juden*, uns freuen, wenn Schindler an seinem Lebensabend nicht würde kämpfen und sorgen müssen, indem er eine Monatsrente in der Höhe von DM 1000–1500, die er sicherlich verdient hat, bekäme.

Daher unsere freundliche und innigste Bitte an Sie, sehr verehrter Herr Graf, Sie mögen Ihren Einfluss bei den maßgebenden Stellen geltend machen...

Der Kontakt zu den »argentinischen« Freunden funktioniert immer noch.

Frankfurt a. M., den 6.4.1968, Oskar Schindler an W. u. B. Pollack

Liebste Frau Beate, mein Briefwechsel mit Hunderten von Freunden, an deren Ehrlichkeit ich nicht zweifle, hat mir [*nie*] eine so herzliche gastfreundschaftliche Einladung eingebracht wie Ihre netten Zeilen.[56] Hätte ich nicht das Problem San Vicente, wäre ich gern zur Auftankung von etwas Gesundheit zu Euch gekommen. Das ist auch für die zukünftige Zeit, bei großer Diskretion, nicht ausgeschlossen. Aber liebste Frau Beate, vorerst zu Ihren Problemen der Verbesserung Ihrer beruflichen Tätigkeit[57]. Ich nehme nicht an, daß Sie meine Möglichkeiten überschätzen, aber Ihrem Brief fehlen so viele Details, daß ich nicht weiß, auf welcher Ebene ich meine Freunde in USA und Israel für Ihre Tätigkeit engagieren sollte. Ich bitte Sie dringend, falls Sie an dem Gedanken festhalten, Ihre Tätigkeit zu erweitern oder zu verändern, mir genaue Angaben zu machen ...

Schindler hat in dem vorangehenden Brief an Beate Pollack von Hunderten von Freunden geredet, hier zählt er Martin Gosch zu den »weni-

---

[56] Beate Pollack hat Schindler nach Argentinien eingeladen, aber Schindler möchte anscheinend nicht seiner Frau Emilie begegnen.

[57] Beate Pollack hat Schindler gebeten, ihr bei einer beruflichen Verbesserung behilflich zu sein.

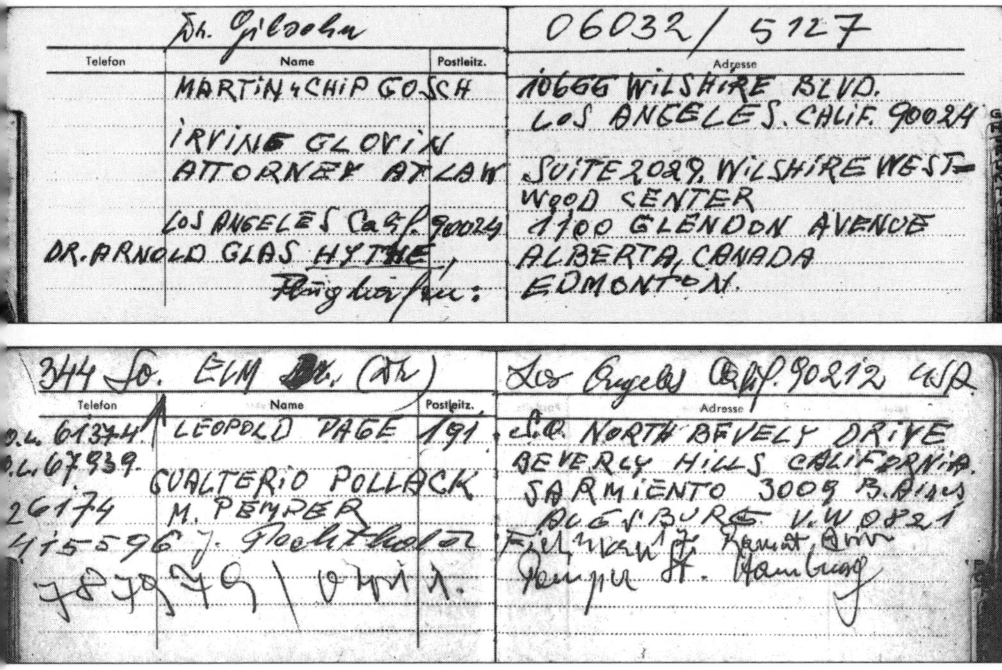

Telefon	Name	Postleitz.	Adresse
	Dr. Gilsohn		06032/5127
	MARTIN & CHIP GOSCH		10666 WILSHIRE BLVD. LOS ANGELES. CALIF. 90024
	IRVING GLOVIN ATTORNEY AT LAW		SUITE 2029. WILSHIRE WESTWOOD CENTER
	LOS ANGELES Calif. 90024		1100 GLENDON AVENUE
	DR. ARNOLD GLAS HYTHE		ALBERTA, CANADA EDMONTON

Telefon	Name	Postleitz.	Adresse
	344 So. ELM Dr.		Los Angeles Calif. 90212 USA
O.L. 61374	LEOPOLD PAGE	191	310 NORTH BEVERLY DRIVE BEVERLY HILLS CALIFORNIA
O.L. 67939	GUALTERIO POLLACK		SARMIENTO 3009 B. Aires
26174	M. PEMPER		AUGSBURG V.W 0821
415596	J. [illegible]		[illegible]
787979	[illegible]		[illegible] Hamburg

Wichtige Adressen aus Schindlers Adressbuch

gen, aber guten Freunden«. Von ihm versucht er verzweifelt Geld aus der Schindler Humanities Foundation[58] *zu erhalten.*

Frankfurt a. M. den 8.4.1968, Oskar Schindler an Martin Gosch

… Martin, ich weiß, dass ich Dich zu einem meiner wenigen, aber guten Freunde zählen kann, doch kann ich mit Deinen Ausführungen[59] nicht ganz konform gehen, weil Deine Bemühungen auf einer anderen Ebene liegen, als ich es mit meiner heutigen Lebensweise vereinbaren kann.

… Aus Deinen Zeilen entnehme ich, dass Du mit diesen 2500 $[60] speziell ein Treuhandkonto für die *Schindler Foundation* eröffnen willst, aber ich bin der Auffassung, dass mit Rücksicht auf meine heu-

[58] eine Idee Goschs, u.a. um Werbung für den *Schindler-Film* zu machen
[59] zur Handhabung der *Schindler Humanities Foundation*
[60] Freunde von Schindler haben bei Interviews zum Schindler-Film zugunsten der von Gosch initiierten *Schindler Foundation* auf ihr Honorar verzichtet. Schindler bittet – entgegen Goschs Vorstellungen – um eine schnelle Auszahlung dieses Geldes direkt an ihn.

tige so prekäre Lage zur Eröffnung eines symbolischen Kontos 500 oder 1000 $ auch voll ausreichen.

Ich bitte Dich daher dringend, lieber Martin, ohne Rücksicht der weiteren Entwicklung Deines Hilfsprogrammes für mich mir einen Teil der oben genannten Summe zu überweisen, denn Du weißt, wer schnell hilft, hilft doppelt, und ich bin voll überzeugt, dass dies auch im Interesse meiner Freunde geschieht.

... Lieber Martin, wenn Du also nicht warten willst, mir für die paar 100 $ einen Grabstein zu kaufen, bitte ich Dich dringend, mir einen Teilbetrag zu überweisen, mit dem ich mich auch zu dem von meinem Arzt längst geforderten Test in die Uni-Klinik einstellen kann ...

Dr. Charlotte Schiffler, die Frankfurter Stadträtin und »neue Freundin«[61]*, die sich für eine Verbesserung der materiellen Lage Schindlers sehr eingesetzt hat, sendet Schindler herzliche Geburtstagsglückwünsche und schenkt ihm zum Geburtstag eine »Ferienwoche«.*

Frankfurt a. M., den 26.4.1968, Charlotte Schiffler an Oskar Schindler

... Sie wissen, die Kirche feiert immer die Virgil am Vortag und so möchte ich auch Ihnen die herzlichen Glückwünsche am Vorabend Ihres Geburtstages sagen – zugleich als herzlicher Willkomm in Israel!

Möchten die letzten schweren Hiobsjahre jetzt vorbei sein und das neue Jahrzehnt glücklicher und friedlicher werden, geb's Gott! So werden mein Mann und ich am 28.4. ganz besonders an Sie denken.

Ich habe mir ein kleines Geburtstagsgeschenk ausgedacht. Ich bin Vorstand in einem schönen Jugendzentrum und Erholungsheim am Rhein, d. h. mehr in einem stillen, waldreichen Westerwaldtal.

Dort wird Rektor Spaemann Ferien für interessierte Erwachsene halten, vom 20.6.–28.6. Bendorf – Rhein – Hedwig Dransfeldhaus, Thema: Angefochtener und engagierter Glaube, in täglichen Gesprächen, mit Freizeit, Kur wenn nötig, behandelt. Es kommen nur wenige, sehr nette Leute dazu.

---

[61] Sie bezeichnet sich selbst so – in Unterscheidung z. B. zu »alten« israelischen Freunden.

… Wenn Sie möchten und disponiert wären und keine anderen Termine hätten, würden wir Ihnen gern diese Ferienwoche schenken. Es würde Ihnen sicher guttun, wenn es heiß und laut wird in Frankfurt.

Jetzt aber freuen Sie sich nur an Israel und den Freunden,
herzlich verbunden bleiben Ihnen auch die neuen Freunde

Schindlers Freunde teilen Schindlers Enttäuschung über die ihm vom Bundespräsidenten bewilligte Rente in Höhe von nur DM 200. Sie sind besorgt um ihn und wollen ihm selbst eine feste monatliche Unterstützung zukommen lassen. Man könnte auch sagen: sie springen wieder ein, wo deutsche staatliche Stellen versagen.

o.O., den 19.9.1968, Janek Sternberg an Oskar Schindler

… Auf Umwegen erfuhr ich, dass Dir vom Bundespräsidenten Lübke eine winzige monatliche Rente zugewiesen worden ist. Ich stelle mir Deine Enttäuschung u. Unzufriedenheit vor… Wir werden weiter vorarbeiten, schade jedoch, dass Du Dich aufregst, heute ist die Hauptsache, dass Du Deine Nerven u. Gesundheit schonst… Wir hier in Israel – Deine geretteten *Schindler-Juden* – werden Dich nicht im Stich lassen… Wir werden bestrebt sein, einen monatlichen Zuschuss – gegen 600,– DM zukommen zu lassen, eben für ärztliche Kosten u. kleine Erholung …

Beste u. innigste Grüße an Dich u. Hertha von Klara u. Jureks u. Dir ganz ergebenen …

In dem Antwortbrief bedankt sich Schindler bei seinen »ehrlichen« Freunden.

Frankfurt a. M., den 6.10.1968, Oskar Schindler an Janek

… Eure kameradschaftliche Aktion, mir durch eine schnelle Überweisung in dieser Größenordnung zu helfen, hat mich wieder, wie so oft schon, überzeugt, dass es eine glückliche Fügung ist, so wunderbare Menschen zu ehrlichen Freunden zu haben, denn die meisten von Euch sind wirklich [*nicht*] auf Rosen gebettet …

Schindler findet äußerst anerkennende Worte für die Freundin Charlotte Schiffler. Schindler als »integrierende« Persönlichkeit hat sie in den Kreis der – israelischen – Freunde einbezogen und fördert den weiteren Kontakt seiner Freunde untereinander.

Frankfurt a. M., den 6.10.1968, Oskar Schindler an Janek[62]

... Frau Dr. Schiffler ist eine der wertvollen Menschen, die mit reinem Herzen in der christlich-jüdischen Zusammenarbeit aufopfernd tätig ist. Ihr überragender Vorteil für dieses Amt ist ihre große theologische Kenntnis und ihr werdet bestimmt die Freude haben, ihr bei ihrem Frühlingsaufenthalt in Israel zu begegnen und dann die Gelegenheit wahrnehmen, auch für die erfolgreiche Arbeit der Rehabilitierung Schindlers zu danken. Wo ich mit meinen bescheidenen Kräften helfen kann, stehe ich ihr bei ihrer herrlichen Aufgabe immer zur Verfügung. Ich freue mich, lieber Janek, dass Du mit diesem herrlichen Menschen gelegentlich Briefwechsel hast...

Der einzige Brief[63], der von Schindlers Nichte Traude[64] im Koffer vorgefunden wurde. Das Verhältnis zwischen Onkel und Nichte scheint locker und freundschaftlich gewesen zu sein. Seiner späteren Freundin Ami Staehr hat Schindler offensichtlich auch von Traude erzählt.

Scanzorosciate, den 8.11.1968, Traude Ferrari an Oskar Schindler

Lieber Onkel Oskar,
es ist schon fast wieder ein Jahr her, seit ich Dir das letzte Mal geschrieben habe und inzwischen ist sehr viel passiert ...

Ich bin inzwischen Mutter einer Tochter namens Sonja geworden, die am 5. d. M. zur Welt kommen sollte, es aber vorgezogen hat, schon am 5. Oktober zu erscheinen. Nun habe ich halt so ein Gefrett (zwittauerisch!) mit so einer halben Portion! Aber sie ist sehr artig und wächst jetzt jeden Tag 50 Gramm; nur nachts lässt sie uns nicht schlafen.

---

[62] Sternberg

[63] es gibt noch eine Postkarte

[64] die Tochter seiner einzigen Schwester

Auch wenn ich von Dir nichts höre, so erhalte ich durch die Zeitung von Dir Nachricht und hörte, dass sie Dir den Hl. Silvesterorden überreichten. Komplimente! Nachdem der Zeitungsausschnitt mit Deinem Konterfei gekrönt wird, sehe ich, dass Du sehr mager geworden bist. An was liegt denn das? Trinkst Du kein Bier mehr? Nur noch den spanischen Wein? Der Bischof neben Dir hat mich sehr belustigt, hahaha! Hast Du auch den Vatikan bestochen? Ich glaube aber, dass bei dem nichts herausschauen wird, ich meine etwas Konkretes. Nur von Ehrungen kann der Mensch auch nicht leben. (Den Zeitungsausschnitt hat mir im übrigen der Tutsch Karl[65] geschickt.)

Sonst habe ich von niemandem keine Nachrichten, nicht von zu Hause, nicht von der Martha, alle schreibfaul. Fährst Du in absehbarer Zeit wieder irgendwohin? Hierher kommst Du ja bestimmt nicht. Solltest Du Deine Anschrift ändern, so gib es mir bekannt (Wohnung in Bologna, Via Pizzardi 75, habe ich noch bis auf weiteres). Es kann sein, dass wir bei Dir vorbeikommen. Blatt zu Ende, Geist zu Ende. Viele liebe Grüße und Küsse von uns Dreien …

Der Brief von Jurek Sternberg zeigt, dass seine Freunde auch Spaß mit Schindler hatten – er brachte Glanz in ihr Leben, das Leben wurde »lustig« mit ihm. Auch seine Freundin Hertha ist offensichtlich gern gesehen. Kleine Gefälligkeiten werden von Schindler erwartet – und sicher auch gern gewährt. (Faksimile s. S. 326)

Tel Aviv, 9.3.1969, Jurek Sternberg an Oskar Schindler

… Wir freuen uns alle auf Dein Kommen nach Israel. Wenn Du nach Tel Aviv kommst, ändert sich das Schablonenleben und wird lustig. Wir hoffen, daß Hertha mitkommt.

Oskar! Ich habe eine Bitte an Dich. Ich brauche 250 Tabletten »Moderol«, die Du mir einmal geschickt hast (gegen Blutdruck)… Wenn Du Platz hast, kauf mir paar Platten …

Wenn Du kommst, wird es lustig werden und wir werden schön die Zeit verbringen.

Herzlichste Grüße an Hertha und Dich …

---

[65] Traudes Bruder

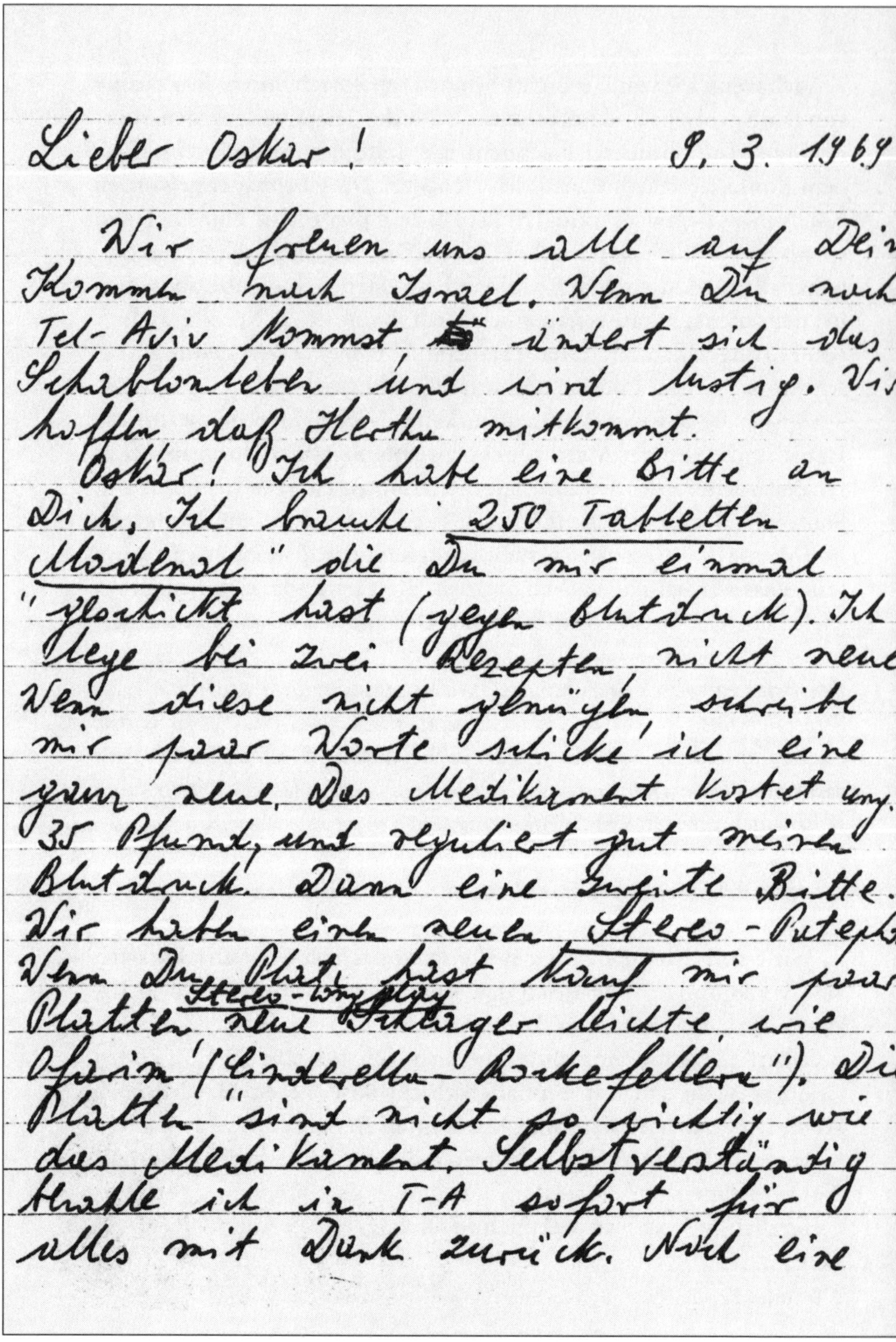
Lieber Oskar! 9. 3. 1969

Wir freuen uns alle auf Dein Kommen nach Israel. Wenn Du nach Tel-Aviv kommst ändert sich das Schablonleben und wird lustig. Wir hoffen daß Hertha mitkommt.
Oskar! Ich habe eine Bitte an Dich. Ich brauche 250 Tabletten „Modlinal" die Du mir einmal „geschickt hast (gegen Blutdruck). Ich lege bei zwei Rezepten, nicht neue. Wenn diese nicht genügen, schreibe mir paar Worte schicke ich eine ganz neue. Das Medikament kostet ung. 35 Pfund, und reguliert gut meinen Blutdruck. Dann eine zweite Bitte. Wir haben einen neuen Stereo-Patephon. Wenn Du Platz hast kauf mir paar Platten Stereo-Longplay neue Schlager leichte, wie Ofarim („Cinderella-Rockefeller"). Die Platten sind nicht so wichtig wie das Medikament. Selbstverständig bezahle ich in T-A sofort für alles mit Dank zurück. Noch eine

Jurek Sternberg an Schindler, 9.3.1969

Viele Freunde sind mit Schindler durch das gemeinsame Interesse an der deutsch-israelischen Versöhnung verbunden, so auch die »neueren« Freunde wie Charlotte Schiffler, Dieter Trautwein und die Staehrs.

In dem Schreiben von Charlotte Schiffler ist ein geplanter deutsch-israelischer Jugendaustausch das Thema.

Frankfurt a. M., den 18.3.1969, Charlotte Schiffler an Oskar Schindler

Lieber Herr Schindler!

...

1.) Steht die Gruppe in Israel? Kommen junge Menschen, die nicht nur einer freundlichen Einladung folgen, sondern sich auseinandersetzen wollen und nicht Tourismus erwarten, sondern Vertiefung in unsere Probleme – so, wie wir ihre Probleme hören wollen.

2.) Ist die Jugend genügend auf den Deutschlandbesuch vorbereitet? Das sprachliche Problem wurde nicht unterschätzt. Solche, die n u r evrit[66] können, wären kaum fähig, meinte man, das Ganze zu verarbeiten... Ein Problem, das Sie mit Dr. Friedner besprechen möchten.

3.) ...

Sternberg weiß, dass Schindler »betrübt« ist, u. a. weil seine Freundschaft zu Hertha in die Brüche zu gehen scheint. Er versucht Schindler mit der Hochschätzung zu trösten, die seine Freunde ihm gegenüber empfinden.

Tel Aviv, den 11.10.1969, Janek Sternberg an Oskar Schindler

... Vor allem innigsten Dank für die mündlichen Neujahrswünsche, welche ich sogleich an unsere Freunde weitergeleitet habe. Wir alle waren gerührt, wie Du an uns u. unsere Zukunft denkst u. wie wir zueinander gemeinsam halten.

... Dr. Schiffler ist eine geistreiche, begabte u. hochintellektuelle Frau, welche aufrichtig u. wahrheitsgemäß Deine ruhmreichen Taten während der fürchterlichen Nazizeit zu schätzen ... weiß u. zu Dir deshalb durch dick u. dünn hält. Sie weiß auch die hohen geistigen Qualifikationen unseres unvergesslichen Iciu Stern zu schätzen u. was

[66] Iwrit, die in Israel gesprochene Sprache, hebräisch

für Dich der Verlust des Dir ergebensten Freundes bedeutet.[67] Wir alle sehen in Dir den … wahren u. unerschrockenen humanen Menschen … Diese Einschätzung u. Bewertung seitens Frau Dr. Schiffler u. die Dankesgefühle Deiner *Schindler-Juden*, welche Dir das nackte Leben zu verdanken haben, solltest Du ständig vor Augen haben u. deshalb darfst Du nicht in irgendwelche Betrübnisstadien verfallen… Nachdem Du, lieber Freund Oskar, so manches im Leben … mitgemacht hast, darfst Du sogar im Falle Hertha in keine Verzweiflung geraten, schade, dass vielleicht Eure Freundschaft in die Brüche gehen sollte, wobei am meisten wahrscheinlich ihre Tochter schuldig ist, aber Dein Instinkt wird Dir beistehen und raten, welchen Ausweg zu finden u. einzugehen …

Es umarmt Dich innigst Dein ergebenster Freund

Schindler wird von Beate Pollack sehr verehrt, aber anscheinend auch beneidet. Das dürfte Schindler, der sich für wenig beneidenswert hielt, selten gesagt worden sein.

Buenos Aires, den 17.12.1969, Beate Pollack an Oskar Schindler

Mein liebster, – nein, mein allerliebster Herr Schindler!
Also, wenn Sie mir jemals eine Freude machen wollten, dann ist Ihnen das gestern mit Ihrem Telephonanruf aber wahrhaftig gelungen. Ich glaubte zuerst meinen Ohren nicht zu trauen … Und dann Ihre liebe Stimme, die ich nun fast auf den Tag vor 10 Jahren zum letzten Mal in Frankfurt gehört habe. – Herr Schindler, das war unsagbar lieb von Ihnen u. ich werde es Ihnen nie vergessen, dass Sie sich eine solche Mühe gemacht haben – von den Ausgaben ganz zu schweigen. – …

Dass er nicht herkommen wolle, sei wirklich unsagbar jammerschade. Jeder Einzige bedauert das aufrichtig, aber ich ganz, ganz besonders. –

Beate Pollack klagt, wo nur die herrlichen Zeiten geblieben seien, als Schindler zu ihr ins Büro gekommen sei, als er abends bei ihnen gesessen und so unendlich interessant erzählt habe.

---

[67] Iciu Stern ist gestorben.

Um Ihr Leben beneide ich Sie wahnsinnig. – Bueno, man muss auch so ein gewaltiger Übermensch (im wahrsten Sinne des Wortes!) wie Sie sein, um so unglaublich viel geehrt zu werden. Was haben Sie nicht alles für Reisen gemacht – und wie viele Reisen haben Sie wohl noch vor sich? Wann geht es wieder nach Israel? Wann in die USA? – Ich dagegen sitze Tag für Tag hinter meinem Schreibtisch, mit ein paar Tagen Urlaub im Jahr ... *Die Probleme seien manchmal so gewaltig, dass man meine, man könne es nicht mehr ertragen.* – Ja, wenn man Sie hier in der Nähe hätte – man könnte sich einmal mit einem wahren Freund aussprechen und auch damit rechnen, einen richtigen Rat zu bekommen.

Sie habe die ganzen Jahre geglaubt, er hätte sich irgendwie über sie geärgert, weil er sie in allen seinen Briefen kaum erwähnt habe.

Jetzt endlich nach dem Telephongespräch ist dieser Albdruck von mir gewichen. Ihre Freundschaft zu verlieren wäre ein unsagbarer Verlust für mich gewesen ...

Hier sind im Folgenden einige Briefe von Charlotte Schiffler an Schindler zusammengestellt[68]*, die nahe legen, dass Frau C. Schiffler sehr tiefe Gefühle für Schindler hegte und eine enge Beziehung zwischen den beiden bestand.*

Hier gratuliert sie[69] *ihm zur Verleihung des Silvesterordens; sie freut sich, dass er auch für sie da ist und bemerkt, dass sie ihn zuweilen* »gefährlich attraktiv« *findet.*

o.O., o. D.[70], C. Schiffler an Oskar Schindler

Lieber, guten Morgen! Möchtest Du froh wach geworden sein. Freunde zusammenzuführen ist eine gute Sache – dank Deiner Ehrung. Da

[68] Um diese Briefe im Zusammenhang bringen zu können, wurde hier auf strenge Chronologie verzichtet. Interessant, dass Schiffler Schindler in diesen Briefen abwechselnd duzt und siezt.
[69] Der Brief ist nicht unterschrieben, legt aber durch Inhalt und Schreibweise C. Schiffler als Briefeschreiberin nahe.
[70] vermutlich 17.10.1968 – einen Tag vor der Verleihung des Silvesterordens

ich Dir morgen wohl kein persönliches Wort sagen kann, möchte ich die erste sein, die mit dem Briefkasten bei Dir ist.

Alle Ehrungen sind vergänglich und relativ ... *Und auch er habe eine ähnliche Gelassenheit [gegenüber Ehrenämtern, so wie sie]*. Wenn du übrigens »ernst und schwermütig« wirkst, bist Du gefährlich attraktiv, Du kannst auch wild aufgedreht sein, dann habe ich etwas Angst. Na, heute wirst Du zum ersten Mal die Miene eines »Ordensritters« haben müssen. Doch freuen wir uns vor allem, dass Du da bist, da w a r s t in aller Not und auch heute und morgen noch da bist – auch für mich ...

In diesem Brief erweist sich C. Schiffler als enge, Schindler zutiefst zugetane Freundin. Sie sorgt sich um sein Wohlergehen und bietet ihm sogar eine Unterkunft bei sich und ihrem Mann an – wie es später auch die Staehrs tun sollten.

o.O., o.D.[71], C. Schiffler an Oskar Schindler

... Heute hat mein Mann Leonhards-Namenstag, daher habe ich die volle Tasche vor seinen Augen ausgepackt. Es war herrlich. Er schimpfte über Unsummen, aber ich sagte, s o wäre es also Ihre Art, Menschen schenkend zu überschütten. Dass sogar der von mir am meisten geliebte, sehr kostbare Windsortee !!!!! dabei war, bleibt mein besonderes Weihnachtsgeschenk. Ich habe erst auspackend verstanden, wieviel Kostbarkeiten darin sind. Dort bei Ihnen war ich viel zu sehr erfüllt und ängstlich, von Ihnen zu hören, wie es Ihnen ginge. Daher heut am frühen Morgen noch einmal allen Dank!

Frau Schiffler informiert ihn, dass sie schon mit dem Ausgleichsamt telefoniert habe. Er könne eine größere Summe auf die Hand bekommen, – oder aber eine monatliche Rente, – oder aber eine kleinere Summe, viel-

---

[71] Der Brief ist aber höchstwahrscheinlich am 6.11.68 geschrieben worden. Der im Brief genannte Leonhards-Namenstag ist am 6.11. Die im Brief angesprochene Möglichkeit, eine »größere Summe« oder eine monatliche Rente vom Ausgleichsamt zu beziehen, wird am 4.12.68 von der Stadt Frankfurt bestätigt – also muss *dieser* Brief davor geschrieben worden sein.

leicht um sich eine Wohnung zu kaufen, vielleicht in Israel !!!??? – und eine etwas kleinere Rente dazu.

Man braucht die Bescheinigung des Gesundheitsamtes, dass Sie in so jungen Jahren schon Rente brauchen. Wie gut war dafür das Krankenhaus! Der Sachbearbeiter ruft mich wieder an. Lassen Sie Ihren Schammes[72] weiter die Vorfragen klären, damit auch dieser Punkt für Sie bürokratisch leichter und schneller durchgeführt werden kann.

Aber vor seiner Israelreise solle er doch wissen, dass er vielleicht genug Geld haben würde, dort eine Wohnung zu kaufen. Er könne ja durchaus bei ihnen, Schifflers, eines Tages einen deutschen Stützpunkt errichten, wenn er sich länger in Israel als in Deutschland aufhalten würde. Das sei sinnvoll, wenn ihm das Klima dort so gut tue …

Der letzte Absatz weist auf eine liebende, fast schon mystisch beschriebene Verbindung hin:

Es ist gestern ergreifend etwas passiert, – auf das ich innerlich schon lange zugegangen bin, – und das S i e mit dem Kollewort ausdrückten. Bitte, schneiden Sie es aus …

Nun haben wir Entwicklungen und Stufen vor uns, die immer schöner werden, immer weiter den Blick füllen und unsere Hände immer zärtlicher, gütiger – im Besitz immer mehr loslassend – machen.

Sie sind ein großes Geschenk für mich. O kostbare »Spätlese«, – wie ich Sie sehe in der ganzen einfachen Menschlichkeit, mit einem Leben, das verschlissen wurde für die anderen und sich heute noch verströmt. Und in diesen Strom bin ich eingetaucht und ströme mit. …

Von Herzen – nur der kleine Kelch, der die »Spätlese« kaum fassen kann, …

In diesem Brief voller Herzlichkeit gratuliert C. Schiffler Schindler zunächst zum Geburtstag:

---

[72] auf hebräisch »Glück«

Frankfurt, den 23.4.70, C. Schiffer an Oskar Schindler

Lieber, sehr zu feiernder Herr Schindler!… ALLES nur erdenklich Gute für Ihr neues Lebensjahr: Gesundheit, Freundschaft, Segen für Sie und all Ihre Freunde und Frieden für Israel in diesem 1970! …

Sie macht sich Gedanken über seine Lebensplanung:

Jetzt sind Sie schon drei Wochen fort und hoffentlich durch Wind und Sonne des gelobten Landes sehr gestärkt. Ihr Herz hängt ja doch dort – und Sie sollten es immer wieder erwägen, ob Sie nicht den Rhythmus andersherum leben: 2/3 des Jahres dort, 1/3 hier? Gibt es nicht eine einfache Wohnung dort nahe Ihren Freunden?… Sollten Sie nur kürzer hier sein, könnte man z. B. bei uns in Oberrad, bei guten Freunden schöne zwei Zimmer finden, die Ihnen entsprächen … Sie sollten es sich zweimal im Jahr leisten können, in Israel zu sein …

Sie wünscht sich für Schindler eine wirkliche, richtige Freundin und versichert ihm, dass er durch eine solche Liebesbeziehung sie nicht verlieren würde:

Wenn ich Ihnen durch das Telefon wünschte, Sie möchten sich »verwöhnen« lassen, so wissen Sie auch, was ich im besonderen meine. Sie sind das erste Jahr ohne Frau Kluge[73] dort. Wenn Sie auch ein Mann der Freundschaft sind und viele gute Männer Ihnen vertrauen, so brauchen Sie doch auch die Sympathie einer Frau. Eine Frau, die ganz frei ist von anderem Ballast, – die keine Enkel auf dem Schoß hat und keine undönigen Kinder noch am Rockzipfel, – eine Frau, die sich auch allein für Sie schön macht.

Mich behalten Sie immer außerdem, wie einen guten »Schammes«, das wissen Sie, dem Sie in allem vertrauen können und der wie ein Freund zuverlässig ist … erhalten Sie sich uns noch lange und bleiben Sie heute in allem Tun gesegnet wie damals vor 30 Jahren, Gott befohlen, aufrichtig Ihre …

---

[73] Damit ist Schindlers frühere Freundin Hertha gemeint.

In diesem innigen Brief macht C. Schiffler sich große Sorgen wegen Schindlers großem Alkoholkonsum. (s. Faksimile S. 334)

o.O., den 4.8.1970, C. Schiffler an Oskar Schindler

... Du wirst müde sein, lieber Oskar-Freund, daher möchte ich Dir einen herzlichen Gruß sagen.

Du kannst Samstag bei uns anrufen, weil wir dann zurück sind ... Ich möchte keinen sanften, sondern einen etwas gröberen Brief schreiben. Denn ich habe Sorgen um Dich.

Du hast einmal gesagt »ich war zwei Jahre nicht blau ...« – und jetzt fängst Du immer an mit »schweren« Sachen. Ich kann die Doppelten gar nicht zählen, die heruntergekippt wurden in den wenigen Stunden, die wir bisher zusammen waren. Hat sich das nicht verschlimmert, – ich fürchte fast.

Er solle deshalb diese Zeilen als S.O.S. für sich selbst verstehen. Dr. Metz und Prof. Christ würden nur meinen, dass er sich völlig ruiniere durch den Alkohol – und viele Leute brauchen Dich noch und möchten mir Dir in Freundschaft Jahrzehnte verbringen – rosarot und nicht blau, – verzeih! Ich bin nicht tüntig, aber mir musste einmal der Kragen platzen.

Wir kennen uns nun auch schon soooo lange. Ich habe nie verschwiegen, wie alt ich bin. Ich möchte kein Jahr zurück, – kein Jahr der Leidenschaft und Unruhe, – nur täglich wachsen in innerer Zuversicht, Stille, Geduld – und das alles ist auch Liebe, Geneigtheit.

... Schimpfe, aber sei nicht böse, – so bin ich halt,

Dir das Beste ...

Schiffler macht Schindler anscheinend ein größeres Geldgeschenk. Wohl um ihm die Annahme zu erleichtern, erinnert sie ihn an die vielen Dinge, die er schon für sie getan habe.

o.O., den 9.11.1970, C. Schiffler an Oskar Schindler

... Heute mit gutem Gruß: kleine Erinnerung: Sie sagten, als ich Sie zuletzt sah, Sie wollten etwas über die Zeil bummeln gehen und sich Anzüge anschauen.

4.8.7o

... war die Fahrt nach Wien schön ? Du wirst müde sein, lieber Oskar-freund, daher möchte ich Dir einen herzlichen Gruss sagen.
Du kannst Samstag bei uns anrufen, weil wir dann zurücksind.
Aber ich möchte keinen sanften, - sondern einen etwas gröbere Brief schreiben. Denn ich habe Sorgen um Dich.
Du hast einmal gesagt "ich war zwei Jahre nicht blau..." - und jetzt fängst Du immer an mit"schweren"Sachen. Ich kann die doppelten garnicht zählen, die herunter gekippt wurden in den wenigen Stunden, die wir bisher zusammen waren. Hat sich das nicht verschlimmert, - ich fürchte fast. Versteh deshalb diese Zeilen als S.O.S. für Dich selbst. Dr.Metz und Prof.Christ meinen nur, dass Du Dich völlig ruinierst durch den Alkohol - und viele Leute brauchen Dich noch und möchten mit Dir in Freundschaft Jahrzehnte verbringen - rosarot und nicht blau, - verzeih ! Ich bin nicht tüntig, aber mir musste einmal der Kragen platzen.

Wir kennen uns nun auch schon soooo lange. Ich habe nie ver=schwiegen, wie alt ich bin. Ich möchte kein Jahr zurück,- kein Jahr in Leidenschaft und Unruhe, - nur täglich wachsen in innerer Zuversicht,Stille, Geduld - und das alles ist auch Liebe, Geneigtheit.

Komm doch Sonntag zu uns, ich bin ganz allein im Haus. Aber dann bringst Du das schlimme Plakat mit und wir haben hier einen Scheiterhaufen im Garten, darauf gehört es. Es hat mich selten etwas so schokiert, wie dies böse, vergiftende Bild. Daneben musst Du auch die Madonna abhängen .....
Schimpfe, aber sei nicht böse, - so bin ich halt,

DIr das Beste !

C. Schiffler an Schindler, 4.8.1970

Außerdem wollen Sie vielleicht doch zum Rennen nach Israel – oder vielleicht die Fahrprüfungskosten etc. etc.

Heute habe sie ihr letztes Geld verdient. Der Scheck liege bei. Sie schicke einfach [das] *Weihnachtsgeschenk schon etwas früher, – weil er vielleicht die oben genannten Dinge gern täte.*

So viel, wie ich von Ihnen schon angenommen habe, – soll ich es aufzählen, – und von mir nahmen Sie nie etwas, – berechtigt mich, dieses Papierchen zu schicken. Ich weiß nicht, wie damit umgehen. Soll ich quer schreiben – oder ist das nicht nötig? Können Sie ihn direkt einlösen – bitte, tun Sie es gleich …

auch herzlich die Ihre, …

In diesem herzlichen Brief bedankt sich Mandel[74] *für einen Brief und ein Paket von Schindler. Er fragt ihn seinerseits, ob er Geld braucht.*

o. O., den 19.9.1970, H. Mandel aus Israel an Oskar Schindler

… Das Paket ist gestern angekommen …, Bejski hat bekommen den Blutdruckapparat, er hat ein bißchen gebrummt, aber er war zufrieden. Den Rest habe ich übergeben. Die Medikamente teile ich mit Sternberg, schreiben Sie mir bitte, was Sie kosten.

… Lieber Herr Schindler, wie ist es mit der materiellen Frage bei Ihnen. Von Poldek hören Sie was, zu uns schreibt er nicht. Wenn Sie brauchen was Geld, bitte schreiben Sie uns. …

Dieser Zeitungsartikel[75] *schildert den Beginn der Bekanntschaft zwischen Schindler und dem Ehepaar Staehr. Es ist sicher nicht unwichtig für die spätere Freundschaft zwischen Schindler und Ami Staehr, dass beide ein tiefes Interesse an Israel verbindet. Schindlers Vergangenheit hat ihm nicht nur zu seinem »alten« Freundeskreis verholfen, sie beeinflusst auch die Gewinnung »neuer« Freunde.*

---

[74] ein *Schindler-Jude*

[75] er wurde sprachlich etwas bearbeitet

3.11.1970, *Al Hamischmar*, Tageszeitung in Tel Aviv, Nr. 8310

... Ein bedeutender deutscher Facharzt wurde samt seiner Gemahlin nach Israel eingeladen, zwecks Entscheidung u. Erläuterung von Entschädigungsangelegenheiten hiesiger Naziopfer. Durch Zufall wohnten sie in demselben Hotel, in dem der bekannte Oskar SCHINDLER, einer der deutschen »Gerechten der Völker«, der 1200 Juden vor dem Vernichtungstode rettete, sich aufhielt.

Diese zufällige Nachbarschaft habe das deutsche Ärztepaar aus Göttingen[76]*, einer Provinz, die noch vor Naziausbruch »judenrein« war, zur eingehenden Einsichtnahme in die durch ihr Volk verübten Verbrechen geführt. Daraufhin hätten sie sich, durch Oskar Schindler veranlasst, dem Freundschafts-Verbande Deutschland-Israel angeschlossen.*

Der erste Schritt hierzu äußerte sich darin, dass das Ärztepaar sich an den vielen ... Treffen mit »Hunderten« der durch Oskar Schindler in seinen Werkstätten geretteten Juden beteiligten, welche ihren Lebensretter in Israel innigst aufnahmen u. bewirteten.

Der deutsche Arzt, und besonders auch seine Frau – auch Akademikerin, die behauptet, dass ihr Gewissen ob der Verbrechen ihrer Volksgenossen nie Ruhe finden wird – knüpften mit »Oskar Schindlers Freunden« Freundschaftsbande an; die Frau befindet sich seit ihrer Abreise mit vielen dieser Freunde in engerem Briefkontakt.

In einem ihrer Briefe drücke sie ihren warmen Dank aus, in ihrem u. ihres Gatten Namen, dass es ihr gegeben sei, den israelischen Freundeskreis kennen zu lernen.

»Ihr habt uns in ein einmaliges, unvergessliches Erlebnis eingeweiht, damit wir Euer prächtiges Land sehen u. kennenlernen, auch Euer gemeinsames Interesse u. gegenseitige Verantwortlichkeit, Euer Verbrüderungsbund, die einzig u. allein dastehen... Ich muss offen gestehen, dass ich u. Oskar Schindler, welcher mich in Eueren Kreis ein-

---

[76] im Artikel steht »Gettingen«

führte, Euere gegenseitige Freundschaft für immer mit Liebe u. Ehrfurcht bewahren werde ...«

Herbert Sulzbach, der Presseattaché der Deutschen Botschaft in London, hat sich wiederholt für Schindler verwendet. Er ist stolz, dass Schindler sich zu seinen Freunden zählt ...

London, den 27.11.1970, Herbert Sulzbach an J. Sternberg

Lieber Herr Sternberg,
... vielen Dank für den eben erhaltenen Brief vom 17. November ...

Ich hatte inzwischen meinem Freund, Dr. W. Rosenstock, Hon. Secretary und Herausgeber des AJR (Association of Jewish Refugees in England), der vor 2 Monaten hier bei uns durch Botschafter von Hase das Bundesverdienstkreuz I. Klasse bekam, die Unterlagen SCHINDLER – meine Akte – gesandt. Er versucht hier für unseren Freund Schindler [*etwas zu tun*]. Ich bin stolz, dass Herr Schindler mich zu seinen Freunden zählt ...

Viele Monate später schreibt Sulzbach in herzlichem Ton an Schindler:[77]

London, den 19.6.1972, Herbert Sulzbach an Oskar Schindler

Lieber Oscar, vielen Dank für deinen Brief vom 14. mit den interessanten Beilagen – wunderbar für Dich ...

Mein Treffen in Düsseldorf ist am 28. OKTOBER. Auch ich würde mich so freuen, DICH zu sehen – old boy.

Herzlichst von uns allen –
Stets Dein alter

Das ist der erste Brief[78] *an den Freund Benjamin Meyer. Schindler freut sich auf ein Wiedersehen in Israel und kündigt auch den mehrwöchigen Besuch seiner Freundin Ami Staehr an.*

---

[77] Dieser Brief wurde mit dem vorhergehenden zusammengestellt, die chronologische Reihenfolge stimmt daher nicht ganz.
[78] der im Koffer gefunden wurde

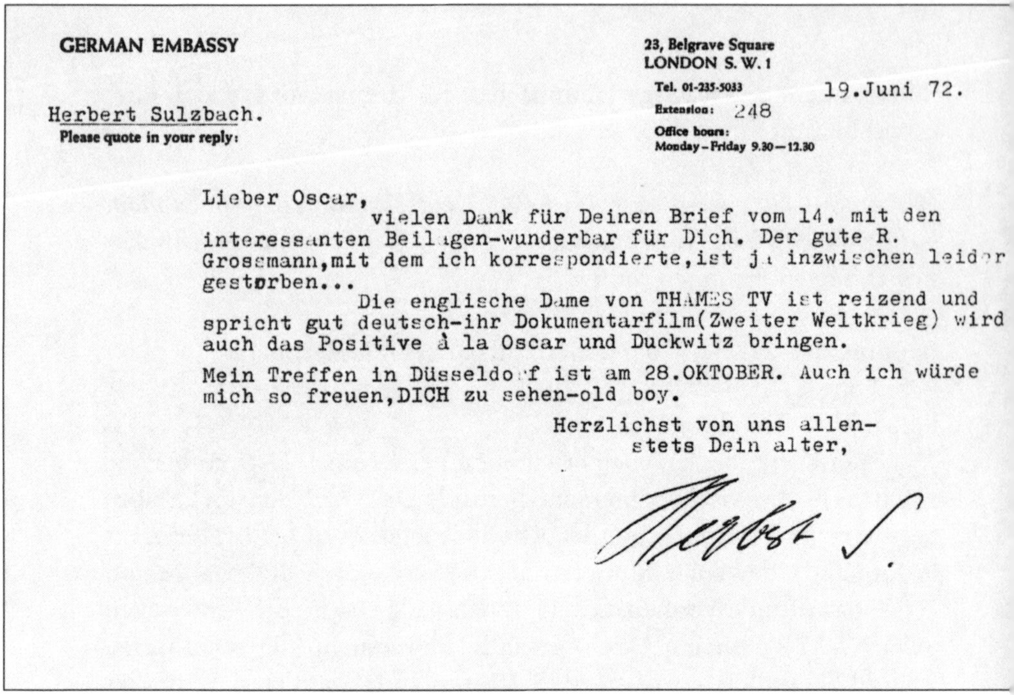

GERMAN EMBASSY

23, Belgrave Square
LONDON S.W. 1

Tel. 01-235-5033 19.Juni 72.
Extension: 248
Office hours:
Monday - Friday 9.30—12.30

Herbert Sulzbach.
Please quote in your reply:

Lieber Oscar,
vielen Dank für Deinen Brief vom 14. mit den interessanten Beilagen-wunderbar für Dich. Der gute R. Grossmann,mit dem ich korrespondierte,ist ja inzwischen leider gestorben...
Die englische Dame von THAMES TV ist reizend und spricht gut deutsch-ihr Dokumentarfilm(Zweiter Weltkrieg) wird auch das Positive à la Oscar und Duckwitz bringen.
Mein Treffen in Düsseldorf ist am 28.OKTOBER. Auch ich würde mich so freuen,DICH zu sehen-old boy.

Herzlichst von uns allen-
stets Dein alter,

Herbert S.

Sulzbach an Schindler, 19.6.1972

Schindlers freundschaftliche Gefühle werden vielleicht dadurch verstärkt, dass seine Freunde – u. a. Meyer – ihm zu Ehren[79] *so viel Geld für die* Hebräische Universität Jerusalem *gespendet haben.*

Frankfurt a. M., den 6.3.1972, Oskar Schindler an Benjamin Meyer

… Lange habe ich nichts von Dir gehört und war auch in den letzten Monaten sehr beschäftigt. Ich hoffe, dass Du und Deine liebe Familie o. k. bist, noch mehr freue ich mich auf unser Wiedersehen zu Pesach!!! Am 18.III.72 fliege ich nach Israel, wo ich als einziger Delegierter der BRD an dem Welttreffen Board of Governors[80] der *Freunde der Hebräisch. Uni. Jerusalem* teilnehmen werde. Dann bleibe ich

---

[79] Als ehrenamtlicher Geschäftsführer der »Freunde der *Hebräischen Universität*« versucht Schindler für verschiedene Bauvorhaben der Universität Geld zu sammeln.

[80] Es dürfte sich um ein Treffen der Geschäftsführer handeln, Schindler war ja ein ehrenamtlicher Geschäftsführer.

Schindler scheint auch das Strandleben in Israel genossen zu haben.

schon im Lande, um meinen Urlaub zu verbringen. Ami kommt leider erst nach Pesach[81], um wie alle Jahre ein paar Wochen in Israel zu verbringen. Dr. Staehr ist im Augenblick unabkömmlich …

Du kannst mir glauben, dass ich richtig stolz bin, dass meine alten Freunde so viele Spenden zu meiner Ehrung für die *Hebräische Universität* stiften. Der Beginn dieser Aktion waren unsere Gespräche im Sommer des Jahres 1971 mit dir, lieber Benny, Familie Zuckermann aus USA und Direktor Dr. Frost der *HUJ* in Jerusalem im Intercontinental. …

Ami Staehr schreibt an Schindlers Nichte Traude. Obwohl eine erste, zurückhaltende Kontaktaufnahme, verraten einige Zeilen doch schon die »enge Bekanntschaft« zwischen Schindler und Ami Staehr:

[81] jüdischer Feiertag, der daran erinnert, dass Moses das jüdische Volk aus ägyptischer Gefangenschaft befreit hat – eine Art Ostern

Schindler und Ami Staehr

Hildesheim, den 30.3.1972,
Ami Staehr an Traude Ferrari

Liebe Frau Traude,
hoffentlich darf ich Sie so nennen? Aber da Ihr lieber Onkel Oskar nur so von Ihnen spricht, ist mir das so geläufig und der Familienname fast fremd. Als Ihr Onkel am 16.III. mit Ihnen telefonierte und Ihnen noch frohe Ostern wünschte vor seiner Reise, saß ich daneben. Daher bat er mich auch, an Sie zu schreiben und ein Aufnahmeexemplar für die Freunde der *HUJ* und die Zeitungsartikel von ihm an Sie zu schicken…

Heute habe sie Traudes Onkel, er habe es gar nicht so gern, wenn man Onkel sage, also Oskar, aus Tel Aviv angerufen. Es gehe ihm gut. Die jüdischen Feiertage hätten bereits begonnen und er könne gar nicht so viele Einladungen annehmen, wie ihn seine Freunde bei sich haben wollten …

Ich brachte ihn zum Flugplatz und machte mir Sorgen um ihn. Aber er ist ja unverwüstlich, wie ein Stehaufmann, Gott geb's, dass er so bleibt. In Israel lebt Oskar auf, fühlt er sich wohl …

Am 8.IV. fliege ich auch nach Israel und hoffe, dass wir eine gute Zeit haben.

Wenn Sie irgendwie einmal von Ihrem Onkel keine Nachricht bekommen, können Sie sich ruhig an mich wenden. Ich weiß meist, wo er ist, wie es ihm geht und gebe Ihnen gern Auskunft …

Zwischen Schindler und Mitgliedern der Freunde der Hebräischen Universität *scheinen sich freundschaftliche Kontakte entwickelt zu haben. Neben verschiedenen Dingen, die zu besprechen sind, werden auch* »sehr herzliche Grüße« *bestellt, die Ami Staehr ganz selbstverständlich einbeziehen.*

Frankfurt a. M., den 20.4.1972, Bundesverband der Ges. d. Freunde der *Heb. Univ. Jerusalem in Dtschld.* an Oskar Schindler

... Als erstes darf ich Ihnen sehr herzlich zum 28.4. gratulieren und alles erdenklich Gute wünschen. Vor allem Gesundheit und Kraft, alles andere kommt dann alleine.

... Ich hoffe, daß Sie dort eine nette und gute Zeit haben, daß Sie und Ami sich gut erholen und Kräfte sammeln für die nächste Zeit...

Kommen Sie – wie eigentlich verabredet (mit Hase) – am 8.5. zurück oder verlängern Sie Ihren dortigen Aufenthalt um einige Tage? Ruhen Sie sich nur gut aus!

Ihnen und Ami sehr herzliche Grüße ...

Schindler hatte einen gesundheitlichen Zusammenbruch[82] *und ist von Familie Staehr aufgenommen worden. Die Freunde Schindlers scheinen sich alle gemeinsam für ihn verantwortlich zu fühlen – so ist C. Schiffler den Staehrs anscheinend für die Pflege Schindlers auch richtig dankbar. Sie versichert Schindler, dass sie täglich an ihn denkt und für ihn betet.*

o.O., den 6.11.1972, C. Schiffler an Oskar Schindler

Lieber Oskar!
Hoffentlich geht es Dir jeden Tag mit kleinen Schritten besser, alle guten Wünsche kommen zu Dir. Alle Freunde können Dr. Staehrs nicht genug dankbar sein, dass Du dort das beste Refugium in Deutschland hast. Möchtest Du auch mitwirken, still halten, ausruhen und in 2–3 Wochen wenigstens wieder so weit bei Kräften sein, dass Du die Fahrt nach Israel wagen kannst.

... *Sicher sähen sie sich erst nach seiner Israelfahrt wieder* ...

Aber ich weiß Dich in besten Händen und denke jeden Tag an Dich – mit Frau Staehr betend, – obwohl Du darüber ein klein wenig lächelst ... dass Deine Kräfte wieder wachsen, um Dein gutes Werk für Israel durchtragen zu können ... ich bin sicher, Du schaffst es wieder.

von Herzen
dein »Bruder« Lotte

---

[82] ein leichter Schlaganfall

Schindler gut gelaunt im Kreise seiner Freunde

Schindler unterhielt freundschaftliche Kontake zu Dieter Trautwein und seiner Familie. Trautwein, Jugendpfarrer und später Propst in Frankfurt, engagierte sich ebenfalls für die christlich-jüdische Versöhnung.

Frankfurt a. M., den 19.4.1973, Dieter Trautwein an Oskar Schindler

… Viele, herzliche Wünsche zu Ihrem 65. Geburtstag! Die guten Wünsche gelten rundum für alles, dass die liebe Gesundheit besser mitspielt, dass es innerlich und äußerlich doch noch immer etwas zum Freuen und Lachen gibt, einen Frieden also, »der weiter reicht als alle menschliche Vernunft«. Ein wenig können wir uns ja nun doch vorstellen, wo wir Sie an Ihrem Geburtstag zu suchen haben und wer Sie dabei umgeben wird.

… In allen Sorgen um Israel sei doch die Hoffnung noch immer stark. Und solche Hoffnung wolle er ihm auch für sich persönlich wünschen. Hoffnung, die mit Menschen verbindet – drüben im Land und hier bei uns.

… Zunächst einmal noch einen besonderen Dank für alle freundliche Hilfe, die ich von Ihnen und von Herrn Dr. Staehr und seiner lieben Frau erhielt.[83] …

Im Rückblick war unsere Israelreise eine sehr runde Sache … Sie haben mit dazu beigetragen. Herzlichen Dank noch einmal. … Ihnen und allen Freunden in Israel ein herzliches Schalom, Schalom! …

Die israelischen Freunde beziehen Ami und Heinrich Staehr in den Freundschaftsbund mit Oskar Schindler ein. Sie freuen sich besonders, dass Oskar in Ami eine solch gute Freundin gefunden hat.

Givataim, den 2.6.1973, Dr. A. Biberstein an Herrn u. Frau Staehr und Oskar Schindler

Gnädige Frau AMI, sehr geehrter Herr Dr. H. Staehr, lieber OSKAR.

Als Nestor der geretteten *Schindler-Juden* gratuliere ich zur glücklichen Heimreise[84] und wünsche ein vieljähriges Zusammenkommen und Zusammentreffen mit unserem Retter Oskar SCHINDLER.

… Der gnädigen Frau AMI erlaube ich mir zu sagen: In meinem langen Leben – als Mensch und Arzt – war es mir sehr schwer, so eine menschenfreundliche, humanistische Frau kennenzulernen.

Es macht mir eine große Freude, dass der großzügige Oskar Schindler auf seinem Lebenswege so eine herzliche und seltene Humanistin begegnet hat …

Der Schindler-Jude *und Freund Dr. Bejski ist besorgt über Schindlers Gesundheitszustand. Auch er freut sich, dass Schindler in Ami Staehr eine so treue Freundin hat. Hier hören wir ein einziges Mal wenigstens indirekt über Moshe Bejski, wie Schindler Ami Staehr beurteilt hat – Briefe Schindlers an Ami Staehr sind nicht – genauso wenig wie Briefe Ami Staehrs an Schindler – im Koffer gefunden worden.*[85]

---

[83] Trautwein erlitt eine Art Kreislaufkollaps in Israel.

[84] aus Israel

[85] Es ist jedoch eher wahrscheinlich, dass die großen Briefeschreiber Schindler und Ami Staehr, die ja manchmal wochenlang getrennt waren, sich auch geschrieben haben – und die Briefe sich zu einem früheren Zeitpunkt auch im Koffer befunden haben.

o. O., den 14.8.1973, Moshe Bejski an Oskar Schindler

... Habe mich diesmal ... [*über*] Ihren Anruf sehr gefreut, aber gleichzeitig bin ich besorgt, weil ich verstehe, dass Sie deprimiert sind. Ja, leider sind diese Art Verletzungen[86] ... dauerhaft ... Es ist ein Problem von Zeit, aber Sie müssen guter Hoffnung sein...

Von Frau Dr. Staehr wissen wir, dass Sie ein sehr braver Patient sind, das hilft sehr viel.

... Sie nannten sie mehrere Male »Goldstück« – dies ist das richtige Wort –, und vielleicht noch zuwenig. Ich bin so froh, wenn sie an uns schreibt ...

Geld bleibt unter Schindlers Freunden bis zu seinem Lebensende ein Thema:

Ich schreibe gleichzeitig an Poldek [*Pfefferberg*], er soll diesen Monat an Sie eine Überweisung machen ...

Bejski lässt in diesem Brief Schindler an seinen tiefen Sorgen teilhaben: In seiner Familie und bei Freunden gab es viele Schicksalsschläge, der Krieg gegen Ägypten bringt viel Leid.

Tel Aviv, den 21.11.1973, M. Bejski an Oskar Schindler

Es ist mir schwer, sehr schwer, diesmal an Sie zu schreiben, weil es uns allen sehr schwer am Herzen ist ...

Es ist zwecklos, dass ich noch unsere Sorgen an Sie übermittele – ich weiß doch, dass Sie an eigenen keinen Mangel haben ...

Ja, leider sind viele Freunde in Kummer; wenn nicht die selbst, sind deren Kinder an der Front ...

Ein Dr. Frank macht sich die Mühe, Schindlers ärztliche Befunde auszuwerten:

Soeben habe ich auch die zusätzlichen ärztlichen Befunde an Dr. Frank übermittelt, er versicherte, sein Gutachten an Sie zu schicken ...

---

[86] durch den Schlaganfall ausgelöste Lähmungserscheinungen

Bejski weiß, dass eine Klinikbehandlung für Schindler notwendig ist und verspricht finanzielle Hilfe:

Sobald ich nur aktiv werde, wollen wir auch sehen, die dafür notwendigen Geldmittel zusammenzubringen, aber Sie müssen sich dazu entschließen!! …

Zwei Tage später schreibt Bejski einen ähnlichen Brief an Ami Staehr und Schindler gemeinsam adressiert. Er bedauert wieder, dass er zurzeit nicht mehr für Schindler tun kann:

Tel Aviv, den 23.11.1973, M. Bejski an Oskar Schindler

Liebe Frau Dr. Staehr, lieber Herr Schindler … Auch in den schwersten Tagen habe ich an Euch gedacht, ich war und bin immer bedrückt, dass gerade jetzt, wo Herr Schindler uns mehr als je benötigt, konnte ich nicht genug tun…

Da Schindler so krank ist, soll Ami Staehr die Verbindung zu seinen Freunden aufrechterhalten:

Bitte, Frau Dr. Staehr, lassen Sie uns nicht ohne Nachrichten über Sie und Herrn Schindler. Herzliche Grüße an Euch alle

Erika u. Moshe

Propst Dieter Trautwein gratuliert zu Schindlers Geburtstag – den letzten, den dieser noch zu feiern hatte.

Trautwein ist noch ganz erfüllt von seiner Israelreise, zu der Schindler ihn aufgefordert hatte. Offensichtlich ist es auch hier Schindler gelungen, seinen Freunden neue Kontakte zu schaffen und neue Sichtweisen zu ermöglichen.

Frankfurt a. M., den 21.4.1974, Dieter Trautwein an Oskar Schindler

Lieber Herr Schindler!
Ein herzlicher Geburtstagsgruß von uns allen! Mit vielen vielen guten Wünschen für das neue Lebensjahr. Mit dem Wunsch, dass die liebe Gesundheit trotz aller Beschwerden doch noch manche angenehme Überraschung erfährt und beschert. Mit dem Wunsch, dass Sie in der

Begegnung mit Freunden und Bekannten Freude erfahren und geben können. Mit dem besonderen Wunsch, dass Ihnen und uns dort im Land [*Israel*] ... mehr Signale und Schritte zum Frieden hin bekannt und sichtbar werden.

Trautwein wünscht Schindler, dass er nun hoffentlich dieses Jahr einen frohen Schabbat-Geburtstag im Kreis der lieben Freunde erlebe.

... Und den Eindruck hatte ich doch trotz der Kürze[87], dass Sie vollkommen recht hatten, als Sie Stadtdekan Adlhoch und mich aufforderten, nur ja mitzufahren. Mein Kommen hat auch eine kleine Kettenreaktion ausgelöst ... Mit Schalom Ben-Chorin und Pinchas Lapide habe ich neue Verbindung aufgenommen ... für die Zukunft ganz wichtig, für das ökumenische Miteinander hier ...

Es denken an Sie und alle Freunde im Land mit einem herzlichen Schalom ...

Die mittlerweile »alte« Freundin Charlotte Schiffler denkt weiterhin »besorgt und herzlich« *an Schindler. Sie sendet dem Schwerkranken Genesungswünsche und ist – wie wohl alle Freunde – dankbar, dass die Staehrs sich so gut um Schindler kümmern.*

Frankfurt a. M., den 24.8.1974, Dr. Schiffler an Oskar Schindler

Lieber Oskar!
Trautwein rief gestern an. Nun sind natürlich alle Umzugspläne[88] unmöglich, wenn es Dir wieder schlechter geht ... Aber wäre nicht ein Herzschrittmacher doch eine gute Hoffnung. Wie viele leben gut damit! Und Du hast ja Mut auch für diese Operation, so couragiert, wie Du immer warst.

... Beten hilft sicher. Darin bin ich mit Frau Staehr so einig. So denke ich ganz besorgt und herzlich an Dich und bin von Herzen froh,

[87] Trautwein bezieht sich auf eine erste gemeinsame Israelreise mit Schindler.
[88] Frau Dr. Schiffler hatte sich bemüht, einen passenden Wohnplatz zum Wohnen für den erkrankten Schindler zu finden.

dass Staehrs für Dich so ausschließlich da sind. Man kann es ihnen gar nicht genug danken.

Möchte es bald wieder besser gehen, von Herzen Schalom…

Am selben Tag schreibt Charlotte Schiffler herzliche Zeilen an Frau Staehr, der sie auch persönlich für ihr Bemühen um Schindler dankt.

Frankfurt a. M., den 24.8.1974, Schiffler an Ami Staehr

… Propst Trautwein rief mich gestern abend an und nun weiß ich erst, welche große Sorgen Sie um Herrn Schindler haben …

Alle meine guten Wünsche gehen jetzt besonders zu Ihnen. Ich fahre allerdings am Mittwoch nach Polen und werde vor allem in Krakau sein und in Tschenstochau, und ich werde aus dieser alten Umgebung, wo Oskar Schindler alles Gute bewirkt hat, sehr herzlich an Sie beide denken.

Mit allem Dank für das, was Sie immerzu an Herrn Schindler tun, unentwegt herzlich Ihre …

Zwei Tage vor Schindlers Tod berichtet Ami Staehr den Freunden aus Israel über Schindlers Befinden. Sie versucht so häufig wie möglich auf der Intensivstation anzurufen oder Schindler zu besuchen, aber seit seiner vor zwei Wochen erfolgten Operation liegt Schindler in tiefer Bewusstlosigkeit, aus der er nur selten auftaucht und dann »weiß [er] *weder wo er ist, noch was mit ihm vorgeht«. Man spürt die tiefe Erschütterung Ami Staehrs. Sie wünscht den Freunden, dass sie »Oskar« so in Erinnerung behalten, wie er einst gewesen ist.*

Hildesheim, den 7.10.1974, Ami Staehr an die Schindler-Freunde in Israel

… Durch Dr. Bejski …sind Sie … über den so schweren Zustand von unserem lieben Oskar unterrichtet …

…, weil Oskar nur noch Haut und Knochen … ist, *wurde er künstlich ernährt.* Es ist gut, dass Sie alle das nicht sehen müssen! Behalten Sie Ihren Oskar stark und vital, groß und mächtig in seinem Handeln, allen Situationen gewachsen in Wort und Tat und eben so, wie er war, um das zu vollbringen, was er vollbrachte …

Ich empfinde es als Gnade Gottes, dass Oskar darüber nichts weiß, die Bewusstlosigkeit ihn einhüllt, ihm auch die Schmerzen, Qualen erspart.

In diesem letzten Brief, in dem die Beziehung Oskar Schindlers zu seinen Freunden zu Wort kommen wird, offenbart sich Ami Staehr – vier Wochen nach Schindlers Tod – als enge Freundin Schindlers. Durch seinen Tod fühlt sich sich in ihrem Lebensnerv zutiefst verletzt.

Dieser Brief[89] *zeigt noch einmal, wie tief Oskar Schindler Menschen – seine Freunde – zu berühren vermochte*[90].

o.O., den 9.11.1974, Ami Staehr an M. Bejski

… Heut sind schon 4 Wochen vergangen, dass unser lieber Oskar für immer die Augen schloss…

Ich bin in der Trauer um meinen lb. Oskar erstarrt, ich warte noch immer auf ihn. Die Alltagspflichten erledige ich wie eine Maschine, die gut programmiert ist … Ich sitze stundenlang vor Oskars Bild, halte mit ihm Zwiesprache … ich höre ihn…

Ami Staehr ist von Charlotte Schiffler empört:

Fr. Dr. Schiffler hat sich gericht. Vollmacht erteilen lassen und hat Oskars Sachen verschleudert, an wildfremde Menschen … nicht ein Gedanke von ihr, dass doch so viele da sind, die gern ein Andenken an Oskar gehabt, es hoch in Ehren gehalten hätten …

Als ich noch in die Wohnung wollte, den Schlüssel hatte ich von Oskar, hieß es, sie wäre versiegelt. Nichts stimmte, Fr. Dr. Schiffler hatte aber ihre Leute, die sie beglücken wollte und auch beschenkte.

Als sie ihren … Sohn hingeschickt hätte, damit er evtl. einen Teil ihrer Geschenke an Oskar aus den letzten Jahren abholen sollte, wären diese Dinge bereits weg gewesen.

---

[89] Dieser in Handschrift vorliegende Brief ist an einigen Stellen unleserlich.
[90] Auch bei seiner Beisetzung kam es zu bewegenden Szenen.

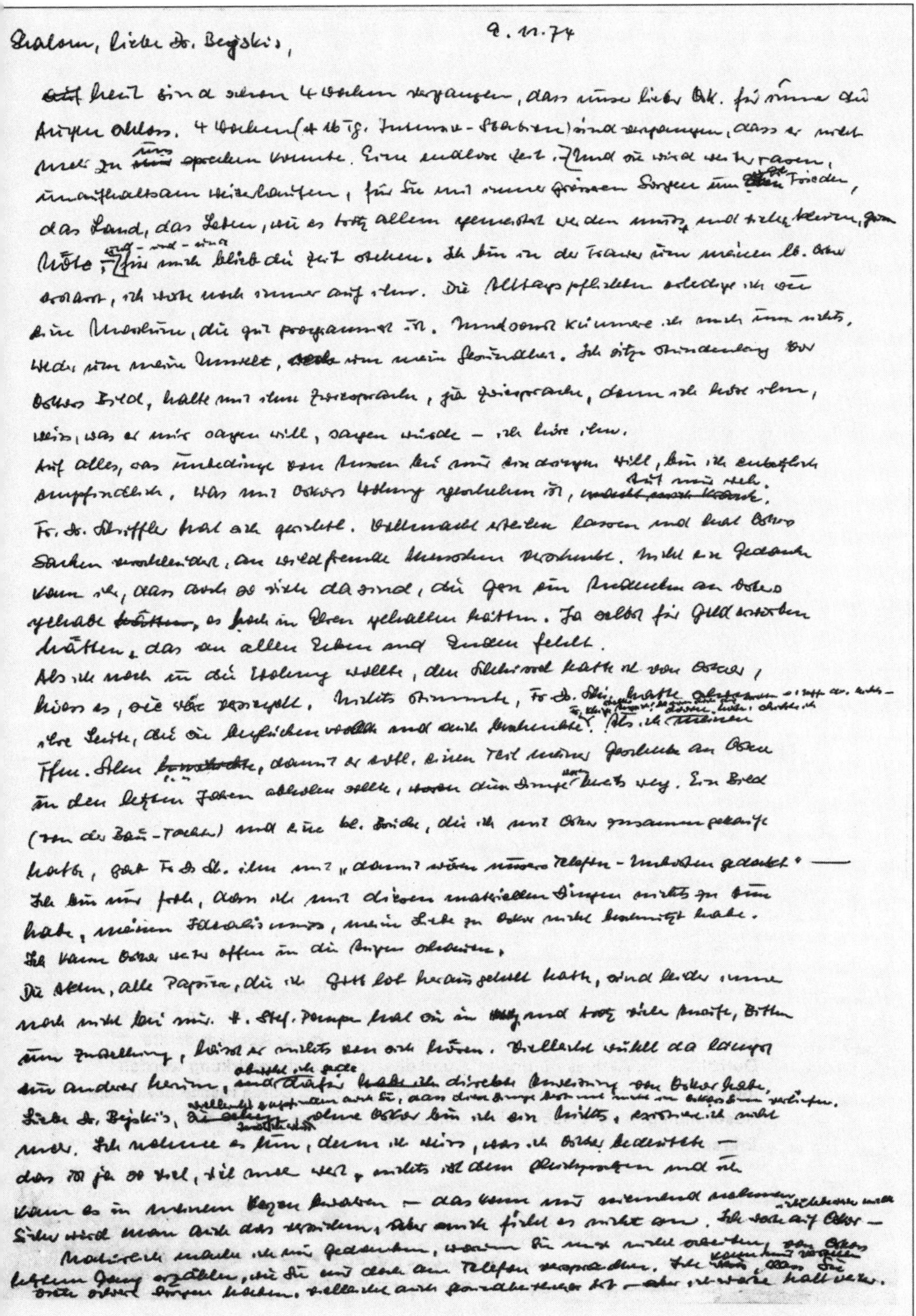

Shalom, lieber Dr. Bejski, 9.11.74

Heut sind schon 4 Wochen vergangen, dass unser lieber Osk. für immer die Augen schloss. 4 Wochen (+ 16 tg. Intensiv-Station) sind vergangen, dass er nicht mehr zu uns sprechen konnte. Eine endlose Zeit. Und sie wird weiter rasen, unaufhaltsam weiterlaufen, für Sie mit Ihren grossen Sorgen um den Frieden, das Land, das Leben, wie es trotz allem gemeistert werden muss, und trotz schweren, grossen Nöte; – für mich blieb die Zeit stehen. Ich bin in der Trauer um meinen lb. Oskar erstarrt, ich stehe noch immer auf ihr. Die Alltagspflichten erledige ich wie eine Maschine, die gut programmiert ist. Insofern kümmere ich mich um nichts, weder um meine Umwelt, noch um mein Befinden. Ich sitze stundenlang vor Oskars Bild, halte mit ihm Zwiesprache, ja Zwiesprache, denn ich höre ihn, weiss, was er mir sagen will, sagen würde – ich höre ihn.

Auf alles, was unbedingt von Aussen bei mir eindringen will, bin ich entsetzlich empfindlich. Was mit Oskars Wohnung geschehen ist, trifft mich sehr.

Fr. Dr. Schiffler hat sich [illegible]. Vollmacht erteilen lassen und hat Oskars Sachen verschleudert, an wildfremde Menschen verschenkt. Nicht den Gedanken kann ich, dass auch so viele da sind, die gern ein Andenken an Oskar gehabt hätten, es sich in Ehren gehalten hätten. Ja selbst für Geld erworben hätten, das an allen Ecken und Enden fehlt.

Als ich noch in die Wohnung wollte, den Schlüssel hatte ich von Oskar, hiess es, sie sei versiegelt. Nichts stimmte, Fr. Dr. Schi. hatte [illegible] ihre Leute, die sie beglücken wollte und auch bedachte. Als ich [illegible] Ihnen. Alles [illegible], damit er soll, einen Teil meiner Geschenke an Oskar in den letzten Jahren abholen sollte, waren diese Dinge schon weg. Ein Bild (von der Bar-Tochter) und eine kl. Brücke, die ich mit Oskar zusammen gekauft hatte, gab Fr. Dr. Sch. ihm mit „damit wären unsere Telefon-Unkosten gedeckt" —

Ich bin nur froh, dass ich mit diesen materiellen Dingen nichts zu tun habe, meinen Idealismus, meine Liebe zu Oskar nicht beschmutzt habe. Ich kann Oskar weiter offen in die Augen schauen.

Die Akten, alle Papiere, die ich Gott lob herausgeholt hatte, sind leider immer noch nicht bei mir. H. Staf. Pompe hat sie im Haus und trotz vieler Anrufe, Bitten um Zustellung, lässt er nichts von sich hören. Vielleicht wühlt da längst ein anderer herum, obwohl ich sagte, dass ich dieselbe Anweisung von Oskar habe. [illegible]

Lieber Dr. Bejski, [illegible] ohne Oskar bin ich ein Nichts, erreiche ich nichts mehr. Ich nehme es hin, denn ich weiss, was ich Oskar bedeutete — das ist ja so viel, viel mehr wert, als alles mit dem Gesprochenen und ich kann es in meinem Herzen bewahren — das kann mir niemand nehmen. [illegible] Ich sehe auf Oskar — Sicher wird man auch das verwischen, aber [illegible] es nicht an.

Natürlich mache ich mir Gedanken, warum Sie mir nicht schreiben, von Oskars letztem Gang erzählen, wie Sie mir doch am Telefon versprachen. Ich [illegible], dass Sie große schwere Sorgen haben, vielleicht auch gesundheitlicher Art — oder ich warte halt weiter.

Ami Staehr an M. Bejski, 9.11.1974, 1. Seite

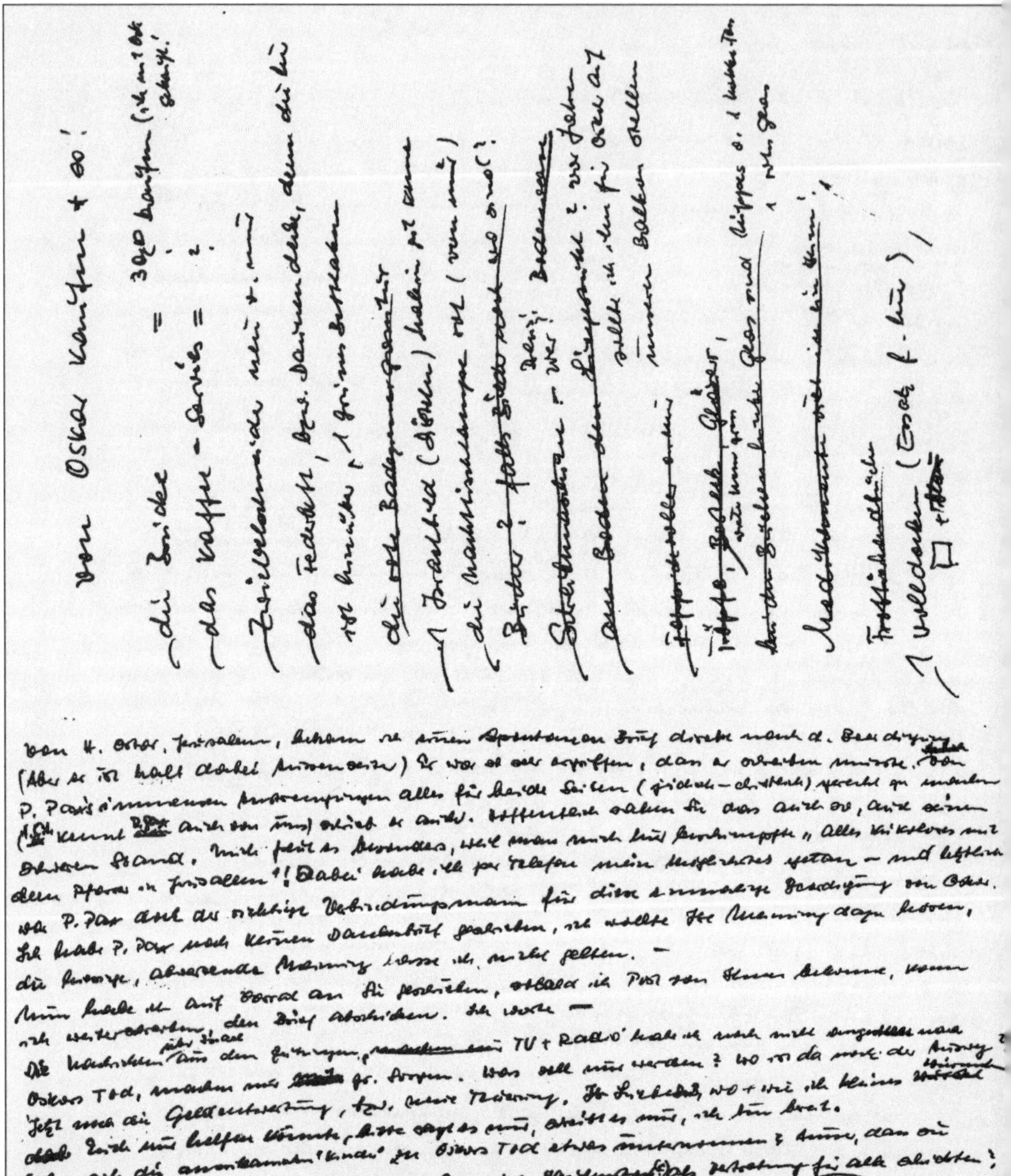

Ami Staehr an M. Bejski, 9.11.1974, 2. Seite

Ein Bild (von der Bau-Tochter) und eine kl. Brücke, die sie mit Oskar zusammen gekauft hätte, habe Fr. Dr. Schiffler ihm mitgegeben, »damit wären unsere Telefonunkosten gedeckt«.

Ich bin nur froh, dass ich mit diesen materiellen Dingen nichts zu tun habe, meinen …, meine Liebe zu Oskar nicht beschmutzt habe. Ich kann Oskar weiter offen in die Augen schauen.

Die Akten, alle Papiere, die sie gottlob herausgeholt hätte, seien leider immer noch nicht bei ihr. H. Stef. Pemper[91] hat sie in … und trotz vieler Anrufe, Bitten um Zustellung lässt er nichts von sich hören …

… ohne Oskar bin ich ein Nichts, existiere ich nicht mehr. Ich nehme es hin, denn ich weiß, was ich Oskar bedeutete – das ist ja so viel, viel mehr wert, nichts ist dem gleichzusetzen und ich kann es in meinem Herzen bewahren – das kann mir niemand nehmen … Ich warte auf Oskar …

---

[91] auch ein *Schindler-Jude*, der in Deutschland lebt(e)

5.
Schindler und seine Frau Emilie

Die Beziehung zwischen Oskar Schindler und seiner Frau – die Ehe wurde allgemein als schlecht bezeichnet – gibt nach wie vor viele Rätsel auf. Was verband die beiden – welche Gefühle hatten sie füreinander?

Von Emilie Schindler sind wenigstens einige – oft widersprüchliche – Äußerungen[1] *über Schindler und ihre Beziehung zu ihm bekannt*[2]*, die sie in Talkshows, Interviews und Dokumentarfilmen gemacht hat. In den hier vorliegenden Dokumenten gibt es jedoch keinen einzigen Brief von Emilie Schindler an ihren Mann, wahrscheinlich auch, weil sie ihm schon wenige Jahre nach seiner Rückkehr nach Deutschland*[3] *nicht mehr schreiben wollte – zu groß waren die Enttäuschungen, die er ihr bereitet hatte und die sie an irgendeinem Punkt nicht mehr hinnehmen wollte. Trotzdem hielt sie sich über die Ereignisse im Leben ihres Mannes bis zu seinem Tod auf dem Laufenden.*[4]

---

[1] So scheint sie manchmal recht verständnisvoll von Schindlers Schwäche für andere Frauen zu sprechen, die ihm auch ohne sein Zutun nachgelaufen seien, dann wiederum gibt sie den zahlreichen Enttäuschungen über Schindler die Schuld an ihren mehrfachen Fehlgeburten. Manchmal spricht sie anerkennend über Schindlers Aktionen zur Judenrettung, dann wieder fühlt sie sich zu wenig gewürdigt und spricht sich den Hauptverdienst zu, ohne sie wären die Juden »alle verreckt«.

[2] So z. B. auch in der Biografie der Herausgeberin Erika Rosenberg, die auf zahlreichen Interviews mit Emilie Schindler beruht. Sie ist unter dem Titel »In Schindlers Schatten« erschienen.

[3] ab etwa 1960

[4] z. B. über Walter Pollack, der im Briefkontakt mit Oskar Schindler stand. Emilie Schindler sagte einmal: »Ich wusste und hörte alles, obwohl ich hier [*in Argentinien*] war.«

Briefe von Oskar Schindler an Emilie direkt sind in dieser Korrespondenz auch nicht erhalten[5]*, wohl aber verschiedene Briefe an Freunde, ganz besonders an Walter Pollack*[6]*, in denen er sich nach Emilie erkundigt, sich um ihr (finanzielles) Wohlergehen besorgt zeigt und über seine Beziehung zu seiner Frau spricht.*

Um die Vorgeschichte besser zu verstehen, die in den Briefen so gut wie gar nicht zur Sprache kommt, soll hier kurz von Emilie Schindler und ihrer Beziehung zu Oskar Schindler aus ihrer Sicht berichtet werden.[7]

Emilie Schindler, geb. Pelzl wurde am 22.10.1907 in Alt Moletein in Böhmen[8] *als Tochter wohlhabender Bauern*[9] *geboren. Emilie erinnert sich, eine glückliche Kindheit gehabt zu haben*[10]*, sie liebte es auf dem Land zu leben. Mit 14 verbrachte sie ein – unglückliches – Jahr in einer Klosterschule, darauf mehrere Jahre in einer Landwirtschaftsschule, die ihr gut gefiel. Oskar Schindler lernte sie im Oktober 1927 kennen, als er mit seinem Vater auf ihren Hof kam, um für Maschinen zu werben, die das Haus mit Elektrizität versorgen sollten. Emilie fand Oskar Schindler auf Anhieb sympathisch*[11]*, bei weiteren Besuchen merkte sie, dass er ihr den Hof machte. Zunächst wies sie ihn ab, erlag aber dann doch sei-*

---

[5] Schindler hatte Emilie nach seiner Rückkehr nach Deutschland anscheinend mehrere Briefe geschrieben und wahrscheinlich aufgehört, weil Emilie ihm nicht geantwortet hat. Im Zusammenhang mit der finanziellen Regelung der Filmgelder hat Schindler, einem Brief an Glovin vom 31.3.65 zufolge, nach langer Zeit wieder an Emilie geschrieben.

[6] Schindler hatte ihn vor seiner Abreise nach Deutschland gebeten, sich um seine Frau zu kümmern.

[7] Die Informationen beruhen vor allem auf den Interviews Erika Rosenbergs mit Emilie Schindler.

[8] das bis 1918 ein Teil der österreichischen Monarchie war – und dann der nach dem 1. Weltkrieg entstandenen Tschechoslowakei zugeschlagen wurde

[9] Manchmal ist auch von Gutsbesitzern die Rede. Emilie spricht vom »Gut«, ihre Eltern arbeiteten aber richtig in der Landwirtschaft mit, was nicht unbedingt dem Bild von Gutsbesitzern entspricht.

[10] obwohl die Verletzungen ihres Vaters im 1. Weltkrieg und seine depressiven Verstimmungen nach 1918 das gesamte Familienleben belasten

[11] auch wenn sie »keine Ahnung hatte, dass jener sympathische und unbeschwerte Bursche kurze Zeit später mein Ehemann werden würde«, wie sie in dem Buch »In Schindlers Schatten« schreibt

Hochzeitsfoto von Emilie und Oskar Schindler, 6.3.1928 (Foto: Emilie Schindler)

nem Charme – außerdem wollte sie angesichts des kränkelnden und missmutigen Vaters gern ihr Zuhause verlassen. Sie heiratete Oskar[12] *am 6. März 1928, wohnte zuerst bei den Schwiegereltern, dann in einer luxuriösen Wohnung in Zwittau. Die Zerwürfnisse der Eheleute begannen schon wenige Monate nach der Heirat – Emilie stellte fest, dass Oskar ihre (beträchtliche) Mitgift*[13] *verschleuderte und sie »ständig belog und betrog«. Gleichzeitig fand sie ihn aber »gutmütig, großzügig und barmherzig«.*

1935 begann Schindler für die deutsche Abwehr zu arbeiten, Emilie zog mit ihm nach Mährisch-Ostrau und unterstützte ihn in seiner Arbeit mit Botengängen, Schreibarbeiten und Ähnlichem.

Im Oktober 1939 siedelte Schindler[14] *nach Krakau um. Emilie besuchte ihn dort häufig, ab 1941 zog sie zu ihm.*[15] *Wegen starker Rückenschmerzen musste sie dann monatelang in einem Berliner Krankenhaus, später in einem Sanatorium in Österreich behandelt werden – sie erin-*

[12] Wie sie später der Herausgeberin erzählte, hat ihre Mutter sie vor dieser Ehe gewarnt.

[13] Nach Emilies Erinnerungen kaufte Oskar Schindler sich von ihrer Mitgift u.a. einen teuren Sportwagen. In Keneallys Buch »Schindlers Liste« wird dagegen behauptet, dass Emilies Vater nie die Mitgift auszahlte, weil er seinem Schwiegersohn misstraute.

[14] nach Emilies Erinnerungen zunächst im Auftrag der Abwehr

[15] So erinnert es Emilie Schindler; aus anderen Quellen gewinnt man den Eindruck, dass sie erst in Brünnlitz wieder richtig mit ihrem Mann zusammenlebte.

Kirche in Zwittau, in der die Schindlers getraut wurden (Foto: Erika Rosenberg, 1999)

Emilie Schindler mit ihrer Nichte Traude (später Traude Ferrari), Regensburg 1947 (Foto: Emilie Schindler)

nert sich noch als alte Frau an die Enttäuschung, dass Schindler sie dort nie besucht hatte und sich auch nach ihrer Rückkehr nicht nach ihrem Gesundheitszustand erkundigte. Zum ersten Mal hatte sie den Eindruck, dass er sie nicht mehr so liebe wie zuvor.

Emilie Schindler auf ihrer Farm in San Vicente, 1954 (Foto: Emilie Schindler)

Emilie erinnert sich daran, schon in Krakau die prekäre Lage der Juden erkannt und kleine Hilfsdienste für sie geleistet zu haben.[16]

In Brünnlitz dann war Emilie in »ununterbrochenem Einsatz« – sie musste vor allem die Versorgung der hungernden Belegschaft sicherstellen, eine äußerst schwierige Aufgabe. Am Tag des Waffenstillstands, am 8. Mai, hielt ihr Mann eine ergreifende Rede vor der gesamten Belegschaft – Emilie ist jedenfalls »stolz, dort bei ihm zu sein«.

Nach einer abenteuerlichen Flucht landeten die Schindlers in Regensburg, wo sie nicht recht Fuß fassen konnten. Emilie erlitt dort eine Fehlgeburt[17] *und erinnert noch immer ihre tiefe Enttäuschung, dass ihr Mann sie kurz nach der Operation mit einer Geliebten im Krankenhaus besuchte. 1949 emigrierten die Schindlers nach Argentinien, wieder ist eine Geliebte Schindlers – Gisa – dabei. In San Vicente*[18] *erwarben die Schindlers eine Farm*[19] *und bauten eine Hühner- und Legehennenzucht auf, nach Emilies Erinnerungen allerdings machte sie*

---

[16] So hat sie z. B. einer schwangeren jüdischen jungen Frau zur Abtreibung verholfen, obwohl sie grundsätzlich gegen Abtreibung war. Diese Hilfe hätte sie bereits das Leben kosten können.

[17] Sie weiß, dass sie jetzt keine Kinder mehr wird bekommen können.

[18] 60 km von Buenos Aires entfernt

[19] Plan der Farm s. Faksimile S. 359

Die Nutria-Zucht in San Vicente, 1955 (Foto: Emilie Schindler)

allein die Arbeit, während Schindler in Buenos Aires Zerstreuung suchte. Nach einigen Jahren setzte Oskar Schindler, sehr gegen Emilies Willen, durch, dass sie mit einer Nutria-Zucht begannen[20]*, die sich als wenig erfolgreich erwies. 1956 erfuhren dann die Schindlers, dass man in Deutschland eine Entschädigung für Vermögensverluste im Krieg beantragen könne. Nach Emilies Erinnerungen wollte Schindler zunächst nicht allein fahren, versprach dann aber, sofort nach Erledigung aller Formalitäten zurückzukehren. Der Abschied, der ein Abschied für immer sein sollte, verlief stumm. Im Nachhinein betrachtet Emilie ihre lange Ehe als ein »Wunder«, für Oskar war es, so vermutet sie, eine »schöne Gewohnheit« – ihrer Meinung nach hat er von ihrer Ehe nur profitiert.*

Über Oskars aus Deutschland selten eintreffende Briefe ärgerte sie sich: sie schienen ihr »voneinander abgeschrieben« und nahmen auf ihre eigenen Probleme – sie arbeitete hart, hatte zu wenig zum Leben und

[20] Laut Emilie hatte Schindler sich übrigens statt Nutrias Biberratten aufschwatzen lassen. Ob es tatsächlich ein Fehler Schindlers war – Nutrias sind schließlich »Sumpfbiberratten« – bleibt dahingestellt.

Hier eine Postkarte Oskar Schindlers, die er seiner Frau am 31.7.57 aus München schickte (Postkarte: Emilie Schindler)

einen Berg Schulden, für den sie Oskar verantwortlich machte – keinen Bezug. Sie beschloss ihm nicht mehr zu schreiben und warf seine Briefe ungeöffnet ins Feuer. Den letzten Brief, den sie von ihm erhielt, öffnete sie dann doch wieder – und war empört über das, was er ihr schrieb: »Liebe Emilie, ich werde immer dicker, so oft wie ich hier Hummer esse und den guten Wein trinke.«

Damit ist der direkte Kontakt zwischen dem Ehepaar Schindler endgültig beendet.

Für Schindler ist es anscheinend nicht ganz einfach, von Argentinien aus die Wiedereinreise nach Deutschland zu organisieren und sämtliche Unterlagen für den Lastenausgleich[21] *zusammenzubekommen, den er*

---

[21] So nannte man den Vermögensausgleich nach dem 2. Weltkrieg in der BRD zugunsten der durch die Kriegs- und Nachkriegsereignisse Geschädigten (Gesetz vom 14.8.1952, mehrere Änderungen). Zur Durchführung werden Ausgleichsabgaben erhoben, die dem Ausgleichsfonds zufließen. Die Gelder

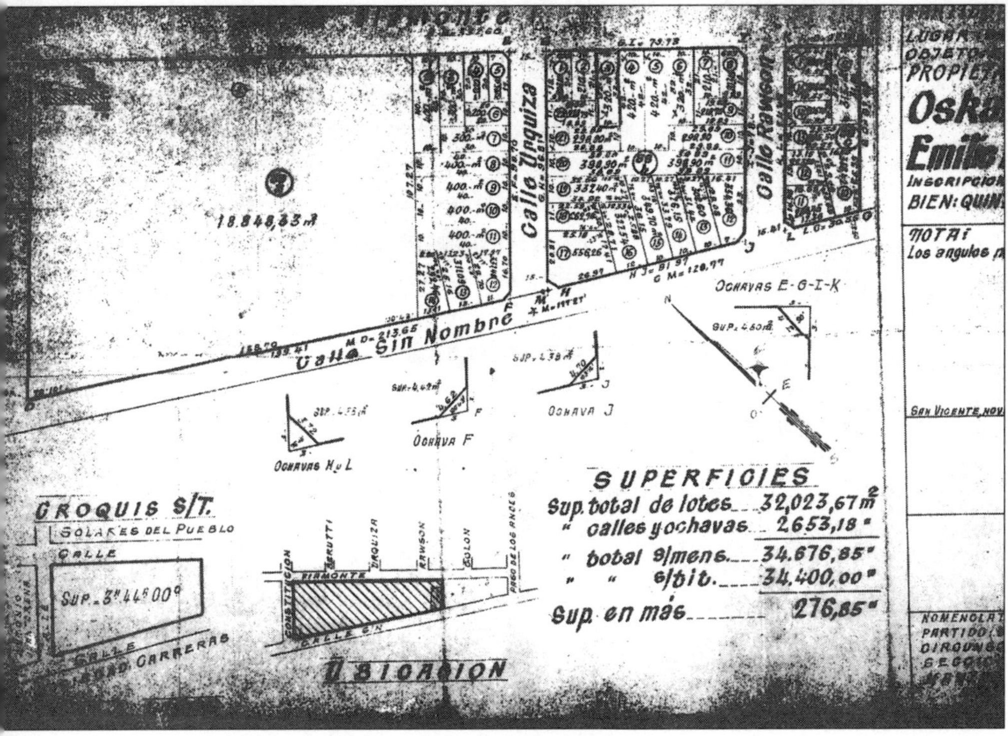

Plan der Schindler-Farm in San Vicente, Argentinien

in Deutschland beantragen will … Seine Frau Emilie, die in Argentinien bleiben will[22]*, scheint diese Schwierigkeiten nicht ganz nachvollziehen zu können, oft »schämt« Schindler sich vor seiner Frau.*

Es ist gut möglich, dass Schindler sich auch seiner Frau gegenüber als Gescheiterter ansah und sie ihn auch als solchen betrachtete. In einem

dürfen nur zur Finanzierung der Ausgleichsleistungen (z. B. Kriegsschadenrente, Eingliederungsdarlehen, Härtefonds) verwendet werden. Die Hauptentschädigung dient der Abgeltung für Vertreibungs-, Kriegssach- und Ostschäden an Vermögen, die nach dem Feststellungs-Gesetz (vom 14.8.52) festzustellen waren. Zur Durchführung des *Lastenausgleichs* wurde das Bundesausgleichsamt errichtet, die Verwaltung in den Ländern liegt bei den Landesausgleichsämtern, in den Stadt- und Landkreisen bei den örtlichen Ausgleichsämtern. Der *Lastenausgleich* wird in den Dokumenten immer wieder zur Sprache kommen.

[22] Allerdings war nicht vorhersehbar gewesen, dass Schindler längere Zeit in Deutschland verbringen würde.

späteren Interview äußert sich Emilie Schindler dahingehend, dass sie für ihn als jemanden, der unfähig zum Arbeiten gewesen sei[23]*, Verachtung empfunden habe.*

Schindlers Charakterstruktur ist der seiner Frau diametral entgegengesetzt[24]*: mit »Gradheit«, die er ihr hier bescheinigt, hätte er z. B. auch die Rettung »seiner« Juden nie bewerkstelligen können.*

o. O., den 6.8.1956, Oskar Schindler an Izak Stern

... Ein Herr Yachil vom Israelischen Außenministerium hat in meiner Sache[25] an die *URO*[26] München geschrieben und um Beschleunigung gebeten, es ist mir eine besondere Freude, daß gerade von dieser souveränen Stelle für mich Fürsprache vorgebracht wird. Ich weiß, daß es allein Dein Verdienst ist, aber Du kannst mir glauben, daß nach all diesen Rückschlägen der letzten Monate diese Nachricht mir wieder etwas Auftrieb gab. Es ist ein Beweis, daß doch nicht alle Menschen nach der so bequemen, orthodoxen Formel handeln, »war er ein guter Deutsch, hab ich ihn gut in der Erd«. Fast drohte ich einem Komplex zu erliegen, als Mensch keine Wege und Freunde zu finden, meine Dinge vorwärtszubringen. Oft schäme ich mich vor meiner Frau, die in ihrer Gradheit einfach keinen Sinn für Komplikationen hat und unsichtbare Hindernisse nicht gelten läßt.

Mein Glück für meine Belange ist Deine Freundschaft ...

---

[23] Der Herausgeberin gegenüber drückte sie es noch drastischer aus: Er sei ein »fauler Hund, ein Unnützer ...« gewesen. Trotzdem hat sie nie seinen Charme und seine männliche Ausstrahlung vergessen.

[24] Zu Emilie soll Schindler schon in ihren frühen Ehejahren einmal gesagt haben, dass sie zu enthaltsam sei, eine richtige Asketin. Er dagegen sei schon als Epikureer auf die Welt gekommen.

[25] Es geht um Empfehlungen für die Beantragung von *Lastenausgleich*zahlungen.

[26] *URO = United Restitution Organization.* Die *URO* ist eine führende jüdische Organisation, die zu dem Zweck gegründet wurde, alle jüdischen Opfer des Nationalsozialismus bei der Geltendmachung ihrer Wiedergutmachungsansprüche gegenüber den Deutschen zu unterstützen.

Schindler (Mitte unten) auf einer Feier in Buenos Aires. Die Schwester von Beate Pollack – sie und ihr Mann waren gute Freunde der Schindlers – feiert Geburtstag.

Als Schindler Argentinien verlässt, gibt er seiner Frau die Vollmacht, ihn in sämtlichen wirtschaftlichen Angelegenheiten zu vertreten – faktisch war es eine Vollmacht zur Verwaltung der Schulden, in der beträchtlichen Höhe von etwa DM 360 000, die aus dem Bankrott der Nutria-Farm und einer Gesellschaft zum An- und Verkauf von Bauteilen für Fertighäuser erwachsen waren, die Schindler zusammen mit einem Partner namens Lopez ein Jahr vor seiner Reise nach Deutschland gegründet hatte.

Auch wenn man nicht weiß, inwieweit Emilie Schindler an dem Bankrott beteiligt war und ob sie ihren Mann nicht auch in wirtschaftlichen Dingen besser hätte beraten können[27]*, so ist es doch nachvollziehbar, dass*

[27] In Emilie Schindlers Erinnerungen heißt es, dass sie keine Nutria-Zucht betreiben wollte, Oskar Schindler aber, von dem die Idee stammte, ihre Einwände in den Wind geschlagen habe.

N.T R° 227
F° 481
N° 165

PRIMER TESTIMONIO: NUMERO CIENTO SESENTA Y CINCO.-En la ciu
dad de La Plata, Capital de la Provincia de Buenos Aires,-
República Argentina, a siete de junio de mil novecientos -
cincuenta y siete.-Ante mí, Escribano autorizante y los tes
tigos que al final se expresan y firman, comparecen el se-
ñor Oskar SCHINDLER ó Oscar SCHINDLER, casado en primeras-
nupcias con la señora Emilie Pelzl de Schindler, checoeslo
vaco, vecino del Partido de San Vicente, mayor de edad, hábil,
persona de mi conocimiento, doy fe, y DICE: Que confiere PO-
DER GENERAL AMPLIO, a favor de su señora esposa doña Emilie
Pelzl de Schindler, para que en su nombre y representación
y con jurisdicción en todo el territorio de esta República,
pueda ejecutar los siguientes actos: PRIMERO: Intervenga en
todos los asuntos judiciales y administrativos que actual
mente tenga en curso, se le inicien o tenga que iniciar como
actor o demandado, de jurisdicción voluntaria o contenciosa,
que versen sobre su persona, bienes, acciones y derechos de
carácter civil, comercial, criminal o correccional, como tam
bién en los arreglos sobre cuestiones de daños y perjuicios,
SEGUNDO: Pida y tome cuentas a quienes puedan y deban dar-
las rinda las del otorgante y pague sus deudas, recogiendo
y dando los recibos correspondientes y cartas de pago y -
cancelaciones.-TERCERO: Demande, cobre y perciba judicial -

Vollmacht für Schindlers Frau, 7.6.1957, 1. Seite

Emilie Schindler angesichts dieses Schuldenberges ihrem Mann gegenüber mit bitteren Gefühlen erfüllt war[28].

Bei der Vollmacht für Schindlers Frau (s. Faksimile gegenüberliegende Seite) handelt es sich um ein in spanischer Sprache abgefasstes Schreiben aus La Plata, Argentinien, vom 7.6.1957.

Schindler hat Argentinien erst vor kurzem verlassen. Hier bittet er seinen Freund Walter Pollack sich um gesundheitliche Probleme seiner Frau zu kümmern[29]*. Pollack wird sich auch in den nächsten Jahren viel um Emilie Schindler bemühen – er ist praktisch das Bindeglied zwischen Oskar und Emilie Schindler.*

Pollack war auch Mitglied des jüdischen Ordens B'nai B'rith[30], *der in mehrere Sektionen unterteilt ist. Die deutsche Sektion* Tradición *ernannte immer eine so genannte Betreuungsperson für Frau Schindler, und Pollack übte auch diese Funktion für einige Zeit*[31] *aus – kümmerte sich also nicht nur als Freund Schindlers um Emilie, sondern auch als offizieller Beauftragter der Loge.*

o. O., den 24.8.1957, Oskar Schindler an Walter Pollack

… Sollten in den folgenden Wochen zufällig alle Katzen und Hunde meiner lieben Gattin sich einer so guten Gesundheit erfreuen, daß sie es verantworten kann, auf einen Tag nach Buenos Aires zu kommen, (ev. nach vorheriger Rücksprache mit unserem Haustierarzt), würde ich es für sehr gut finden, mit ihr bei meinem Freund Miguel, wegen

---

[28] was u.a. auch in ihren zusammen mit der Herausgeberin Erika Rosenberg geschriebenen Memoiren »In Schindlers Schatten« zur Sprache kommt

[29] Schindler hatte Pollack vor seiner Abreise generell darum gebeten, sich um seine Frau zu kümmern.

[30] bedeutet auf hebräisch »Söhne des Bundes«. Die *B'nai B'rith* ist ein unabhängiger jüdischer Orden mit ethisch-karitativen Zielen. 1843 in New York gegründet, ist sie die älteste und größte jüdische Organisation der Welt. In Argentinien hatte sich die deutsch-jüdische Sektion *Tradición* um die Schindlers gekümmert.

[31] zwischen 1957 und 1965, dann wurde diese Aufgabe von einem Herrn Karo übernommen

ihres seinerzeitigen Unfalls, einen kleinen Besuch zu machen, ihm mit aller Offenheit ihre ernste Lage erklären und bitten, ob noch der seinerzeitig behandelnde Arzt Aufzeichnungen hat. Prüfen Sie mit ihm, ob Zeugen der damaligen Zeit erreichbar sind. (Vielleicht hat er Sie auch als Aushilfe in der Krankenkasse oder Gewerkschaft geführt, ich kenne nicht die Bestimmungen, die damals für Tagelöhner galten. Ich kann mich nicht erinnern, wann Ihre liebe Gattin Ihren arbeitsfreien Nachmittag hat, aber es wäre von Wert, wenn sie mitgehen könnte …

Der Schriftsteller Kurt Großmann[32] *hatte Schindler für sein Buch »Die unbesungenen Helden« interviewt, in dem Schindler ein ehrendes Kapitel gewidmet wird. Schindlers Frau Emilie ist es über einen gemeinsamen Freund zu Ohren gekommen, dass Großmann erzählt haben soll, dass Schindler sein Geld mit jungen Mädchen verprasse.*[33]

Die ganze Geschichte ist jedoch äußerst sonderbar, denn Großmann leugnet, je so etwas behauptet zu haben. Dies Ereignis ist jedenfalls der Anlass, dass Schindler etwas über seine Gefühle für Emilie äußert.

Frankfurt a. M., den 13.1.1959, Oskar Schindler an Kurt Großmann

… Der Zweck meiner Zeilen ist, nachfolgendes zu klären:

Ich erhalte aus Buenos Aires von meiner Frau die Mitteilung, dass Sie Herrn Henry Rosner, meinen guten Freund in New York, anlässlich eines Gespräches dahin unterrichtet hätten, dass Sie mir ein namhaftes Honorar für Ihr Buch »Die unbesungenen Helden« ausbezahlt hätten und ich diese Summe sowie einen weiteren Dollar-Zuschuss vom *Joint*, New York, mit jungen Mädchen in Luxus-Hotels hier verprasse.

Ich empfinde für meine Frau ein großes Maß Kameradschaft und ich hätte gerade dieser Frau, die jede Stunde gewärtig sein muss, dass

[32] von der *Jüdischen Agentur für Palästina*

[33] Emilie Schindler hat ja erfahren müssen, dass Schindler auch während ihres Zusammenlebens ständig Geliebte hatte – dass Schindler weit entfernt in Deutschland in dieser Hinsicht kaum Rücksicht auf sie nehmen würde, war ihr sicher bewusst – es muss sie angesichts ihres wirtschaftlichen Überlebenskampfes aber sehr verärgert haben, dass Schindler hier offensichtlich das Geld mit vollen Händen ausgegeben haben soll.

man ihr [*ihr*] Rancho durch Versteigerung über den Kopf weg verkauft, eine bessere Weihnachtsbotschaft gegönnt.

Sie wissen, sehr geehrter Herr Großmann, in erster Linie, dass ich von Ihnen weder einen Cent Honorar erhalten oder erbeten habe. Auch wissen Sie sehr gut aus dem Schriftwechsel mit Herrn Dr. Besser, dass ich seit fast einem Jahr keinerlei materielle Unterstützung vom *Joint* Frankfurt (via New York) erhalten habe. Ich bitte Sie daher sehr, die Gelegenheit wahrzunehmen, Herrn Rosner telefonisch oder persönlich das Missverständnis aufzuklären, denn ich will nicht annehmen, dass Sie irgendeinen Grund hätten, derartige Unwahrheiten kursieren zu lassen ...

Schindler hatte Emilie ja mit einem Berg von Schulden in Argentinien zurückgelassen. Aber er scheint Schuldgefühle zu haben, denn offensichtlich sorgt er sich auch noch sieben Jahre später um ihr (finanzielles) Wohlergehen. Er will unbedingt eine Arbeit finden, um auch Emilie »Erleichterungen zu schaffen«.

Frankfurt a. M., den 20.1.1964, Oskar Schindler an Sternberg u. a.

... Es wäre die glücklichste Stunde meines Lebens, Euch, meinen Freunden, mitteilen zu können, dass eine produktive Tätigkeit mich frei macht von jeder Unterstützung seitens meiner Freunde ...

Ich bin sicher, dass Ihr mit Euren Beziehungen in den USA etwas Konstruktives unternehmen könnt, wenn Ihr die richtigen Leute im richtigen Moment ansprecht ...

Ich will aus den eventuellen Erfolgen für meine Frau in Argentinien natürlich auch Erleichterungen schaffen und ich bin glücklich, von meinem Freund Walter Pollack gehört zu haben, dass sich nach Einschaltung des *Weltkongresses*[34] auf Eure Initiative hin sich durch Ein-

---

[34] *Jewish World Congress* – diese Organisation wurde von den Zionisten im Jahre 1917 in New York gegründet mit dem Ziel, die zivilrechtliche, religiöse und politische Gleichberechtigung der Juden in Osteuropa sowie Palästina zu sichern. Diese führende jüdische Dachorganisation von Vereinigungen jüdischer Gemeinden aus über 80 Staaten sowie internationaler Organisationen spielte später eine bedeutende Rolle im Kampf gegen den Nationalsozialismus und setzt sich für die Bürgerrechte in den USA ein.

schaltung einer jüdischen Loge[35] die Situation meiner Frau erträglicher gestaltet hat …

Schindler fordert immer wieder Berichte über das Wohlergehen seiner Frau an. Hier kann Pollack ihm überwiegend Positives berichten. Allerdings scheint Emilie Schindler manchmal »launisch« zu sein und ihr Geld nicht immer vernünftig auszugeben – auf andere Weise unvernünftig als ihr Mann, ihm aber hierin trotzdem ähnlich.

An ihren Mann will sie nicht mehr schreiben …[36]

Buenos Aires, den 7.7.1964, Walter Pollack an Oskar Schindler

… Nun zu Ihrer Frau. Sie erhält seit März 63 hier von der *B'nai B'rith*-Loge eine monatliche Unterstützung von Pesos 5000,–.[37] Dann kam im Sept. 63 über den *Joint* die monatl. Unterstützung von Pesos 5000,–, die jetzt im Sept. abläuft. Wir haben, d. h. Ihre Frau, das Geld der Loge zur Verfügung gestellt, da die Loge bis ans Lebensende sich verpflichtet hat, für Ihre Frau zu sorgen. *Es werde im Moment der Grundstein für ein Haus … gelegt.* Das hat so lange gedauert, da Ihre Frau immer auf den Exedentes[38] das Haus haben wollte, und dieTitel[39] nicht in Ordnung kamen. Die Loge kaufte an der beschriebenen Stelle 1000 m² für Pes. 80 000,–. Die Baupläne, alles ist endlich fertig. Wir hoffen, bis Ende dieses Jahres das Haus fertig zu haben.

---

[35] Er meint den jüdischen Orden *B'nai B'rith.*

[36] Etwa seit 1960. Das bestätigt auch ein Brief Oskar Schindlers an Pfefferberg vom 24.2.68: »Mit Mily direkt habe ich schon seit 7–8 Jahren keinen Schriftverkehr und werde über alle Ereignisse von der Familie Pollack … unterrichtet.«

[37] Heute erhält sie von der Loge 300 Dollar, eine Rente vom argentinischen Staat, außerdem eine vom damaligen deutschen Bundespräsidenten Roman Herzog in die Wege geleitete Rente vom deutschen Staat und eine Rente von der Stadt Frankfurt.

[38] d.h. auf dem Gebiet ihrer alten Farm, ein Teil des Grundstückes war Emilie Schindler geblieben. Mit dem Verkauf von etwa drei Vierteln der Farm waren die Schulden gedeckt.

[39] das Grundbuch

Frau Schindler wohne im Moment seit Anfang d. J. … hinter Ihrer Quinta[40]*, nur eine Wasserhandpumpe sei ihr einziger Komfort. Sie hätten alles versucht, es ihr bequemer zu machen, aber sie wolle wegen der Tiere nicht weg von dort. Er sei aber froh, dass Schindlers Frau wenigstens das habe … Mit dem Geld sei die größte Not behoben. Seine Frau sei mindestens zweimal im Monat bei ihnen*[41]*. Leider sei sie im Moment auch krank, Lungenentzündung … Oskar solle ihm glauben, dass es manchmal nicht leicht sei, mit allem fertig zu werden. Er würde ihm empfehlen, vielleicht an die Loge einen Dankesbrief zu schreiben …*

Ihre Frau besitzt im Moment 6 Kühe, einen alten Schäferhund, den Sie nicht mehr kannten. Ich kann Ihnen nur sagen, dass man Ihrer Frau finanziell oft geholfen hat. Ein Herr Weitz, ein Herr Wank, es war dieses Jahr, hatten eine Sammlung gemacht. Ihre Frau sagte mir, sie hat den camp[42] von Distenfels[43] damit einzäunen lassen.

Er könne Schindlers Frau auch keine Vorschriften machen. Erst wollte sie das Geld in Dollars anlegen, beim nächsten Besuch erzählte sie mir, sie hat dafür den Draht gekauft. Es waren über 500 Dollar. Das wäre so das Wesentlichste für heut …

Ihre Frau bat ich, Ihnen zu schreiben, die Antwort war negativ. Sie kennen sie ja, sie ist manchmal, auch wenn sie bei uns ist, sehr launisch. Aber Schindlers können sein, wie sie wollen, denn so Menschen gibt es wenige auf der Welt …

Schindler freut sich, dass sich durch den Filmvertrag auch der Lebensstandard seiner Frau verbessern wird.

Er redet in dem folgenden Brief (s. S. 369) von der »Starrköpfigkeit« *seiner Frau. Anscheinend ist sie so schlecht auf ihn zu sprechen, dass er nicht direkt mit ihr Kontakt aufnehmen will.*

---

[40] ihrer Finca, ihrer Farm
[41] bei Walter Pollack und seiner Frau Beate
[42] das Feld
[43] einem Nachbarn

Briefumschlag von einem der Briefe Walter Pollacks an Schindler

Frankfurt a. M., den 9.10.1964, Oskar Schindler an Walter Pollack

… Ich war in der vorigen Woche von USA-Filmleuten[44] nach London gerufen worden, um viele der noch offenen Details zu besprechen. Ich habe großen Wert darauf gelegt, dass meiner Frau eine bedeutende Summe für Personalrechte zukommt, kann mich aber heute noch weder über die Höhe noch die Art der Quoten verbindlich äußern, da mein Anwalt den Endvertrag noch nicht unterzeichnet hat. Aus vielen Gründen, nicht nur aus Gründen der Starrköpfigkeit meiner Frau habe ich angeregt, dass [*durch*] meine Freunde, sei es Herr Izak Stern in Israel oder Poldek Pfefferberg in Los Angeles, alle diese Dinge über Dich direkt ohne meine Einflussnahme zur Abwicklung kommen …

Du kannst mir glauben, lieber Walter, dass ich durch dieses Ereignis in froher Stimmung bin, nicht nur meiner, sondern auch der Zukunft meiner Frau einen höheren Lebensstandard geschaffen zu haben …

Mit den besten Grüßen und Wünschen auch für die Gesundheit, für meine Frau sowie für Dich, lieber Walter, und Deine liebe Familie und allen unsern Freunden und Gönnern …

Wie so oft widmet sich Schindler hier der finanziellen Situation seiner Frau – aber gibt darüber hinaus[45] noch tieferen Einblick in das Verhältnis der Eheleute. Ob Schindler dem »Señor Bosetti«[46] in Emilies Leben wirklich so gleichgültig gegenübersteht, wie er hier den Anschein erweckt, lässt sich nicht eindeutig beantworten.

Frankfurt a. M., den 9.10.1964, Oskar Schindler an Walter Pollack

… Diese Zeilen sind für Dich privat und vertraulich bestimmt.

Wie Du sehr gut weißt, hatte ich schon Jahre vorher keine eheliche Gemeinschaft [*mit Emilie*] und ich würde sie auch unter keinen wie

---

[44] wegen des Schindler-Films

[45] in diesem am selben Tag geschriebenen Brief, bzw. in dieser Ergänzung zur 1. Briefseite

[46] Cacho Bosetti half Emilie mit der Landwirtschaft. Anscheinend wurde er, der 30 Jahre jüngere, ihr Liebhaber, dem sie zahlreiche Geld- und Kleidergeschenke machte.

immer gearteten Verhältnissen wieder aufnehmen. Trotzdem habe ich die letzten 25 Jahre eine unabänderlich anständige Kameradschaft zu meiner Frau und wünsche ihr bestimmt nur das Allerbeste. Mag auch ihr früherer Peon und Pferdeknecht Cacco heute Herr Bosetti sein, ich beneide sie nicht um ihn, trotzdem er 30 Jahre jünger ist. Das »Señor« hindert ihn nicht daran, dass er immer bestrebt sein wird, seine 10-köpfige Familie mit zu ernähren. Wenn Du mir schreibst, dass sie für 500 $, die von guten Freunden gespendet wurden, ein ihr nicht gehörendes Stück Feld mit Stacheldraht eingezäunt hat, dann kann [*man*] mir das nicht erzählen, denn ich war 10 Jahre Campesino, für das Geld könnte man ganz San Vincente umzäunen. Das ist der Grund, dass ich in Blatt 1[47] von noch unbestimmten Quoten gesprochen habe, um hier Dir die Möglichkeit zu geben zu verhindern, dass sie von Parasiten ausgemolken wird.

Die von mir dem Produzenten vorgeschlagene Summe liegt ungefähr, aber bitte für Dich streng vertraulich, bei ca. 10 000 $, genaue Ziffern habe ich selbst noch nicht. Aber nur diesen Betrag zu nennen, würde die Familie Bosetti zum Größenwahn bringen, denn es sind immerhin mehr als 1,5 Millionen Pesos. Ich hätte mit leichtem Druck bei dem Produzenten eine Flugkarte für 2–3 Tage nach London für meine Frau herausholen können. Aber in unserer Notlage bedeuten diese 1000 $ oder mehr ein gesichertes Leben für 1–2 Jahre, incl. Ferienaufenthalt [*in*] Mar de Plata für meine Frau, außerdem ist der Gesundheitszustand lt. Deinem Brief kein besonders guter.

… Lieber Walter, ich weiß, du hast selbst Tausende [*von*] Mark in den letzten Jahren für Hilfestellung meiner Frau geleistet[48] und ich wüsste mir keinen besseren Treuhänder, der auch die nächsten Monate noch die Stellung hält. Ich möchte nur nicht, dass nach jahrelangem Darben und Qualen [*der*] erreichte Erfolg irgendwelchen Parasiten in den Rachen geworfen wird.

Du hast bestimmt Ideen, Du sollst sie auch mit meinem lieben Freund Isak Stern in Israel abstimmen, wie man diese frei werdenden Mittel existenzsichernd für meine Frau anlegt.

---

[47] Er meint den vorangehenden Brief vom selben Tag.

[48] wahrscheinlich sinngemäß: »Tausende von Mark ausgegeben, um meiner Frau zu helfen«

Walter Pollack führt in diesem Brief weiter auf, wie schlecht Emilie Schindler anscheinend mit Geld umgehen kann. Auch wenn das für Oskar Schindler – aus anderen Gründen – genauso zutrifft, scheint er sich also berechtigte Sorgen um seine Frau zu machen …

Buenos Aires, den 19.10.1964, Walter Pollack an Oskar Schindler

… Sie ist leider auch, so wie Du schreibst, sehr eigensinnig. Bei ihrem letzten Besuch Ende Sept. übergab ich ihr die Rente. Nächsten Tag werde ich angerufen, um ihr noch die schon erwähnten 4000,– zu geben, die die Sekretärin vergessen hatte. …Also, sie erscheint nach 2–3 Tagen und erzählt mir: »Stellen Sie sich vor, man hat mir 4000,– gestohlen oder ich habe dieselben verloren.« Sie hatte innerhalb dieser paar Tage kein Geld mehr … Jetzt kommt aber der Colmo[49]. Anfang d. J. erhielt sie doch Pesos Arg. 100 000,– ([*von*] Herrn Weiz und Freunde). Von diesem Geld wusste außer mir und den Spendern niemand.

Als sie telefonisch von der Spende in seinem Haus benachrichtigt wurde, habe sie wörtlich zu ihm gesagt: »Herr Pollack., dieses Geld werde ich auf unser beider Namen deponieren und als Notgroschen gebrauchen.« *Drei Wochen später sei er vom Urlaub zurückgekommen und hätte zu Schindlers Frau gesagt, ob sie das Geld abholen gehen wollten.*

Antwort: »Herr P., ich habe es schon und habe mir dafür Einzäunungsdraht gekauft.« Ich erwähne diesen Drahtkauf nochmal, weil sie immer erzählte, die Exedentes[50] und das Tereno[51] von Distenfeld ist eingezäunt worden. Jetzt kommt heraus, dass bei der oben erwähnten Frau (neue Nachbarn) für 40 000,– Draht liegt. Ich selbst habe die Rechnung gesehen, und sie hat effektiv für 70 000,– Draht gekauft. Also man kann ihr keinen Ratschlag geben …

Um nun auf Deinen 2. Teil des Briefes einzugehen, danke ich Dir für das erwähnte Vertrauen. Es ist wirklich so, dass man deiner Frau Geld nur in kleineren Raten aushändigen kann …

---

[49] Höhepunkt

[50] das Gebiet, das von dem Verkauf der Quinta übrig geblieben ist

[51] das Grundstück

Buenos Aires, den 19. Okt. 64.
Sarmiento 3009.

Lieber Oskar.

Vor allem recht recht herzlichen Dank fuer Deinen so netten und ausfuehrlichen Brief. Es ist fuer mich eine grosse Ehre von Dir lieber Oskar mit Du angeredet zu werden und erlaube ich mir die angebotene Freundschaft zu erwidern. Ich will nur hoffen xxxxxxxxx unsere Bruderschaft recht bald zu begiehsen. Im stillen, habe ich schon auf Dein Wohl angestossen.
Ich habe mich gefreut zu hoeren, dass es mit der Gesundheit wieder besser geht. Durch Beate kenne ich leider die Folgen und Beschwerden dieser Krankheit und rate Dir nur allen Aufregungen und Überanstregungen aus dem Weg zu gehen. Beate kam gestern von ihrer U.S.A. Reise glucklich zu unser aller Freude zurueck. Sie hat sich gut erholt sieht gesund aus und trotzdem, muss man immer auf sie aufpassen.

Ich fange heut schon an diese Zeilen zu schreiben, um Dir sofort zu antworte Na ich habe ja ordentlich aufgeatmet so viele angenehme Nachrichten auf einmal zu erhalten. Wenn sich alles so entwickelt wie Du es beschreibst waere es ja eine grosse Erleichterung fuer die Zukunft. Von unserem Freund Stern habe seit Anfang d.J. ausser einer Neuhjahrs Gratulation nichts gehoert. Das Haus fuer Deune Frau in San Vicente ist bereits seit 2 Monaten im Bau. Anfang d. Mts warendie Aussen Mauern bereits hochgebaut. Daselbe liegt fast vis a vie von der Kirche auf der asphaltierten Strasse, die zu der Quinta fuerhte. Die Loge hier ist in jeder Beziehung grosszuegig. Zu Neuhjahr bekam Deine Frau eine Extragratifikation von P. 4000, Man bat mich als wir das Haus in Auftrag gaben um eine nochmalige Ver oeffendlichung ueber den Fortschritt des Baus, um noch evtl Geld zu schnorren. Inzwischen telte mir der Praesident der Loge mit das alle Geldmittel vorhanden sind und im Moment nichts zu unternehmen. Wenn es Dich interesiert wer das Haus Baut, so hat man es einem gewissen Heres in S. V. ubergeben. Deine Frau und ich halten uns volkommen fern um neutral zu bleiben. Aber ich fange schon an Moebel zu schnorren. Der Bautechniker ist zufaellig ein Freun von mir. xxxxxxxxxxxxxxxxxxxxxxxxx xxxxxxxxxxxxxxxxxxxxxxxxxxxxxxxxxxxxxxxxxxxx Wir hoffen. dass Deine Frau noch diesen Sommer das Haus bezieht. Die Loge zahlt im Moment P. 9000- den Monat

21.10. Heute schreibe ich weiter, und will nun auf die xxxxxxxxxxxxxxxxx xxxxxxxxx Einzelheiten weiter eingehen. Betreffs des hinteren Teils der Quinta habe ich Dir, wie ich mich errinere ausf. geschrieben. Es hat sich bis jetzt nichts geandert. Murmis hat 10. Lotes, die um das Haus herum liegen bei der Versteigerung gekauft. Preis. 150.000.- xxxxxxxxxxxxxxxx xxxxxxxxxxxxxxxxx Er ist im Besitz saemmtlicher Titel.
Deine Frau versucht jetzt v on ihm die Exedantes auf ihren Namen zu erhalten. Sie erzaehlte mir bei ihrem letzten Besuch (vor 14 Tagen) das sie in S.V. mit einem Anwalt (nicht Lopez) darueber verhandelt. Sie behaubtet auch ohme angrenzende Lotes dieselben uebernehmen zu koennen. Jedenfalls hat sie ihm bis jetzt nichts unterschrieben. Der Anwalt wollte die Papiere oder Titel von M. herausholen. M. hatte dieselben noch weil er dieselben beim Verkauf brauchte. Die Loge wollte ja erst 10 angrenzende Lotes von M. sogar kaufen. Nachdem Herr Diputado M. (Das ist der Sohn jetzt, einer neuen Partei konservativ.) einen so hohen Preis pro Lote xxxxxxx 60 000.- verlangt hat davon Abstand genommen. Der Wert eines m.2. war ungf. 30.- als wir mit ihm verhandelten. Deine Frau waere schon laengst in dem neuen Haus wenn wir nicht so lange hingezogen worden waeren.

Ich werde alles verhindern damit deine Frau nichts unterschreibt
... habe ich darüber im vorderen Teil des Briefs geschrieben, es darf sie nur aufpassen
... um es ihr zu sagen; wie es steht durch im ersten Teil. Alles O.K.

Walter Pollack an Schindler, 19.10.1964

Anscheinend hat Emilie Schindler einen Heimatscheinantrag in Regensburg gestellt. Schindler möchte über seinen Freund Pollack herausbekommen, ob der Grund dafür der Wunsch Emilies nach einer Scheidung ist – gegen die er offenbar keine Einwände erheben würde. Schindler mutmaßt, ob ein gewisser »Señor Bosetti«, dem Emilie anscheinend näher steht, der Grund sein könnte.

o.O., o.D.[52], Oskar Schindler an Walter Pollack

Lieber Walter,
ganz privat für Dich, der Beamte, der mich wegen des Heimatscheinantrages meiner Frau in Regensburg befragte – den Brief der Stadt Regensburg gab er mir leider nicht zu lesen, aber dieser war immerhin eine Seite lang –, fragte mich dämlich, ob irgendwelche Ehescheidungsanträge gestellt wären, da wir so viele Jahre getrennt leben.

Mir kommt der Gedanke, dass vielleicht Senor Bosetti Angst hat, ich könnte eines Tages in Argentinien auftauchen und auf ein Mitwohnrecht bei meiner von mir nicht geschiedenen Frau bestehen. Und er vielleicht die treibende Kraft ist, sie zu einer Scheidung zu bewegen, womit ich den Titel verlieren würde, seine wahrscheinlich geplante Idylle in dem Bungalow zu stören. (Ich habe bestimmt nicht die Absicht, mich in San Vincente anzusiedeln, hatte kein dringendes Bedürfnis, mich scheiden zu lassen, aber ich bin gern bereit, ihr die Scheidung zu geben. Dazu bedarf es keiner Umwege, das kann man für 300 [*Pesos*] in Mexiko sofort erledigen.)

Ich wäre Dir dankbar, wenn Du mir über das Motiv »Heimatscheinantrag« meiner Frau diplomatisch von ihr den Grund herausholst, um mich vor Überraschungen zu schützen. Du weißt, ich bin zu Dir ehrlich und offen wie zu einem Bruder und ich will lieber der gute wie der böse Herr sein …

Hier das Antwortschreiben Pollacks. Er glaubt, dass Emilie den Heimatschein nur für den Erwerb einer »gültigen deutschen Staatsangehörig-

---

[52] aus Deutschland, wahrscheinlich Ende 1964

keit«[53] braucht und nicht an Scheidung denkt. Anscheinend hatte aber Schindler über Walter Pollack schon vor einigen Jahren die Meinung seiner Frau zum Thema Scheidung eingeholt.

Er berichtet Schindler, dass Emilie bald in das von der B'nai B'rith *gebaute Haus einziehen kann.*

Buenos Aires, den 10.1.1965, Walter Pollack an Oskar Schindler

... Betreffs Heimatschein hast Du Dich nach meiner Meinung ohne Grund beunruhigt. Deine Frau hat vor ungef. 4 Monaten (Sept. 64) hier einen Heimatschein beantragt. ...

Als ich mal vor 2 oder 3 Jahren mit deiner Frau über Scheidung sprach (ich tat es damals nur auf deine Bitte hin), sagte sie mir: »Ich habe keine Veranlassung, mich scheiden zu lassen.« Wie ich die Angelegenheit sehe, möchte Deine Frau nur eine gültige deutsche Staatsangehörigkeit haben ...

Das Haus[54] sei bis auf einige sanitäre Einrichtungen fertig. Am 16. d. M. solle dort ein Presse-Empfang stattfinden. Im Febr. könne sie einziehen. Oskar solle ihm glauben, genauso wie die Film-Angelegenheit wie ein Wunder klinge, sei es hier wie ein Wunder, dass so für seine Frau gesorgt würde. Den Hauptanteil an dieser Sache habe ihr Freund Gorlinsky[55], der vollkommen uneigennützig sich der Sache angenommen habe ...

Er habe den letzten Brief von Mr. Page vor sich. Herr Sylvestre[56] sei noch nicht in Buenos Aires. Er schreibe, dass er sich mit ihm, Schindler, in Paris getroffen habe. Er schreibe weiter, dass er Erfolg für Schindlers Frau

---

[53] In einem späteren Brief wird erzählt, dass Emilie ihn benötigt, weil sie auch einen Antrag auf *Lastenausgleichszahlungen* stellen möchte.

[54] für Emilie Schindler

[55] Gorlinsky, Peter: Chefredakteur vom *Argentinischen Tageblatt*, bemühte sich um die Würdigung Emilie Schindlers, schrieb einen Artikel über sie: »Wo ist die Mutter Courage?«

[56] Bekannter Pfefferbergs, der die Organisation der Zahlungen aus dem Filmvertrag für Emilie Schindler übernehmen sollte

in N.Y. gehabt habe [57]*und dass ihnen genannter Herr alles übermitteln werde ...*

Auf jeden Fall werde ich noch in den nächsten Tagen mit Deiner Frau sprechen. Ich glaube nicht, dass Bosetti dort noch eine Rolle spielt[58]. Das Haus ist nur für Euch bestimmt. Es wird Deiner Frau notariell nur für Euch übergeben. Ich kann mir vorstellen, dass Du nicht mehr in S. V. [*San Vicente*] leben wirst. Deine Frau kann ... untervermieten etc. In den letzten 2 Jahren habe ich B. nie mehr bei Deiner Frau angetroffen. Wenn sie Hilfe brauchte, als sie krank war, haben ihr immer andere Leute geholfen. Im Moment ist sie mit Sr. Lale, der Nachbar der Quinta, befreundet ... der ihr auch zur Seite steht ...

»Wie immer ich zu meiner Frau stehen mag«[59] – *Schindler versucht trotzdem nach wie vor, finanzielle Dinge für seine Frau zu regeln:*

Frankfurt a. M., den 10.3.1965, Oskar Schindler an Poldek

... Wie Du aus beiliegendem Brief an Mr. Glovin[60] ersiehst, ist die Abwicklung der Auszahlung[61] in Argentinien nicht reibungslos und befriedigend. Ich will sofort betonen, dass Dich persönlich ja keinerlei Schuld trifft. Ich kann Dich auch nicht für Unterlassungen eines Vetreters Deines Bekannten, Mr. Sylvestre, verantwortlich machen, aber ich hoffe, Du verstehst, dass, wie immer ich zu meiner Frau stehen mag, ich den ihr zuerkannten Betrag in Dollar in Buenos Aires ausgezahlt wissen will, ich hoffe, [*in dem*] ... Präsidenten der Loge *B'nai B'rith-Tradición*, Herrn Helmuth Heinemann, einen würdigen und ehrenhaften Treuhänder zu haben.

Es ist selbstverständlich, dass meine Frau sich dort die Beträge nach Bedarf abberufen kann, und wie mir bekannt ist, beabsichtigt meine

---

[57] Es geht um Zahlungen für Frau Schindler aus dem Filmvertrag.
[58] In einem späteren Brief räumt er das Gegenteil ein.
[59] bekannt sind eher die negativen Aspekte ihrer Beziehung
[60] Irving Glovin, Rechtsanwalt (mit der rechtlichen Abwicklung des Filmvertrags betraut), später Inhaber der Filmrechte und Koproduzent bei Spielbergs *Schindler-Film*
[61] aus dem Filmvertrag, an Schindlers Frau

Frau den Ankauf eines Weidelandes von 30 ha … und man wird ihr nach Nachweis des Kaufobjektes die volle Kaufsumme beim Notar ausbezahlen. Das ist, lieber Poldek, die einzige schnelle Art, dieses ganze Problem zu unserer beider Zufriedenheit und Entlastung geregelt zu wissen. Die Anführungen Deines Freundes, dass meine Frau ohne Dach über dem Kopf und ohne Schuhe und [*nur mit*] den primitivsten Mitteln ausgestattet wäre, muss ich schon aus zwei Gründen widerlegen: einmal … hat Dein Bekannter, Herr Sylvestre, nur 15 Minuten Zeit gehabt und zum andern, wie Du aus beiliegendem Artikel ersehen magst, … hat die Loge sich in den letzten 2 Jahren in hervorragender Weise um die Deckung des Lebensminimums meiner Frau bemüht und hat neben der Rente einen mit Möbeln ausgestatteten Bungalow im Stadtkern von San Vicente errichtet …

Frankfurt a. M., den 10.3.1965, Oskar Schindler an Walter[62]

Schindler spricht immer davon, dass er gern großzügig das Geld aus dem Filmvertrag mit seiner Frau teilt, es aber nicht »irgendwelchen Parasiten« überlassen wolle – Schindler argwöhnt, dass Emilie ausgenützt wird.

Er legt genau dar, wie er sich die bestmögliche Nutzung des Geldes für seine Frau vorstellt.

Aus der Beilage an Mr. Glovin, meinem Anwalt, ersiehst du, dass die einzige Quintessenz zu einer schnellen Auszahlung der ganzen Summe in Dollar ein Treuhänder ist und das ist meines Erachtens nur die Loge, die sowohl steuerlich wie finanziell weltweite Beziehungen hat und unangreifbar zu einer einzelnen Person dasteht. Ich bitte Dich daher, meiner Frau zu raten, den vollen Dollarbetrag, denn nur einer solchen Lösung würde ich zustimmen, auf das Konto der Loge überweisen zu lassen. … Der Loge würde ich dann, wie ich meinem Anwalt Mr. Glovin vorgeschlagen habe, nach den Bedürfnissen meiner Frau sagen wir 1000 Dollar zum persönlichen Bedarf und Einrichtung und Viehbeschaffung etc. auszahlen, [*die*] bei Nachweis

[62] höchstwahrscheinlich Walter Pollack

eines Weidegrundstückes diesen Betrag an den Verkäufer ... [*über*] den Notar voll auszahlt. Den evtl. Restbetrag [*soll*] dann meiner Frau jeweils ihrer Anforderung [*nach*] zur Verfügung ... [*gestellt werden*]. Dadurch würden Kursverluste verhindert und meine Frau in den vollen Genuss des von mir freigegebenen Betrages kommen. Ich bitte Dich, lieber Walter, nicht zu vergessen, dass weder ich und noch viel weniger meine Frau irgendeinen Rechtsvertrag mit *Metro Goldwyn Mayer*[63] besitzt, sondern dass mein Freund Martin Gosch über seine von mir erworbenen Rechte frei verfügen kann und keinerlei Ansprüche an *MGM* bestehen.

Lieber Walter, nach 8 Jahren Trockenheit und Entbehrungen, wovon sich Deine liebe Gattin anlässlich ihres Besuches überzeugen konnte, will ich das erste Wasser, das ich gern mit meiner Frau teile, mitnichten irgendwelchen Parasiten[64], ... [*von denen mir in*] freundlichen Berichten aus San Vicente und anderen Teilen der Welt ... zu Ohren kam, zukommen lassen und meine Frau gutgläubig dürstend daneben stehend sehen.

... Wenn sich auch der Drehbeginn durch technische Verzögerungen um 6–9 Monate verschieben kann, ... [*bis*] ich neue Bezüge für meine Tätigkeit erhalten werde, wird mir die Abwicklung der ersten Phase ..., wo ich das Maximum meiner Möglichkeiten überschritten habe[65], Maßstab sein für weitere evtl. freie Zuwendungen für meine Frau. Ich bitte Dich sehr, lieber Walter, mit Deiner Vernunft und Klugheit meine Frau zu beeinflussen, das Gegebene zu tun ...

---

[63] *Metro Goldwyn Mayer = MGM*; bekannte amerikanische Filmproduktionsgesellschaft, die zusammen mit Martin Gosch Rechte an einem *Schindler-Film* erwarb

[64] Schindler spielt wieder auf Señor Bosetti, einen engen Freund Emilie Schindlers an, dem sie anscheinend öfters Geld zur Verfügung stellte und Kleidergeschenke machte. Die Familie Bosetti half den Schindlers bei der Landarbeit. Es war eine kinderreiche Familie und einer der Brüder von Cacho Bosetti ist heute der Ehemann von Isabel, der jetzigen Betreuerin Emilie Schindlers.

[65] Schindler spricht wohl von den Geldern, die er Emilie nach Vertragsunterzeichnung hat zukommen lassen.

Schindler schreibt auch seinem und Pfefferbergs Anwalt, um die Zahlungen an Emilie Schindler aus dem Filmvertrag organisatorisch abzuklären.

Frankfurt a. M., den 31.3.1965, Oskar Schindler an Irving Glovin

… durch Ihren Brief habe ich einen guten Überblick über die Situation und die Gründe erhalten, warum die Zahlungen in Buenos Aires sich verzögert haben. Sie können sicher sein … dass es mein einziges Interesse ist, dass meine Frau so schnell wie möglich dieses … Geld erhält und dass Sie es bestmöglich für eine Verbesserung ihrer Lebensumstände nutzt.

Glovin habe ja geschrieben, dass die Zahlungsverzögerung hauptsächlich darauf zurückzuführen sei, dass er von Schindlers Frau keine passenden Informationen erhalten habe … er selbst habe an seine Frau geschrieben und er hoffe, dass Glovin jetzt klare Anweisungen von ihr erhalte.

Er wäre natürlich dankbar, dass Direktor Sylvestre sich um die Lösung des Problems gekümmert habe … und keiner könne ihn dafür verantwortlich machen, dass nicht alles geklappt habe …

Pollack äußert sich verärgert über Frau Schindlers Verhalten in Bezug auf ihren Freund Bosetti – er findet, dass sie sich lächerlich macht. Ärgert er sich – eventuell auch stellvertretend für Oskar Schindler –, dass Emilie wagt, einen Geliebten zu haben? Oder ist es nur Bosetti, von dem er nichts hält?

Buenos Aires, den 30.12.1965, Walter Pollack an Oskar Schindler

… Über S. V. [*San Vicente*] habe ich Dir ja in meinem letzten Brief geschrieben. Ich sah Deine Frau zuletzt Anfang Dez. Sie kam mit A., um sich ihre Quote bei der Loge abzuholen. Ich selbst war seit Juni nicht mehr in S. V. Alex hat mich immer orientiert. Bosetti war in Bariloche[66] die letzten Wochen, und ich hörte, dass er wieder zurück

[66] in Patagonien

ist. Ich fragte Deine Frau, ist Bosetti noch in Bariloche. Antwort: »Ja, wo soll er denn sonst sein.« Ich hatte noch nie von Deiner Frau so eine böse Antwort erhalten. Es ist im ganzen eine hoffnungslose Situation. Sie macht sich lächerlich in jeder Beziehung. Wenn ich Dir sage, dass sie die Maurer, die die Schäden nachsehen wollten, nicht ins Haus ließ, weil Herr Bosetti drin war, was soll man dann noch sagen. Wenn die Herrn von der Loge sie besuchen, ist die Küche abgeschlossen – – – Angeblich ist der bissige Hund drin. Das Tereno[67] hat 800 m^2. Ein anderer Platz ist für den Hund nicht da. Ich habe keine Lust, noch zu intervenieren …

Schindler versucht bei seiner Frau »das größte Chaos zu verhindern«. *Wahrscheinlich befürchtet er weiterhin, dass sie ihr Geld nicht zusammenhalten kann und sich z. B. von Señor Bosetti ausnutzen lässt.*

Es wirkt ein wenig sonderbar, dass er, der so wenig sein eigenes Leben zu ordnen vermag, vom Chaos in Emilies Leben spricht … Er, der Emilie immer wieder und jetzt so lange schon allein gelassen hat, scheint sich immer noch für sie verantwortlich zu fühlen.

Frankfurt a. M., den 27.1.1966, Oskar Schindler an Poldek[68] u. a.

… Mit gleicher Post schreibe ich auch an Walter Pollack in Buenos Aires, er möge doch, soweit es im Bereich seiner Möglichkeit ist, dort die Augen offen halten, um wenigstens das größte Chaos zu verhindern. Ich kann ja von hier aus herzlich wenig zur Änderung der Situation beitragen …

Viele Schindler-Juden *haben Emilie immer wieder wegen der Behandlung bedauert, die ihr Oskar Schindler angedeihen ließ. Nun aber beruhigt Pollack Schindler in Bezug auf seine Frau – Emilie lebe das Leben, dass sie sich gewählt habe.*

---

[67] das Grundstück
[68] Pfefferberg

o. O., den 18.10.1966, Walter Pollack an Oskar Schindler

… Über Milli[69] mach Dir bitte keine Sorgen. Es ist ihr Wunsch, in S. V. zu leben. Sie hätte das Haus irgendwo in B. Aires haben können. Stern hat sie aufgefordert, nach Israel zu gehen. Dir kann man keine Vorwürfe machen. Sie ist hier mehrere Male bei der Loge eingeladen worden. Die Damen sind derart nett zu ihr, sie will keinen Verkehr pflegen. Wir laden sie zu allen Festtagen ein. Selten, wenn sie erscheint. Übrigens, Herr B. [*Bosetti*] hat geheiratet …

Schindler erwägt, die Pollacks »inkognito« in Argentinien zu besuchen. Heißt das, dass er seinen Besuch vor seiner Frau verheimlichen will?

Frankfurt a. M., den 1.3.1969, Oskar Schindler an Walter Pollack

… Ich verspreche, wenn es mir materiell möglich ist – und das ist leider kein Problem von 100 Dollar –, auf einige Tage, wenn auch inkognito, über Brasilien zu Euch zu kommen. Das wird wohl die letzte Möglichkeit sein, uns in dieser Welt noch einmal zu sehen. Aber darüber, meine lieben Freunde, später. Lieber Walter, ich bin leider älter als mein Jahrgang, und ich verspreche Dir, alle Versuche zu unternehmen, mit meinen bescheidenen Mitteln noch einmal versuchen, Euch zu sehen. Sollte es aus taktischen Gründen nach Deinem Ermessen, lieber Walter, besser streng vertraulich geschehen, werde ich mich natürlich Deinen Wünschen beugen …

Immer noch – zwölf Jahre, nachdem Schindler nach Deutschland ging – scheint er sich nach seiner Frau zu erkundigen, wie aus dem Brief Pollacks an Schindler hervorgeht:

---

[69] Emilie

Buenos Aires, den 24.4.1969, Waldemar[70] an Oskar Schindler

...Über Milli werde ich Dir in dem nächsten Brief schreiben. Im großen [*und*] Ganzen macht sie doch, was sie will, und ist nicht zu ändern ...

Noch eine erfreuliche Mitteilung. Unser Neffe Dr. Lothar hat es zustande gebracht, hier in 1 $^1/_2$ Jahren zu einem bekannten und tüchtigen Arzt zu werden. Alle Welt geht zu ihm. Milli hat er auch schon behandelt. Aber, wie immer führt sie nichts zu Ende ...

Auch andere Freunde gehen davon aus, dass Schindler nach wie vor seiner Frau behilflich sein will:

Buenos Aires, den 23.12.1971, Dr. Maximo Biederman[71] an Oskar Schindler

... Ich möchte Dich um folgendes bitten:

Ich habe mich, ad honorem, in eine Entschädigungssache, die Deine Frau in Deutschland anhängig hat, eingeschaltet; denn es ist für mich eine Ehre, einer Frau zu helfen, deren Mann so viel für uns Juden getan hat[72].

Sämtliche Unterlagen, die vom Amt verlangt wurden, seien eingereicht worden. Den Antrag bearbeite in Deutschland der Rechtsanwalt und Notar Fritz Chodziesner, ... Berlin. Er wäre Schindler sehr dankbar, wenn er sich mit diesem Anwalt in Verbindung setze, um evtl. bei Erledigung schwebender Fragen helfen zu können.

Deine Frau stellte einen *Lastenausgleich*santrag und benötigt Ausstellung eines Ausweises nach dem Bundesvertriebenengesetz. Man hat ihr diesen jetzt ausgestellt, aber mit der Bemerkung:

---

70 Aus der Unterschrift liest man »Waldemar«, es ist aber eindeutig Walter Pollack.

71 ein Mitglied des Ordens *B'nai B'rith*

72 erstaunlich, dass Dr. Biederman nicht weiß, dass auch Emilie Schindler viel für die Rettung der Juden getan hat

»Zur Inanspruchnahme von Rechten und Vergünstigungen gemäß Par. 9, Abs. I nicht berechtigt.«

Deine Frau besitzt einen Heimatschein, um dessen Erneuerung sie bereits bei der hiesigen Deutschen Botschaft gebeten hat. Falls dort in Deutschland noch irgendwelche Unterlagen zu besorgen sind, kannst Du vielleicht dem Anwalt dabei behilflich sein ...

Weitere Briefe Schindlers, in denen seine Frau zur Sprache kommt, sind im Koffer nicht enthalten.

Diese Briefe hier legen den Schluss nahe, dass Schindler seiner Frau gegenüber eine gewisse Achtung empfunden hat[73]*, die sich nicht zuletzt auf ihre Mitarbeit bei der Judenrettung stützte.*

Sie hatte ja – ebenfalls unter Lebensgefahr – unter schwersten Bedingungen für »ihre« Juden Nahrungsmittel besorgt und halb verhungerte und erfrorene Juden[74] *ins Leben zurückgepflegt. Schindler erkannte ihre Leistungen wiederholt an – so schrieb er einmal*[75]*:* »Ob wohl eine der Gattinnen dieser Herren[76] mit einem für einen Mann zu schweren Koffer [*mit*] Schnaps in dieser strengen Kälte dreihundert Kilometer gefahren wäre,

[73] Ein Widerspruch besteht eindeutig darin, wie Emilie Schindler Oskars Verhalten ihr gegenüber beurteilt – von Deutschland aus habe er keinerlei Interesse an ihren Problemen gezeigt und sie finanziell überhaupt nicht unterstützt – und den Eindruck, den Oskar Schindlers Briefe erwecken (dass er nämlich Achtung für seine Frau empfindet und sich durch viele Jahre hindurch für ihr (finanzielles) Wohlergehen interessiert).

[74] Dies bezieht sich vor allem auf die »Golleschauer Juden« (s. auch das 1. Kapitel »Die Kriegsjahre«).

[75] in einem Brief an Dr. Ball-Kaduri vom 9.9.1956, der Brief wird im 1. Kapitel »Die Kriegsjahre« zitiert. Und in seinem Bericht von 1955 über die Kriegsjahre (ebenfalls 1. Kapitel) bedankt er sich ausdücklich bei Emilie »für ihre unermüdliche, aufopferungsvolle Arbeit in Brünnlitz«.

[76] Er bezieht sich z. B. auf deutsche Fabrikanten, die der Meinung sind, dass sie sich im Krieg »ganz anständig« gegenüber ihren jüdischen Arbeitern verhalten hätten (aber nach Schindlers Meinung nicht genug für sie getan haben).

um dafür Medikamente für jüdische Skelette zu tauschen, denen die deutsche Barbarei den letzten Lebensfunken genommen hatte? Für meine Frau war diese Hilfsbereitschaft eine Selbstverständlichkeit, wenn es galt, Menschen in größter Not zu helfen, kümmerte sie sich einen Teufel um Gefahr, sie hatte den Mut, SS-Führer wie Hausdiener zu behandeln.«

Die gemeinsame Zeit in Brünnlitz, im letzten Kriegsjahr, scheint die Zeit gewesen zu sein, in der das Ehepaar Schindler wirklich am selben Strang zog.

Dass Schindler bedauert hat, diese Ehe jemals eingegangen zu sein, ist wahrscheinlich, Äußerungen hierzu sind jedoch nicht überliefert.[77]

Oskar Schindler wird diese Ehe – auch in den ersten Jahren, in denen die Eheleute nicht immer zusammenlebten – eher zwischenzeitlich völlig »vergessen«[78] *haben. Auch in seinem im Jahr 1966 erstellten Lebenslauf »vergisst« er, das Datum seiner Eheschließung – und seine Ehe überhaupt – zu erwähnen.*

---

[77] Emilie Schindler ist ja der Meinung, dass ihr Mann von der Ehe nur profitiert hätte. Sie selbst hat der Herausgeberin erzählt, dass sie es bitter bereut habe, Oskar Schindler geheiratet zu haben – sie hätte auf ihre Mutter hören sollen, die sie gewarnt habe.

[78] vielleicht ähnlich wie er »vergaß« zu erwähnen, dass er zwei (uneheliche) Kinder hatte, was erst auf der Trauerfeier nach seinem Tod bekannt wurde. Viele – eventuell alle – seiner engsten Freunde hatten nichts davon gewusst.

6.
Krankheiten und früher Tod

In fast jedem Brief, den sich Schindler und seine Freunde schrieben, kommt das Thema Gesundheit zur Sprache. Nun gehört es fast zu den Konventionen privater Korrespondenz, sich nach der Gesundheit seines Briefpartners zu erkundigen – in dem Freundeskreis Schindlers, der überwiegend durch frühe Leiden und Entbehrungen gezeichnet war, wird dieses Thema jedoch einen besonderen Stellenwert eingenommen haben.

Das Thema Gesundheit kommt bei Schindler verständlicherweise vermehrt zur Sprache, je kränker und älter er wird. Seine gesundheitliche Verfassung wird von seinen Freunden ausgiebig und ernsthaft diskutiert – sogar Gesundheitsgutachten erstellen ihm seine israelischen Ärztefreunde.

Schindler macht für seine Krankheiten Sorgen, Zukunftsängste und Geldnöte verantwortlich. Da er in keinerlei Krankenversicherung war[1] *und seine Behandlungskosten entweder selber tragen oder von Freunden bezahlen lassen musste, ist es wahrscheinlich, dass er medizinisch nicht immer optimal betreut wurde.*

Was war die Ursache seiner schweren Krankheiten, die Ursache seines Todes? Starb er, weil er über Jahrzehnte zu viel trank und zu viel rauchte? Trank er, weil er den schweren psychischen Belastungen nicht standhalten konnte? Haben die vielen Sorgen letztendlich seine Krankheiten ausgelöst?

---

[1] Hier besteht ein gewisser Widerspruch, denn in einem Brief an Page vom 30.10.72 (s. S. 396) berichtet Schindler von Behandlungskosten, die die »Armenkrankenkasse« nicht bezahle – also muss er zumindest zu diesem Zeitpunkt in einer Krankenkasse gewesen sein.

Es bleiben viele offene Fragen, denen der Leser anhand dieses Kapitel nachgehen kann …

Dies ist einer der ersten Briefe, in dem Schindlers nachlassende Gesundheit – es handelt sich um Herzprobleme – zur Sprache kommt. Schindler nennt seine Krankheit im selben Atemzug mit Sorgen und wirtschaftlichen Problemen. Diesen Zusammenhang zwischen Sorgen und Krankheit wird er immer stärker sehen, was auf eine eher moderne Einstellung zum Thema Gesundheit hinweist.

Frankfurt a. M., den 2.1.1964, Oskar Schindler an Hermann[2]

… Zu der Zeit war ich durch 4 Monate mit meiner Herzkranzgefäß-Problematik so stark in medizinischen Händen, … dass ich mich um diese Dinge nicht kümmern wollte.[3] Diese Krankheit war neben dem buchmäßig erwiesenen Boykott und dem abnormal strengen Winter, der mir … feste Kosten wie Löhne, Heizung und Miete über 12 000,– einbrachte und diese Unkosten bis März ohne Produktion weiterliefen, wobei in der Halle trotz Heizung nur minus 8 Grad herrschten, alle Pumpen eingefroren waren und keine Produktionsmöglichkeit bestand und dies ohne Kapitalrücklagen eines neu gegründeten Betriebes, der auch zur Räumungsklage führte …

Schindler ist im Sanatorium. Die Behandlung scheint anzuschlagen, es geht ihm besser.

Emdenau, Sanatorium Stein, den 24.8.1964, Oskar Schindler an RA Dr. Besser

… Ihre geschätzte Frage um mein Wohlergehen freut mich und ich kann Ihnen mitteilen, dass ich glücklich bin, diese Kur angenommen zu haben. Als Beispiel: ich habe bis heute – das ist mehr als 16 Tage –

---

[2] wahrscheinlich der *Schindler-Jude* und Freund Hermann Rosner in Amerika

[3] Schindler spielt auf einen Vorfall in seiner Fabrik an, bei dem ein Arbeiter ihn mit einer Eisenstange verletzt und als »Drecksjude« beschimpft hat.

noch kein Glas Bier getrunken; mein Puls ist von 130 auf 80 herunter; Frühsport, Diät, herrliche Waldspaziergänge und eine sympathische Gesellschaft tragen viel dazu bei, böse Dinge – wenn auch nur zeitweise – vergessen zu lassen. In programmfreien Stunden arbeite ich etwas an meiner Filmgeschichte und der vernachlässigten Ausland-Korrespondenz. Ich könnte mir gut vorstellen, lieber Herr Doktor, dass auch Ihnen einige Wochen in diesem Milieu sehr nützlich wären …

Schindler geht es gesundheitlich weiterhin gut. Nicht unwesentlich daran beteiligt dürfte der Verzicht auf hochprozentigen Alkohol sein.

o.O., Ende 1964[4], Oskar Schindler an Freunde[5]

… Zu meiner Freude kann ich Euch, meinen lieben Freunden, mitteilen, dass sich mein Gesundheitszustand hervorragend gebessert hat und als zusätzliche Überraschung teile ich Euch mit, dass ich ein Wort in meinem Sprachregister gestrichen habe, und zwar das Wort »Schnaps«. Ich beabsichtige vorerst einmal 6 Monate durchzuhalten. Die letzten 2 Wochen ist es mir, sehr zur Verwunderung meiner Freunde, gelungen. Aber ich muss mich regenerieren, denn es wird immerhin ab Ende Januar nicht unerhebliche Arbeitsaufgaben für mich geben[6], die meine ganze Kraft absorbieren werden.

Schönen Dank für Eure Grüße und Glückwünsche und mit den besten Wünschen für Eure Gesundheit

immer Euer

Seine Freunde freuen sich mit ihm über seinen verbesserten Gesundheitszustand. Wie an allen Dingen nehmen sie auch an seinen gesundheitlichen Problemen regen Anteil:

---

[4] Die Adressaten und das ungefähre Datum ergeben sich aus dem Brieftext.

[5] Freundeskreis in Israel

[6] Schindler geht davon aus, dass die Filmproduktion Ende Januar in Spanien beginnen wird und dass er dann als technischer Berater dabei sein wird – der Film erreichte jedoch zu seinen Lebzeiten nie die Produktionsphase.

Tel Aviv, den 10.1.1965, Sternberg an Oskar Schindler

… Sehr erfreut entnahmen wir Ihrem letzten Schreiben, dass Sie sich gesundheitlich besser fühlen u. nunmehr ein geregeltes Leben führen können, was zur Kräftigung Ihrer Gesundheit beitragen soll. Sie müssen von nun an viel Beachtung Ihrer Gesundheit schenken, so wie wir Ihnen das wünschen. Es stehen Ihnen im Jahre 1965 ganz andere Möglichkeiten bevor als in den vorletzten Jahren …

Ein etwas älterer Schindler, der sich – wie eigentlich auf allen Fotos – gut angezogen der Öffentlichkeit präsentiert

Schindler schildert Dr. Bejski, warum es ihm gesundheitlich besser geht. Ein wesentliches Heilmittel wäre auch »der Abklang der großen Sorgen«.

Frankfurt a. M., den 31.3.1965, Oskar Schindler an M. Bejski

… Um kurz noch Deine Fragen über meinen Gesundheitszustand und den Verhältnissen zu beantworten, kann ich Dir heute stolz versichern, dass ich seit mehr als 4 Monaten kein Glas Schnaps oder andere scharfe Sachen getrunken habe und mir die Entwöhnung leichter gefallen ist, als ich ursprünglich annahm, um so mehr die Versuchungen größer wurden. Dass das hervorragenden Einfluss auf meine Genesung zur Folge hatte, kannst du dir vorstellen. Ich nehme noch weiter Aufbauspritzen und Vitamine, aber ein wesentliches Heilmittel ist wohl der Abklang der großen Sorgen. Es fehlt mir heute die Veranlassung, mich künstlich zu Tode zu saufen, da ich auch in der damaligen Zeit einen andern Weg aus diesem Leben nicht gehen konnte.

Dazu lebe ich jetzt in einer eigenen Wohnung, die mich vom Terror einer Xanthippe von Vermieterin frei macht, und ich kann sogar fernsehen, so lange ich will.

… Lieber Dr. Bejski, mit den besten Wünschen für die Gesundheit Deiner lieben Gattin und Dir …

Die Glückwünsche zu Schindlers Geburtstag beinhalten natürlich auch Wünsche zur Gesundheit. Bejski zeigt sich besorgt über »Depressionen«, von denen Schindler offensichtlich berichtet hatte.

Tel Aviv, den 22.4.1966, Moshe Bejski an Oskar Schindler

… Meine Frau und ich beglückwünschen Sie herzlichst zu Ihrem Geburtstag. Es möchten alle Ihre Wünsche in Erfüllung gehen. Es begleiten Sie unsere tiefsten Wünsche für lange, sorglose und gesunde Jahre.

… In Ihrem letzten Brief schrieben Sie über »persönliche Depressionen, die private Ursache[7] haben«; dies besorgte uns, obwohl Sie darüber nichts Näheres angegeben haben. Wir hoffen, auch darüber zu hören …

In diesem Schreiben an den so genannten Ehrensekretär der Martin-Buber-Gesellschaft *schildert Schindler die Ereignisse der letzten Jahre. Schindler führt hier seinen Firmenbankrott u. a. auch auf seine gesundheitlichen Probleme zurück – und seine gesundheitlichen Probleme auf die »Misere der letzten Jahre«.*

Frankfurt a. M., den 8.11.1966, Oskar Schindler an C. Honig von der *Martin-Buber-Gesellschaft*

… In der ausweglosen Situation[8] pachtete ich ein Betonsteinwerk, um wenigstens den lt. Gesetz zustehenden Betriebsmittelkredit aus meiner Entschädigungssumme freizubekommen. Nach 2 Jahren musste ich mit einem außergerichtlichen Vergleich die Firma liquidieren. Die

---

[7] Die Ursache der Depressionen wird aus der Korrespondenz nicht ersichtlich.

[8] Verschiedene Versuche zu einer Betriebsübernahme waren fehlgeschlagen und Schindler erhielt jahrelang nur einen Bruchteil der ihm zustehenden *Lastenausgleichszahlungen*.

Hauptgründe waren neben zu geringer Kapitaldecke und hoher Miete mein Gesundheitszustand, der mich mit einer Herzgeschichte wochenlang vom Betrieb fernhielt sowie Boykottschwierigkeiten u. a.

… durch ein Zusammentreffen mit Dr. Adenauer, Botschafter Dr. Pauls und Graf Yorck[9] von Wartenburg in Israel [*wurde*] Herr Bundestagspräsident Gerstenmeier angesprochen…, für mich, da ich keinerlei Rente, Krankenschutz oder andere Sicherheit besitze, einen Ehrensold im Bundespräsidialamt zu erwirken. Diese Gespräche fanden im Mai des Jrs. anlässlich meines Besuches in Israel bei meinen Freunden statt, leider habe ich bis heute keinen konkreten Bescheid.

Durch den durch mein Alter und die Misere der letzten Jahre angegriffenen Gesundheitszustand ist eine Einstellung meiner Person in die Industrie kaum durchzusetzen, wenn auch meine Gesundheit eine gewisse Tätigkeit zuließe …

Zu diesem Zeitpunkt ist Schindler bereits enttäuscht von dem schleppenden Verlauf des Filmprojekts. Und obwohl er sich auf die baldige Verleihung des Martin-Buber-Preises *freut, in deren Vorfeld er sehr aktiv ist, leidet er unter Depressionen.*

Frankfurt a. M., den 30.1.1967, Oskar Schindler an Martin Gosch

…

Meine Gesundheit ist leider nicht sehr gut und habe ich in den letzten Monaten unbegründeterweise gewisse Depressionen und Schlaflosigkeit …

Schindlers Gesundheitszustand ist schlecht. Es liegt nahe, einen Zusammenhang mit der Enttäuschung um den Martin-Buber-Preis *zu vermuten. Die Verleihung des Preises wurde immer wieder verschoben und Schindler hat das ausgesetzte Preisgeld höchstwahrscheinlich nie erhalten.*

---

[9] in den Dokumenten manchmal auch »York von Wartenberg« geschrieben

Frankfurt a. M., den 16.12.1967, Oskar Schindler an Janek [Sternberg]

...
Was Deine ehrliche Einladung zur bar-mitswe[10] Deiner lieben Enkelkinder anbetrifft, bin ich heute noch nicht in der Lage, eine vollwertige Zusage zu geben, da, wenn sich mein Gesundheitszustand nicht bessert, ich noch nicht einmal im April in der Lage sein werde, unser Jahrestreffen[11] in Tel Aviv wahrzunehmen. Das hatte ich mir für meinen 60jährigen Geburtstag sehr erwünscht.

Ich bin aus London mit einem noch schlimmeren gesundheitlichen Zustand zurückgekehrt, als wie ich fuhr, und habe gerade vor einigen Stunden 95,– DM in der Apotheke für Injektionen für unseren Freund Dr. Metz bezahlt, der hofft, mich bis dahin nach dem Londoner Tiefschlag[12] wieder auf Vordermann zu bringen ...

Schindler fühlt sich »lustlos und elend«. Hier sieht er den Zusammenhang zwischen Krankheit und Zukunftsängsten.

o. O., den 24.2.1968, Oskar Schindler an Poldek Pfefferberg

... Lieber Poldek, Deine Frage über mein Gesamtbefinden kann ich leider nicht mit Erfreulichem beantworten. In den letzten Monaten habe ich gesundheitlich neben meiner alten Herzgeschichte mit Depressionen und anderen Leiden zu tun. Ich fühle mich lustlos und elend. Ich will nicht verheimlichen, dass der gesamte Komplex zu 50% die Ursache darin hat, dass ich mit 60 Jahren zerbrochen vor einem Lebensabend stehe, ohne die geringste Aussicht auf ein sorgenfreies Alter. Unsere Freunde in Israel sind wohl sehr hartnäckig bemüht, für mich eine ausreichende Lebensrente bei der Bundesregierung hier zu

---

[10] Bar-Mizwa: Akt der Einführung jüdischer Jungen in die jüdische Glaubensgemeinschaft (nach Vollendung des 13. Lebensjahres)

[11] Jahrestreffen der *Schindler-Juden* am 8. Mai anlässlich des Kriegsendes und der Befreiung aus Brünnlitz. Am 28. April feierte Schindler seinen Geburtstag – wenn irgend möglich in Israel.

[12] Schindler meint die Verleihung des *Martin-Buber-Preises*; die ganze Angelegenheit war eine große Demütigung und Enttäuschung für ihn, s. a. den Exkurs zum 3. Kapitel »Der *Martin-Buber-Friedenspreis*«.

erwirken, aber Du kennst ja die Sturheit der deutschen Bürokratie. Die Überbrückungshilfe von monatlich DM 500,–, die bisher noch [*nicht*] widerrufen wurde, ist nur ein kleiner Teil des Lebensminimums, da ich davon DM 312,– für Miete, DM 30,– für Putzfrau und DM 40,– für Strom bezahle. Es bleiben mir also 30 $, davon soll ich Medikamente, Reinigung, Postspesen und evtl. auch Zigaretten und Lebensmittel bestreiten. Dass da die Substanz[13] schmelzen muss wie Schnee in der Sommersonne, ist klar, um so mehr ich noch eine ganze Reihe von sogenannten Ehrenschulden[14] abzudecken hatte …

Auch seinen argentinischen Freunden gegenüber klagt Schindler über große gesundheitliche Probleme.

Frankfurt a. M., den 6.4.1968, Oskar Schindler an Walter und Beate Pollack

… Lieber Walter, über meine Verleihung des [*Martin-*]*Buber-Friedenspreises* London, von der ich Dir eine Broschüre geschickt habe, habe ich von Dir keine Stellungnahme erhalten. Es ist bedauerlich, dass ich einem Betrüger aufgesessen bin, der sich mit mehr als 1000 Schnorrbriefen in aller Welt eine enorme Dotation für den Schindler-Preis erschwindelt hat …

Bitte wundert Euch nicht, dass ich zu meinem [*schon ursprünglich*] elenden Gesundheitszustand derartige Tiefschläge ohne Folgen nicht ertragen kann.

… Ich hoffe, einer Einladung meiner Freunde nach Israel zur Feier meines 60jährigen Geburtstages stattgeben zu können, falls mir der Herrgott die gesundheitlichen Voraussetzungen schafft …

---

[13] Wahrscheinlich meint er damit die Gelder aus dem Filmvertrag – von den *Lastenausgleichszahlungen* hat er wegen seines Firmenbankrotts ja fast nichts für sich behalten können (s.a. 2. Kapitel).

[14] Er hatte sich viel Geld von seinen jüdischen Freunden geliehen, das er hatte zurückzahlen wollen.

Schindler bittet Gosch, ihm Gelder aus der geplanten Schindler Humanities Foundation[15] *zur Verfügung zu stellen. Hier sieht er den Zusammenhang zwischen Geld und Gesundheit – wenn Gosch ihm keines schicke, müsse er ihm vielleicht bald einen »Grabstein kaufen«.*

Frankfurt a. M., den 8.4.1968, Oskar Schindler an Martin Gosch

... Ich bitte Dich daher dringend, lieber Martin, ohne Rücksicht der weiteren Entwicklung Deines Hilfsprogrammes für mich mir einen Teil der oben genannten Summe zu überweisen, denn Du weißt, wer schnell hilft, hilft doppelt, und ich bin voll überzeugt, dass dies auch im Interesse meiner Freunde geschieht.

... Lieber Martin, wenn Du also nicht warten willst, mir für die paar 100 $ einen Grabstein zu kaufen, bitte ich Dich dringend, mir einen Teilbetrag zu überweisen, mit dem ich mich auch zu dem von meinem Arzt längst geforderten Test in die Uni-Klinik einstellen kann ...

Schindler kündigt in diesem Brief Dr. Bejski ausführliche Informationen über seinen Gesundheitszustand an und schickt ihm anscheinend sogar Laborberichte. Schindlers Gesundheit wird von ihm und seinen israelischen Freunden offensichtlich sehr ernst genommen.

Frankfurt a. M., den 13.7.1968, Oskar Schindler an Dr. Bejski

... Mein Gesundheitszustand ist einigermaßen gleichbleibend (s. Beilagen) und Dr. Metz u. a. sind jetzt bemüht, in irgendeinem Krankenhaus ein Bett für einen Testaufenthalt zu bekommen. Inzwischen habe ich Röntgen, Blutproben etc. zusätzlich machen lassen und ist alles einigermaßen in Ordnung, bis auf einen hohen Blutspiegel, der, da kein Eiweiß im Blut, unerklärlich ist (s. Beilagen).

---

[15] eine Idee seines Filmproduzenten Martin Goschs, vermutlich hauptsächlich, um Werbung für den geplanten *Schindler-Film* zu machen. Verschiedene *Schindler-Juden* hatten schon Geld in diese Stiftung eingezahlt, die auf internationaler Ebene große humanitäre Ziele verfolgen sollte. Die Zinsen der gesammelten Gelder sollten Schindler zugute kommen.

Ich hoffe, in einigen Tagen über die Gesundheitsprobleme noch mehr zu erfahren und schreibe Euch dann ausführlich …

Schindler beschreibt seinen schlechten Gesundheitszustand während seines Israelbesuches – nun ist auch noch Diabetes bei ihm diagnostiziert worden. In Israel wurde er von seinen Schindler-Juden *anscheinend auch medizinisch betreut.*

Frankfurt a. M., den 13.7.1968, Oskar Schindler an Dr. Sulzbach

… Von meinen israelischen Freunden war ich zur 20jährigen Befreiungsfeier nach Tel Aviv eingeladen und habe dort auch die Freude gehabt, von Ihrem geschätzten Freund Prof. Dr. Brundert als Wahlfrankfurter zu meinem 60. Geburtstag geehrt zu werden. Auch bereiteten mir 300 meiner Freunde ein nettes Bankett im Hilton. Leider bin ich krankenhausreif nach Israel abgeflogen und nur die besorgte Hilfe meiner jüdischen Ärzte-Freunde ermöglichte es mir, diese 4 Wochen einigermaßen durchzustehen und sogar mit gebessertem Gesundheitszustand nach Frankfurt zurückzukehren. Denn man hat festgestellt, dass sich zu meiner Angina pectoris[16] leider eine enorm hohe Diabetes[17] hinzugesellt hat. Sie sehen, lieber Dr. Sulzbach, ein Unglück kommt selten allein (s. auch Beilagen) …

Die medizinischen Tests, von deren Notwendigkeit Schindler berichtet hatte, sind offensichtlich gemacht worden – sein Hausarzt Dr. Metz hat ihn in die II. Medizinische Klinik des Krankenhauses Höchst einweisen lassen. Seinem Arzt war schon zuvor bekannt, dass Schindler Herzprobleme hatte, zuckerkrank war, unter Kreislaufproblemen und Durchblutungsstörungen in den Beinen litt. Der Krankenhausbefund, der diese Krankheitsbilder differenzierter, aber für Laien etwas schwer verständlich darstellt, lautet folgendermaßen:

---

[16] anfallsweise auftretende Schmerzen hinter dem Brustbein infolge Erkrankung der Herzkranzgefäße

[17] In ärztlichen Berichten ist später nur noch von einer leichten Diabetes die Rede.

Frankfurt a. M., den 26.8.1968, Prof. Christ, Dr. Seidel, Ärzte am Krankenhaus Höchst, an Dr. Metz

... Es handelt sich bei Herrn Schindler um eine essentielle benigne labile Hypertonie[18] mit derzeit medikamentös kompensierter Herzinsuffizienz[19], ein Lungenemphysem[20] mit Verdacht auf Bronchiektasen[21], einen leichten Diabetes mellitus[22] und um periphere Durchblutungsstörungen in beiden Unterschenkeln. Der Verdacht auf eine Fettleber konnte ... nicht bestätigt werden ...

Wir behandelten mit Novodigal, Ronicol retard, Gefäßgymnastik und Teilsandbädern und bitten Sie, diese Behandlung fortzusetzen. *Auch eine* salzfreie Diabetes-Schonkost *wird empfohlen ...*

Die israelischen Freunde wollen sich verstärkt um eine finanzielle Hilfe bei der Behandlung Schindlers gesundheitlicher Probleme bemühen. Sie erinnern an die »gefahrvolle Kriegszeit«, die Schindler schließlich auch gut überstanden habe – vielleicht hat aber auch sie seine Gesundheit und seine Nerven in besonderem Maße angegriffen.

o.O, den 19.9.1968, Sternberg an Oskar Schindler

... Auf Umwegen erfuhr ich, dass Dir vom Bundespräsidenten Lübke eine winzige monatliche Rente zugewiesen worden ist. Ich stelle mir Deine Enttäuschung u. Unzufriedenheit vor ... schade ..., dass Du Dich aufregst, heute ist die Hauptsache, dass Du Deine Nerven u. Gesundheit schonst. Du hast hinter Dir eine gefahrvolle Kriegszeit, in der Du täglich der größten Lebensgefahr ausgesetzt warst u. doch kamst Du mit heiler Haut davon. Wir hier in Israel – Deine geretteten *Schindler-Juden* – werden Dich nicht im Stich lassen. Unlängst waren wir, die engsten Brünnlitzer Freunde, beisammen, freuten uns aufrichtig u. von Herzen, dass es Dir gesundheitlich besser geht, wir wollen sorgen, dass es Dir an Medikamenten u. Ärzteausgaben [*an*]

[18] Bluthochdruck
[19] Herzschwäche
[20] Luftansammlung in der Lunge
[21] krankhafte Erweiterung der Bronchien
[22] Zuckerkrankheit

nichts fehlt. Wir werden bestrebt sein, [*Dir*] einen monatlichen Zuschuss – gegen 600,– DM – zukommen zu lassen, eben für ärztliche Kosten u. kleine Erholung.

… Dr. Biberstein versprach mir, an Dich zu schreiben u. die eingesandten ärztlichen Befunde zu analysieren[23]. Sicherlich hast Du den Brief bekommen …

Stadträtin Dr. Schiffler macht sich große Sorgen um Schindlers Gesundheit. Sie fürchtet, dass die Organisation einer Deutschlandtour – wahrscheinlich geht es um den Besuch israelischer Jugendlicher – Schindler zu sehr mitnehmen würde.

o. O., den 3.3.1969, C. Schiffler an Oskar Schindler

… München vorzubereiten würde Sie vielleicht – im augenblicklichen Gesundheitszustand – sehr schwer engagieren.[24] Drei Wochen sind schon eine Menge Deutschland …

Es macht mir ausgesprochen Sorge, dass Sie noch nicht bei Dr. Metz waren. Das ist bei Zuckerstatus schlimm.

Können Sie nicht morgen, Mittwoch, noch gehen? Bitte in großer Sorge! …

Auch die lang ersehnten Israelaufenthalte werden durch gesundheitliche Probleme zunehmend überschattet.

Frankfurt a. M., den 4.6.1972, Oskar Schindler an Paul Page

… Nun bin ich seit einer Woche wieder aus Israel zurück und arbeite wieder für die *HUJ*[25] weiter. Leider hat sich meine Rückfahrt etwas

---

[23] Der Arzt und *Schindler-Jude* Dr. Biberstein betreut Schindler ebenfalls medizinisch – über tausende von Kilometern hinweg.

[24] Es handelt sich wahrscheinlich um die Vorbereitung einer Deutschlandtour – auch ein München-Besuch ist geplant – im Rahmen des deutsch-israelischen Jugendaustausches, für den Schindler sich eingesetzt hat.

[25] *Hebräische Universität Jerusalem*; Schindler arbeitete für sie in seiner Funktion als ehrenamtlicher Geschäftsführer des Bundesverbandes der Gesellschaften der Freunde der *HUJ*, versuchte Gelder zu sammeln etc.

verzögert, da ich durch einen Kreislaufkollaps und schwere Blutdruckstörungen zwei Wochen länger bleiben musste als geplant …

Schindler fühlt sich schon seit längerem ernstlich krank. Außerdem hat er an die 3000 DM offene Arztrechnungen und bittet Pfefferberg, diese aus dem Schindler Fund[26] *zu begleichen.*

Frankfurt a. M., den 30.10.1972, Oskar Schindler an Leopold Page

… Dass Ihr bei Eurer Europa- und Israelreise nicht in Frankfurt Station gemacht habt, hat mich traurig gestimmt. Ich hatte fest gehofft, Euch hier zu erleben …

Bedauerlicherweise bin ich seit 3 Monaten ernstlich krank. Die Verschlechterung ist durch einen Defekt an der unteren Wirbelsäule gekommen, was ischiasähnliche Schmerzen und ständige Schlaflosigkeit auslöst.

Vor 6 Wochen haben wir eine Strophantinkur für mein Herz gemacht, die eine gewisse Besserung herbeiführte, aber die chronische Nierenbeckenvereiterung ist leider schlimmer geworden und dazu die Nervenschmerzen im Fuß.

Ich habe, lieber Poldek, eine dringende Bitte an Dich. Die letzten Monate habe ich für 30 Röntgenaufnahmen, für E.K.G. – Oszillographie der Beine, radioaktive Isotopen der Nieren, Bestrahlung und hundert Injektionen und viele Medikamente über 3000,– DM auf der Rechnung stehen. Ich kann höchstens 500,– bezahlen. (Eine solche Behandlung zahlt die »Armenkrankenkasse« nicht.)

Ich bitte Dich sehr, lieber Poldek, mir einen größeren Scheck zu schicken. Ich habe zwar keine Ahnung, wie mein Konto[27] aussieht, aber ich habe seit vielen Monaten keine Überweisung von Dir erhalten.

Vielleicht wäre es gut, wenn Du Dich mit unseren Freunden in Los

---

[26] Der *Schindler Survivor's Fund* war ja eine Stiftung, die explizit eingerichtet worden war, um Schindler finanziell zu unterstützen. Pfefferberg war der Vorsitzende dieser Stiftung, Irving Glovin fungierte als Rechtsanwalt.

[27] Wahrscheinlich meint er sein »Konto« beim *Schindler Survivor's Fund.* (Bei »*Fund*« und »*Foundation*« wird übrigens einheitlich die englische Schreibweise beibehalten, die Schindler zumeist auch in den Briefen verwendet.)

Schindler und Annemarie Staehr

Angeles in diesem bedauerlichen Ernstfall in Verbindung setzen würdest.

Sicher wäre es auch an der Zeit, Mr. Gosch anzusprechen, der sich schon für das Jahr 1971 verpflichtet hatte, die 2 $^1/_2$ tausend Dollar für den *Schindler Fund*[28] einzuzahlen.

Bitte, schicke mir einen Scheck so schnell wie möglich, da mich schon 2 Krankenhäuser gemahnt haben. Ich habe vor einer Woche mit Dr. Bejski telefoniert, der mir zusagte, in dieser Sache einige Zeilen an Dich zu richten. Ob die Wirbelsäule operiert werden kann, sollte in den nächsten Wochen entschieden werden. Auf jeden Fall muss ich bis zu meinem 65. Geburtstag wieder einigermaßen auf den Beinen sein, – wer weiß, wie oft ich noch fahren kann, – diese Reise trifft ja auch mit dem 25jährigen Bestehen des Staates Israel zusammen …

Dr. Schiffler schickt Schindler die besten Genesungswünsche. Offenbar ist er schwer erkrankt[29] *und von der Familie Staehr*[30] *aufgenommen worden. Frau Dr. Schiffler versucht anscheinend Schindlers Genesungswillen dadurch zu stärken, dass sie ihn an seine Arbeit für Israel erinnert:*

---

[28] Hiermit wird er die *Schindler Humanities Foundation* meinen.

[29] Es ist von einem Schlaganfall die Rede, durch den er einige Zeit halbseitig gelähmt wurde.

[30] Frau (Ami) Staehr war Schindlers letzte, langjährige Freundin. Schindler wurde von ihr und ihrem Mann Dr. Heinrich Staehr bei ihnen zu Hause betreut.

Hedwig Dransfeldhaus, den 6.11.1972, C. Schiffler an Oskar Schindler

Lieber Oskar!
Hoffentlich geht es Dir jeden Tag mit kleinen Schritten besser, alle guten Wünsche kommen zu Dir. Alle Freunde können Dr. Staehrs nicht genug dankbar sein, dass Du dort das beste Refugium in Deutschland hast. Möchtest Du auch mitwirken, stillhalten, ausruhen und in 2–3 Wochen wenigstens wieder so weit bei Kräften sein, dass Du die Fahrt nach Israel wagen kannst.

… Aber ich weiß Dich in besten Händen und denke jeden Tag an Dich – mit Frau Staehr betend, – obwohl Du darüber ein klein wenig lächelst … dass Deine Kräfte wieder wachsen, um Dein gutes Werk für Israel durchtragen zu können … ich bin sicher, Du schaffst es wieder.

von Herzen
Dein »Bruder« Lotte

Dr. Heinrich Staehr scheint jetzt die medizinische Betreuung von Schindler übernommen zu haben. Ein an ihn geschickter Untersuchungsbericht des St.-Bernward-Krankenhauses in Hildesheim vom 15.11.1972 beschreibt die Ergebnisse einer »Arteriographie[31] des li. Beines«, eine schwere Arteriosklerose[32] *wird diagnostiziert.*

Schindler leidet unter starken Schmerzen. Starker Alkohol- und Zigarettenkonsum werden für seine Krankheiten mit verantwortlich gemacht. In einem weiteren von Dr. Staehr an einen Chirurgen gerichteten Arztbericht werden Schindlers diverse Leiden genannt:

Hildesheim, den 7.12.1972, Dr. Heinrich Staehr an Dr. Knüppel, FA für Chirurgie

… liegt ein sehr schmerzhaftes Lumbalsyndrom[33] bei entsprechend deformierenden Veränderungen der Lendenwirbelsäule vor… Kon-

---

[31] röntgenologische Darstellung des arteriellen Gefäßnetzes
[32] krankhafte Veränderung der Arterien
[33] Bandscheibenvorfall

servative Behandlung … [*hat*] keine nennenswerte Milderung der Schmerzen gebracht.

… gleichzeitig starke Durchblutungsstörungen und eine generelle Arteriosklerose sowie eine Nephrosklerose[34]…

An internen Leiden wird Herr Sch. wegen eines geringfügigen Diabetes mellitus und einer Herzinsuffizienz mit Neigung zu hypertonen[35] Störungen behandelt. In der Vorgeschichte haben C_2H_5OH[36] und ein starker Nikotinabusus[37] stets eine wesentliche Rolle gespielt.

…

Dr. Staehr übernimmt weiterhin Oskar Schindlers medizinische Betreuung. Schindler möchte trotz starker Gesundheitsstörungen – u. a. die schon genannte Nierenerkrankung, Zuckerkrankheit und Durchblutungsstörungen – in keine Klinik gehen.

Hildesheim, den 19.6.1973, Dr. Staehr an Prof. Dr. Schmidt-Mende

… Herr Sch. will sich keinesfalls einer klinischen Behandlung unterziehen und möchte sich gern in Ihre ambulante Behandlung mit gelegentlicher Kontrolle begeben. Er ist z.Zt. bei mir zu Besuch. Notwendige therapeutische Maßnahmen könnten, auch wenn es sich um Injektionen handelt, natürlich von mir durchgeführt werden.

Ich wäre Ihnen, sehr geehrter Herr Kollege, außerordentlich dankbar, wenn Sie das Krankheitsbild des Herrn Schindler aus Ihrer Sicht beurteilen würden und mir therapeutische Vorschläge geben könnten …

Bejski ist sehr betroffen von Schindlers schlechtem Gesundheitszustand. Er versucht über Frau Staehr Kontakt mit Schindler aufzunehmen, da Schindler offensichtlich nicht mehr schreiben kann. Gleichzeitig versucht er sich bei offiziellen Stellen für Schindler einzusetzen, wohl auch, um die Finanzierung seiner medizinischen Behandlung zu sichern:

---

[34] Nierenerkrankung
[35] Hypertonie: Bluthochdruck
[36] Alkohol
[37] Nikotinmissbrauch

Tel Aviv, den 17.7.1973, Dr. Bejski an Oskar Schindler

Lieber, teurer Herr Schindler,
habe soeben einen Brief an Frau Dr. Staehr gerichtet, ich schreibe diesen Brief nach Frankfurt, weil ich nicht weiß, wo Sie im Augenblick sich aufhalten. Habe mehrere Mal versucht, ein Telephongespräch mit Hildesheim zu erreichen – leider wurde der Anruf nicht beantwortet. Ich vermute also, dass Familie Dr. Staehr wegen Sommerferien verreist ist. Die Frage ist nur, ob Sie dieser Brief in Frankfurt erreicht.

Sie verstehen wohl, dass wir über Ihren Gesundheitszustand sehr besorgt sind, besonders, weil Ihnen auch das Schreiben schwerfällig ist. Ich werde in den nächsten Tagen versuchen, doch eine Telephonverbindung mit Familie Dr. Staehr zu bekommen. Aus dem Brief an Sternberg habe [*ich*] erfahren, dass der Nierenbefund besser ist, – wir hoffen alle, dass Sie sich erholen und zu Kräften kommen. Dies wünschen wir von tiefstem Herzen.

Ich nehme an, in den nächsten Tagen wird Sie Edel Elsner besuchen, er wird auch eine Geldsumme mitbringen. Von Poldek wurde mir bestätigt, er hat eine Überweisung gemacht.

Vorige Woche war hier Dr. Nahum Goldman, habe versucht, ihn zu sprechen und habe ihm ausführlich über Ihren Gesundheitszustand berichtet. Dr. Goldman versprach mir, die Sache mit den deutschen Behörden zu besprechen und … ein dauerndes Heilverfahren [*zu sichern*]. Er hat sich sogar bereit erklärt, mit dem Bundeskanzler darüber zu sprechen, wenn er es bis zum 15.8.73 auf anderem Wege nicht erledigt …

Ich weiß, dass Frau Dr. Staehr ziemlich viel eigene Sorgen hat, doch möchten [*wir*] sie sehr bitten, uns ab und zu einige Zeilen zu schreiben, dies ist im Augenblick der einzige Weg, von Ihnen Nachrichten zu haben.

Wir wünschen Ihnen rasche Genesung und senden die besten Grüße

Ihr Erika u. Moshe Bejski

Schindler ist deprimiert über die nur langsame Besserung seines Gesundheitszustandes nach einem Schlaganfall. Bejski freut sich jedoch, dass er wenigstens wieder einen Telefonanruf von ihm erhalten hat:

o. O., den 14.8.1973, Dr. Bejski an Oskar Schindler

… Habe mich diesmal über Ihren Anruf sehr gefreut, aber gleichzeitig bin ich besorgt, weil ich verstehe, dass Sie deprimiert sind. Ja, leider sind diese Art Verletzungen peinlich und dauerhaft, – weil sie ziemlich langsam zurücktreten. Es ist ein Problem von Zeit, aber Sie müssen guter Hoffnung sein. Wie ich verstehe, sehen Sie selber eine Besserung, – dies ist der beste Beweis, dass mit der Zeit die volle Kraft in der Hand zurückkommt[38]. Von Frau Dr. Staehr wissen wir, dass Sie ein sehr braver Patient sind, das hilft sehr viel. Ich persönlich fühle mich Frau Dr. Staehr sehr verpflichtet. Sie nannten sie mehrere Male »Goldstück« – dies ist das richtige Wort –, und vielleicht noch zu wenig. Ich bin so froh, wenn sie an uns schreibt …

Schindler geht es immer noch schlecht. Über seinen Gesundheitszustand hinaus enthält dieser Brief aber noch weitere interessante Informationen: Schindler wird offiziell als Rentner bezeichnet, der eine »Mindestrente aus dem Lastenausgleich«[39] *beziehe. Dies wurde in den Briefen nie angesprochen, obwohl Schindler schon seit etwa Anfang 1969 eine* Kriegsschadenrente[40] *bezogen haben muss.*

---

[38] Bejski spricht von den Folgen des Schlaganfalls, den Schindler im März desselben Jahres erlitten hatte.

[39] *Lastenausgleich:* Der Vermögensausgleich nach dem 2. Weltkrieg in der BRD zugunsten der durch die Kriegs- und Nachkriegsereignisse Geschädigten (Gesetz vom 14.8.1952, mehrere Änderungen). Zur Durchführung werden Ausgleichsabgaben erhoben, die dem Ausgleichsfonds zufließen. Die Gelder dürfen nur zur Finanzierung der Ausgleichsleistungen (z. B. Kriegsschadenrente, Eingliederungsdarlehen, Härtefonds) verwendet werden. Die Hauptentschädigung dient der Abgeltung für Vertreibungs-, Kriegssach- und Ostschäden an Vermögen, die nach dem Feststellungs-Gesetz (vom 14.8.52) festzustellen waren.
Zur Durchführung des *Lastenausgleichs* wurde das Bundesausgleichsamt errichtet, die Verwaltung in den Ländern liegt bei den Landesausgleichsämtern, in den Stadt- und Landkreisen bei den örtlichen Ausgleichsämtern. Der *Lastenausgleich* wird in den Dokumenten immer wieder zur Sprache kommen.

[40] *Kriegsschadenrente*: eine Ausgleichsleistung des *Lastenausgleichs* für alte oder dauerhaft erwerbsunfähige und einkommensschwache Geschädigte

Frankfurt a. M., den 15.8.1973, Dr. Schiffler an die Sozialbezirksvorsteher

Sehr geehrte Herren!
In Sachen von Herrn Oskar Schindler möchten wir Ihnen mitteilen, dass dieser aus gesundheitlichen Gründen frühzeitig Rentner geworden ist.

Er bezieht eine Mindestrente aus dem *Lastenausgleich*.

Seine Lage hat sich seit März 1973 verschlechtert, da er einen Schlaganfall erlitten hat und daher auch nicht fähig ist, selbst zu schreiben oder zu unterzeichnen.

Hochachtungsvoll

Aus einer von Schindler unterschriebenen Niederschrift vom 4.12.68[41] *wird ersichtlich, dass Schindler tatsächlich diese* Kriegsschadenrente *beantragt hat – die er nur aus gesundheitlichen Gründen, aufgrund einer mehr als 50-prozentigen Erwerbsminderung, erhalten kann.*

« … werde ich … *Kriegsschadenrente* beantragen. Mir wurde eröffnet, daß diese voraussichtlich in folgender Höhe gezahlt wird:

Unterhaltshilfe monatlich	305,– DM
Entschädigungsrente mtl.	118,– DM

Voraussetzung für die Gewährung von *Kriegsschadenrente* ist u.a., daß die Untersuchung durch das Stadtgesundheitsamt eine mehr als 50%ige Erwerbsminderung ergibt.

Frankfurt a. M., den 4.12.68

Fazit eines medizinischen Berichts, der die schon bekannten Krankheitsbilder noch einmal zusammenfasst. Der Patient Schindler befindet sich in einem bedrohlichen Zustand:

[41] Absender nicht ersichtlich, wahrscheinlich vom Ausgleichsamt Frankfurt

Hannover, den 25.10.1973, Dr. Geisthövel, Med. HS Hannover, an den überweisenden Arzt

... Zum EKG ist noch zu sagen, daß nach den Kriterien unseres Hauses Herr Schindler eigentlich einen Herzschrittmacher hätte bekommen müssen[42] ...

Insgesamt ist Herr Schindler selbstverständlich stark gefährdet. Das einzig Vernünftige wäre eine Krankenhausbehandlung, zu der sich der Patient aber nicht entschließen kann ...

Bejski hat für eine Geldüberweisung für Schindler gesorgt. Er versucht ihn zu einem Klinikaufenthalt zu überreden, die notwendigen Geldmittel werde er schon zusammenbekommen. Immer noch werden Schindler ärztliche Befunde von israelischen »Ärztefreunden« erklärt.

Tel Aviv, den 21.11.1973, Dr. Bejski an Oskar Schindler

... Ich bedauere ... konnte in der letzten Zeit so wenig tun. Zwar habe ich mit Mandel gesorgt, dass wenigstens irgendwelche Geldsumme Ihnen zukommen soll (hoffe, dies ist in Ordnung), aber es ist mir klar, dies löst nicht sämtliche Probleme. Soeben habe [*ich*] auch die zusätzlichen Befunde an Dr. Frank übermittelt, er versicherte, sein Gutachten an Sie zu schicken ...

Zwar konnte ich nicht viel aus dem ärztlichen Befund verstehen, aber es ist mir klar, dass eine Klinikbehandlung dringend empfohlen ist. Lieber Herr Schindler: Sie müssen doch diesem Rat folgen, – dies ist doch das Allerwichtigste. Sobald ich nur aktiv werde, wollen wir auch sehen, die dafür notwendigen Geldmittel zusammenzubringen, aber Sie müssen sich dazu entschließen!! ...

Schindler hat sich von seinem Schlaganfall zwischenzeitlich wieder erholt und ist wenige Monate vor seinem Tod noch einmal nach Israel gefahren.

Er war beteiligt an der Organisation der Europäischen Konferenz der Hebräischen Universität Jerusalem, *ein ihm sicher wichtiges Anliegen.*

---

[42] den erhält Schindler am 23.9.74

Gesundheitliche Probleme hinderten ihn allerdings zeitweilig an der Konferenzteilnahme.

Jerusalem, den 23.6.1974, *Hebrew University of Jerusalem* an Oskar Schindler

Lieber Herr Schindler,
diesmal nur ein paar Zeilen, um Ihnen für Ihre wertvolle Mithilfe bei der Organisation der Europäischen Konferenz zu danken. Es tat mir nur leid, dass Sie am Tag der Konferenz selbst sich nicht wohlfühlten und deshalb nicht die ganze Zeit dort sein konnten. Ich hoffe, Sie fühlen sich jetzt wieder besser.

Mit freundlichen Grüßen
Yehuda Kavish

Zwei Tage vor Schindlers Tod. Schindler liegt im Krankenhaus, auf der Intensivstation. Ami Staehr[43] *informiert die Freunde aus Israel über Schindlers Befinden. Sie versucht ihn so häufig wie möglich auf der Intensivstation anzurufen oder dort zu besuchen, aber seit seiner vor zwei Wochen erfolgten Operation*[44] *liegt Schindler in tiefer Bewusstlosigkeit, aus der er nur selten auftaucht und dann* »weiß [*er*] weder wo er ist, noch was mit ihm vorgeht.« *Man spürt die tiefe Erschütterung Ami Staehrs.*

Hildesheim, den 7.10.1974, Ami Staehr an die Schindler-Freunde in Israel

… Durch Dr. Bejski …sind Sie … über den so schweren Zustand von unserem lieben Oskar unterrichtet …

…, weil Oskar nur noch Haut und Knochen … ist, *würde er künstlich ernährt.* Es ist gut, dass Sie alle das nicht sehen müssen! Behalten Sie Ihren Oskar stark und vital, groß und mächtig in seinem Handeln, allen Situationen gewachsen in Wort und Tat und eben so, wie er war, um das zu vollbringen, was er vollbrachte …

---

[43] Es ist anzunehmen, dass sie es war, die diesen Brief und die folgenden Dokumente in Schindlers Koffer gelegt hat.

[44] bei der ihm ein Herzschrittmacher eingesetzt wurde

7.–10.74 Hildesheim

Schalom,

liebe Israel-Freunde!

Durch Dr. Bejski, und auch Frau Dr. Stern, sind Sie sicher über die Telefonate, die jeweiligen Nachrichten über den so schweren Zustand von unserem lieben Oskar unterrichtet. Heute sind es genau 2 Wochen nach der gelungenen Operation, aber auch genau 2 Wochen, dass Oskar nur für kurze Minuten einmal ansprechbar ist, sonst in steter Bewusstlosigkeit dahindämmert. Ansprechbar aber nur, dass er auf Anruf eines Mannes mit dem Öffnen seiner Augen reagiert, manchmal mit „ja". Ich sehe es, er weiss weder wo er ist, noch was mit ihm vorgeht. Dadurch, dass er seit der Operation auf der Intensiv-Station liegt, ist ein ständiges Bei-ihm-sein nicht möglich. Es ist eine grosse Ausnahme, dass mein Mann und ich in Abständen zu Oskar dürfen, aber er weiss es nicht, erkennt uns nicht. Ich rufe von morgens bis abends in Abständen auf der Station an. Stets kommt die gleiche Antwort: „unverändert, Herr Schindler lebt aber noch." Wenn wir zu Oskar dürfen, können wir aber jedes Mal feststellen, dass alles getan wird, von der Pflege bis zum ärztlichen Tun.

Ab heute hat man beschlossen, Oskar weit mehr Flüssigkeit und Astronauten-Nahrung zuzuführen. Die Flüssigkeiten sollen die Nieren mehr durchspülen, weil ständig die Gefahr einer Urämie besteht, die Nahrung, weil Oskar nur noch

Ami Staehr an Schindler-Freunde in Israel, 7.10.1974, 1. Seite

— 2 —

Haut und Knochen hat, ist. Es ist gut, dass Sie alle das nicht sehen müssen! Behalten Sie Herrn Oskar stark und vital, gross und mächtig in seinem Handeln, allen Situationen gewachsen in Wort und Tat und eben so, wie er war um das zu vollbringen, was er vollbrachte. Was jetzt an Oskar geschieht, steht uns allen noch bevor, keiner weiss über das Wie Bescheid.
Ich empfinde es als Gnade Gottes, dass Oskar darüber nichts weiss, die Bewusstlosigkeit ihn einhüllt, ihm auch die Schmerzen, Qualen erspart.

Ami Staehr an Schindler-Freunde in Israel, 7.10.1974, 2. Seite

Ich empfinde es als Gnade Gottes, dass Oskar darüber nichts weiß, die Bewusstlosigkeit ihn einhüllt, ihm auch die Schmerzen, Qualen erspart.

Nach Schindlers Tod am 9.11.74 erhält Dr. Staehr einen Bericht von dem Chefarzt Prof. Dr. Kleinsorg und dem Stationsarzt Dr. Rosemeyer des St.-Bernward-Krankenhauses, in dem Schindler schon zwei Jahre zuvor behandelt worden war.

Schindler war am 23.9.74 ein Herzschrittmacher eingesetzt worden – aber aus der Narkose sollte er nie wieder richtig erwachen. Als letztendliche Todesursache wird »zentrales Herz-Kreislaufversagen« *angegeben.*

Hildesheim, den 11.10.1974, Prof. Dr. Kleinsorg an Dr. Heinrich Staehr

...

Vorgeschichte:

Seit 1 Woche vor der Aufnahme geschwollene Füße sowie starke Dyspnoe[45], Appetit- u. Schlaflosigkeit. Bis Dezember 1973 angeblich immer gesund gewesen[46]...

... Zigaretten: 20/Tag, früher 40/Tag. Alkohol: 2-4 Cognac/Tag.

... erfolgte am 23.9.74 Implantation eines Herzschrittmachers, der nach der Implantation eine regelrechte Funktion zeigte.

... erfolgte die Verlegung des Patienten auf die Intensiv-Station.

...

Schließlich verstarb der Patient im zentralen Herz-Kreislaufversagen.

...

In der Todesanzeige[47], in der Schindler von den unterschiedlichsten Persönlichkeiten und Organisationen betrauert wird, heißt es:

---

[45] Atemnot

[46] erstaunlich, dass Schindler diese Aussage gemacht haben soll

[47] z. B. in der *Abendpost* am 12.10.1974 erschienen

Am Mittwoch, dem 9. Oktober 1974, verstarb nach schwere
Leidenstagen im Alter von 66 Jahren

Herr Oskar Schindler

geehrt in Yad Vashem als „Gerechter aus Völkern",
Träger des Bundesverdienstkreuzes
und des Päpstlichen Silvesterordens

Er hat in den Jahren des Schreckens 1940 bis 1945 in d
Nähe von Auschwitz und im Sudetenland mehr als 12
jüdischen Frauen, Kindern und Männern unter Einsatz sein
Existenz das Leben gerettet.

Es trauern um ihn
seine Geretteten in Israel und in vielen Ländern der Welt,
seine Freunde in Deutschland und Frankfurt/Main,
der Bundesverband der Gesellschaften der Freunde der
Hebräischen Universität Jerusalem in Deutschland e. V.,
für den er in den letzten Jahren tätig war,
Dr. Moshe Bejski
Propst Dr. Dieter Trautwein
Stadtdekan Msgr. Walter Adlhoch
Dr. Walter Hesselbach
Dr. Heinrich Stoehr

Todesanzeige – z.B. in der Abendpost
am 12.10.1974 erschienen

7.
Der Schindler-Film

Die erste Idee zu einem Filmprojekt über Schindler stammt von Schindlers jüdischen Bekannten in Amerika[1]*, die 1951 den deutschstämmigen Regisseur Fritz Lang*[2] *auf Schindler ansprachen. Auf ihre Vermittlung hin schreibt Schindler im Juli 1951 Fritz Lang einen Brief*[3]*, in dem er ihm von der Kriegszeit erzählt und Hintergrundinformationen für einen möglichen Film liefert. Aus diesem Projekt wird jedoch nichts, in der späteren Korrespondenz bleibt es unerwähnt.*[4] *Erst 1963 sollte es weitergehen, als nämlich der* Schindler-Jude *Pfefferberg der Frau des amerikanischen Filmproduzenten Martin Gosch von Schindlers Taten erzählte.*[5] *Gosch beginnt sich dafür zu interessieren*[6] *und nimmt Verhandlungen mit Pfefferberg, Schindlers Mittelsmann, auf.*

---

[1] u.a. Poldek/Leopold Pfefferberg alias Paul Page – er hatte nach seiner Emigration nach Amerika seinen Namen amerikanisiert –, der sich am intensivsten und ausdauerndsten mit dem Filmprojekt beschäftigte

[2] Der österreichische Filmregisseur Fritz Lang war im Jahr 1935 in die Vereinigten Staaten emigriert und 1955 nach Deutschland zurückgekehrt. Er wurde u.a. bekannt durch seine Filme »Metropolis«, »Dr. Mabuse«, »Die Nibelungen«.

[3] Der vollständige Brief ist nachzulesen im 1. Kapitel, S. 25ff.

[4] Emilie Schindler hat der Herausgeberin erzählt, dass Lang mit einem kurzen Brief geantwortet habe – Schindler solle Geduld haben, er wolle sich überlegen, ob er das Projekt realisieren könne – weiter hätten sie nichts von Lang gehört.

[5] Pfefferberg, der einen Kofferladen besaß und auch Handtaschen reparierte, kam eines Tages in Goschs Haus am Wilshire Boulevard in Los Angeles, um eine Handtasche von Martin Goschs Frau zu reparieren. Während der Reparatur erzählte er von Oskar Schindler, der ihm in seiner Fabrik in Zablocie bei Krakau das Leben gerettet hätte.

[6] Martin Gosch war von der Größe des Stoffes gepackt. Zwölf Monate lang reiste er kreuz und quer durch die Welt, um Material für einen Film zu

Am 13. November 1964 ist es soweit – nach einer ersten Fassung vom 1. Mai 1964 wird der Filmvertrag endgültig unterschrieben. Unterzeichnet wurde er von Page – für ihn selbst und als Bevollmächtigter von Schindler – und von Martin Gosch. Schindler hat Page völlig vertraut[7] *und ihm sämtliche Vertragsverhandlungen überlassen.*[8] *In dem Vertrag wird festgelegt, dass Oskar und Emilie Schindler zunächst 50 000 Dollar erhalten, 25 000 Dollar bei Vertragsunterzeichnung, weitere 25 000 Dollar bei Produktionsbeginn*[9]*. Oskar Schindler sollte 80%, Emilie Schindler 20% dieses Geldes erhalten. Page hat nicht nur für Schindler, sondern auch für sich selbst bei Produktionsbeginn die Position eines »technischen Beraters« durchgesetzt, beide sollten pro Woche 300 Dollar (plus Spesen) erhalten. Zusätzlich sollte bei tatsächlicher Fertigstellung des Films Schindler 5 Prozent vom Filmproduzentengewinn*[10] *erhalten, Paul Page hat für sich selbst 2 ½ Prozent ausgehandelt.*

---

sammeln und mit Leuten zu sprechen, die in Oskar Schindlers Fabrik den Krieg überlebt hatten.

[7] So hat z. B. Page im Vertrag, Punkt 9, festgelegt, dass sämtliche Zahlungen für Schindler zunächst an ihn, Page, erfolgen – wenn auch als Bevollmächtigter von Schindler und an eine andere Adresse als die direkt für ihn bestimmten Zahlungen. Auch Emilie stimmte zu, dass alle Zahlungen für sie zunächst an Page gehen sollten.

[8] Er hätte sich ja auch den Vertrag übersetzen lassen können – wie er es später mit verschiedenen englischen Dokumenten machte – und selbst unterschreiben. In einem gesonderten Brief an Gosch am 13.11.64 schreibt er nochmal ausdrücklich, dass er den Vertrag gelesen hätte, sich an sämtliche Bestimmungen halten würde und einverstanden sei, dass alle Zahlungen an Pfefferberg gingen. Emilie Schindler hat den Vertrag am 13. November 1964 auf dem amerikanischen Konsulat in Buenos Aires selbst unterschrieben.

[9] In der 2. – endgültigen – Fassung des Vertrages werden von diesen 50 000 Dollar plötzlich 6250 Dollar abgezogen – vermutlich hat die Paul Page für sich beansprucht.

[10] Der wiederum betrug 50% vom Reinerlös des Films. Die Frage stellt sich, ob Emilie Schindler als alleinige Rechtsnachfolgerin Oskar Schindlers nicht auch am Erlös von Spielbergs Film »Schindlers Liste« beteiligt sein sollte, der von *Universal Pictures* produziert wurde. Die Filmrechte von *MGM* – die sie 1964 von Gosch erworben hatten – hat später Goschs und Schindlers Anwalt

»Seinen« Film sollte Schindler jedoch nicht mehr erleben – erst viele Jahre nach Schindlers Tod, 1994, machte Spielbergs Film »Schindlers Liste« Furore.

Dieses Kapitel erzählt die wechselvolle Geschichte dieses Filmprojektes – was Schindler sich davon versprach und was es für ihn bedeutete.

Hier folgt der erste[11] Brief (s. S. 413), in dem Schindler von einem Filmprojekt über ihn berichtet. Schindler ist offensichtlich stolz, dass seine Geschichte verfilmt werden soll, es scheint sein verletztes Selbstwertgefühl zu stärken. Er findet, dass »dieses literarische Dokument für die Nachwelt geschaffen werden muss« und dem »leidenden polnischen Judentum« damit ein Denkmal gesetzt wird, wie es sonst nirgends geschehen sei.[12]

(der mit der ganzen Filmgeschichte betraut war), Irving Glovin, gekauft, der beim Spielberg-Film auch als Koproduzent auftrat. Er hatte die Rechte an *Universal Pictures* abgetreten (die außerdem die Filmrechte für Thomas Keneally's Buch »Schindlers Liste« erwerben mussten, um den *Schindler-Film* drehen zu können). Er schreibt in einem Brief vom 29.9.98 – die Herausgeberin Erika Rosenberg hatte Rechtsanwälte mit der Klärung von Emilie Schindlers Filmrechten beauftragt – dass er die Filmrechte ohne Auflagen erworben habe. Bei den Verhandlungen mit der Filmgesellschaft *Universal Pictures* habe er, Glovin, für Frau Schindler 5% vom Filmproduzentengewinn gefordert – eingedenk der Tatsache, dass Oskar Schindler bei einer tatsächlich stattgefundenen Filmproduktion so viel erhalten hätte, als Anerkennung für Frau Schindlers frühere Arbeit und um Frau Schindler zu unterstützen. Dieser Gewinnanteil für Frau Schindler sei eine völlig freiwillige Verfügung seinerseits.
Frau Schindler hat jedoch nie Zahlungen aus den Filmgewinnen erhalten, da laut der von Glovin beigelegten Bilanz von *Universal* der Spielberg-Film ca. 13 Millionen Dollar Verluste (!!!) gemacht hat.

[11] in dem Koffer erhaltene

[12] In dem 1951 an Fritz Lang geschriebenen Brief (vollständige Fassung S. 25 ff.) möchte Schindler auch noch auf das »Elend der Millionen Flüchtlinge« hinweisen, auf den »gefährlichen politischen Zündstoff der Flüchtlingsmassen« – das wird hier nicht mehr angesprochen.

Oskar Schindler
San Vicente, F.C.N.G.R.
Prov. Buenos Aires

[illegible].7.5I.

Sehr geehrter Herr Lang!

Bitte mir die große Verzöger[illegible] der Beantwortung Ihres sehr geehrten Schreibens zu ents[illegible]en, ein termingebundenes Bauvorhaben, das durch Schlechtwet[illegible]iode gestoppt war, mußte eilig fertiggestellt werden, (Bankleute [illegible] eben leider auch Bürokraten) zusätzlich kam die Ernte und Ver[illegible] meiner Nutria-Felle, die auch eine saisonbedingte Arbeit darste[illegible] sodaß ich in den letzten Wochen so leid es mir tut, keine freie S[illegible] hatte, mich zu einem Brief zu konzentrieren.

[illegible] sehr recht vermutet, daß es in Deu[illegible]and heute ähnlich ist. Ihnen meine Erfahrungen mit gewissen deutschen Kreisen ausführlich darzustellen, hoffe ich noch Gelegenheit zu finden. Deren antijüdische Haltung erscheint durch gute Tarnung unkomtrollierbarer und gefährlicher als vor I938.

Es ist mir durchaus verständlich, daß meine Kriegsgeschichte und Handlungen nicht mehr in die heutige von der USA lanzierten, psychologischen Richtung paßt, falls man daraus nur einen KZ Film machen wollte. Wenn ich gerne Ihrem Wunsche entspreche, einige ausführliche Schilderungen aus meinem Leben zu schreiben, (so gut ich es eben kann, ich bin wohl ex Industrieller aber kein Schriftsteller) will ich einige grundsätzliche Richtigstellungen vornehmen, welche Deteils meinem guten und langjährigen Freud Pfefferberg unbekannt oder entfallen sind.

Erst will ich feststellen, daß ich nicht Altreichs-Deutscher, sondern Sudetentdeutscher bin, also Beute-Germane und gehöre heute in die Millionen-Armee der Heimatvertriebenen. (Mir sind die Bilder meiner Flucht und Erniederigung mit all dem blutigem Greuel der sadistischen Meute der Tschechei genau so lebhaft in Erinnerung wie die Untaten deutscher "Übermenschen" gegen whrlose Juden, Polen, Frauen und Kinder)

Als zweites Moment, das richtigzustellen ich für wichtig halte, ist, daß ich kein hohes Parteimitglied war, ich verfügte nicht einmal über ein Parteibuch, sondern einer Zahlkarte als Anwärter. Die Hindernisse, die meine Erfolge stören konnten, die sonst das mir fehlende rote Parteibuch beseitigt hätte, halfen mir be[illegible]dete, gutgesinnte Wehrmacht Offi[illegible] [illegible] Deutscher war [illegible] doch die Gleich[illegible]ung zum guten [illegible] Göbbels während der Besetzung [illegible] vielleicht hatte die Propaganda-M[illegible] im Sudentenland zu kurze Zeit, um d[illegible]ritische Skepsis und den Willen, selbständig zu denken, völlig auszu[illegible]ten und die eigene Urteilsfähigkeit zu lähmen. Auch erkannten wir bald den Segen der Besetzung, resp. späteren Anschluß. Waren schon nachn dem Tode Masaryk unter dem Scharlatan Benesch unsere Rechte klein geworden, (was Lord Runciman u. Chamberlein als völkerrechtswiederig erkannten und so den Anschluß legalisieren halfen) so waren wir nach dem Anschluß wieder nicht vollwertig nur unsere Pflichten wurden ungeheuer.

Ehe ich Ihnen, sehr geehrter Herr Lang, einige Skizzen aus meinem Leben schildere, will ich noch einen Punkt aufhellen, die in Ihrem w. Schreiben gefragte Reise nach Syrien.

b.w.

In diesem im Juli 1951 an Fritz Lang geschriebenen Brief (hier 1. Seite) nimmt Schindler erstmalig auf ein mögliches Filmprojekt Bezug.

Frankfurt a. M., den 4.10.1964, Oskar Schindler an Dr. Bejski

Lieber Freund Dr. Bejski!
Wie aus einem Telegramm und beiliegendem Durchschlag meines heutigen Briefes an Poldek Pfefferberg hervorgeht, ist die Filmgeschichte, Das Leiden der Krakauer Juden, Wirklichkeit geworden.

Direktor Martin Gosch von der *MGM*[13] hat mich nach London bestellt und in einem 48stündigen Aufenthalt nicht nur mit [*mir*] herzliche Freundschaft geschlossen, sondern auch viele Punkte aufgehellt, die ihm trotz seiner präzisen Kenntnisse unserer Erlebnisse unbekannt waren. Dass ich mich ihm hundertprozentig zur Verfügung gestellt habe, ist nicht nur reiner Egoismus, nicht gekränkte Eitelkeit, sondern die nackte Tatsache, dass dieses historische Dokument für die Nachwelt geschaffen werden muss.

Genauere Details über die letzten Ereignisse in London bitte ich Dich aus meinen Zeilen an Poldek zu entnehmen, da ich ja leider immer die liebe Frau Staudenmayer[14] belästigen muss, die mich zwar heute nicht mehr in steuerlicher Hinsicht beraten kann, aber über guten Willen und Schreibmaschine verfügt.

... ein ganzer Betriebsausflug von *MGM*, mindestens 7–8 Personen, [*wird*] Eure kostbare Zeit in Israel rauben ... Gesprächsweise habe ich erfahren, dass Gregory Peck, der nicht unbedingt meinen Charakter darstellt, für meine Rolle ca. 2,4 Millionen DM dafür erhält. Ihr könnt also daraus ersehen, dass es sich um einen Großfilm handelt.

Trotzdem bei allen historischen Filmen die Bemühung besteht, wahrheitsgetreu zu schildern, lässt es sich nicht vermeiden, auch politische und andere Aspekte einzubauen, die nicht unbedingt mit den Ereignissen der Zeit ... zu tun haben. Aber das müssen wir leider in Kauf nehmen. Ich bin, soweit es in meiner Macht steht, bemüht, durch meine Mitarbeit das Maximum der Tatsachen herauszubrin-

---

[13] die amerikanische Filmproduktionsgesellschaft *Metro Goldwyn Mayer*, für die Gosch arbeitete und mit der er Verhandlungen über einen *Schindler-Film* führte. Der Filmvertrag wurde zunächst nur mit Gosch direkt abgeschlossen, der aber anscheinend schon 1964 *MGM* daran beteiligte.

[14] Frau Staudenmayer ist Schindlers ehemalige Steuerberaterin, die für Schindler Briefe (auch in Englisch) schreibt.

gen. Wir werden auch aus den Archiven in Israel die Unterlagen verwerten, die ja der Wahrheit entsprechen. Leider dürfen wir nicht vergessen, dass 70% der Filmeinspielung in USA und Kanada erfolgen, dass auch Filmleute, die gute Amchu[15] sind, mit spitzem Bleistift rechnen müssen. Darüber werden wir noch Gelegenheit haben, persönlich zu diskutieren.

Mein herzlicher Du[z]freund, der Produzent Martin Gosch, produziert mit uns einen fundamentalen Monsterfilm, wie ihn das leidende polnische Judentum seit Kriegsende und auch in den nächsten Jahrzehnten nie mehr zu sehen bekommt, weil keiner einen Dollar für einen KZ-Film opfert, selbst wenn wir einen guten Deutschen einbauen[16].

Mit vielen herzlichen Grüßen an unsere Freunde und den besten Wünschen für Eure Gesundheit, mit herzlichen Empfehlungen an Deine Gattin immer Euer

Schindler hat das Gefühl, mit der Filmgeschichte einen großen Schritt weitergekommen zu sein, der endgültige Vertrag (s. Faksimile S. 416–420) ist fast unterschriftsreif.

In dem Vertrag ist nicht nur geregelt, dass Schindler und seine Frau Emilie erste Zahlungen bei Vertragsunterzeichnung erhalten, Schindler darf und soll auch bei Produktionsbeginn als »technischer Berater« fungieren; diese Tätigkeit soll gesondert honoriert werden.

Frankfurt a. M., den 9.10.1964, Oskar Schindler an Freund Walter[17]

... Als unbedingt Erfreuliches kann ich Dir mitteilen, dass der Erfolg meiner monatelangen Arbeit, die ich oft unter großen Opfern meiner Filmidee gewidmet habe, endlich zum vollen Erfolg geführt hat. Ich muss unbedingt betonen, dass dies nur mit Mitarbeit und Hilfe meiner israelischen und kalifornischen Freunde möglich war. Ich war in der vorigen Woche von USA-Filmleuten nach London gerufen wor-

---

[15] Amchu bedeutet auf hebräisch »Geschäftsleute«

[16] Später wird es heißen: Der Film hat u.a. keine Produktionschancen, *weil* ein guter Deutscher vorkommt.

[17] höchstwahrscheinlich Walter Pollack

den, um viele der noch offenen Details zu besprechen. Ich habe großen Wert darauf gelegt, dass meiner Frau eine bedeutende Summe für Personalrechte zukommt, kann [*mich*] aber heute noch weder über die Höhe noch die Art der Quoten verbindlich äußern, da mein Anwalt den Endvertrag noch nicht unterzeichnet hat …

Der Beginn der Filmaufnahmen liegt noch nicht fest, weil immer noch an dem Material der Erlebnisse gearbeitet wird, die ja auf historischen Tatsachen aufgebaut werden müssen und sich aus vielen Mosaiksteinen einzelner Ereignisse zusammensetzen, übersetzt und verarbeitet werden müssen.

Du kannst mir glauben, lieber Walter, dass ich durch dieses Ereignis in froher Stimmung bin, nicht nur meiner, sondern auch der Zukunft meiner Frau einen höheren Lebensstandard geschaffen zu haben …

Schindler nimmt eifrig an den Vorbereitungen für den Film teil. Auch seine Freunde werden hierfür eingespannt.

Frankfurt a. M., den 30.10.1964, Oskar Schindler an Dr. Bejski

Lieber Dr. Bejski!
Schon in der Einleitung bitte ich Dich, mir zu verzeihen, dass ich Dich mit einem Berg zusätzlicher Arbeit belaste. Aber leider muss man das Eisen schmieden, wenn es warm ist, oder wie unser Ing. Schöneborn sagte, Nägel mit Köpfen machen. Unsere Probleme haben in den letzten Tagen durch Terminänderungen unsere Programme etwas durcheinander gebracht. Ich gebe Dir in Beilage umfangreiche Fotokopien und den Brief von *MGM*, woraus Du ersehen wirst, dass wir uns in zwei Wochen in Paris mit unsern Freunden treffen werden. Natürlich bin ich überglücklich.

Liebster Freund, ich würde mich sehr freuen, wenn Du Dich für 2–3 Tage nach Paris frei machen könntest, aber ich weiß nicht, ob es Dir beruflich möglich ist. Bitte dazu postwendend Deine Stellungnahme.

Dein lieber Brief sowie die telegrafischen Wünsche von unserm Freund Stern bestätigen mir aufs neue die Tatsache, dass es sich gelohnt hat, hartnäckig durchzuhalten. Ich bitte Dich, lieber Doktor,

November 13, 1964

Mr. Martin A. Gosch
10655 Wilshire Boulevard
Los Angeles 24, California

Dear Mr. Gosch:

Reference is hereby made to Agreement dated May 1, 1964 (hereinafter referred to as the "Acquisition Agreement") between you and myself (acting individually and as attorney-in-fact for Oskar Schindler) relating to the acquisition by you of all motion picture rights and all television rights and allied rights in and to the life of Oskar Schindler.

You and we hereby agree that the Acquisition Agreement shall be and the same is hereby modified and amended as follows:

1. Paragraph 1 is hereby deleted in its entirety, and the following is substituted therefor:

"1. (a) I hereby give and grant to you an irrevocable and exclusive option for a period of nine (9) months commencing on May 1, 1964 and ending on February 28, 1965 (said nine-month period being hereinafter referred to as the "option period") to purchase all of the motion picture and allied rights (as said term is hereinafter defined in Paragraph 3) in and to the Story for the price and upon the terms and conditions hereinafter set forth. You may exercise the option herein granted to you at any time prior to the expiration of the option period by giving me written notice of the exercise thereof. Such notice shall be accompanied by the payment provided to be made in sub-paragraph (b)(i) of this Paragraph 1.

Die endgültige Fassung des Filmvertrags, 13.11.1964

-2-

(b) In the event that you exercise the option hereinabove granted to you, you shall pay to me, on behalf of Oskar Schindler and Emelie Schindler, the sum of Fifty Thousand Dollars ($50,000) as follows:

(i) The sum of Twenty-Five Thousand Dollars ($25,000) upon the exercise of your option, and

(ii) The sum of Twenty-Five Thousand Dollars ($25,000) on February 28, 1966, or on the date that you commence principal photography of the first motion picture based upon the Story, whichever date shall be the earlier.

(iii) It is understood and agreed that after the deduction of $ 6250.00 from the aforesaid sum of Fifty Thousand Dollars ($50,000), eighty percent (80%) of the balance remaining shall be paid to Oskar Schindler and twenty percent (20%) of the balance remaining shall be paid to Emelie Schindler, wife of Oskar Schindler.

(c) In the event that you exercise the option hereinabove granted to you and thereafter produce a motion picture based upon the Story, then in addition to the payment of the sums provided to be paid in sub-paragraph (b) above, you shall pay to me, on behalf of Oskar Schindler, a sum equal to five percent (5%) of what is commonly known in the trade as "Producer's Profits", and such payments shall be made promptly after receipt by you or your assignee of such Producer's Profits. As used herein, the term "Producer's Profits" shall mean fifty percent (50%) of the total net profits derived from the first motion picture based upon the Story (said motion picture being hereinafter referred to as the "Photoplay").

Der Filmvertrag: S. 416 – S. 420

and such net profits shall be deemed to be the total monies remaining from the sale, lease or licensing of the Photoplay after deducting therefrom all distribution fees, all distribution expenses and the costs of production as provided for in any agreement you may enter into covering the production, financing and distribution of said Photoplay.

(d) Nothing contained herein or elsewhere in this agreement shall be construed to obligate you to produce any Photoplay or if having produced the Photoplay, nothing contained herein or elsewhere in this agreement shall be construed to obligate you to release, distribute, exhibit, advertise or exploit the Photoplay or permit or authorize any other person, firm or corporation so to do. It is further understood that if you produce the Photoplay, you shall have the right to distribute, exhibit, advertise and exploit said Photoplay in any manner you deem desirable in the sole exercise of your discretion and that you make no representations or warranties of any kind or nature with respect to the amount of gross film rentals or net profits, if any, which will or may be derived from said Photoplay."

-4-

2. Paragraph 3 is hereby deleted in its entirety and the following is substituted therefor:

"3. I hereby agree to sell, assign, transfer and set over to you in perpetuity the sole and exclusive motion picture and allied rights throughout the world in and to the Story in the event that you exercise the option herein granted to you. Upon the exercise of the option herein granted to you there shall vest in you all of the motion picture and allied rights herein agreed to be sold, transferred, assigned and set over to you in the Story. As used herein, the term "motion picture and allied rights" shall be deemed to include all motion picture rights of every kind and nature, all television rights of every kind and nature, all radio rights, all dramatic rights and all novelization rights. In the event that you exercise your option, there shall also be vested in you the right and privilege to use the name, voice and likeness of Oskar Schindler in connection with the exercise of any of the rights herein granted and in connection with the advertising and exploitation of such rights; the right to depict Oskar Schindler by an actor of your choice and to use his name (or a different or fictitious name) and character with any fictional and/or factual incidents (or combination thereof) and/or any of his experiences and/or statements (including any literary material furnished by him and/or eminating from him) with such changes as you may desire.

3. Paragraph 6 is hereby deleted and the following is substituted therefor:

"6. In the event that you or your assignees shall produce the Photoplay, then you shall pay to me (individually, as distinct from a payment to be made on behalf of Oskar Schindler) a sum equal to two and one-half percent (2 1/2%) of your share of the net

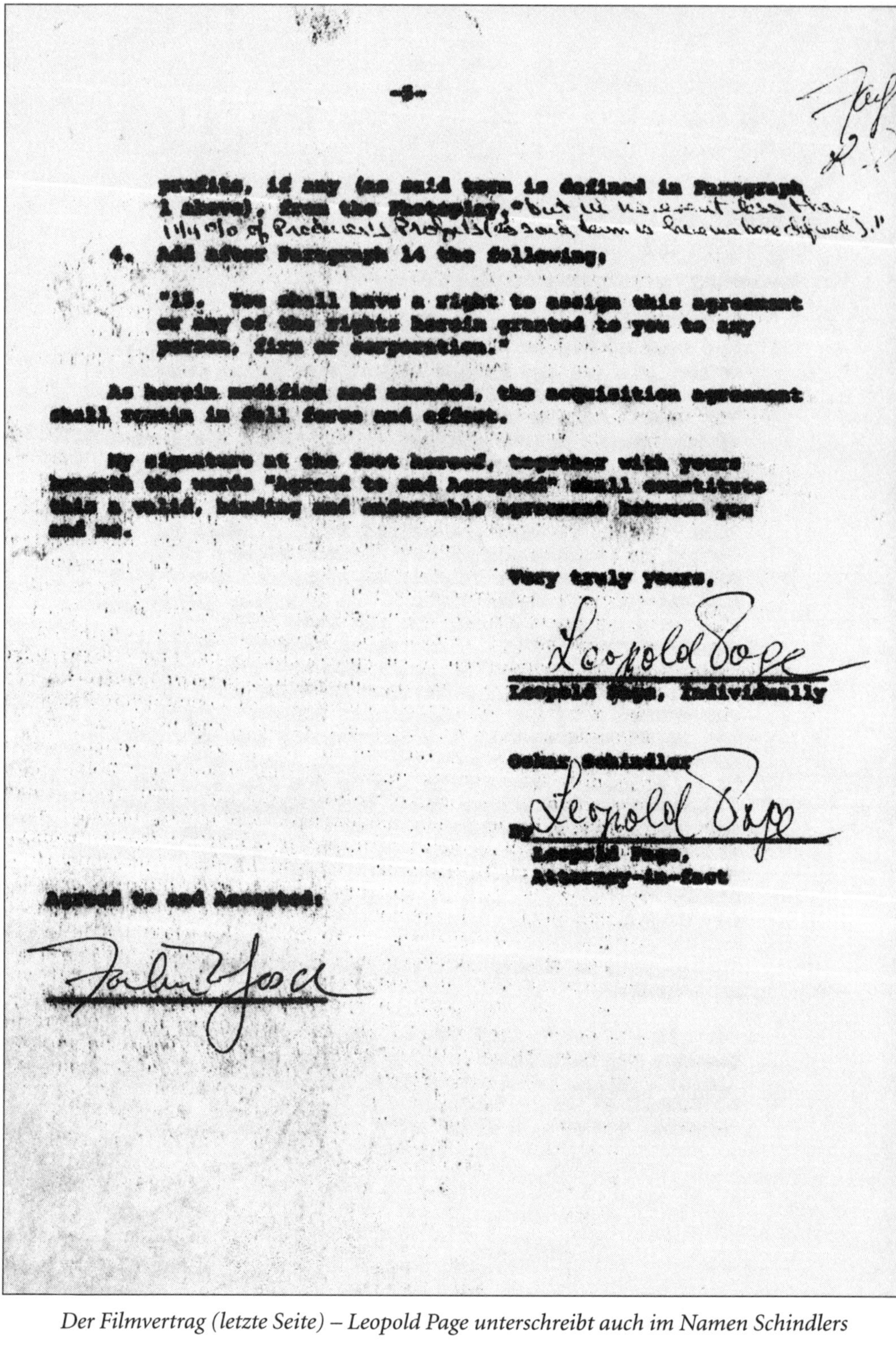
-3-

profits, if any (as said term is defined in Paragraph 1 above), from the Photoplay, "but in no event less than 1 1/4 % of Producer's Profits (as said term is hereinabove defined)."

4. Add after Paragraph 14 the following:

"15. You shall have a right to assign this agreement or any of the rights herein granted to you to any person, firm or corporation."

As herein modified and amended, the acquisition agreement shall remain in full force and effect.

My signature at the foot hereof, together with yours beneath the words "Agreed to and Accepted" shall constitute this a valid, binding and enforceable agreement between you and me.

Very truly yours,

Leopold Page

Leopold Page, Individually

Oskar Schindler

By Leopold Page

Leopold Page,
Attorney-in-fact

Agreed to and Accepted:

Der Filmvertrag (letzte Seite) – Leopold Page unterschreibt auch im Namen Schindlers

in Deinem nächsten Brief an Poldek nach Los Angeles auch Eurerseits auf ... Ausnützung der größtmöglichen Chancen für mich in den Verträgen dringend zu bestehen und darauf eindeutig hinzuweisen, dass dies auch in Euerm Interesse liegt. (Für Poldek wird dies eine moralische Aufrüstung sein.)

Ich bitte Dich, lieber Bejski, bei der jetzt wohl folgenden Besprechung des engeren Komitees meine Freunde Sternberg, Stern, Salpeter u. a. entschuldigend darauf hinzuweisen, dass ich mit voller Freude mit jedem einzelnen korrespondieren würde und für jeden unserer Freunde eine andere uns betreffende Erlebnisphase habe, aber es ist traurig eingestehen zu müssen, dass allein in den letzten Monaten die Telefon-, Telegramm- und Portospesen einen großen Teil meiner bescheidenen Bezüge ausmachen.

Weil der Produzent der *MGM*, mein Freund Martin Gosch, mit dem Textschreiber des Films und Poldek Pfefferberg in Paris drei Tage Zeit hat, bitte ich Dich sehr dringend, schnellstens bei unseren Freunden festzustellen, wer von unsern Leuten noch in Paris lebt[18], und bitte gebe die Adressen direkt an Poldek Pfefferberg und bitte eine Abschrift an mich.

Wie Du so gut sein willst, aus beiliegenden Fotokopien zu erkennen, ist ein Flug nach Israel für das *MGM*-Arbeitsteam nicht betont[19]. Ich bitte Dich daher alles irgendwie erreichbare Material an Broschüren, Prozessberichten Göth[20], Ghetto- oder andere Tatsachenberichte der Krakauer Jahre vorzubereiten, ... [*egal ob*] in polnischer Sprache oder hebräisch. Ich bin überzeugt, dass viele unserer Freunde Dir derartiges Unterlagenmaterial leihweise zur Verfügung stellen werden, um es auf Abruf greifbar zu haben.

Für heute mit vielen herzlichen Grüßen und Küssen an Euch alle
immer Euer

---

[18] *Schindler-Juden* sollen für den Film von ihren Erlebnissen in der Kriegszeit und mit Schindler berichten.

[19] In dem Sinn von »vorgesehen«. Im Brief vom 4.10 an Bejski war ein Flug nach Israel übrigens noch eingeplant. Zumindest Martin Gosch, seine Frau und Pfefferberg (»Page«) waren dann doch in Israel, wie der folgende Brief zeigt.

[20] Kommandant des Arbeitslagers Plaszow, der nach dem Krieg für seine Verbrechen zum Tode verurteilt wurde. S. a. das 1. Kapitel »Die Kriegsjahre«.

Der Filmproduzent Martin Gosch hat Schindlers Freunde in Israel besucht, um noch mehr Tatsachenberichte für den Film zu sammeln. Jacob Sternberg hat den Eindruck, dass die Vorstellungen von Filminhalt und -aufbau noch recht vage sind.

Die Freunde aus Israel scheinen sich von dem Film in diesem Brief in erster Linie die »verdiente Anerkennung« für Schindler zu versprechen – was sich Schindler ja auch von dem Film erhofft. Außerdem sollte mit diesem Film über Schindler auch die Geschichte des Holocausts verewigt und das Leiden des jüdischen Volkes gezeigt werden.

Tel Aviv, den 15.12.1964, Jacob Sternberg an Oskar Schindler

… Die persönlichen Ereignisse der letzten Monate versprechen Ihnen, lieber Herr Oskar, viel Satisfaktion u. Verheißung. Wir wünschen Ihnen, dass der *Metro-Goldwyn*-Film so ausfällt, wie Sie sich ihn wünschen u. vorstellen, Ihrem Gedankengang u. Willen entsprechend. Er soll die humanen Gefühle u. Regungen zum Ausdruck bringen, die Sie bewegten, als Sie den 1200 *Schindler-Juden*, darunter mir, meiner Frau u. Sohn, das nackte Leben gerettet haben.

Sie sind wohl unterrichtet über den Besuch von Poldek Page, Martin Gosch u. seiner Frau in Israel. Ich, Bejski u. Iciu [*Stern*] besuchten sie Tag für Tag und konferierten beisammen, doch ist uns nicht ganz klar, wie sich der Film inhaltlich u. wesentlich gestalten wird. Gosch sprach hierüber nur in allgemeinen Umrissen. Natürlich kamen von uns aus u. von den Aussagen vieler Kollegen alle Etappen Ihrer Rettungsaktion zum Ausdruck. Meine Frau hat im Namen der 300 von der Auschwitz-Hölle durch Sie geretteten Frauen an Gosch einen ausführlichen sowohl mündlichen als schriftlichen Bericht übergeben u. hierbei selbstredend betont, welchen heroischen Akt Sie damals bewiesen und zustande gebracht haben.

Es wirft sich die aktuelle Frage auf, wie der Film visuell u. in puncto Tendenz, Inhalt, Aktion, Umfang etc. sich auswirken wird. Das liegt natürlich in den Händen der Filmgesellschaft, des Szenaristen und Regisseurs. Gosch sprach über allererste Kräfte, die herangezogen werden. Noch lässt sich kein reales, bestimmtes Bild voraussehen und hierüber möchten wir von Ihnen – heute und alsdann im Zuge der Verfilmungsphasen – allmählich hören. Wir hoffen, dass der Film Ihre übermenschlichen Anstrengungen u. Mühen – unter ständiger Lebensgefahr – Etappe für Etappe anführt u. hervorbringt, inwieweit es Ihnen geglückt ist, unser Leben in der finsteren Nazinacht, die wir zubrachten, zu retten. Der Film soll Ihnen diese Anerkennung geben u. verschaffen, die Sie sich verdient haben …

Schindler möchte die durch den Filmvertrag fällig gewordenen Zahlungen mit seiner Frau teilen, wie es auch im Vertrag vorgesehen war[21]. *Hier wird die sicherste Möglichkeit diskutiert, Emilie Schindler die Zahlungen in vollem Umfang zukommen zu lassen.*[22]

Schindler erwähnt erstmalig die Möglichkeit einer Verschiebung des Drehbeginns.

Frankfurt a. M., den 10.3.1965, Oskar Schindler an Freund Walter[23]

Lieber alter Freund Walter!
Bitte, lieber Walter, nicht ungehalten sein, dass ich nach einer Woche erst Deinen dringenden Brief beantworte, aber ich habe erst die Stellungnahme verschiedener ehrlicher Freunde in verschiedenen Ländern abwarten müssen …

Aus der Beilage an Mr. Glovin, meinem Anwalt, ersiehst Du, dass die einzige Quintessenz zu einer schnellen Auszahlung der ganzen Summe in Dollar ein Treuhänder ist und das ist meines Erachtens nur die Loge[24], die sowohl steuerlich wie finanziell weltweite Beziehungen hat und unangreifbar zu einer einzelnen Person dasteht. Ich bitte

---

[21] Ohne Emilie Schindlers Beteiligung wäre es zu keiner Vertragsunterzeichnung gekommen. Emilie Schindler hat am 13. November den Vertrag im amerikanischen Konsulat in Buenos Aires unterschrieben und an Pfefferberg geschickt.

[22] Schindler spricht in einem Brief vom 9.10.64 an Walter Pollack von 10 000 Dollar, die er dem Filmproduzenten als Zahlung für seine Frau vorgeschlagen habe. Die erste Rate wird aber nach dem Vertrag vom 13.11.64 darunter liegen.

[23] Walter Pollack

[24] Schindler meint den jüdischen Orden *B'nai B'rith*, der sich in Argentinien um Emilie Schindler kümmert – auch Walter Pollack ist Mitglied dieses Ordens.

Dich daher, meiner Frau zu raten, den vollen Dollarbetrag, denn nur einer solchen Lösung würde ich zustimmen, auf das Konto der Loge überweisen zu lassen ... Der Loge würde ich dann, wie ich meinem Anwalt Mr. Glovin vorgeschlagen habe, nach den Bedürfnissen meiner Frau sagen wir 1000 $ zum persönlichen Bedarf und Einrichtung und Viehbeschaffung etc. auszahlen, [*die*] bei Nachweis eines Weidegrundstückes diesen Betrag an den Verkäufer ... [*über*] den Notar voll auszahlt. Den evtl. Restbetrag [*soll*] dann meiner Frau jeweils ihrer Anforderung [*nach*] zur Verfügung ... [*gestellt werden*]. Dadurch würden Kursverluste verhindert und meine Frau in den vollen Genuss des von mir freigegebenen Betrages kommen. Ich bitte Dich, lieber Walter, nicht zu vergessen, dass weder ich und noch viel weniger meine Frau irgendeinen Rechtsvertrag mit *Metro Goldwyn Mayer* besitzt, sondern dass mein Freund Martin Gosch über seine von mir erworbenen Rechte frei verfügen kann und keinerlei Ansprüche an *MGM* bestehen[25].

Lieber Walter, nach 8 Jahren Trockenheit und Entbehrungen, wovon sich Deine liebe Gattin anlässlich ihres Besuches überzeugen konnte, will ich das erste Wasser, das ich gern mit meiner Frau teile, mitnichten irgendwelchen Parasiten[26], ... [*von denen mir in*] freundlichen Berichten aus San Vicente und anderen Teilen der Welt ... zu Ohren kam, zukommen lassen und meine Frau gutgläubig dürstend daneben stehend sehen.

Ich vermeide es bei allen meinen Entschlüssen in diesem Zusammenhang eigene ...[27] und schließe mich dem Urteil ehrlicher Freun-

---

[25] Aus den Dokumenten geht nicht klar hervor, zu welchem Zeitpunkt Gosch oder *MGM* die Filmrechte besaßen – zunächst hatte sie anscheinend Gosch erworben, dann aber bald an *MGM* weitergegeben bzw. gemeinsam mit *MGM* besessen. Später heißt es dann, dass Gosch wieder die volle Verfügungsgewalt über die Filmrechte habe.

[26] Schindler spielt auf Señor Cacho Bosetti, einen engen Freund Emilie Schindlers an, dem sie anscheinend öfters Geld zur Verfügung stellte und Kleidergeschenke machte. Die Familie Bosetti half den Schindlers bei der Landarbeit. Es war eine kinderreiche Familie, und einer der Brüder von Cacho Bosetti ist heute der Ehemann von Isabel, der jetzigen Betreuerin Emilie Schindlers.

[27] unleserlich; sinngemäß wahrscheinlich: »eigene Entscheidungen zu fällen«

de an. Wenn sich auch der Drehbeginn durch technische Verzögerungen um 6–9 Monate verschieben kann, ... [*bis*] ich neue Bezüge für meine Tätigkeit erhalten werde, wird mir die Abwicklung der ersten Phase ..., wo ich das Maximum meiner Möglichkeiten überschritten habe[28], Maßstab sein für weitere evtl. freie Zuwendungen für meine Frau. Ich bitte Dich sehr, lieber Walter, mit Deiner Vernunft und Klugheit meine Frau zu beeinflussen, das Gegebene zu tun.

Mit herzlichen Grüßen und Gesundheit wünschend für Deine Familie

immer Dein alter Freund

Offenbar hatte Schindler sich bei Goschs, Pfefferbergs und seinem Anwalt, Irving Glovin[29]*, über verschiedene Dinge im Zusammenhang mit dem Filmprojekt beklagt: Terminplan, Bezahlung und Bezahlungsmodus. Glovin versucht diese Vorwürfe als unberechtigt darzustellen.*[30]

Los Angeles, den 17.3.1965, Irving Glovin an Oskar Schindler

... Sie sollten wissen ... dass der Vertrag außergewöhnlich vorteilhaft ist. Es ist nicht leicht, eine Idee zu verkaufen, die nicht in schriftlicher Form existiert. Es ist außergewöhnlich, hierfür überhaupt Vorschusszahlungen zu erhalten. Lassen Sie sich nicht von den hohen Produktionskosten irreführen ... sie haben nichts mit dem Wert der Idee oder Geschichte in mündlicher Form zu tun ... Wenn Sie sagen, dass eine größere Summe hätte vereinbart werden können, sind Sie nicht realistisch. Vorschusszahlungen sind schon bemerkenswert, eine Mitbestimmung bei der Produktion[31] erreicht zu haben, ist außergewöhnlich.

... *Glovin schreibt weiter, dass es ein gigantisches Unterfangen wäre, einen Monumentalfilm zu produzieren. Die Erstellung eines Drehbuchs*

---

[28] Schindler spricht wohl von den Geldern, die er Emilie nach Vertragsunterzeichnung hat zukommen lassen.

[29] in den Dokumenten manchmal auch »Glowin« geschrieben

[30] Der Brief liegt auf Englisch vor.

[31] Schindler soll und darf während der Produktion als technischer Berater fungieren.

und die Produktion würden sehr viel Zeit beanspruchen. Wenn die Produktion sechs Monate später als ursprünglich geplant begänne, wäre das schon sehr gutes »Timing«. Mr. Gosch müsse ihm, Schindler, Zahlen und Zeitpläne genannt haben, aber er müsse verstehen, dass das nur optimistische Schätzungen gewesen seien. Wahrscheinlich hätte Schindler Gosch nach dem frühest möglichen Termin gefragt, sonst hätte Gosch sicher realistischere Termine genannt … Gosch würde die Dinge erstaunlich schnell vorantreiben, dafür verdiene er Anerkennung.

Nun zu der Sache mit Argentinien. Es ist wahr, dass Sie Herrn Gosch nach einem Vorschuss fragten. Es hätte jedoch kein Geld für Sie oder Ihre Frau gegeben, wenn der Vertrag nicht unterzeichnet worden wäre. Das Studio hatte die Beteiligung Ihrer Frau zwingend gefordert und der Vertrag sah Zahlungen für Sie beide vor. Nur aus praktischen Gründen war der Vertrag nur auf Ihren Namen ausgestellt worden.[32]

Nun zum Geld: Zunächst hatte ich einen Scheck auf den vollen Betrag für Ihre Frau ausgestellt.

Er habe dann überlegt, dass Frau Schindler durch den Umrechnungskurs Nachteile haben könne, ebenfalls Steuerprobleme aufgrund der großen Geldsumme. Deswegen habe er, nach Rücksprache mit Page, entschieden, erst einmal nachzufragen. Es habe anscheinend etwas Verwirrung gegeben und ein Mr. Sylvestre[33] *… sei beauftragt worden, die Situation Frau Schindler und Mr. Pollack persönlich zu erklären. Herr Sylvestre habe keinerlei persönliches Interesse an der Geschichte gehabt*[34] *… Als*

---

[32] Diese Zeilen legen die Vermutung nahe, dass Schindler die im Vertrag genannte Summe – 50 000 Dollar insgesamt abzüglich 6250 Dollar – als sein alleiniges Anteil angesehen hat und nicht realisiert hat, dass er von *dieser* Summe noch seiner Frau abgeben muss. Es ist allerdings auch nicht bekannt, wie genau Schindler den Vertrag übersetzt bekommen und gelesen hat. In einem Brief an Gosch vom 13.11.64 schreibt er allerdings ausdrücklich, dass er den Vertrag »gelesen« habe – wohl die rechtliche Voraussetzung dafür, dass der Vertrag gültig ist. Der Brief, der zusätzlich zum Vertrag am selben Tag unterschrieben wird, war wahrscheinlich so von Gosch vorformuliert.

[33] ein Bekannter Pages, der sich um die Organisation der Zahlungen aus dem Filmvertrag an Emilie Schindler kümmern sollte

[34] Anscheinend hatte Schindler geargwöhnt, dass Sylvestre sich habe bereichern wollen.

Oskar Schindler
Germany
6 Frankfurt/Main
Am Hauptbahnhof 4
Apt. 63

31.3.1965

To: Mr. Irving Glovin
Attorney at Law

Suite 2o29 Wilshire Westwood Center

11oo Glendon Avenue

Los Angeles/California 9oo24
U.S.A.

Dear Mr. Glovin,

I am very glad to have received your letter dated 17 March 1965, by which I have got a good survey of the situation and reasons of the delay in the payment in Buenos Aires. You can be assured, dear Mr. Glovin, that my only interest is, that my wife in the most fastest way will get into the favor of this Dollar amount, and this amount will be best used for a bettering of her situation. Due to the fact that the main reason of the delay in payment - as per your letter - is based on the fact that you have received no suitable informations from her, respectively during the last time no clear order at the time of your letter to me. I have written to Buenos Aires according to the effect of your letter, and I hope that now during the next time clear advice will be received by you from my wife.

Of course I am very grateful to Director Sylvestre that he tried to save this problem during the short time which was at his hand only, and - of course - nobody can blame him now after doing this not for himself but for somebody else, if it did not work our correctly. I am sure, that after clear advice you will be able to solve this payment problem for my wife in a qucik and satisfactory way.

Schindler an Glovin, 31.3.1965, 1. Seite

die erste Zahlung an Frau Schindler erfolgt sei, wäre die argentinische Kontaktperson, die von Herrn Sylvestre mit der Handhabung dieser Angelegenheit beauftragt worden war, mit so vielen Fragen konfrontiert worden, dass sie nicht mehr gewusst hätte, wie sie sich verhalten sollte …

Schindler bedankt sich für Glovins Brief, in dem er – wie er schreibt – wichtige Fragen beantwortet findet. Er beteuert in diesem auf Englisch geschriebenen Brief (s. S. 427), dass er mit dem Verlauf des Filmprojekts nicht unzufrieden sei und erläutert, was dieser Film für ihn bedeutet.

Frankfurt a. M., den 31.3.1965, Oskar Schindler an Irving Glovin

Lieber Mr. Glovin,
… durch Ihren Brief habe ich einen guten Überblick über die Situation und die Gründe erhalten, warum die Zahlungen in Buenos Aires sich verzögert haben. Sie können sicher sein … dass es mein einziges Interesse ist, dass meine Frau so schnell wie möglich dieses … Geld erhält und dass sie es bestmöglich für eine Verbesserung ihrer Lebensumstände nutzt.

Glovin habe ja geschrieben, dass die Zahlungsverzögerung hauptsächlich darauf zurückzuführen sei, dass er von Schindlers Frau keine eindeutigen Anweisungen erhalten habe … er, Schindler, habe an seine Frau geschrieben und hoffe, dass Glovin jetzt klare Anweisungen erhalte.

Er wäre natürlich dankbar, dass Direktor Sylvestre sich um die Lösung des Problems gekümmert habe … und keiner könne ihn dafür verantwortlich machen, dass nicht alles geklappt habe.

Ihr Brief erweckt den Eindruck, dass ich unzufrieden mit dem Gang der Dinge bin, aber das ist nicht der Fall. Es ist möglich, dass sich dadurch, dass ich die Briefe ins Englische übersetzen lasse[35] …, kleine Missverständnisse ergeben …

---

[35] Schindler hat die Briefe anscheinend auf Deutsch diktiert – er beschreibt, wie sie dann sozusagen simultan übersetzt und direkt in die Maschine getippt werden.

Ich denke, dass ich als Ihr Klient das Recht habe, Ihnen meine Sicht der Dinge zu erläutern. Die Höhe der Zahlungen und auch der tatsächliche Produktionsbeginn sind nicht maßgeblich, und ich bin sehr stolz, dass ich durch diesen Film beitragen kann, die Wahrheit über die Ereignisse während der grausamen Kriegszeit ans Licht zu bringen. Dies wird ein bedeutsames historisches Dokument werden, dessen Produktion zweifellos meinen Freunden Page und Gosch zu verdanken ist …

Schindler schließt den Brief, indem er Glovin bittet, ihm weiterhin als Anwalt bei der ganzen Filmgeschichte zur Verfügung zu stehen.

Schindler hat in dem letzten Brief gegenüber Glovin viele Vorwürfe zurückgenommen, aber schon wenige Monate später schreibt er einen ersten leicht enttäuschten Brief an Martin Gosch[36]*. Über das Filmprojekt hat er Monate lang nicht mehr gehört.*

Frankfurt a. M., den 27.9.1965, Oskar Schindler an Martin Gosch

Lieber Martin,
… schon viele Monate haben wir nichts voneinander gehört, wahrscheinlich auch deshalb, weil nichts Wichtiges passiert ist. In den letzten Wochen habe ich jedoch zwei Briefe von Paul[37] erhalten, die bis auf die Tatsache, dass das Drehbuch fertig ist, leider nicht viel Neues enthielten. Es ist jetzt beinahe ein Jahr her, dass wir uns in Paris getroffen haben und uns ganz konkret über den Film unterhalten haben, und danach bist Du nach Polen und Israel gereist. Ich muss sagen, dass von meinem Optimismus, der auch durch die Pressekampagne[38] Nahrung erhielt, nicht mehr viel übrig geblieben ist, da ich während der letzten Monate nicht sehr viel über den Film erfuhr.

---

[36] Dieser Brief ist ebenfalls auf Englisch.
[37] Pfefferberg/Page
[38] So wurde anscheinend durch Gosch organisiert, dass im amerikanischen Kongress das Filmprojekt vorgestellt wurde. Die Rede hielt der kalifornische Kongressabgeordnete.

... Auch die israelischen Freunde würden sehr gespannt darauf warten, wie es mit dem Film weiterginge. In Deutschland würde auch nichts vorangehen ... nur seine Gläubiger ... seien sehr lebendig und wären der Meinung, dass er schon eine Million Dollar von MGM *erhalten habe.*

... Pauls letztem Brief habe ich entnommen, dass Du nach New York gefahren bist, um mit *MGM* über die Finanzierung des Films zu sprechen ... Ich wäre sehr dankbar, wenn Du mir von dem Ergebnis der Besprechungen berichten würdest und mir eine Kopie des Drehbuchs von unserem Freund Howard Koch ... schicken könntest, damit ich mir davon – und von Deiner Arbeit – ein Bild machen kann.

... Du hast mir in deinem letzten Brief einen Auszug der Rede geschickt, in der auf eine nette Weise im US-Kongress von unserem Film berichtet wurde ... ist dabei etwas herausgekommen, was man als positiv bezeichnen könnte?

... Auch wenn ich weiß, dass Du mit Arbeit und persönlichen Problemen überlastet bist, wäre ich sehr glücklich, wenn Du Dir für unsere Probleme etwas Zeit nehmen würdest, damit ich psychologisch gestärkt werde und die positiven Zukunftsaussichten, die sich durch Dich und Deine Arbeit für mich eröffneten, nicht ins Negative umkippen ...

Schindler ist enttäuscht von der »schleppenden Entwicklung in unserer Filmgeschichte«, *sieht aber noch Möglichkeiten zur Einflussnahme.*

Frankfurt a. M., den 28.2.1966, Oskar Schindler an J. Sternberg

... Da sich Pfefferberg viele Wochen in Schweigen gehüllt hat und mir auf zwei Briefe Antwort schuldet, habe ich ihm Freitag ein Telegramm geschickt und darauf hingewiesen, dass auch Ihr lange ohne Nachricht von ihm seid.

Die schleppende Entwicklung in unserer Filmgeschichte könnte mich verleiten, auf 2–3 Wochen nach USA zu fliegen. Gosch erwägt ja in seinem letzten Schreiben, den Film auch auf die Nachkriegszeit auszuweiten und das dürfte wohl politische Gründe als Ursache haben, da er so die Möglichkeit hat, die Passivität und den Unwillen gegen meine Person und meine Handlungen herauszuarbeiten.

Was wohl mehr der heutigen Tendenz des amerikanischen Films entspricht. Ich glaube durch meine Anwesenheit einen gewissen Stoß nach vorne herbeizuführen und das Projekt zu aktualisieren …

Liebe Freunde, Ihr könnt Euch vorstellen, dass ich durch das lange Schweigen von Pfefferberg stark deprimiert bin, da ich doch, so wie Ihr, schon auf einen greifbaren Fortschritt in der Filmsache warte …

Mit der Filmproduktion von MGM *und Martin Gosch geht es nicht weiter. Da Honig*[39] *von der* Martin-Buber-Gesellschaft *Interesse an einem Film über Schindler geäußert hat, überlegt sich Schindler, ob er von dieser Seite her die Filmidee wieder aktivieren kann.*

Frankfurt a. M., den 14.12.1966, Oskar Schindler an Freund Janek[40] u. a.

… Wegen der Filmidee bitte ich darauf hinzuweisen, dass ich durch Vermittlung unserer Freunde in Kalifornien vor 3–4 Jahren Persönlichkeitsrechte für meine Kriegsgeschichte an *MGM* abgegeben habe, aber die anfänglich rege Bearbeitung dieses Projektes ist eingeschlafen und das Projekt scheinbar deshalb auf Eis gelegt, weil man in den USA weder für einen KZ-Film noch für den Film eines »guten Deutschen« heute kaum noch viel Interesse aufbringt. Bitte in Euren Zeilen die Möglichkeit offen zu lassen, einen Weg zu suchen, sei es die Persönlichkeitsrechte von Martin Gosch zurückzunehmen oder mit ihm eine Interessengemeinschaft einzugehen, aber das bedarf unbedingt Fingerspitzengefühl, Takt und Zeit. (Von Poldek habe ich trotz zweier Briefe mehr als 6 Monate keine Nachricht und von Martin Gosch bin ich seit April ohne Antwort, das sind ca. 8 Monate.) …

---

[39] der »Ehrensekretär« von der *Martin-Buber-Gesellschaft*, der die Verleihung eines *Martin-Buber-Friedenspreises* für Schindler organisieren wollte, aber dann das durch Spendenaufrufe für Schindler gesammelte Geld offensichtlich für sich behalten hat (s.a. der Exkurs zum 3. Kapitel »Der *Martin-Buber-Friedenspreis*«)

[40] wahrscheinlich Janek (»Jeret«) Sternberg

Dem Frankfurter Oberbürgermeister Dr. Brundert gegenüber äußert Schindler, dass er die Hoffnung auf eine Verwirklichung des Films fast aufgegeben hat.

Frankfurt a. M., den 7.1.1967, Oskar Schindler an OB Dr. Brundert

... Einige meiner Freunde in Los Angeles hatten meine Handlungen im Kriege zu einer Filmidee verarbeitet, aber es bestehen ernste Zweifel, ob dieses auf historischen Tatsachen aufgebaute Drehbuch je zur Verfilmung kommt (nachdem es bereits seit mehr als 2 Jahren auf Eis liegt). Der amerikanische Filmmarkt ist für KZ-Themen oder die Geschichte eines guten Deutschen schwer ansprechbar.

Sollte diese Filmidee einmal realisiert werden, hätte ich eine Verdienstchance als technischer Berater während der Dreharbeiten ...

Schindler versucht Gosch positiv auf Honig einzustimmen – was ihm nicht gelingen wird – und erhofft sich dadurch Fortschritte, dass Gosch von MGM *freies Verfügungsrecht*[41] *über den Film erworben hat.*

Frankfurt a. M., den 30.1.1967, Oskar Schindler an Martin Gosch

... Nachdem Du mir schreibst, dass Du im Februar in London sein wirst, freut sich der Ehrensekretär der Buber-Gesellschaft, Herr Honig, sehr, Dich und Deine liebe Chip zu dem Dinner als einer der wichtigsten Personen einzuladen. Die persönliche Einladung wird Dir, sobald der genaue Termin des Dinners festliegt, zugehen. Es soll nach Gesprächen, die ich in London geführt habe, im Hilton-Hotel stattfinden und ca. 2–300 Personen umfassen, darunter viel englische Prominenz. Nachdem Herr Honig über gute Beziehungen zur BBC verfügt, könnte es auch für unsere Filmprojekte interessant werden. Genauere Details können wir dann bei unserm Treffen in London noch ausführlicher besprechen ...

---

[41] Es bleibt unklar, was damit gemeint ist. Gosch hatte laut der Information von *Universal Pictures* die Filmrechte 1964 an *MGM* abgetreten. Die wiederum wurden von *MGM* an Glovin abgetreten, der sie dann an *Universal Pictures* verkaufte.

Dass Du jetzt freies Verfügungsrecht über unsere Filmgeschichte von der *MGM* erworben hast, wird hoffentlich unseren Plänen von Nutzen sein und ich freue mich schon sehr, Dich und Deine liebe Chip bei Deinem Deutschland- und Englandbesuch … während mehrerer Tage ausführlich sprechen zu können …

Gosch ist verärgert, dass Honig mit der BBC über einen Film über Schindler verhandelt, obwohl doch er und MGM *sämtliche Rechte an der Schindler-Geschichte besitzen. Er schreibt am 27. März 1967 dem leitenden Direktor der BBC:*

… Please be advised that I own all rights, titles and interests in and to this subject matter in association with *Metro Goldwyn Mayer* Inc. and the said Camille Honig has no right or authority to discuss or negotiate for such matters[42] …

… *dass er wissen solle, das nur er, Gosch, gemeinsam mit* Metro Goldwyn Mayer, *sämtliche Rechte an der Schindler-Geschichte besitze. Anscheinend hat Gosch im Dezember 1964 der BBC für ihr Programm »Tonight« bereits zahlreiche Informationen über Schindler zur Verfügung gestellt.*

… I am not unwilling to pursue the possibility of producing the appropriate film, of a documentary nature, with respect to this subject, but we are the sole owners of the right to do so. If your Organization would like to pursue this matter I am at your disposal …

… *Gosch ist nicht grundsätzlich gegen die Produktion eines Dokumentarfilmes der BBC über Schindler, er betont nur noch einmal, dass er und* MGM *die alleinigen Rechteinhaber seien.*

Gosch ist in diesem Brief vom 19. April 1967 äußerst verärgert über Schindlers Kontakt zu Honig. Er schreibt an Schindler (s. a. S. 434):

---

[42] Der englische Text ist in diesem und dem folgenden Brief immer im nachfolgenden Satz auf Deutsch zusammengefasst.

Martin A. Gosch Productions
10655 WILSHIRE BOULEVARD
LOS ANGELES, CALIFORNIA 90024
BRIGHTON 0-4176

April 19, 1967

Mr. Oskar Schindler
c/o Judge Moshe Bejski
7 Pinkas Street
Tel Aviv

Dear Oskar:

I am writing this to you in English because I am sure you will have no difficulty in Tel Aviv having it translated, and also because I want to give you my own thoughts directly in my own words. During the past couple of weeks I asked Paul Page to cable and write to you in German simply to make things easier for you.

Enclosed is a copy of a letter I have sent to the Earl of Harewood which is self-explanatory. You will note that this approach is certainly more subtle and logical than the hard-handed letters you have written to Honig that indicate threats of scandal, etc. I disapprove entirely of such procedures. Further, writing to Honig in this nature is utterly useless; this man is confessedly penniless, and is being disavowed by all of his so-called good 'friends' and contacts in your connection.

Oskar, I want you to understand me clearly: I do not like your methods. If they continue you will lose my personal interests and help. I refer particularly to the fact that when you telephoned me to London from Frankfurt on March 24th I told you that Honig's efforts would be disasterous to your name and reputation. You authorized me without question to take any necsssary steps to stop him. Almost immediately after, upon receipt of a wildly libelous letter from Honig, you replied to him in my defense (which was a foolish thing to do; you should have referred the letter to me) and then, in the very same letter, you actually countermand our understanding by urging Honig to continue on with the dinner for May 21st! Did it not occur to you that such a letter not only relieved Honig of felonious responsibility, but also would be most embarrassing to me with respect to the statements I made in your behalf and mine to the Foreign Office of the British Government and to Scotland Yard??

Now, today, Paul has received further correspondence between you and Honig which is equally distasteful. It seems you have a compulsion to write letters. You are obviously unable to permit anyone to authoratively supervise any matters for you without interference. I cannot - and will not - work that way, Oskar. Out of my affection for you, my respect

Gosch an Schindler, 19.4.1967, 1. Seite

… Furthermore, in spite of the fact that your life story is owned by *MGM* and myself at a considerable payment to you, you actually permitted Honig to enter into discussions and/or negotiations with others that were in distinct contravention of the rights owned by me. The document you signed for Honig in January was disgraceful, regardless of its conditional context, because it could serve as nothing more than your clear encouragement of him to proceed against our contract …

Obwohl Schindler wisse, dass er die Rechte an seiner Lebensgeschichte – gegen eine beträchtliche Summe – ihm, Gosch, und MGM *überlassen habe, hätte er Honig ermächtigt, für ihn in Verhandlungen zu treten …*

Unless you will give me unreserved authority to continue … I prefer that you handle your own affairs …

Wenn Schindler nicht ihm, Gosch, uneingeschränkte Autorität für jede Art von Verhandlungen einräume, kündige er ihm die Zusammenarbeit auf.

Es sieht so aus, als ob Schindler fast auch noch seinen Filmagenten verloren hätte …

Schindler ist über Martin Gosch und seine Handhabung des Filmprojektes enttäuscht. Er möchte wenigstens das Drehbuch haben, um die »Trophäe einer Illusion« zu besitzen.

Frankfurt a. M., den 9.7.1967, Oskar Schindler an Poldek[43] u. a.

… Leider habe ich bis heute von Martin keine Zeile erhalten …
Mister Honig beklagt sich, s. beigeschlossenen Brief, über die zerstörende Wirkung von Martins Auftreten in London[44], ohne dadurch

[43] Poldek/Leopold Pfefferberg alias Paul Page
[44] Gosch hat Honig sehr früh als Betrüger eingeschätzt und ihn als solchen bei der BBC (s. Brief vom 27.3.67), bei der *Martin-Buber-Gesellschaft* und sogar bei der Polizei angeklagt. S.a. der Exkurs zum 3. Kapitel »Der *Martin-Buber-Friedenspreis*«.

Poldek Pfefferberg alias Paul Page (rechts auf dem Foto)

für sich, für Honig oder für meinen *Friedenspreis* einen Vorteil erwirkt zu haben. Ich erinnere mich Deiner Worte, lieber Poldek, dass Du Martin eine fertige Sache[45] auf dem Teller serviert hast und er daraus mit viel Geldaufwand ein Nichts gemacht hat. In diesem Zusammenhang, lieber Poldek, bitte ich Dich nochmals, mir das in Deinem Besitz befindliche Drehbuch zu schicken. Damit ich wenigstens etwas als Trophäe einer Illusion im Besitz behalte …

Weitere ironische und desillusionierte Bemerkungen über Martin Gosch:

… Von unserm Freund Pfefferberg habe ich nichts Neues zu berichten, aber bestimmt wird in 6–12 Monaten irgendwo ein Gewitter von Martin Gosch seine Existenz aufzeigen. In London hätte er mit sorgfältig konzentrierter Mehrarbeit von einem Tag alles für uns erreichen können, nur die gekränkte Eitelkeit wollte es nicht zulassen,

[45] wahrscheinlich die Filmidee zur *Schindler-Geschichte*

dass auch andere[46] in Schindler ein Objekt für ihre Tätigkeit gefunden hatten …

Dies ist, sofern man die im Koffer enthaltende Korrespondenz beurteilt, so ziemlich das Letzte, was man von Schindler über das Filmprojekt hören wird.

Schindler hat seinen Film, der ihm so viel bedeutet hat, nicht mehr erleben dürfen. Eine Kränkung und Enttäuschung mehr für den ohnehin schwer gebeutelten Schindler.

Erst 20 Jahre nach seinem Tod, 1994, sollte Spielbergs »Schindlers Liste« in den Kinos erscheinen. Der Film basiert auf Keneally's 1982[47] *erschienenem Buch »Schindlers Liste«*[48]*, das sich auf viele Informationen von Pfefferberg stützt, der auch direkt als Berater von Spielberg tätig war. Auch die von Gosch geführten Interviews mit weiteren Überlebenden nutzte Spielberg für seinen Film. Insofern schließt sich der Kreis zu Schindlers ursprünglichem Filmprojekt.*

Emilie Schindler und auch viele Schindler-Juden *waren von diesem Film beeindruckt, der sich relativ eng an die tatsächlichen Geschehnisse hält – obwohl »in Wirklichkeit alles viel schlimmer war«, wie Emilie Schindler und Überlebende sagten. Auch das Vorhaben Schindlers, mit diesem Film ein historisches Dokument für die Nachwelt zu schaffen, dem »leidenden Judentum« ein Denkmal zu setzen, ist – wahrscheinlich soweit möglich – umgesetzt worden.*

Der Film hat bei vielen Zuschauern sehr starke Reaktionen ausgelöst – auf besondere Weise auch bei den Juden, die die Grauen eines KZs erlebt hatten. Oft waren ihre Leiden, ihre

[46] Er spielt hier auf den Ehrensekretär Honig von der *Martin-Buber-Gesellschaft* an, der u. a. auch einen Film über Schindler organisieren wollte.

[47] in Deutschland ist es 1983 erschienen

[48] Keneally hatte auch ein Drehbuch für den Spielfilm geschrieben, das jedoch nicht angenommen wurde.

Erlebnisse nicht ernst genommen, manchmal sogar verleugnet worden – hier wurde ihnen endlich weltweit ein Denkmal gesetzt[49]*. Auch in dieser Hinsicht wäre Schindler, der sich ein Leben lang für die Belange »seiner« Juden eingesetzt hat, wahrscheinlich mit dem Film zufrieden gewesen. Und nicht zuletzt damit, dass auch er, Schindler, endlich für seine Heldentaten voll gewürdigt wurde …*[50]

---

[49] Natürlich gab es auch skeptische Stimmen, die anzweifelten, ob es Spielberg tatsächlich gelungen sei und ob man sich in Form eines Spielfilms überhaupt einem derartigen Grauen nähern könne und dürfe.

[50] Emilie Schindler hat diese Würdigung leider nicht im vollen Umfang erfahren. Etwas undurchsichtig bleibt, warum man Frau Schindler nicht als Beraterin für den Film genommen oder sie zumindest benachrichtigt hat, dass ein Film gedreht werden sollte; Paul Page z. B., der als Berater für den Film tätig war, wusste, dass Emilie Schindler noch lebte. Emilie Schindler erhielt eines Tages eine Einladung von Spielbergs Sekretärin, für die Dreharbeiten der letzten Filmszene nach Jerusalem zu fahren. Auf dem Kuvert stand: »An Frau Emilie Schindler, eine Gerettete und Überlebende der Schindlersliste«. Als sie in Jerusalem eintraf, wusste niemand, wer sie war. Schließlich hätten einige Juden aus der ehemaligen Fabrik sie erkannt und begeistert begrüßt, Spielberg habe nur gelacht – so die Erinnerungen von Emilie Schindler.
Von *Universal Pictures* erhielt sie bis jetzt kein Geld, angeblich hätte der Film ja über 13 Millionen Dollar Verluste gemacht. Die von Frau Schindler über die Herausgeberin eingeschalteten Rechtsanwälte erfuhren 1999, dass Spielberg schon 1994 Frau Schindler 50 000 Dollar auf die »Bank of America« überwiesen habe. Bernhard Scheuer, ein Mann, der eine ehemalige Geliebte Schindlers, Eva Kisza, geheiratet hatte und nach Amerika ausgewandert war, hatte Frau Schindler tatsächlich von dem Geld erzählt, das anscheinend bei ihm gelandet war, und ein Konto in beider Namen eröffnet. Er schickt Frau Schindler davon unregelmäßig unterschiedlich hohe Geldbeträge, eine Übersicht über den Kontostand hat sie jedoch nicht. – In dem ursprünglichen Filmvertrag mit Gosch und Page war ja festgelegt worden, dass alle Gelder für Oskar und Emilie Schindler zunächst an Paul Page geschickt würden. Auch was den *Schindler-Film* angeht, bleiben also viele Fragen offen …
Den Rechtsanwälten zufolge habe Spielberg signalisiert, dass er eventuell, wenn nötig, Frau Schindler finanziell unterstützen würde, auch wenn kein rechtlicher Anspruch darauf bestünde.

Oskar Schindler: Mein Lebenslauf

Ein älterer Oskar Schindler

Dieser von Oskar Schindler 1966 selbst verfasste Lebenslauf bedarf in einigen Punkten der Ergänzung[1] – so »vergisst« er zum Beispiel seine Heirat mit Emilie Pelzl zu erwähnen. Ab 1961 – hier werden die Angaben spärlicher – bis zu seinem Tod 1974 wurde der Lebenslauf kontinuierlich von der Herausgeberin ergänzt und weitergeführt. Die von der Herausgeberin vorgenommenen Ergänzungen sind durch eine andere Schrift kenntlich gemacht.

[1] Alle von der Herausgeberin vorgenommenen Ergänzungen erscheinen in *kursiver* Schrift.

Schindlers Heimatstadt Zwittau (Foto: Erika Rosenberg)

Oskar Schindler, Frankfurt am Main, den 26. Oktober 1966

Lebenslauf

geboren am 28.4.1908 in Zwittau/Sudeten als Sohn des Hans Schindler, Landmaschinenfabrikant, und dessen Gattin Franziska, geb. Luser.

Schule:	Volks- und Realschule in Zwittau (Mähren) ohne Abitur.
Ausbildung:	Lehrzeit im väterlichen Betrieb, zusätzliche Fachkurse in Maschinenbau und Dampfantriebstechnik.
Heirat:	*1928, 6.3., mit Emilie, geb. Pelzl*
Tätigkeit:	Bis zum 21. Lebensjahr als alleiniger Sohn Angestellter im väterlichen Betrieb.
	Anschließend bis 1936 leitend in der Verkaufsabteilung der Mährischen Elektrotechnischen AG in Brünn, Starngasse 6 (MEAS), frühere Jannik-Motorenfabrik, in der Verkaufsabteilung für die Sudetendeutschen Gebiete der CSR tätig.
1936 bis 1939	Wehrmachtsangestellter des Generalkommandos VIII in Breslau (Abwehr Canaris).
Herbst 1939	Ausscheidung aus dem Canaris-Vertragsverhältnis.
	Pachtweiser Erwerb des Press- und Emaillierwerks in Krakau (aus einer – vor Hitler – Konkursmasse des Polnischen Handelsgerichtes in Krakau), Firma Rekord, ehemals.
	Ausbau des Betriebes von 8.000 qm auf 42.000 Betriebsfläche durch käuflichen Zuerwerb nach polnischen Handelsgesetzen.
1942	Kauf durch Zuschlag bei Versteigerung des Polnischen Handelgerichtes.

1943	Zum Rüstungsbetrieb erklärt mit einer Belegschaft von 1750 Arbeitern.
Von 1940–1943	Pächter der Prokászimer Glashütte b. Krakau, Eigentümer Generaldirektion der Monopole des GG (Präsident Senkovski), Arbeitsstand 380 Mann, Produktionssteigerung bei gleicher Belegschaft und Ausrüstung in 9 Monaten von 350 000 Liter auf 1 Million Flaschen im Monat. (Ende 1943 musste die Glashütte wegen Erweiterung des Plaszower Bahngeländes liquidiert werden).
1944	Verlagerungsbetrieb in Brünnlitz/Sudetenland mit ca. 1300 jüdischen Zwangsarbeitern, 50 freiwilligen polnischen Arbeitern und 20 reichs- und volksdeutschen Angestellten bis zur Kapitulation im Mai 1945.
	Mein Werk »Deutsche Emailwarenfabrik Krakau«, Lipova 4, arbeitete mit ca. 650 polnischen Arbeitskräften für Zivilproduktion weiter bis Einmarsch russischer Truppen bis zum Januar 1945.
1945–1947	Als Flüchtling erst in Konstanz, später Regensburg – amerik. Zone. Gelegenheitsverdienste durch frühere industrielle Beziehungen.
1947	Vorbereitung der Auswanderung auf Einladung von Freunden aus Argentinien.
	Tatsächliche Auswanderung erst 1949.
	Tätigkeit in Argentinien 10 Jahre[2] technische Beratungen zum Einkauf von Industrieanlagen aus Deutschland. Geflügel- und Nutriazucht u.a.
1957	Rückkehr nach Deutschland in der Hoffnung, aus meinen bedeutenden Lastenausgleichsforderungen eine Existenz aufbauen zu können.

[2] Schindler war 1949 bis 1957 in Argentinien, also acht, keine zehn Jahre.

Verschiedene aktuelle Produktionsaufnahmen in der Industrie wurden durch schleppende Bearbeitung von Betriebsmittelkrediten, u.a. Existenzaufbau-Krediten aus LAG-Mitteln, zunichte gemacht.

Z. B. Steigenberger-Getränke-Industrie, Bad Homburg, Kaufpacht der Lederwarenfabrik Kastner in Kemnat/Obb., Kunst- und Betonsteinwerk, Baumeister Link, Hochstadt b. Hanau, das ich nach kaum zweijähriger Betriebsübernahme (35 Mann Belegschaft) durch folgende Momente liquidieren musste:

Zu geringe Betriebsmitteldecke infolge sehr zögernder Bereitstellung von mir zugestandenen LAG-Mitteln, abnorm hohe Monatsmiete der Fabriksräume, außergewöhnlich harte Winterbedingungen 1962/63 (wonach lt. Statistik der I+H-Kammer Ffm. weit über 50 erheblich besser fundierte Betonsteinwerke liquidieren mussten).

Die Abwicklung der Auflösung des Betriebes wurde von mir mit einer 20%igen freiwilligen Vergleichsquote aus den mir verspätet zugeflossenen Lastenausgleichsmitteln durch Herrn RA Dr. Alexander Besser bezahlt.

Durch die Folgen dieses Rückschlages erlitt ich einen schweren Herzanfall, der mich für lange Zeit außer Kraft setzte, zu versuchen, mir eine neue Existenz zu verschaffen.

1961 *Betriebsübernahme des Kunst- und Betonsteinwerkes in Hochstadt*[3]

---

[3] Dies wird schon in Schindlers selbst verfasstem Lebenslauf angesprochen, die Jahreszahl jedoch nicht explizit genannt.

1962	*1. Israelbesuch, viele weitere sollten folgen. Schindler wird von seinen* Schindler-Juden *begeistert gefeiert.*
1.5.	*Schindler darf einen Baum in der »Allee der Gerechten« in Jerusalem pflanzen.*
1963	*Bankrott des Kunst- und Betonsteinwerkes in Hochstadt zu Beginn des Jahres*[4].
	Der Oscar Schindler Fund *wird von* Schindler-Juden *initiiert.*
24.12.	*Ehrung durch den Staat Israel als »Gerechter der Nationen«.*
1964	
13.11.	*Unterzeichnung des Vertrages über einen* Schindler-Film.
1965	
5.11.	*Das »Verdienstkreuz erster Klasse« wird verliehen (überreicht wurde es Schindler erst Anfang 1966).*
1967	*Der* Schindler Survivor's Fund *wird von Pfefferberg initiiert.*
1.1.	*Die Hessische Landesregierung beginnt mit der Zahlung einer monatlichen Zuwendung von DM 500,–.*
4.12.	*Verleihung des* Martin-Buber-Friedenspreises *(Ausstellung der Ehrenurkunde).*

---

[4] Dies wird schon in Schindlers selbst verfassten Lebenslauf angesprochen, die Jahreszahl jedoch nicht explizit genannt.

1968	*Erhöhung der Rente durch die Stadt Frankfurt um DM 140,–; gegen Ende des Jahres Beginn einer monatlichen Zuwendung vom Bundespräsidialamt in Höhe von DM 200,–.*
1.7.	*Gewährung eines monatlichen Ehrensoldes vom Bischöflichen Ordinariat Limburg in Höhe von DM 150,–.*
18.10.	*Verleihung des päpstlichen Silvester-Ordens.*
1969	*Frührentner; Auszahlung einer Kriegsschadensrente in Höhe von etwa DM 400,–.*
1971	*Ehrenamtlicher Geschäftsführer des Bundesverbandes der Gesellschaften der Freunde der* Hebräischen Universität Jerusalem *in Deutschland.*
1972	*Schlaganfall mit halbseitiger Lähmung.*
1974	
23.9.	*Operation (ein Herzschrittmacher wird eingesetzt).*
9.10.	*Tod Schindlers.*
16.10.	*Trauerfeier (evangelisch).*
19.10.	*Requiem (katholisch).*
29.10.	*Beisetzung auf dem Franziskaner-Friedhof in Jerusalem.*

Personenregister[1]

[1] Dieses Register übernimmt die Schreibweise aus Schindlers Dokumenten. Verschiedene Vornamen und Spitznamen der aufgeführten Personen werden in Anführungszeichen gesetzt, bei unterschiedlichen Schreibweisen der Nachnamen in den Dokumenten wird die hier meist nicht verwendete Schreibweise in Anführungszeichen und Klammern gesetzt.